高等学校广告学专业教学丛书

广告经营与管理

王 健 编著

U0330543

中国建筑工业出版社

图书在版编目（CIP）数据

广告经营与管理/王健编著. —北京：中国建筑工业出版社，2008
（高等学校广告学专业教学丛书）
ISBN 978-7-112-09862-0

Ⅰ.广… Ⅱ.王… Ⅲ.广告－经济管理－高等学校－教材 Ⅳ.F713.82

中国版本图书馆CIP数据核字（2008）第062782号

　　本书是广告学专业教学丛书之一。全书共 16 章。第 1 章至第 10 章的内容既承继了同类著作的经典体例，又根据当前国际国内广告经营的最新发展，突出了以网络广告与手机广告为标志的新媒体广告、以公众视屏广告为标志的新型户外广告的经营现状和发展趋势，对目前国际上渐趋流行的广告营销新模式——整合营销传播，也从理论上和国际 4A 公司的操作方法上作了介绍。第 11 章至第 15 章除了一般的广告法规监管、广告行政监管和广告市场主体的自律外，突出介绍了世界其他广告大国——美国、日本、英国、法国、德国等广告监管法规和做法，以期对完善我国的广告监管制度和监管体系有所借鉴。我国近年在集中整治虚假违法广告中出台或修订了不少广告法规、政策，这些在第 16 章有较为详细的介绍，可资广告经营业者和广告市场管理工作者了解把握。

　　本书可作为高校广告学专业教材、广告行业高级培训教材及广告职业者继续教育教材，亦可作为广大广告从业人员求职、入门的辅导参考书。

责任编辑：朱象清　李东禧　陈小力
责任设计：郑秋菊
责任校对：关　健　陈晶晶

高等学校广告学专业教学丛书
广告经营与管理
王　健　编著
＊
中国建筑工业出版社出版、发行（北京西郊百万庄）
各地新华书店、建筑书店经销
北京嘉泰利德公司制版
北京云浩印刷有限责任公司印刷
＊
开本：787×960 毫米　1/16　印张：23½　字数：460 千字
2008 年 6 月第一版　2016 年 8 月第二次印刷
定价：**38.00 元**
ISBN 978 - 7 - 112 - 09862 - 0
　　　　　（16566）

版权所有　翻印必究
如有印装质量问题，可寄本社退换
（邮政编码 100037）

高等学校广告学专业教学丛书编委会

主 任 委 员　尤建新　同济大学

副主任委员　张茂林　同济大学

　　　　　　　　朱象清　中国建筑工业出版社

委　　　员　（以姓氏笔画为序）

　　　　　　　　王　　健　解放日报报业集团

　　　　　　　　刘　　超　广东外语外贸大学

　　　　　　　　严三九　华东师范大学

　　　　　　　　李东禧　中国建筑工业出版社

　　　　　　　　吴国欣　同济大学

　　　　　　　　姜智彬　上海外国语大学

　　　　　　　　黄美琴　同济大学

总　序

"理论是灰色的，生活之树常青"，理论来源于实践并随着实践的发展而发展。

伴随着经济的持续高速增长，中国的广告业发展迅猛。2006 年，全国广告经营额达 1573 亿元，增长率达 11.1%。据不完全统计，2006 年底，全国共有广告经营单位 14 万多户，增长 14.1%；广告从业人员突破 100 万人，增长 10.6%。同期，广告业发展已经非常成熟的欧洲和北美，其广告业增长率也达到 4% 左右，高于这些国家的平均经济增长水平。

不仅如此，随着数字技术的渗透，广告业还出现了许多新的发展态势。数字技术已经全面融入媒体产业，新媒体大量出现，传媒版图加速扩展，传播价值链、传播渠道、接受终端、传媒接触方式等均已出现重大变化，互联网广告、手机广告市场增长势头强劲。由此导致广告赢利模式与业务形态发生变化。由于服务经济、体验经济时代的到来，人们从关心大众，转变为关心分众和小众，企业与消费者的沟通模式被不断创新。广告服务已从以广告活动为主到以为企业提供整合营销传播服务为主。

这一切已经并将继续对现行广告学理论提出新的挑战，进而推动广告学理论的丰富和发展。

广告学理论也并非被动地适应广告业实践，而是在指导和检验广告业实践的同时，又不断地从广告业实践中汲取营养，这是理论对实践的反作用和能动性的体现。

中国建筑工业出版社早在 1998 年就出版了全套 14 本的《高等学校广告学专业教学丛书暨高级培训教材》，在中国广告专业教育中发挥了重要作用。为总结近年来广告业发展的新特点、新趋势，以及广告学理论的新成果，并为科学指导广告实践而进行前瞻性的理论探索，在原来这套丛书的基础上，我们又进行了精心选题和筛选，并组织了同济大学、华东师范大学、上海外国语大学、广东外语外贸大学和解放日报报业集团的广告学理论研究、广告学教育和广告实践的资深专家进行撰写，形成了新一套《高等学校广告学专业教学丛书》。

新版丛书共 8 本。《广告学概论》阐述广告学的研究对象、理论体系和研究方法等基本原理，及其在广告活动各个环节的运用原则。《广告策划与创意》通过总结和分析国内外经典和最新的广告策划与创意案例，揭示广告策划与创意的一般规律。《广告设计》不仅论述了广告设计的一般程序、设计原则和设计方法，还分别阐述了不同种类媒体广告的设计与制作过程。《广告文案》在分析、鉴赏经典的和最新的广告文案的基础上，论述广告文案的特征、功能、风格及其文化背景等，并分析其写作技巧。《广告心理学》阐述了广告心理学的基本原理及其在广告策划、广告设计和媒体策略中的具体应用。《广告媒体策略》全面、系统地论述了包括新媒体在内的各类媒体的特点、广告计划及媒体组合策略。《广告经营与管理》从企业和政府层面，对广告经营与管理的内容、方法、广告法规、广告审查制度和责任等问题展开论述。《企业形象策划与管理》从全新的视角，阐述企业形象的内涵、功能和体系，并结合中外经典案例，分析企业形象策划、设计与管理的原则、方法和流程。

总体而言，新版丛书具有三大显著特点。第一，数字化思维。数字技术的发展给企业和消费者的生存方式带来了革命性的影响，广告业和广告学的方方面面不可避免地被打上数字化的烙印。因此，本丛书注重将广告学置于数字技术的背景下进行讨论，体现数字技术引发的广告业发展新特点、新趋势和广告学理论的新成果。第二，国际化视野。在中国广告市场已全面开放的大背景下，广告业的国际化和全球一体化渐成趋势，中国广告市场已成全球广告市场的一部分。有鉴于此，无论是理论阐述还是案例分析，涉及到学界还是业界，本丛书均力求展示国际化视野。第三，集成化体系。本丛书希望将基础性、操作性和前瞻性统一起来，既涵盖广告学基础理论和通用性的内容，又强调源于大师杰作和作者经验与智慧的实践性和操作性，同时还力求反映丛书所涉及的各个领域的最新发展。

随着以信息技术为代表的新技术的发展、全球市场格局和竞争态势的变化，以及消费者行为方式的变迁，广告业将会出现新的发展趋势。广告学也必将随之不断加以丰富和深化。因此，新版丛书仍然会存在一定的时代局限性。同时，也受限于作者的水平，新版丛书的不足在所难免。恩请广告学界、业界的同行专家以及广大读者提出建设性意见，以帮助作者在再版时予以改进和修订。

高等学校广告学专业教学丛书

编委会主任 尤建新

目　录

第1章　广告经营概述 001
  1.1　广告概念的内涵 001
  1.2　广告的基本特征 003
  1.3　广告的作用 004
  1.4　广告产业与广告市场 006
  1.5　我国广告业经营现状 010
  1.6　广告产业发展趋势 014

017 第2章　广告经营与广告形式特征
017　2.1　广告形式特征概说
018　2.2　广告形式分类
019　2.3　儿童广告
023　2.4　公益广告
026　2.5　政治广告
030　2.6　悬赏广告

第3章　广告公司的经营与管理 032
  3.1　广告公司与广告代理制 032
  3.2　广告公司的类型 035
  3.3　广告公司的机构设置 036
  3.4　广告公司的业务运作流程 039
  3.5　广告公司的业务扩展 040
  3.6　广告公司的人才管理 042
  3.7　本土广告公司的生存环境 044
  3.8　本土广告公司的应对策略 046

049 第4章　媒体广告经营与管理
049　4.1　媒体广告组织机构
051　4.2　媒体广告部门的主要职能
052　4.3　国外媒体广告组织
055　4.4　媒体广告经营模式
057　4.5　媒体广告经营对广告市场培育发展的影响
058　4.6　媒体广告代理势在必行

第5章　企业广告经营与管理 064

5.1　企业广告经营管理的原则 064

5.2　企业广告部门的类型和职责 065

5.3　企业广告运作的基本任务 066

5.4　企业广告运作的科学程序 067

5.5　企业广告的媒介计划 068

5.6　企业如何选择广告公司 072

5.7　企业的广告预算 073

5.8　企业广告投放的十大误区 074

5.9　中小型企业的广告策略 076

5.10　企业广告新视点 077

079　**第6章　国际4A公司的经营与管理**

079　6.1　什么叫4A广告公司

082　6.2　4A公司的机构设置

083　6.3　4A公司的运作

086　6.4　4A公司的AE制

088　6.5　我国的4A组织

090　6.6　4A公司发展趋势

第7章　传统媒体广告经营与管理 096

7.1　传统媒体广告概说 096

7.2　报纸广告面临转型 099

7.3　电视广告依然强势 102

7.4　广播广告再度崛起 104

7.5　杂志广告前景可期 109

7.6　DM广告方兴未艾 111

115　**第8章　新媒体广告经营与管理**

115　8.1　新媒体概述

117　8.2　网络广告

126　8.3　手机广告

第9章　户外广告经营与管理 135

9.1　户外广告概说 135

9.2　我国户外广告的现状 138

9.3　我国户外广告的监管 143

9.4　国外户外广告监管 146

9.5　我国户外广告发展趋势 151

第10章　广告的整合营销传播 153

10.1 整合营销传播的内涵和特点 153

10.2 "广而告之"已落伍——4C营销理论 155

10.3 广告公司整合组织结构的模式 159

10.4 广告公司变革的途径 162

10.5 广告公司发展新方向 163

10.6 整合营销传播对本土广告公司的影响 164

10.7 如何真正实现整合营销传播 166

10.8 整合营销广告策略 167

10.9 对整合营销传播的争议 168

172 **第11章　广告管理概述**

172 11.1 广告管理的含义及特点

173 11.2 广告管理历史概述

175 11.3 我国广告管理的法规体系

180 11.4 我国广告管理的行政体制

181 11.5 广告业的行业自律

184 11.6 广告社会监督机制

187 11.7 以"科学发展观"为指导，不断创新广告监管工作

第12章　广告的法规监管 190

12.1 我国广告法规体系 190

12.2 广告法规对重点商品广告的规定 197

12.3 我国广告法规体系的缺陷 209

12.4 全国创新——《浙江省广告管理条例》 210

214 **第13章　广告的行政监管**

214 13.1 广告行政监管的含义

216 13.2 我国广告行政监管的突出特色

13.3 广告行政主管机关的
职能 ▰▰▰▰▰ 217
13.4 我国的广告审查制度▮ 218
13.5 我国现行广告行政规
章 ▰▰▰▰▰ 219
13.6 广告行政监管的内容▮ 221
13.7 创新广告行政监管的
方式方法 ▰▰▰▰ 226
13.8 港台地区的广告监管▮ 226

237 第14章 外国的广告监管
237 ▰▰▰▰ 14.1 外国广告业概说
238 ▰▰▰▰ 14.2 美国广告业经营现状
及其监管
246 ▰▰▰▰ 14.3 日本广告业经营现状
及其监管
255 ▰▰▰▰ 14.4 英国广告业经营现状
及其监管
261 ▰▰▰▰ 14.5 德国广告业经营现状
及其监管
262 ▰▰▰▰ 14.6 法国广告业经营现状
及其监管

第15章 广告行业自律与社会
监督 269
15.1 广告的行业自律 ▰▰▰ 269
15.2 广告业自律与行政管
理的关系 ▰▰▰ 273
15.3 我国广告行业自律现
状和行业组织发展趋
势 ▰▰▰▰▰ 273
15.4 我国的广告行业组织▮ 275
15.5 各国广告行业自律系统▮ 279
15.6 广告的社会监督 ▰▰▰ 281
15.7 国外消费者组织与广告 285

290 第16章 集中整治虚假违法广告
290 ▰▰▰▰ 16.1 集中整治虚假违法广
告概说
291 ▰▰▰▰ 16.2 集中整治虚假违法广
告的背景
293 ▰▰▰▰ 16.3 集中整治虚假违法广
告的措施

16.4 集中整治虚假违法广
     告的效果 ▬▬▬▬▬ 296
16.5 集中整治期间出台的
     广告政策 ▬▬▬▬▬ 297
16.6 其他国家对医药广告
     的监管 ▬▬▬▬▬ 307

312 附录 广告法规
364 参考文献

第 **1** 章　广告经营概述

我们的生活空间，已经完全被广告包围。打开电视，插播的是广告；打开报纸，跳眼的是广告；打开电脑，飘动的是广告；打开信箱，塞满的是广告；漫步街头，搭上公交，坐进出租，走下地铁，迈入电梯，走进写字楼，没有一处没有广告。行走于上海滩的南京路、淮海路，时常有各色广告塞到你的手里：机票打折小广告，卖场优惠大彩张，酒店餐饮抵用券。手机短信广告甚至 24 小时伴随着你……

正如美国广告学教授詹姆斯·特威切尔在《美国的广告》一书中所说，现在，几乎任何有形的物体上都刊登了广告，几乎每一个有人的环境都布满了广告，几乎每一个时刻都被广告占据了。广告已不仅仅是一种营销、宣传手段和形式，它实际上已成为一种文化现象。詹姆斯·特威切尔甚至戏言：美国文化漂浮在广告的海洋之中。我们在享受广告带来便利的同时，也在忍受广告时时处处的侵扰。

然而，广告是与人类商品生产和商品交换伴生的。人们有了商品交换的需求，也就催生了对商品信息的渴望，进而产生了广告，积聚成产业，形成为市场。

1.1　广告概念的内涵

什么是广告？关于广告的定义很多，目前至少有几百种说法。我们不妨从词源学角度梳理一下。

广告一词源于拉丁文"Advertere"，后演变为英文"Advertise"，意思是"唤起大众对某种事物的注意，并诱导于一定的方向所使用的一种手段"。大约在日本明治五年（公元 1872 年），日本首次将"Advertising"一词译为"广告"。据我国广告学者丁俊杰教授推断，"广告"作为一个词在我国出现并使用是在 20 世纪初，这个词最初使用时的含义只是"广泛宣告"之意。

单从字面意义讲，广告就是广而告之，但现代广告的含义远不止这么简单了。

1890 年以前，西方社会对广告较为公认的定义为：广告是有关商品或服务的新闻（News about Product or Service）。

到了19世纪末20世纪初，被称为美国现代广告之父的阿尔伯特·拉斯克尔（Albert Lasker）对于广告的看法开始流行。拉斯克尔说：广告是印刷形态的推销手段（salesmanship in print）。富有敏锐商业眼光的拉斯克尔用"salesmanship"一词揭示了广告最为核心的含义，即广告是为销售服务的手段。拉斯克尔指出广告是印刷形态是因为当时还是一个没有出现电子媒介的时代。这个定义在那个年代被视为广告界的金科玉律。

1926年，我国著名报学史家戈公振先生，在研究中国报学史的过程中，提出了对于广告的看法："广告为商业发展之史乘，亦即文化进步之记录。人类生活，因科学之发明日趋于繁密美满，而广告即有促进人生与指导人生之功能。故广告不仅为工商界推销出品之一手段，实负有宣传文化与教育群众之使命也。"戈公振先生强调了广告在人类社会生活中的重要地位及其重要功能。

关于广告定义，有较大影响的还有不少。我们试列几种有代表性的说法。

1932年，美国专业广告杂志《广告时代》（Advertising Age）公开向社会征求广告的定义，得票最多的入选定义是：由广告主支付费用，透过印刷、书写、口述或图画等，公开表现有关个人、商品、劳务或运动等信息，用以达到影响并促进销售、使用、投票或赞同的目的。这个定义强调了广告传递信息的功能，以及广告的目的，也包括了广告的非纯商业性目的。

1948年，美国营销协会定义委员会（The committee on Definitions of the American Marketing Association）为广告作了定义，在1963年及以后又作了几次修改，形成了迄今为止影响较大的广告定义："广告是由可确认的广告主，以任何方式付款，对其观念、商品或服务所作的非人员性的陈述和推广。"这个定义最重要的一点是指出了在广告中要有可以确认的广告主，强调了广告是付费的和"非人员性的"，这些都是现代广告的重要特征。

美国广告协会（American Association of Advertising Agencies）的广告定义是：广告是付费的大众传播，其最终目的是为了传递信息，改变人们对于所广告的商品的态度，诱发其行动而使广告主获得利益。这个定义强调了广告是付费的大众传播方式，以及广告最终的目的。这个定义还涉及到广告是如何发生作用的，即广告通过改变人们对商品的态度而产生效果。

日本广告业协会关于广告的定义是：广告是被明确表示出的信息发送方针，是对呼吁（诉求）对象进行的有偿信息交流活动。这个定义显示了日本广告界对于广告涵义的更为宽泛的理解。他们把广告视为信息交流活动，这样实际上扩大了广告活动的业务范围。

英国《简明不列颠百科全书》中关于广告的定义是：广告是信息的一种方式，其目的在于推销商品、劳务，影响舆论，博得政治支持，推进一种事业，或引起刊登广告所希望的其他反映。

《韦伯斯特大辞典》（1988）中广告的定义是：在现代，广告被认为是运用媒体而非口头形式传递具有目的性信息的一种形式，旨在唤起人们对商品的需求并对生产或销售这些商品的企业产生好感，告知提供某种非营利性目的的服务以及阐述某种意见和见解等。

我国《辞海》（1999 年版）对广告的定义是：通过媒体向公众介绍商品、劳务和企业信息等的一种宣传方式。一般指商业广告。从广义上来说，凡是向公众传播社会人事动态、文化娱乐、宣传观念的，都属于广告范畴。这个定义把广告视为一种宣传方式。

由于角度和侧重点不同，上述各个定义都抓住了广告的一个或几个特征。

我们认为，广告是一种信息和信息传播手段，也是文化的一种表现形式。

广告有广义和狭义之分。广义的广告，既包括以赢利为目的的商品或服务信息等传播形式，也包括不以赢利为目的的、非经营性的公共广告，包括政府公告、社团组织的告示、启事、声明，以及美化公共环境、促进公共福利、引导提升人们道德水准等方面的社会公益广告。狭义的广告，也称商业广告，是指借助特定的媒体（载体），向目标消费者传递特定的商品或服务信息，以求达到预定目的的传播手段。从表面上看，广告是一种商业活动；从本质上讲，它是一种信息传播活动。广告既是一种信息，又是一种信息传播手段，是动态属性和静态形式的结合体。

1.2 广告的基本特征

根据广告的含义和性质，我们可以归纳出广告的一些主要特征。

1. 明确的广告主

所谓广告主，就是广告信息的拥有者。为广告支付费用的企业、组织或个人就叫作"客户"（client）或"广告主"（sponsor）。政府机关、社会团体、企业、个人，都可以拥有广告信息并通过特定媒体发布，成为广告主。在商业广告中，广告主通常是企业（公司）。明确广告主有两个意义：（1）广告主是广告的出资者，付出费用必须得到回报。（2）能够明确广告责任。广告主在广告中对消费者的承诺必须兑现。明确了广告主，要防止欺骗性虚假广告的出现，一旦出现虚假的、误导的广告信息，就能直接追究广告主的责任。

2. 付费传播

广告活动的整个过程，包括策划、制作、通过媒体传播、进行效果调查等，每一个环节都需要付出一定的费用。既然付出费用，广告主也就购买了对广告信息传播的控制权，有权决定广告的内容、表现方式、发布时间和空间等。

3. 非人际传播

广告主要通过报纸、杂志、广播、电视、直邮、户外物体、互联网、手机（包括电话）、视屏等大众传播媒介，向消费者传播商品或服务信息，是一种非人际传播。广告经由广告媒介传播，这一特性使信息不是以面对面的方式传递出去，同时也使广告有别于人员销售这种传播形式。

4. 特定的信息内容

广告传播的内容，不仅包括商品、劳务、服务方面的信息，也涉及形象、观念方面的内容。广告内容要求真实，同时还要符合社会道德规范，要受到一定的管理和约束。

5. 传播对象的选择性

广告活动并不是向所有的人群进行宣传，而是有特定的目标公众。

随着广告经济的发展，广告已深入到社会生活的各个层面，由经济领域扩展到社会和文化等领域，广告的影响和作用越来越大。

1.3 广告的作用

1.3.1 广告对企业经营的作用

在现代社会化大生产、分工更加细密、商品经济日益发达的条件下，信息资源成为一种战略资源。广告通过信息传播，沟通着生产与生产、生产与流通、生产与消费、流通与消费之间的联系。广告对企业经营的作用有以下几个方面：

1. 沟通产销信息，促进商品销售

广告是企业面向社会、面向消费者交流信息的重要手段和方式。现代企业经营过程中，销售成了企业经营活动中的首要问题。企业运用各种营销手段，组合成一个系统化的整体营销策略，来实现经营目标，这就是市场营销组合，它包括：产品（product）→价格（price）→销售地点（渠道）（place）→销售推广（promotion）。因为这四个英语单词第一个字母都是"P"，所以又称为"4P"。4P运用到广告营销中就是以生产者为核心实施广告营销战略，把商品信息传递给消费者，促使购买行动的完成。

反过来讲，我们能不能从消费者这方面来研究广告营销战略呢？能。20世纪90年代以后，美国的一些市场营销学者提出，应由"4P"转向"4C"，即转向消费者（Consumer）、成本（Cost）、销售便利性（Convenience）、与消费者的传播沟通（Communication）。也就是说，要研究消费者的需求和欲望。企业销售的不是企业能够制造的产品，而是消费者希望购买的物品，产品（product）转向消费者（Consumer）；要研究消费者对产品的价值感和愿意支付的成本，摒弃传统的价格策略，成本（Cost）代替了价格（price）；要从消费者的立场出发，考虑怎样使购买方便，不必考虑一般的营销通路，销售地点（渠道）（place）转向便利性（Convenience）；为此，要能以满足消费者的需要为目的，与消费者保持持久性的联系，做好整合营销传播和互动传播，销售推广（promotion）转向传播和沟通（Communication）。全部的广告营销活动不是以生产或销售为中心，而是以消费者为中心来展开。

2. 激发竞争活力，推动企业发展

竞争是商品经济的产物。广告能增加竞争的声势，向消费者提供选择和比较，激发竞争的活力。通过广告宣传，必然促进企业开发市场，扩大市场销量，从而降低成本，降低售价，获取更多的利润，提高市场竞争能力和持续发展的能力。

1.3.2 广告对消费者的作用

1. 促进消费

消费者获取商品信息的渠道，一般来说有三个：一是亲身接触；二是通过人际传播，如亲友、同事之间互相转告，推销员介绍等；三是通过传播媒体，如通过报纸、电视、广播、互联网，或者路牌、单片等得到。广告正是通过传播媒体，把有关商品的性能、用途、使用方法、价格以及销售的地点、时间、方式等信息发送出去，使广大消费者能够得到有关的知识。新产品的上市，新品牌的出现，新服务的提供，人们往往首先是从广告知道的。通过广告，可扩大商品选择的范围。

2. 影响观念

20 世纪 80 年代时，人们还陶醉于"大碗茶"的服务，现在全被纯净水、矿泉水替代。这些消费水平和消费层次的提高，都是广告带来的消费观念的变化。广告还可以创造流行，造成时尚，提倡和推动新的生活方式。许多流行商品的出现与广告传播是分不开的。一种新的产品问世，一种新的消费方式产生，经过广告推广，就会被消费者学习、接受、模仿，成为新的流行和时尚。

3. 宣传教育

作为社会文化的一种形式，大量的广告信息传播，能够潜移默化地把新的商品知识、消费观念和科技知识等传给消费者，广告甚至在精神文明建设、树立社会良好风气、高尚情操的培养熏陶等方面也起到很重要的作用。这一点也越来越受到人们的重视。

1.3.3 广告对社会文化事业发展的作用

1. 促进大众传播媒体发展

广告收入已经成为大众传播媒体生存发展的命脉。大众传播媒体通过刊播广告得到可观的经营收入，目前，我国广播电视业的收入约 90％以上通过广告获得，报业也有 70％以上的收入来自广告，杂志的广告收入在 20％～70％不等。为了争取广告市场中更多份额，大众传媒就要提高质量，努力受到企业、广告商和目标受众的青睐，因此大众传播媒体在内容和形式上，都力求变化和创新，贴近生活，贴近受众（消费者）。受众扩大了，广告就更多，收入也随着增加，形成良性循环。

2. 美化市容环境，丰富文化生活

现代广告已成为社会文化的组成部分，与人们的生活密切相联。广告作为一种文化现象，已被人们所接受。优秀隽永的广告语，有的已成为人们日常生活中的流行语，如"我的眼里只有你"、"农夫山泉，有点甜"、"车到山前必有路，有路必有丰田车"等。优秀广告作品也是艺术品，具有一定的文化品位和欣赏价值，能给人们带来审美享受。广告能够利用强烈的听视觉冲击力和较强的艺术感染力来吸引和打动目标消费者，产生很好的艺术效果。广告也是显现现代化商业城市的一个重要方面，树立在高楼大厦上的广告牌、闪烁变幻的霓虹灯、大型商场陈列商品的橱窗等，都构成了城市亮丽的风景，把城市装点得更加美丽多姿。

1.4 广告产业与广告市场

广告产业与广告市场既有与一般的产业和市场相同的性质、特征、运行方式，也有其特殊的一面。

1.4.1 广告产业的含义

广告产业有广义、狭义之分。就广义而言，广告产业即我们通常说的广告业，它是由多种机构共同参与的一种庞大而又复杂的专业化社会分工组织，其产业构成包括广告主、广告公司、广告媒体和广告受众四大主体。正是由于他们的参与，广告产业在庞大的社会经济形态中才得以独立成为一个产业体系，并逐步繁荣发展。从狭义上讲，广告产业就是按照有关法律政策规定，以提供广告服务为专门职业，接受客户委托，利用一定的技术和设备，专业从事广告调查、广告策划、广告设计、广告制作、广告代理发布等各种代理服务，并从中获取利润的专门行业，即由广告公司所组成的行业。应该说，在整个广告产业中，广告主虽然是广告发生的原动力，是广告经济的财政支撑，但是如果没有专业的广告公司，很难设想会有一个完整的广告产业的形成。从某种意义上讲，广告经营中介——广告公司的产生是广告得以产业化的标志。

1.4.2 广告产业的性质

现代广告业属于服务业范畴是没有异议的。英国把广告业列入创意产业也得到很多国家的认可。按照经济三大产业的分类，服务业、创意产业都属于第三产业。

整个广告信息的传播过程，也是一个社会化的服务过程，并最终满足社会的整体需要。因此，广告行业具有强烈的服务色彩。广告产业的这种性质使得它在整个社会上都具有不可忽视的重要地位。大多数经济学家、市场学家、广告学家和企业家都承认，广告对企业的生存与发展起到了重要的促进作用。但也有一部分学者认为广告提高了企业生产成本，浪费了大量社会资本和资源。但无论如何，我们不能否认，商品经济发展到今天，无论是媒体、企业还是消费者，都已离不开广告，广告已经深入到人们社会生活的各个领域，这已经成为不容置疑的客观事实。

1.4.3 广告产业的特征

作为一个独立的拥有自身独特运行规律的产业，广告又有其不同于一般服务型产业的特点。

1. 广告活动是一种特殊的信息传播活动

广告是一种商业性的付费传播活动，这一特征不仅使广告区别于餐饮、旅游等不具信息传播性质的服务行业，也将广告与新闻、宣传等大众传播活动区别开来。

2. 广告产业具有系统化、科学化、高效化的特点

广告业的服务性质要求广告公司应当提供优质、科学、完善、高效的服务。这样，广告活动就形成了一个严密、完整的信息运动过程。虽然我国的广告公司现在离这个标准还有一定的距离，但是广告活动向着系统化、科学化、高效化方向前进不仅是广告市场规律的要求，也是整个广告产业自身生存与发展的内在需要。

3. 广告产业属于知识密集、人才密集、技术密集的"三密集"型产业

由于广告服务的系统化、科学化、高效化的要求，以及广告产品高智力、高技术含量的特征，广告产业对智力资源、人才资源和技术资源的渴求是十分强烈的。广告产业自身"三密集"的优势，是通过广告经营的活动形式为客户提供服务的基本条件。这也是广告业有别于一般服务行业的又一重要特征。

4. 广告产业从传统的信息服务业逐渐发展为现代信息产业

"信息"成为现代人无法离开的东西，信息的快捷顺利流通是现代经济得以顺利发展的重要保障。这种趋势催生了一种崭新的经济形态——资讯经济，也有人称之为信息经济。西方经济学界甚至提出了"资讯产业"的概念。传统的信息产业将与新型的资讯产业一起共同组成支柱产业。广告产业作为重要的商品信息传播产业，在表现信息与社会生产的联系中将发挥重要作用，其资讯产业的角色也将成为新经济时代的重要特征之一。

1.4.4　广告市场的含义

市场属于商品经济的范畴，是商品交换关系的总和。同时，市场也是供需双方共同认可的一定条件下进行的商品或服务的交换活动。广告市场是指广告作为一种特殊商品的交换关系的总和。我们将广告活动看作是一种商品交换活动，一种市场行为和市场过程，注重其交换活动、市场行为和市场过程中的交换关系、经济关系和经济利益关系。在广告市场中不仅存在供需双方现实的交换活动，而且存在潜在的交换活动。一个有活力的广告市场既要满足消费者的现实需求，又必须能引起消费者的未来需求。

我们可以从以下两个方面较为全面地领会广告市场的含义：

其一，广告市场是市场的一部分，它必须符合市场的一般规律。广告市场形成和存在的基本条件是广告的社会分工和广告商品生产基础上的交换关系的实现。价值规律对广告市场同样适用。广告作为一种商品进行交换，也有使用价值和价值。广告客户要达到广告目标，获取广告的使用价值，就必须支付与使用价值相当的费用。反之，广告使用价值的提供者要想获取更多的价值，按照市场经济等价交换的原则，就必须尽量提高产品的使用价值。上述行为主要通过广告市场主体之间的交易活动完成。

其二，广告市场同其他产品市场一样也存在买方和卖方，但是它有特殊性。广告市场中存在两次交易行为。当广告客户向广告代理公司购买广告服务时，广告客

户是买方，广告公司是卖方。当广告公司代理广告客户向媒介购买广告刊播的版面或时段时，广告客户和广告公司是买方，广告媒体是卖方。除此之外，广告受众是广告市场中不可或缺的重要组成部分，是广告价值镜和参照物。一则广告成功与否，受众的反应是最重要、最关键的指标。

1.4.5 广告市场的构成

按照经济学的观点，市场是由一定量的商品与劳务、商品的不同所有者、参加交换活动的当事人构成。广告市场的构成主体，因广告市场交换关系的多元化而呈现出多元性质。我们将广告主、广告公司、广告媒体、广告受众称为广告市场的四大主体。

1. 广告主

按照《中华人民共和国广告法》（以下简称《广告法》）定义，广告主是指为推销商品或者提供服务，自行或者委托他人设计、制作、发布广告的法人、经济组织或个人，他们是商品生产者、经营者或服务提供者，又称为广告客户。

广告主是广告活动的源泉和发动者，广告主素质的高低直接影响广告活动的质量。在多元的广告市场中，广告需求来自两个方面：一是广告主，二是广告受众。受众不直接支付广告费用，也无法直接发动广告活动。因此，广告主是否有广告需求，是否支付广告费用，就成了广告活动能否顺利开展的首要条件。

广告主的多少，广告主费用支付能力的强弱，广告主对广告投入的大小等因素，决定着广告市场的容量与规模。当广告市场上广告主众多，具有强大的购买力，并且充满着购买欲望的时候，广告市场就具备了良好的发展潜力。广告主的购买欲望，主要是指他们的"广告意识"。广告主对广告的认识以及他们对广告活动所抱的基本态度是影响广告市场发展的重要因素。

现代企业和现代广告的发展，需要具有科学的现代广告意识的广告主。这就要求广告主不仅要正确认识广告活动对于企业营销活动的重要性，还要求广告主有科学的广告观。一个优秀的广告主，要能够正确选择适合企业特点、帮助企业实现广告目标的广告公司，并能很好地与之合作，还要对广告活动的全过程及广告的效果基本把握，最大限度地发挥广告的作用。

2. 广告公司

美国《现代经济词典》将广告公司界定为：以替委托人设计和制作广告方案为主要职能的服务性行业。我国《广告法》则将广告公司界定为广告经营者，它接受广告客户的委托，为广告客户从事相关的市场调查，配合广告客户的整体营销策略，拟定广告战略与策略，负责具体实施，为广告客户策划制作各种形式的广告，并策划媒介战略，直到最后的广告效果测定。

专业广告公司的出现，标志着广告业已经发展到较高的水平，广告客户需要更为专业的广告代理服务，媒介的广告部门和企业本身的广告部门都已经无法满足广告客户的需要。

从广告公司在广告市场运行中所处的地位来看，广告公司是广告活动不可或缺的关键环节。在广告市场的四大主体中，广告客户是广告信息的发布者，广告受众是广告信息的接收者，广告媒体是广告信息的传播载体，这三者的活动都必须由广告公司的广告活动连接起来。

广告公司同时是市场经济的重要参与者，对市场经济的发展起着重要的作用。自20世纪80年代我国逐步走入中国特色社会主义市场经济时代以来，企业的经营观念发生了重大变化。企业不仅关心"生产"，也开始将很多精力投入到"销售"上来。现代广告公司顺应这一趋势，代理企业调查市场，制定广告战略，有的广告公司甚至还涉足企业其他营销领域，为企业整合营销进行战略策划。从媒介方面来看，现在传媒业离不开广告。从最初广告掮客的出现到现代跨国广告公司的形成，广告代理业的发展状况一直都与媒介对广告的需要紧密相关。广告代理的出现，不仅能为媒介与广告客户牵线搭桥，而且可以制作出更为诱人、更为精良、更为科学的广告作品。专业广告公司一向都很重视受众的广告需求，受众市场调查数据使他们能够做出更加符合受众需要和接受习惯的广告，最终方便广告消费者的生活。在现代广告业中，衡量一个广告市场成熟与否的一个重要标准，就是看广告公司在广告市场中的地位、成长发育状况及代理服务功能。

3. 广告媒体

广告媒体是广告活动中传达广告信息的中间载体，它主要是出售广告时间和广告空间，通过自身形式把特定的广告信息传播给目标受众，并借此获取广告费收入。广告媒体的表现形态多种多样，除了传统的四大媒体外，还有户外广告牌、车身、柜台、货架，甚至楼梯、公交车位拉环等等。可以说，只要能够向受众传播广告信息，都可以作为广告的载体。

媒介进入产业化阶段，广告成为媒介最主要的收入来源。为了适应受众和市场发展的需要，媒介必须在自身的形式和技术方面不断更新。以网络媒介为代表的新媒介的出现就是现代传媒技术不断创新的结果，网络弥补了传统四大媒介互动性弱的最大缺憾。但是，媒介对广告的不断适应并不意味着媒介对广告来者不拒。任何一种大众传播媒介都面对广大的受众，它们对整个社会具有无可比拟的影响力。因此，除了市场原则外，媒介还必须遵循道德原则。对于广告刊播来说，媒介必须有一整套完善的广告审查制度。

4. 广告受众

在广告活动中，受众是广告信息传播的目标，是广告活动的终点，是广告活动成败的衡量标准。广告受众同时是广告传播活动的参与者，广告传播符号的译码者，广告信息的消费者和广告传播效果的反馈者。因此，在广告市场中，所有的广告活动最终都是围绕受众展开的。

广告受众在广告市场中的特殊地位和角色使得他们成为广告活动的直接受益者。广告受众不仅通过广告获得各式各样的商品信息，还可能免费或廉价享受媒体服务。尽管仍有不少受众对广告充满了抵触情绪，但是无可否认，生活在当代社会中的每一个人都无法逃离广告的影响,在需要的时候,人们甚至还会主动地寻求广告。

广告受众自觉自愿参与广告市场活动,是广告市场发展到更高层次的要求。其一,我们必须努力提高广告受众的广告意识,使他们充分认识到广告与社会、广告与自身生活的密切关系,认识到广告对于市场经济中买卖双方都是十分必要的。其二,从事广告市场活动,必须加强对于广告受众的研究。只有从受众的需要出发做出的广告,才能真正成为受众喜闻乐见的广告。

1.5　我国广告业经营现状

1.5.1　我国广告业飞速发展

广告业常常被称为一个国家国民经济发展状况的"晴雨表",世界上广告业发达的国家也肯定是经济发达国家,广告业的"晴雨表"也真实地反映出我国经济的发展状况。20 世纪 80 年代以来,我国广告产业伴随改革开放和市场经济的进程而发展起来,经济的快速增长带动了广告产业的高速发展。近 30 年来,中国广告业以年均超过国民经济增长速度的较高速度增长（表 1–1）。特别是进入 21 世纪以来,我国广告业正以一种前所未有的速度发展。广告经营总额 2003 年首次突破千亿元大关（约为 1078 亿元）,这是中国广告史上的一个里程碑。我国已经跻身世界广告业大国行列。

1981 ~ 2006 年中国广告市场规模占 GDP 的比例　　　　　表 1–1

年份	广告市场规模（万元）	年增长率	占 GDP 的比例
1981	11800	686.7%	0.02%
1982	15000	27.1%	0.03%
1983	23407	56.1%	0.04%
1984	36528	56.1%	0.05%
1985	60523	65.7%	0.07%
1986	84478	39.6%	0.08%
1987	111200	31.6%	0.09%
1988	149294	34.3%	0.10%
1989	199900	33.9%	0.12%
1990	250173	25.2%	0.14%
1991	350893	40.3%	0.16%
1992	678475	93.4%	0.26%
1993	1340874	97.6%	0.39%
1994	2002623	49.4%	0.43%
1995	2732690	36.5%	0.48%

年份	广告市场规模（万元）	年增长率	占 GDP 的比例
1996	3666372	34.2%	0.55%
1997	4619638	26.0%	0.63%
1998	5378327	16.4%	0.70%
1999	6220506	15.7%	0.76%
2000	7126632	14.6%	0.80%
2001	7948876	11.5%	0.82%
2002	9031464	13.6%	0.86%
2003	10786800	19.4%	0.92%
2004	12646000	17.2%	0.79%
2005	14163000	12.0%	0.78%
2006	15730000	11.1%	0.75%

再从中国与世界广告市场规模前二名的美国、日本比较看，我国广告总额占 GDP 的比重与广告发达国家比重的差距正在缩小（表 1-2）。

中国、日本、美国广告总额占 GDP 比重对照表　　　　表 1-2

年份	中国广告总额（亿元）	中国广告占 GDP 比	日本广告总额（亿日元）	日本广告占 GDP 比	美国广告总额（亿美元）	美国广告占 GDP 比
1981	11.800	0.02%				
1982	15.000	0.03%				
1983	23.407	0.04%				
1984	36.528	0.05%				
1985	60.523	0.07%	35049	1.08%		
1986	84.478	0.08%	36478	1.08%		
1987	111.200	0.09%	39448	1.12%		
1988	149.294	0.10%	44175	1.16%		
1989	199.900	0.12%	50715	1.24%		
1990	250.173	0.14%	55648	1.26%		
1991	350.893	0.16%	57261	1.22%		
1992	678.475	0.26%	54611	1.14%		
1993	134.087	0.39%	51273	1.06%		
1994	200.262	0.43%	51682	1.06%		
1995	273.269	0.48%	54263	1.10%		
1996	366.637	0.55%	57715	1.15%		

续表

年份	中国广告总额（亿元）	中国广告占 GDP 比	日本广告总额（亿日元）	日本广告占 GDP 比	美国广告总额（亿美元）	美国广告占 GDP 比
1997	461.963	0.63%	59961	1.17%		
1998	537.832	0.70%	57711	1.15%		
1999	622.050	0.76%	56996	1.15%		
2000	712.663	0.80%	61102	1.22%	2475	2.5%
2001	794.887	0.82%	60580	1.22%	2313	2.3%
2002	903.146	0.86%	57032	1.16%	2369	2.3%
2003	1078.680	0.92%	56841	1.16%	2455	2.2%
2004	1264.600	0.79%	58571	1.18%	2638	2.2%
2005	1416.300	0.78%	59625	1.18%	2711	2.2%
2006	1573.000	0.75%	59954	1.18%	2835	2.2%

1.5.2 我国广告业经营格局

据国家工商总局发布的数据，2006 年，全国广告经营单位广告经营总额达 1573 亿元，比上年增长 156.7 亿元，增长率为 11.1%。2006 年底，全国共有广告经营单位 143129 户，比上年增加 17735 户，增长 14.1%；广告从业人员 1040099 人，比上年增加 99684 人，增长 10.6%，广告从业人员首次超过百万。

从 2006 年的数据看，广告代理业即广告公司经营仍呈弱势。全国广告公司经营额 631.3 亿元，占全国广告经营额的 40.1%。广告公司 99368 户，占广告经营单位总户数的 69.4%。广告公司从业人员达 737285 人，占广告从业人员总数的 70.9%。广告公司以户数和从业人员数两个 70% 只创造出 40% 的经营额，而电视、报纸、广播、杂志四大传统媒体广告经营额为 797.9 亿元，占广告经营单位经营总额的 50.7%。其中，电视广告经营额首屈一指，为 404 亿元，占广告经营单位总额的 25.7%；报纸广告经营额为 312.6 亿元，占广告经营单位总额的 19.9%；广播广告经营额为 57.2 亿元，占广告经营单位总额的 3.6%；杂志广告经营额为 24.1 亿元，占广告经营单位总额的 1.5%。电视和报纸广告经营额合计为 716.6 亿元，占全部的广告经营额 45.6%。这足以印证我国目前强媒体弱广告公司的格局还是非常明显的。广告公司每家平均经营额 63.5 万元，也足以说明我国广告公司的规模目前还是非常小的。

从 2006 年的数据看，我国广告行业依靠数量增长来带动产业增长的粗放式经营格局没有改变，由此呈现出经营单位数量快速膨胀，质量参差不齐，导致广告市场内部竞争日益加剧的局面。

从 2006 年的数据看，相当数量的广告公司都在寻求体制转型。广告公司中股份有限公司比上年增长 11.0%；有限责任公司比上年增长 18.1%。2006 年为我国广告市场全面开放的第二年，过去外资广告公司都是以合资、合作等形式进入广告市场。广告市场全面开放后，一些外资企业正在寻求独资经营；2006 年外商投资广告企业由 461 家增加到 497 家，经营额为 132.4 亿元，平均每家公司经营额为 2664 万元，而本土广告公司平均每家经营额仅为 50 万元，这更进一步衬托出本土公司的弱小。

从 2006 年的数据看，我国媒介广告生态格局正在发生变化。电视广告的龙头地位虽然没有动摇，但增幅有所减缓，增幅比上年下降 8.2 个百分点，前两年对电视媒体广告经营资源的深度开发，有关部门对违规的减肥、丰胸、增高、药品、医疗器械等电视资讯类节目实行禁播或限播，使电视广告在 2006 年出现了调整期。广播广告异军突起，一方面，广播电台转换经营机制，顺应广告市场调整节目内容；另一方面，随着人们外出时间的增多，私家轿车越来越多地走近大众，广播媒体的广告价值得到新的提升。杂志广告振兴之路仍然比较艰难。网络广告继续保持较高的发展势态，根据中国互联网协会互联网数据中心发布的《2007 ~ 2008 中国互联网市场年度数据》，2007 年中国网络广告市场增长 54.2%，市场规模已经达 76.8 亿元，由于北京奥运会的强势拉动，预计 2008 年中国网络广告市场规模将增长至约 121.7 亿元，增长率预计为 58.5%，增长势头良好。可以确信，网络广告在今后几年中会表现出强劲的发展势头。

随着 2008 北京奥运会的举办，中国乃至世界广告市场都将掀起一股波澜。

2007 年全球广告市场继续保持增长态势。据 WPP 旗下的群邑发布的研究报告，2007 年全球广告市场增长 6%，预计 2008 年增长率为 6.8%。其中互联网广告市场的增长率达到两位数，2007 年的增幅为 32%。英国、美国等互联网广告发展领先的国家，其互联网广告经营额已占到整个广告市场 10% 以上的份额。据美国互动广告局（IAB，Interactive Advertising Bureau）发布的数据，2007 年美国互联网广告额占广告经营总规模的 13.4%，而英国 2007 年网络广告已经占到媒体广告 16% 的份额。目前，世界各大广告公司纷纷将目光投向中国等新兴市场。据尼尔森公司调查得出的数据，2007 年中国广告市场增幅约为 15%。摩根士丹利研究报告的结论与此不谋而合，2007 年中国广告市场的增幅为 15%，预计可达到人民币 2000 亿元；受惠于北京奥运会的带动效应，2008 年中国广告市场将出现一个增长高峰，较 2007 年大幅增长 25% 左右，达到 2450 亿元人民币。

我国广告业快速发展中存在的问题也不容忽视。一是广告业总体规模持续扩展，但具有国际竞争力的广告企业集团和媒介集团不多；二是广告从业队伍庞大，但高端专业人才缺乏，国际广告运作经验欠缺，高水平整合营销、传播策划、广告制作人才严重不足；三是广告业发展不平衡，沿海及经济发达地区的广告经营额占全国广告经营总额中的绝大部分，上海、北京、广东三地的广告经营额之和占全国广告经营总额的 48.8%，接近一半；四是虚假违法广告在一些行业还比较突出，广告行业竞争秩序有待规范。

1.6 广告产业发展趋势

1.6.1 广告产业的总体趋势

广告产业国际化进程加快。经济全球化发展必然会加速广告产业的国际化进程。越来越多的全球性广告主的全球性营销，需要全球性广告传播的支持。尽管此前也存在全球性广告主在全球所开展的广告传播活动，如可口可乐、IBM、柯达等，但以往的广告传播更多局限于本土和国际传播。广告传播从国际走向全球，需要全球性的广告传播机构的支持，需要全球运作模式与全球性传播策略的支持，从而必然引发从广告传播机构到广告运作模式和传播策略的全球化的巨大调适性改变。

广告整合营销传播渐成主流。由于营销环境和传播环境的复杂化，单纯依赖广告来实现有效的市场营销的时代已宣告结束，因而人们提出了"整合营销传播"的概念，主张实现营销传播要素的系统整合。未来的营销必然是整合营销，未来的营销传播必然是整合营销传播。从广告产业的角度而言，广告代理从早期的单纯媒介代理拓展为包括一系列广告活动在内的综合型的全面代理，进而必将会发展到以广告为核心业务来整合其他营销传播要素的新型代理。

新兴广告媒体高速发展。网络媒体的兴起和高速发展对传统媒体已经形成极大的冲击，尽管我们还没有真正进入到网络媒体时代，但传统媒体已经强烈意识到生存的危机，因而纷纷寻求与网络媒体的对接与结合，寻求新的生存方式和新的发展空间。新媒体的出现，并不意味着传统媒体的消亡，传统媒体依然会生存下去，但其生存方式的改变却是必然的、必要的。

1.6.2 广告主广告营销趋势

在广告主营销推广的诸多趋势特征中，以下两点对广告业有着深远的影响：

1. 广告与终端并重的趋势

近两年的数据表明，广告主对促销活动、人员推销、公关和直接营销这几大线下广告形式的侧重程度不亚于线上广告。"线上"与"线下"始终是互为呼应、相辅相成的。广告主在"广告费用"与"终端推广费用"两方面的预期投入都呈增长势头。

2. 广告主实施更具灵活性、前瞻性的媒体战略战术

广告主之间更高层次的竞争需要广告主在更高的层次上创新并整合使用媒介。首先，综合性使用多种媒体。单一的、粗放式的媒介投放已经不能满足日益变化与发展的市场以及日益成熟的消费者；另一方面，传统媒体广告环境竞争激烈，传播效果下降。除了电视和报纸媒体外，户外广告、店头 POP、展览会等媒体势头强劲，专业杂志、交通工具等媒体也在被相当多的企业所使用，企业的媒介选择呈现多元化态势。其次，广告主寻求媒体使用差异化策略，积极开发使用新式媒体。互联网、

公共视屏、户外媒体、直邮广告等是广告主热衷开发的广告资源。广告主频繁借力"事件广告"、"赞助活动"等诸多传播方式，除了表现出广告主在营销推广战略战术方面的进步与成熟，也反映出媒介、广告公司的服务升级，标志着公关等营销机构介入客户服务领域，对传统的广告营销服务形成冲击。

1.6.3　广告公司定位与业务调整趋势

广告主营销推广方面的趋势变化直接导致其对广告公司服务需求的复杂化、多元化。

转型期代理制"终结"趋势使得广告公司的媒介代理服务受到挑战。大量的广告公司几乎不可能从媒介代理服务中获取利润，生存艰难。目前的现状是，很多企业加大了对媒体广告的直接投放趋势。调查数据表明，广告主不通过广告公司而直接投放媒体的广告费用占到总媒体购买费用的43%，将近一半，这还是相当保守的估算。在媒体选择上，广告主也越来越倾向于依据本企业人员或部门的评估判断作为主要决策依据。企业越过广告公司，直接通过媒介进行广告投放，一来是考虑广告投入成本；二来解决税收限额问题；三来可以获得更低的价格及附加关系资源，增强企业抗风险能力。这一趋势从目前来说是不可逆转的。

因此，广告公司根据广告主的需求，重新整合资源，呈现出三种趋势。

第一种趋势，服务内容向纵深延展。广告与营销界限模糊，广告公司向顾问咨询型公司转变。部分广告公司开始更多地介入到企业的营销和管理领域；或者在继续提供传统广告业务的同时，开始介入企业的产品研发、通路设计、品牌管理等领域；或者直接选择营销及广告运作的前端（咨询、策划等），基本上不再介入末端具体的执行（制作、发布等）。

第二种趋势，专注于某一领域。一部分广告公司逐渐放弃原有的一些服务内容。根据广告生态调查，广告公司除了提供传统的服务内容，如创意、制作、策划、媒介计划和购买等外，超过一半的广告公司还提供促销方面的服务，还有相当比例的广告公司提供营销咨询与策划、公共关系方面的服务。

第三种趋势，积极开发、整合广告资源。为满足广告主创新使用媒体以及开发使用新媒体的需求，广告公司拉开了广告资源整合的序幕。

本章小结

本章比较系统地介绍了广告概念内涵的演进，广告的基本特征和作用，广告产业的含义，广告市场的主体构成等；对我国广告经营现状作了比较详实的介绍，对我国广告业发展在世界广告业中的地位也通过数据进行了展示，这些内容应该把握，以期对我国广告业的发展状况有基本的了解。同时，对包括中国广告业在内的世界广告业趋势进行了粗浅预测，希望对读者思考这个问题有所启示。

思考题

1. 广告概念内涵的演进，这一过程说明了什么?
2. 广告的基本特征是什么?
3. 广告市场的主体构成要素有哪些?
4. 我国广告经营现状如何?
5. 世界广告业发展趋势。

第2章 广告经营与广告形式特征

2.1 广告形式特征概说

广告经营形式与广告的形式特征是密不可分的。有什么样的广告形式就有什么样的广告经营形式、广告经营方式。

所有广告，都是以一定的形式显现的，内容决定形式。通常情况下，我们依据广告内容的不同将广告分为品牌广告、商品广告、服务广告、政治广告、文化广告、公益广告、悬赏广告等种种广告形式。依托于这些广告形式的广告经营也呈现出不同的特征。同时广告内容又是借助于一定的媒介形式显现和传播的，通常情况下，我们依据广告媒介形式的不同又将广告分为印刷广告、广播广告、电视广告、网络广告、手机广告、户外广告、视屏广告等种种形式广告。

因此，广告的形式特征具有双重含义：一是指各种广告形式，一是指各种形式广告。

广告经营形式更大程度上与广告媒介形式相关联。广告的媒介形式已数不胜数，如今，可以说凡是能作为广告载体的物体和空间几乎被利用殆尽，然而，人们还在继续发掘广告媒介，例如广告载体，美国、英国近期就出现了人体肚皮广告（图2-1）。还有广告空间，洗手间内的广告牌。

广告媒介形式当前一般表述为传统媒体广告、新媒体广告。这两部分内容本书列专章介绍，本

图2-1

英国的牛津街，两位广告志愿者正在展示画在肚皮上的广告和商业标识、她们的工作就是挺着肚皮在街上走来走去进行宣传。

章不再赘述。本章主要介绍广告的一般形式分类，重点介绍业者不太熟悉的儿童广告、公益广告、悬赏广告和政治广告。

2.2 广告形式分类

广告形式分类可以有很多很多，依据内容分、依据功用分、依据产业分、依据产品分、依据空间形态分、依据时间形态分、依据发布形式分、依据制作材质分等等，都是可以的。这里我们介绍常见的 8 种广告形式分类准则。

1. 根据广告主发布广告的价值取向、目的诉求和广告内容，广告形式一般分为：

（1）商业广告，包括商品营销广告、品牌形象广告。商品营销广告又包含一般消费品、快速消费品、奢侈品等。

（2）服务广告，包括招聘、招生、培训、社会福利、医疗保健、社会保险、征婚、寻人（寻物）、挂失广告等。

（3）政治广告，包括国家广告、竞选广告、法院公告，政府及其部门如公安、交通、财政、税务、工商、卫生、医药等部门发布的公告、通告等。

（4）文化广告，包括科学、文化、艺术、教育、体育、出版等方面内容的广告。

（5）公益广告，即以社会公共利益为目标，宣扬倡导人类正确、优秀、高尚的文化价值观念的广告。

（6）悬赏广告，即组织或个人表示对完成一定行为之人给予报酬的广告。

2. 根据传播媒介，广告形式一般分为：

（1）印刷广告，主要包括印刷品广告和印刷绘制广告。印刷品广告有报纸广告、杂志广告、图书广告、招贴广告、传单广告、DM 广告、POP 广告等；印刷绘制广告有墙壁广告、路牌广告、飞艇广告、彩旗广告、工具广告、包装广告、挂（台）历广告等。

（2）电子广告，主要包括广播广告、电视广告、网络广告、视屏广告、霓虹灯广告、电影广告、投影广告等。

（3）实体广告，主要包括实物广告、橱窗广告、赠品广告、影视剧和游戏植入广告等。

3. 根据广告活动进行的地点，广告形式一般分为：

（1）销售现场广告，主要包括橱窗广告、货架陈列广告、卡通式广告、巨型商品广告等。

（2）非销售现场广告，指存在于销售现场之外的一切广告形式。

4. 根据广告阶段性目的，广告形式一般分为：

（1）倡导广告，又称始创式广告，目的在于向市场开辟某一类新产品的销路或导入某种新观念。

（2）竞争广告，又称比较式广告，是通过将自己的商品与他人的商品作比较，从而显出自己商品的优点，使公众选择性认购。此种广告重点在于突出自己商品的与众不同。许多国家广告立法对比较式广告有一定限制。

（3）提示广告，又称提醒广告、备忘式广告，是指商品销售达到一定阶段且为大众所熟悉之后，经常将商品的名称提示给大众，以促进商品销售。

5. 根据广告传播范围，广告形式一般分为：

国际广告、全国广告、区域广告、本地广告。

6. 根据广告的目标对象，广告形式一般分为：

儿童广告、老年广告、白领广告、妇女广告等。

7. 根据广告传播时机，广告形式一般分为：

事件广告、长期广告、短期广告等。

8. 根据广告对公众的影响，广告形式一般分为：

印象型广告、说明型广告、情感诉说型广告等。

2.3 儿童广告

2.3.1 儿童广告的概念

儿童广告，是指儿童使用的产品或有儿童参加演示内容的广告，它包括两个方面的内容：一是儿童使用的产品广告，如儿童玩具、儿童食品、儿童用品等；二是指有儿童形象出现，并参加演示的广告，如一些食品、日用品，大人和儿童都可以消费，在这些广告中，儿童成为演示的主角。从现实情况看，儿童广告已铺天盖地，无孔不入，儿童广告已经潜移默化地影响着孩子们的生活，进而影响着整个社会生活。

儿童广告之所以受到广告主的青睐，主要有以下几个方面的原因：

（1）儿童是一个强大的消费群体。我国 14 岁以下的少年儿童目前有 2.7 亿人。仅据国家统计局所属美兰德信息公司 2001 年对北京、上海、广州、成都、西安 5 大消费先导城市进行的儿童消费市场调研结果，5 城市中 0 岁至 12 岁的儿童平均每人每月消费高达 897 元，5 城市儿童月消费总额约 40 个亿。目前已远不止这个数额。

（2）儿童在家庭消费中具有支配地位。为了下一代，家庭中越来越多的大额消费与孩子有关，比如教育培训、出国留学、旅游、购买乐器、汽车等，甚至投资房产也不鲜见，这种现象在我国独生子女家庭中比较普遍。

（3）儿童意见具有较强的影响力。宝洁公司一项调查发现了一个非常值得注意的现象，随着儿童年龄的增长，他们对父母购买以下物品的影响越来越大，如汽车、薯片、洗发护发用品、肉类、影碟、面条、坚果、牙膏、电视机、游戏盘等系列的产品。

（4）有利于长远品牌的培养。儿童时期形成的对某些产品、劳务、商标、品牌、企业等认知态度会潜移默化地影响到他们成年后的消费心理，他们有可能会一直忠诚于这一品牌。

2.3.2 儿童广告的负面影响

没有别的广告像儿童广告一样令社会和家长如此不安。现今的儿童在消费主义的赤裸进攻或广告的耳濡目染下，已成为传媒、消费和广告所引导的一代。

正因为广告主和广告公司都瞩意于儿童广告，才造成目前儿童广告泛滥的现象。许多人越来越意识到儿童广告所产生的负面作用。

（1）对儿童观念的误导。很多广告通过富有魅力的表现手段向儿童传达着一种观念：要想快乐和满足，唯一的途径就是去购买和消费广告中所宣传的商品。广告中过度物欲的宣传难免导致儿童对物质消费的过分追逐和顶礼膜拜，使儿童形成拜物主义和消费主义至上的价值观念，培养了他们以是否满足其物质追求来衡量父母或其他成员好坏的价值判断。

（2）对儿童行为的误导。一些商家为了达到促销的目的，违反广告法和儿童广告审查标准，通过赤裸裸的广告，引导儿童向家长施加购买压力，或向其他儿童展示拥有某种产品后的优越感，从而培养了孩子不得到某种产品誓不罢休的任性和冲动。

（3）对儿童语言的误导。目前出现的小朋友对诗词、成语的随意乱改现象与一些广告的语言不规范有直接关系。如一些成语：闲（贤）妻良母、完美无汗（憾）、默默无蚊（闻）、咳（刻）不容缓、骑（其）乐无穷等。

这些广告误导的危害性是严重的，其后果将会日益显现。

2.3.3 儿童广告的监管

我国儿童广告非常普遍，数量惊人，尤其电视儿童广告。相关监管法规也有一些规定，例如：

《广告法》第八条：广告不得损害未成年人的身心健康。

国家工商行政管理局1994年6月发布的《广告审查标准》（共10章68条）则有更为明确的限制，第五章为"儿童广告"：

第三十七条：儿童广告，是指儿童使用的产品或有儿童参加演示内容的广告。

第三十八条：儿童广告必须有益于儿童的生理和心理健康，有利于培养儿童优秀的思想品质和高尚的情操。

第三十九条：不适于儿童使用的产品的广告，不得有儿童参加演示。

第四十条：针对儿童宣传的广告，应当进行浅显的、能够为儿童正确理解的描述。

第四十一条：广告中出现的儿童或家长，应当表现为具有良好行为或态度的典范。

第四十二条：不得发布下列儿童广告：

（一）有损儿童的身心健康或道德品质的；

（二）利用儿童给家长施加购买压力的；

（三）影响儿童对长辈和他人尊重或友善的；

（四）影响父母、长辈对儿童的言行进行正确教育的；·

（五）以是否拥有某种商品使儿童产生优越感或自卑感的；

（六）儿童模特对宣传的商品的演示超出一般儿童行为能力的；

（七）表现不应由儿童单独从事的某种活动的；

（八）可能引发儿童任何不良事故或行为的；

（九）利用超出儿童判断力的描述，使儿童误解，或者变相欺骗儿童的；

（十）使用教师或儿童教育家、儿童文艺作家、儿童表演艺术家等名义、身份或形象。

与其他国家儿童广告法规监管相比，我国儿童广告法规尚不完善，法规对儿童广告监管相对简单，内容比较概括，缺少细化的内容，定性的规定较多，定量的限制较少，哪些具体情形是违法的，规定得并不清楚，这导致了执法部门对哪些才是违法儿童广告的认定具有模糊与不确定性。这种情况也是许多擦边球儿童广告泛滥的一个重要原因。

目前，一场名为"反对儿童广告"运动正在西方发达国家展开，人们正在要求政府加强对儿童广告的规范和限制。

瑞典在1991年就立法全面禁止针对12岁以下儿童的电视广告，成为世界上第一个禁止儿童广告的国家。比利时、丹麦、挪威也完全禁止电波媒介播放面向儿童的广告。意大利新的传媒法（Legge Gasparri）也有一条禁令：禁止在电视和广播广告中出现14岁以下的儿童。

在美国，民主党参议员希拉里·克林顿正积极鼓动参议院通过一项法案，以授权美国联邦贸易委员会采取措施，禁止商家针对儿童尤其是5岁以下儿童所展开的营销活动。

儿童广告主要集中于电视，对此，美国联邦贸易委员会制定了儿童电视广告规则。这些规则包括：（1）要在儿童节目与广告之间设置"分离器"；（2）禁止儿童节目主持人直接向儿童促销产品；（3）限制儿童节目中的广告时间。此外，美国广播事业协会制定的电视条例中减少了儿童广告的数量，限定周末儿童电视节目广告不得超过9.5分钟，一周中的另外几天不得超过12分钟。美国广告审查委员会还成立了儿童广告审查机构，监督所有以儿童为对象的广告形式，包括对电视广告的详细审查，一旦发现不良广告，即通过广告主、经营方对相关内容进行修正。

2007年6月，美国联邦贸易委员会公布了一份关于"垃圾食品"的电视广告投放量调查结果，同时举行听证会，旨在向食品企业施加更多压力，要求它们以更负责任的方式进行广告宣传，以抑制儿童肥胖问题的不断恶化。大多数消费者和舆论都认为，儿童肥胖问题日益恶化的原因与不负责任的广告宣传息息相关。根据相关统计，自1980年以来，美国儿童肥胖率增长了2倍以上。目前美国每3名儿童中就有一人是小胖子或是有变成小胖子的危险。

2007年7月，可口可乐、麦当劳、好时、大众食品公司等美国最大的11家食品饮料企业宣布，将实施新的自律性行业规范，限制对12岁以下儿童进行广告宣传。这些公司主动进行自我限制是无奈之举，主要为了避免美国联邦贸易委员会针对食品业出台更为严厉的广告管理规定。在美国全部针对儿童的食品类电视广告中，上述 11 家企业的广告占到 2/3 左右。7 家公司表示将不再使用像怪物史莱克这样的流行卡通形象在互联网或纸媒上进行广告宣传；另外 4 家公司则承诺停止一切针对 12 岁以下儿童的广告宣传活动。他们表示将在 2008 年底之前全面执行这些规定。

英国针对儿童广告有严格的规定。英国独立广播局（IBA）制定的《广告标准和实务法》，其中就有关于"广告与儿童"的专门规定，对有可能使儿童产生不良后果的广告内容所涉及的九个方面作出严格的限制性规定。如规定，广告不得鼓励儿童进入生疏地区；不得直接吸引或劝诱儿童购买；不得使儿童相信，如果得不到广告中的商品，同其他儿童相比，他们就是低下的，或者没有得到这种商品而被人轻视或嘲笑等。该法规还对儿童节目前后禁止播放的产品广告种类、广告中儿童形象的表现、不得出现儿童的场面等作出具体的规定。

日本《报纸广告伦理纲领》在针对儿童的广告表现上有如下规定：广告应切实重视儿童的想像力，不应该使儿童产生不切实际的幻想；广告应高水平地宣传介绍产品；广告应努力促进友爱与亲善，改善人类之间的关系，以此向儿童传播知识；广告不应当有轻视儿童双亲之类的内容；在所有广告中，都不希望引导孩子们进行商品交易。

加拿大规定，针对儿童的广告只能出现在周一到周六的上午。

澳大利亚把儿童广告限制在上午 9:00 至 10:20 之间。

新西兰只允许儿童广告在下午 3:00 至 4:00 间播放。

德国、荷兰、瑞士、新西兰都禁止在星期天和节假日对儿童做广告。

爱尔兰广播电视主管机关严禁儿童仰慕的名人代言儿童广告，并要求糖果广告需要特别提醒刷牙。

希腊则严格禁止在早晨 7:00 至晚上 10:00 做有关玩具的电视广告。

世界不少国家对儿童广告产品类别进行限制。如法国消费者协会呼吁欧洲议会制定法律，禁止在儿童电视节目中插播多油、多盐、多糖食品广告，以控制肥胖儿童日益增多的趋势。一些国家对玩具、维生素、药丸、麦片、鞭炮等产品的儿童广告也有所限制。

根据其他国家的成功做法，我国应该学习他们的经验，针对儿童广告作出专门规定，保证最大限度地让儿童接触到大量正面的、健康的广告。既可以考虑制定专门的儿童电视广告法规，也可以在将来修订《广告法》或制定《广播电视法》时，增加"儿童广告"的内容：对播放儿童电视广告的时间加以明确的限定；在儿童电视广告与电视节目之间使用隔离技术作提示；对儿童电视广告的表现内容和手法作出限制；明确儿童广告审查标准，成立专门委员会等机构来定期审查、接受投诉等。尤其重要的是，对于违规进行儿童电视广告制作或播放的，应规定具体、严厉的处罚措施。

2.4 公益广告

2.4.1 公益广告的概念

公益广告的主要作用有两个，一是传播社会文明，弘扬道德风尚；二是企业通过它树立自身良好的社会形象，巩固自己的品牌形象。

公益广告，最早出现在 20 世纪 40 年代初的美国，亦称公共服务广告、公德广告，是为公众服务的非盈利性广告。在美国，公益广告旨在增进一般公众对突出的社会问题的了解，影响他们对这些问题的看法和态度，改变他们的行为和做法，从而促进社会问题的解决或缓解。其中，一类是公共广告（Public Advertising），是由社会公共机构如绿色和平组织、动物保护协会等社会团体针对他们所关心的社会问题发布的各类广告。另一类是意见广告（Opinion Advertising），这多是企业集团针对各类社会现象，阐述企业的态度。这是一种企业形象广告的外延，表明了企业在社会中的个性和责任。

在日本，公益广告称之为公共广告，《电通广告词典》将其定义为"企业或团体表示它对社会的功能和责任，表明自己过问和参与如何解决社会问题和环境问题，向消费者阐明这一意图的广告"。它与美国的意见广告相似，目的还是为了在社会公众中塑造企业自己的公关形象。

2.4.2 公益广告的类别

从广告发布者身份来分，公益广告可分为三种。第一种，媒体自己制作发布的公益广告。我国的媒体经常发布公益广告，这是媒体政治、社会责任强的表现，同时广告管理部门对媒体发布公益广告数量也有要求。第二种，政府管理机构或社会机构发布的公益广告，比如我国水利主管部门发布的节水公益广告，比如联合国教科文组织、联合国儿童基金会（UNICEF）、世界卫生组织、国际野生动物保护组织分别发布过"保护文化遗产"、"儿童有受教育权利"、"不要歧视艾滋病人"、"保护珍稀动物"等公益广告。这类公益广告大多与发布者的职能有关。第三种，企业发布制作的公益广告，比如波音公司曾发布过"使人们欢聚一堂"，爱立信发布过"关怀来自沟通"等公益广告。

从公益广告题材上分，可分为政治政策类选题，如改革开放 20 年、迎接建国 50 周年、科教兴国、推进民主和法制、扶贫等；节日类选题，如"五一"、"教师节"、"重阳节"、"植树节"等；社会文明类选题，如保护环境、节约用水、关心残疾人等；健康类选题，如反吸烟、全民健身、爱眼爱牙、防治爱滋病等；社会焦点类选题，如商品打假、扫黄打非、希望工程、反毒品等。

2.4.3 公益广告的特点

1. 非盈利性

公益广告以人与社会、人与自然和谐发展为宗旨，以社会保护与群体素养提升为目的，促进社会的发展，注重社会效益。与商业广告完全以盈利为出发点相比，公益广告则是非盈利性的。凡是从事公益广告的单位或个人，他的终极目标是公众的利益，而不是以盈利为目的。有一点要说明的是，不以盈利为目的并不等于说从事公益广告是亏本的，而应是持平或有盈余的。只是从事公益广告的单位或个人对于盈余不得在所有者和管理者中分配，必须用于提高公益广告的质量和数量上。

2. 观念性

公益广告诉求的是观念，以某一观念的传播，促使公众启迪、自省、关注某一社会性问题，以符合公德的社会行为为准则，规范行为并身体力行以形成社会良好风尚，或支持某种社会事业。它传播的是精神形态的观念，而不是物质形态的商品。它是与助人为乐的无私奉献相联系的，是人类的同情心、爱心、责任感等美德的彰显，是社会伦理道德走向和谐，个人智慧趋向成熟的标志。对于那些自愿资助公益广告的个人或团体，社会应给予鼓励和支持。

2.4.4　我国公益广告发展现状

现在在欧美发达国家，公益广告已相当普及，尤其是电视公益广告。电视公益广告最早见于美国、法国等全国性大电视网，如美国 ABC 和法国 CANAL＋等。之后欧美一些跨国企业和机构也纷纷加入公益广告的制作和发布。现在在欧美电视台播出的公益广告大多是由一些国际性或全国性组织、机构发布的，如国际红十字会、世界卫生组织、美国全国健康协会、联合国儿童基金会等就发布过大量公益广告。而一些大公司更是在发布商业广告的同时，不遗余力地制作公益广告。如 IBM 的"四海一家"，通用电气的"照亮人生"等。这些大公司敏锐地看到公益广告虽然不直接宣传自身产品，但可以突出强调企业的社会责任意识和爱心，树立企业良好高尚的社会形象，并通过频繁的播出强化企业的商标印象，所以实际上也起到了宣传自身的作用。这些公司将商业广告和公益广告完美结合，双管齐下，牢牢占据着世界广告的领先位置，可谓物质精神双丰收。

我国公益广告的发展较晚。最早出现的是 1986 年贵阳电视台摄制的"节约用水"。之后，1986 年 10 月 26 日，中央电视台开播"广而告之"栏目，揭开了我国公益广告新的一页。它为全国的大众传媒和广告业树立了一个榜样，带动了全国公益广告的蓬勃发展；同时还深刻影响了政府和广告业最高管理层关于开展全国性公益广告的决心。从此，全国性的公益广告活动进入新的全面发展阶段。自 1996 年以来，国家有关部门开始对全社会的公益广告活动进行统筹规划和组织，公益广告开始成为全国性的活动。1996 年 6 月，作为广告业主管部门——国家工商行政管理局发出了《关于开展"中华好风尚"主题公益广告活动的通知》，政府主导下的全国性公益广告活动全面展开。

从 1996 年到 1998 年，国家工商行政管理局在全国范围内每年都组织开展不同主题的公益广告活动。1999 年，国家工商行政管理局印发《关于进一步做好公益广告创作有关问题的通知》，将每年举行的全国性公益广告评选活动改为每两年一次，各地方结合当地实际，按年度或每两年安排本地区的公益广告评选活动。

2.4.5 我国公益广告存在的问题

由于我国公益广告发展时间较晚，与发达国家相比，还存在一些问题和差距。

公益广告市场化运作程度低。与美国、日本等国家的公益广告运作相比，我国政府介入公益广告的运作最多。公益广告多是由政府指令、媒体制作播发的，正因为如此，我国公益广告的策划和制作在很大程度上依靠政府部门的支持和行政手段的规定。公益广告活动的发起人主要还是由政府机构来承担，企业的参与较少。政府在公益广告的发展中，把主要精力放在组织具体的公益广告活动上，没有在建立公益广告的市场化运作方面做更多基础性、引导性工作，结果是在公益广告活动期间，全国的公益广告活动开展得有声有色，但活动一结束，大部分公益广告就销声匿迹。媒体在公益广告的制作、播发中也不够自觉，表现得随意、分散。有硬性任务时，媒体为完成任务，必须在规定的时间段内发布一定量的主题公益广告；没有任务时就可发可不发，或是有时段和版面空闲时用公益广告来填充。

企业没有成为公益广告的主体。由于我国的公益广告制作、发布大都靠政府推动，还没有形成企业、广告经营单位的自觉行为，企业长期投入公益广告的能力和热情不足，制约了公益广告的长期稳定发展。企业尤其是大企业成为公益广告的主体，不仅能够解决公益广告发展中最重要的资金问题，还能够使公益广告的设计、制作水平充分体现企业的实力和社会贡献精神。企业是推动公益广告稳定发展的最活跃的市场化因素。

法规政策保障不足，没有形成公益广告的激励机制。目前，我国的《广告法》、《广告管理条例》都没有对公益广告作出界定。我国有关公益广告管理的规定仅体现在有关部门发出的公益广告活动的文件中，但这些文件都没有涉及公益广告界定问题，关于公益广告的各种法律界定并不清晰，关于公益广告的内涵、公益广告的资金来源、公益广告成本界定、公益广告与商业广告在作品表现上的区别、公益广告内容的署名权、法律责任等都没有十分清楚的界定。广告主、广告公司、媒体在公益广告的投入上由于得不到政府的鼓励和保障，积极性不高，有的企业甚至把投入公益广告看作是对社会的施舍。

没有专业的公益广告组织机构。我国政府虽然十分重视公益广告的发展，但是由于体制问题，宣传部门、工商部门、新闻出版部门、文化部门都有管理公益广告的职责，但又都不是公益广告管理的法定部门。我国公益广告的多头管理，政府单位和部门之间职责分工不明确，目前各地广告行业协会由于体制的原因，也不具备担当统筹协调公益广告发展的职责和能力。

公益广告资金来源没有保障。制作公益广告的资金来源主要有四个：一是政府拨款；二是从广告公司制作商业广告的利润中提取；三是大企业无偿赞助，企业与广告公司联合制作（署名赞助）；四是社会资助或捐款。对于那些得到企业赞助而制作的公益广告，广告公司从中获得的收入通常大大少于同种规格的商业广告，但也必须交纳与制作商业广告相同标准的税，即国家没有因为广告公司参与公益广告的制作而给予其税收上的优惠，这在很大程度上限制了广告公司投身公益广告活动的积极性。

2.5　政治广告

2.5.1　政治广告的概念

什么是政治广告？政治广告又称意见广告，是一种非商业化的广告，它指个人、群体组织或者政党，为了达到特定的政治目的或社会目的，而在媒体上购买广告版面或时段表达意见和看法的广告。

2005 年 5 月 24 日，深圳市民李红光女士在《南方都市报》第 37 版上自费 1 万元做了一个广告。

广告内容为："深圳市四届人大一次会议和四届政协一次会议召开在即，我收集了反映民生及个人建议十多条，希望通过你们在'两会'期间提出，有意者请与我联系。"并公布了传真号码与电子邮箱。接着罗列了 12 条建议的题目，建议涉及降低出租车起步价、建立公平社保、打破管道煤气垄断等方面内容。广告末尾署名：公民李红光。

这条广告属于什么类型广告，学界有不同看法。"这或许可以说是出现在中国大众传媒上的第一条公民的意见广告。"新闻与传播学知名学者展江教授和喻国明教授均小心地作出了相似的判断。至于他们不用政治广告的概念，可能因为我们对"政治"这个词太敏感了。实际上，作为一种广告类型，我们不妨把它理解得宽泛一些。在法律允许的范围内，做这样的广告也不失为一种新的沟通渠道与表达意见的方式，这类广告在沟通民众意见、促进和谐社会建设方面未必不能起到积极的作用。我们这里也是将这种广告类型给大家作一个浅显的介绍。

2.5.2　政治广告被列入公共政策广告

在西方国家，政治类型广告司空见惯，最突出的就是形形色色的竞选广告，这又以美国为甚。《华盛顿邮报》是全世界最大的政治广告发布媒体，获得的政治广告市场份额最大。《华盛顿邮报》将政治广告工作划入"企业形象广告和公共政策广告组"中，这是因为，政治广告在美国只是公共政策广告的一个分支，特指政治竞选人，例如总统竞选者、参议员竞选者、州长竞选者等刊登的广告。美国民主党总统竞选人、前北卡罗莱纳州参议员约翰·爱德华兹在《华盛顿邮报》上刊登整版广告，呼吁参议院采取措施，促使政府从伊拉克撤军，就是典型的政治广告。实际上，公共政策广告除了政治广告之外，还包括利益集团和组织以及个人刊登的旨在影响美国政府公共决策的广告。《华盛顿邮报》每年的广告收入高达 6 亿美元，公共政策广告收入占报社总体广告收入的 6% ~7%，一个整版的公共政策广告大约要花 10 万美元。

跟普通商品和服务广告相比，美国的公共政策广告具有如下特点：（1）跟当下美国社会的热点话题紧密相关。凡是联邦政府争论的热点议题，如环保、能源、反堕胎、医疗改革等，都有可能成为公共政策广告的题材。（2）诉求对象并非普通老百姓和普通读者，而是联邦政府的精英决策人士。（3）美国政府没有对公共政策广告进行管理的专门法律，主要靠各大媒体的自律。为避免引起不必要的法律纠纷，所有公共政策广告在刊发前都必须送交报社的法律事务部门，让专业律师进行审核。

除了律师审核，广告部也要对政治广告进行把关。《华盛顿邮报》在刊发政治广告时并不是给钱就登，许多广告都必须按照《华盛顿邮报》的标准进行修改。由于不符合报社政治广告发布标准，加之一些广告发布商拒绝作出修改，有不少政治广告都被《华盛顿邮报》枪毙了。《华盛顿邮报》广告部在审核政治广告时，主要奉行五大原则：

第一条原则：必须明白无误地告诉读者，是谁出钱刊登的广告，读者如何才能联系到掏钱刊登广告的单位或者个人。

第二条原则：绝对不能让读者误以为该广告是新闻。从版面编排和处理格式上一看，就必须让读者知道这是广告，而不是新闻或者言论。

第三条原则：对广告内容实行同新闻和言论一样的审查标准。

第四条原则：广告引述的内容必须准确。

第五条原则：广告必须跟《华盛顿邮报》本身的高雅格调相符。

从《华盛顿邮报》政治广告刊登原则和操作规范中，我们也可一窥美国政治广告的端倪。

2.5.3　美国2008总统竞选广告

在政治广告中，竞选广告是最突出的。在竞选广告中，美国总统的竞选广告又是最突出的。在美国总统竞选班子里竟有广告专家。

从1952年艾森豪威尔第一次拍摄电视广告至今，总统竞选的政治广告有了很大发展。政客们已经习惯借助于一些广告技巧，通过媒体把他们的思想传递给选民。

2008年美国总统大选对广告业的发展会产生重大的影响，据中国广告协会《国内广告信息》第33期引述权威机构（ZenithOptimédia）的专业研究报告：2008年有北京奥运会，并且是美国的总统选举年，预计2008年全世界的广告费用将增加6.7%。将会有60亿美元的广告费被注入世界广告市场，其中30亿将投入北京奥运会，20亿用于美国总统选举和国会选举，10亿投放欧洲杯足球赛。

美国联邦选举委员会前主席托纳曾表示，2008年的大选将是美国历史上时间最长、花费最多的一次选举。据托纳估计，到2008年11月投票日那天，两党总统候选人每人将花费5亿美元。没有足够的钱，就没有办法雇用更多竞选工作人员，动员更多选民，投放更多的广告。2004年克里和布什在竞选广告上的花费达6亿美金。一般估计，2008年大选广告花费要超过这个数。密苏里大学研究政治广告的传播学教授毕诺伊特（William Benoit）认为，广告花费成为2004年数字的两倍，还是相当保守的预测。这个大选季竞选广告花费激增，理由很简单：两党都有竞争激烈的选战，不像 2004 年，布什总统在本党内没有挑战对手。事实也的确如此，民主党三位参选人希拉里、奥巴马、爱德华兹 2007 年投注在电视广告的花费估计高达 2370 万美元。

美国竞选活动中最大的一项花费就是电视广告。在一个现代社会，要想大众知道你的主张并在选举日投你一票，最有效的办法是做电视广告，因为其信息传播速度最迅捷、内容最丰富、覆盖面最广。虽然各参选人都会运用网络来加强与选民之间的互动，但电视及广播仍是最受重视的广告媒介。

美国联邦通讯委员会对竞选广告有明确要求：必须遵循"同等对待"和"最低费用"原则。前者要求电台电视台必须给予各位政治候选人以相等的竞选广告时间；后者要求电台电视台向合格的政治候选人提供的广告时间，是同一等级同一时间中价格最低的。

美国联邦最高法院出于言论自由的考虑，裁定民间机构可在竞选前刊登或播放政治广告。预料这个裁决对以限制竞选开支为由，禁止机构在选前两个月卖广告的选举规定构成挑战。最高法院这项决定，对民间机构在选举时发挥舆论有深远影响。

民主党参议员希拉里，是 2008 年美国总统大选的热门人物。令人惊叹的是，她的忠实拥护者的一个名为"现在就要希拉里（Hillary.com）"网站，竟提前 3 年为其制作了第一个"2008 年总统竞选广告"，并首先在美国新罕布什尔州地区各大城市的有线新闻网中播出。广告时长 30 秒，以卡通形式表现。广告中，希拉里变身一名身穿制服的清洁垃圾工，开一辆车身上写有"清理布什残局——希拉里 2008"字样的绿色垃圾车（图 2 - 2）。接着，一个画外音问："希拉里，你能帮帮我们吗？"随即，一个酷似希拉里的声音自信地回答道："没问题。但我需要两个任期，才能清理干净布什留下的垃圾！"

图 2 - 2　广告中的清洁车上写着"清理布什残局——希拉里 2008"

2.5.4 国家广告

在报纸、电视上发布广告推广商业品牌早已司空见惯，而拿国家当品牌来做广告并不多见。2006年4月，马其顿政府在美国一家电视台播放宣传广告，内容为该国自然风光和名胜的介绍。30万欧元广告费，播出253次，换来的是马其顿显著增长的旅游收入。类似的甜头克罗地亚也曾尝到，该国的广告在该家播出后，旅游人数增长了40％。2007年4月，韩国观光公社推出由人气小天王Rain担纲主演的宣传广告"KOREA, Sparkling"。为了配合广告在美国的播出，观光公社还组织了声势浩大的宣传。我们把这种国家广告也作为政治广告的一种形式。

"国家广告"策略的始作俑者，是美国一家名为"东西方传播"公关咨询公司的两位主要负责人托马斯 – 克伦威尔和萨瓦斯 – 基里亚库。本世纪初，他们首先提出了以通过媒体广告推广国家品牌的公关策略。这一策略的基本核心就是将国家视作一种商业品牌，在宣传中突出其与别国的不同之处，并在国际范围内加以推广。通过"国家广告"打造和推广国家品牌，不仅能够帮助某一国家实现贸易、投资、旅游方面的目标，还能提升国家地位，影响主要大国的相关决策。

信息一向灵通的《华盛顿邮报》立即捕捉到这一重要趋势，与"东西方传播"公司联手实践"国家广告"策略。该报有专门广告团队承接来自国家客户的业务。

通过与"东西方传播"的合作，《华盛顿邮报》的国际广告部开发出了针对国家客户的几类广告"套装"产品。根据不同需求，通过《华盛顿邮报》集团旗下的日报、周刊、星期日杂志和网站为这些客户做广告。该报还为外国驻美大使馆和外国政府提供折扣优惠。更为耐人寻味的是，在《华盛顿邮报》看来，这种"国家广告"纯粹是一种"一手交钱、一手交货"的商业行为，与政治立场毫无关系。你出得起钱，我便帮你登广告，内容完全由客户来定。因此，在同一份《华盛顿邮报》里，往往在新闻版面上看到针对某国的负面报道，而在广告版面中却刊登着宣传该国"政通人和"、"欣欣向荣"的整版广告。

根据"东西方传播"公司的统计，在《华盛顿邮报》上刊登"国家广告"最勤的是哈萨克斯坦。此外，还有乌克兰、希腊、科特迪瓦、塞浦路斯、韩国、利比里亚和秘鲁等国。从哈萨克斯坦的例子来看，该国在《华盛顿邮报》上刊登广告已经超过了普通宣传的范畴，甚至还参与了与美国读者的互动。不管效果是好是坏，至少提高了该国在美国人当中的知名度。

美国一些学者认为，《华盛顿邮报》做"国家广告"生意兴隆，反映了冷战后时代国际政治领域的一个重要转变。

"国家广告"的目的是推广"国家品牌"。实际上，"国家品牌"作为一种公共外交战略，西方国家二三十年前就使用过。美、英等老牌发达国家都运用过类似的策略提升国际形象。英国品牌专家西蒙 – 安霍尔特被公认为是推广"国家品牌"的先驱。他把早年为可口可乐和雀巢公司开展全球商业宣传工作的经验运用到一些国家客户身上，帮助其树立"国家品牌"。安霍尔特说，成功塑造出自己的"国家品牌"能够吸引外国投资者和旅游者，从而加速经济发展。

通过推广优质产品塑造国家品牌也是一种行之有效的方法。日本和韩国就是突出的例子。第二次世界大战之后，日本的名字曾与质量低下的产品联系在一起，但在20世纪80年代，随着一些成功的日本企业如丰田、索尼和本田的出现，日本的名字成了质量和技术的同义词。日本的"国家品牌"也从此树立起来；韩国的国家品牌形象，在很大程度上也是依靠"三星"等一批著名产品的知名度树立起来的；新加坡之所以能够迅速进入新兴工业国家行列，与前领导人李光耀成功实施"国家品牌"战略密不可分，也是一个以品牌战略提升国家形象的典型案例。

然而，国家品牌的塑造要比企业形象塑造复杂得多，是一个多方面的系统工程，不光是做几个"国家广告"就能够解决问题的。许多专家认为，树立一个"国家品牌"，通常需要长达10到20年的时间才能见效。

2.6　悬赏广告

2.6.1　悬赏广告的概念

悬赏广告，就是表示对完成一定行为之人给予报酬的广告。悬赏广告自古有之，今天比较常见，例如寻找失物、通缉罪犯、鼓励发明或创造。但我国《中华人民共和国民法通则》（下面简称《民法通则》）、《中华人民共和国合同法》（下面简称《合同法》）、《广告法》均未对悬赏广告作出规定。

悬赏广告须具备以下条件：

（1）须有悬赏人。悬赏人是作出悬赏广告意思表示的行为人，可以是自然人，也可以是法人，还可以是其他民事主体。

（2）须以广告方式对不特定人作出意思表示。广告的方式多种多样，如报纸刊登、广告栏张贴、街头叫喊、在广播电视或互联网上发布消息等等，使不特定人知晓。

（3）须有赏格。悬赏广告必以"赏"为要件，否则即为普通广告，而非悬赏广告。当行为人完成一定行为时，悬赏人向行为人给予报酬。报酬的内容可以是确定的，也可以是不确定的，如"必有重赏"、"一定重谢"等，这同样不影响悬赏广告的构成。至于报酬的种类、数额，是由悬赏人自己决定的。

（4）须要求他人完成一定的行为。如发现或返还遗失物、走失的动物；告知或送回走失的亲人；举报坏人坏事及抓捕逃犯；医治疑难杂症；征集创作作品或动植物标本；解决特定的技术问题及求得发现或发明等。

2.6.2　悬赏广告的种类

悬赏广告可分为普通悬赏广告、公务悬赏广告和优等悬赏广告三种。

普通悬赏广告是平等主体之间的民事法律行为，可以由公民、法人或其他组织自行发布。主要表现有：个人寻人、寻物启事；企事业单位提供奖金，对完成某项特定任务而给予奖赏等。

公务悬赏广告是国家行政机关或司法机关为更好地行使公权，依据一定的法律法规和程序，向社会公众发出求助信号，并对完成指定行为的人给予奖励的一种民事法律行为。此类广告，公民、法人或其他组织无权自行发布。

优等悬赏广告是指悬赏人以广告方式公开表示，对在一定时间内完成广告指定行为的数人中，按照事先确定的标准评选为优等者给予报酬的广告。

本章小结

本章比较详细地介绍了广告的各种形式分类，从而使读者对形形色色、五花八门的广告形式有所了解。实际上，广告的形式还在被不断发现之中，循此路径，建立一门广告分类学也是很有趣的。在突出介绍的4种广告形式中，应重点把握儿童广告和公益广告，怎样规范监管儿童广告？怎样发展公益广告？这些都是我国广告经营中急待解决的问题。

思考题

1. 依据广告媒介形式的不同，广告可分为哪几种？
2. 除了课文中列出的8类广告，你还可列举几种？
3. 针对我国儿童广告存在的问题，怎样规范监管儿童广告？
4. 怎样发展我国的公益广告？

第**3**章 广告公司的经营与管理

3.1 广告公司与广告代理制

从广告发展史来看，广告是媒体发展的附属物，与媒体相伴而生。在相当长时期，媒体广告都是自营的。广告公司的产生是广告产业分工的结果，也是现代广告业的重要标志。现代广告业的第一个重要分工就是广告代理制的出现，广告公司代理企业、媒体或广告媒介（媒体在一般意义上其主要功能是传递信息和宣传，广告为其附属功能。现代社会出现了很多非宣传媒体的广告媒介，如手机、视屏等，为区别宣传媒体，我们用"广告媒介"这个概念以指代）。在广告市场进行运作，使广告业成为一个专业化的产业，广告公司因此也成为广告市场重要主体之一。广告代理制是目前经济发达国家广告业的通行做法，也是一个国家广告业成熟与发达的主要标志。

3.1.1 广告代理制的含义及内容

1. 广告代理制的含义

广告公司业务最明显的特征是代理，即接受委托、提供服务。所谓广告代理制，是指具有独立规模和组织的广告公司代理企业或代理媒体（广告媒介）广告业务，并以专业的、科学的方法提高广告策略和广告设计制作能力，使广告活动更为有效。广告活动中，广告主委托广告公司实施广告业务活动，媒体（广告媒介）通过广告公司承揽广告业务。这样，广告主提高了广告的策划、设计、制作水平，媒体（广告媒介）扩展了广告量，广告公司满足了媒体（广告媒介）和广告主各自不同的需求。广告公司作为广告主与媒体（广告媒介）中间的桥梁，为广告客户和媒体（广告媒介）双向提供服务，起着主导作用。

广告公司按其代理的对象可分为客户代理公司和媒体（广告媒介）代理公司。

客户代理，即广告公司接受广告主委托，实施市场调研、广告策略拟定、广告创作等全部或部分广告业务。由于广告公司在广告服务方面具有专长和经验，广告主委托广告公司实施广告计划更为经济和科学。广告公司具有市场、媒介、创意方面的专业人员，他们在得到客户委托后，利用其专业知识和公司的资源帮助客户达到广告和营销目的。

媒体（广告媒介）代理，即广告公司接受媒体（广告媒介）的委托销售版面或时段，可以是报纸、电视、广播、杂志等大众媒体，也可以是路牌、灯箱、车身、大屏幕显示屏等户外媒介，甚至是体育赛事、文艺演出或其他活动。从事媒体（广告媒介）代理的广告公司不仅要熟悉媒体（广告媒介）的内容，还要有对媒体（广告媒介）特性和受众的专业研究，适时地把媒体（广告媒介）的版面、时间或空间推荐给广告主。

客户代理和媒体（广告媒介）代理是我国绝大部分广告公司的生存方式，实际操作中，以客户代理为主的广告公司也有涉足媒体（广告媒介）代理的，而媒体（广告媒介）代理公司也做客户代理，只是不同公司业务侧重点有所不同。

2. 广告代理制的内容

广告代理制的内容主要包括广告公司的客户代理和媒体（广告媒介）代理、代理服务的业务范围及代理佣金制等。客户代理和媒体（广告媒介）代理，构成了广告公司代理业务的主要范畴。

广告代理具有双重代理的性质：一方面它全面代理广告主的各项广告活动，在广告代理制度下，广告主自己不与媒体（广告媒介）直接联系发布广告（分类广告除外）。另一方面它又代理媒体（广告媒介）的广告时间与广告版面的销售，媒体（广告媒介）媒介单位不直接面对广告主承接广告的发布、设计和制作等业务。

广告公司经营收入主要来自两个方面，一方面是媒体（广告媒介）付给的代理佣金。按国际惯例，代理佣金的比例为：大众传播媒介15％，户外媒介16.7％。我国也曾要求执行这个费率，然而目前广告经营市场中，广告代理佣金早已突破了这个界限，基本根据广告市场供求关系、媒体（广告媒介）品牌影响力、广告公司的业务量等因素，双方共同确定广告代理佣金比例，各个公司获得的比例均不相同，个别高达30％以上。另一方面是买断媒体（广告媒介）广告标的，其超标的部分为广告公司的经营收入。近年来，这种方式比较普遍。买断媒体（广告媒介）一年或几年的广告标的，可以使广告公司的业务经营更好地实施自己的战略规划，形成自己的经营品牌，同时，经营得好的话，其利润远远高于通常的广告代理费。当然，其利益与风险是共存的，一旦广告标的失准或经营不当，其风险完全由公司承受，近年因此而使广告公司倒闭的案例并不鲜见。媒体（广告媒介）对这种方式还是比较热衷的，既大大减少了广告实际经营工作的负担，又转嫁了经营风险，确保了广告收入。但媒体（广告媒介）的风险也是存在的，其远离了广告经营市场，弱化了经营品牌，失去了经营人才和队伍，对市场变化的反应严重滞后，一旦广告公司不再买断广告标的，媒体（广告媒介）自身重返广告市场的代价十分高昂。

虽然广告公司的代理佣金主要来自媒体（广告媒介），但这容易引起广告主的不满。因为对于广告公司而言，媒体（广告媒介）的费用越高代理收入就越多，容易形成媒体（广告媒介）与广告公司的利益共同体，三方关系就变成了双方的矛盾。为缓解双方矛盾，此后又出现了固定（标准）佣金制、协商佣金制、实费制、议定收费制等代理收费制度。

3.1.2　广告代理制的特点

广告代理制的最大特点就是强调广告业内部合理分工、各司其职、互相合作、优势互补、共同发展。广告主、广告公司、广告媒体（媒介）是广告市场运作的三大主体，在广告代理制下，它们三者具有明确的分工。

1. 广告主

企业需要委托有能力的广告代理公司，为其提供专业的广告策划和市场推广服务。广告代理制实施的最大受益者是广告主。广告主可以借助广告公司的专业经验，提高广告效果，促进销售，并能有效合理地利用广告经费。另外，实行广告代理制有利于广告主减少开支，精简机构、人员，将更多的人力、物力和财力放在自己的主业上，使自己的主业更具市场竞争力。

2. 广告公司

在广告代理制下，广告公司通过为广告主和媒体（广告媒介）提供双重服务，发挥主导作用。一方面，广告公司为广告主提供全方位、立体化的广告服务并配合以公关、直销、促销等营销服务手段；另一方面，广告公司也为媒体（广告媒介）承揽广告业务。这样，既有利于广告公司发挥其专业人才和设备齐全的优势，给广告公司带来直接的经济效益，又有利于促进广告公司间的良性竞争，提高广告业的科学化、专业化水平。

3. 广告媒体（媒介）

实行广告代理制，媒体（广告媒介）不必直接面对极度分散的广告主，从而极大地减轻了承揽广告业务、应付众多广告业务员的工作烦劳，也不必再承担广告设计、制作任务，减轻了媒体（广告媒介）单位的人力、物力负担。至于媒体（广告媒介）刊播广告的费用，则由广告代理公司负责支付。媒体（广告媒介）不必再对广告主逐个进行信用调查，不必再承担广告主违约的经济损失，减少了信用风险。

3.1.3　广告代理制的意义

实行广告代理制是广告业发展的必然要求，也是我国广告业与国际广告业接轨的要求。由于我国的市场经济体制还未完全发育成熟，在广告业高速发展的背后，也存在一些阻碍广告业规范发展的消极因素，其中最大的问题就是广告主、广告公司、广告媒体（媒介）三者之间的关系还没有真正理顺。分工不明确，广告行为不规范，行业结构不合理等问题使得广告经营秩序混乱。只有全面推行国际通行的广告经营机制——广告代理制，才能使广告市场的三个主体各司其职，各就其位，充分发挥广告业对经济发展的巨大促进作用，使我国广告业朝着健康、规范的方向发展。

实行广告代理制，对我国广告业的发展意义重大，主要表现在：

（1）适应了广告业中专业化分工发展的需要，市场经济越发展，与之相适应，广告业中专业化分工就越细，正是这种分工促进了广告专业水平的提高。

（2）强调了专业广告公司在广告活动中的主导作用，使其能超越不同媒体（媒介）的特点，向客户提供全面的优质服务。

（3）可以消除企业广告无整体计划、效益欠佳的种种弊端，帮助企业科学合理地使用有限的广告经费，收到预期的广告效果。同时，广告代理制还有助于企业摆脱"关系广告"、"权力广告"、"摊派广告"等，有效地消除广告行业中的不正之风，从而使纷乱的广告市场得到治理，使现代广告业得以健康发展。

（4）能客观公正地从事广告活动。广告代理公司具有充分的"独立性"，既不依附于媒体（媒介）和供应商，又不依附于任何广告主，完全是以客观的目光和专业的态度对待广告事业，能够独立地进行广告创作。

（5）有利于广告行业参与国际广告业竞争。尤其在我国加入世界贸易组织后，在面对着跨国广告公司、国际性传播公司、营销顾问公司等业内、业界间的激烈竞争时，只有不断提高自身实力，改变服务观念和方式，从零散运作转向集约运作，从经验型服务转向专业化和科学化服务，我国广告业才能迅速地适应并融入到国际广告大市场中，顺利实现与国际广告市场的接轨，在激烈的国际竞争环境中求得生存与发展。

3.2 广告公司的类型

广告公司大致可划分为全面服务型广告公司、专业服务型代理公司、媒体（媒介）购买公司。

3.2.1 全面服务型广告公司

全面服务型广告公司是广告代理制的典型组织形式，是可以向广告主提供全面服务的广告经营企业。

所谓全面服务，是指为广告主提供包括广告在内的全方位营销服务，具体有7大服务内容：

（1）产品研究。为客户提供制定广告计划所需的产品研究资料。

（2）市场调查与预测。为客户找出潜在顾客、现实顾客、影响市场销售的外在因素等。

（3）产品销售分析。对客户产品的销售渠道和销售网络情况进行分析。

（4）媒体（媒介）分析。为广告客户选择最有效且最廉价的媒体（媒介）。

（5）拟订广告计划。为客户提供有关确定产品市场、改进销售网点、改变价格策略、创作广告作品、选择广告媒体（媒介）、进行广告预算等建议和咨询意见。

（6）执行广告计划。把广告计划付诸实施，并负责到底。

（7）配合客户的其他市场营销活动。

3.2.2　专业服务型广告公司

专业服务型广告公司即主要从事某类广告业务或经营广告某部分业务的专门的广告经营企业，他们专注于某一特定的领域，为广告主提供特定领域的广告服务，所以服务更专业、更细致。近年来，专业型广告公司主要从一些电子网络等高科技领域分化出来，一般有：广告调查监测公司、广告策划公司、广告设计制作公司等。

3.2.3　广告媒体（媒介）购买公司

广告媒体（媒介）购买公司即专门从事各类媒体（媒介）购买代理业务的专业广告公司。广告媒体（媒介）购买公司又可分为专业小型广告媒体（媒介）购买公司和大型广告媒体（媒介）集中代理公司。

专业小型广告媒体（媒介）购买公司是指专门从事媒体（媒介）购买的小型专业广告公司。一般人数不多，在某一领域或某一市场具有较强的客户关系，并和媒体（媒介）具有良好的关系。这类公司目前在我国为数众多。

大型广告媒体（媒介）集中代理公司，是指由大型全面服务型广告公司或广告集团将媒体部门独立出去而成立的专门进行媒体（媒介）集中购买的广告公司，或是由几家全面服务型广告公司或广告集团共同投资成立的专门进行媒体（媒介）集中购买的广告公司。

媒体（媒介）购买公司专门从事媒体（媒介）研究、媒体（媒介）购买、媒体（媒介）策划与实施等与媒体（媒介）相关的业务服务。它是广告代理中媒体（媒介）代理职能的一种延续。媒体（媒介）购买公司对媒体（媒介）资讯有系统的掌握，能为选择媒体（媒介）提供依据，能有效实施媒体（媒介）资源的合理配置和利用，并有很强的媒体（媒介）购买能力和议价优势。因此，媒体（媒介）购买能力、媒体（媒介）策划与实施能力以及巨额资本的支持，是媒体（媒介）购买公司生存和发展的必备条件。

从全球范围来看，独立的媒体（媒介）公司及媒体（媒介）购买公司，呈现快速发展趋势。而目前在我国，媒体（媒介）集中购买是广告媒体（媒介）业务发展的大势，这一趋势也得到了业界的普遍认同。我国大陆的第一家专业媒体（媒介）购买公司是1996年在北京由盛世长城与达彼思广告公司合资成立的"实力媒体"。

3.3　广告公司的机构设置

不同类型的广告公司，其机构设置不完全相同，我们以全面代理服务型公司为样本介绍通用的机构设置方案。

3.3.1 按基本职能设置部门

这是一种比较传统的组织结构形态。这类公司按照广告活动的不同内容成立最基本的业务部门：客户服务部、创作部、媒介部、市场调研部，各部门相互配合，共同完成广告经营活动。

1. 客户服务部

客户服务部又称业务部，其主要职能是联系客户并为客户的广告活动进行策划、管理及支配广告公司的内部资源。客户服务部是广告公司的龙头，其他部门都要围绕客户服务部展开工作。在正规的广告公司中，客户服务人员分为三个层次：客户总监、客户经理和客户主管。这些客户服务人员负责保持和发展与广告主的良好关系。一方面，他们深入了解客户的营销组合、营销目标，并参与制定和执行广告目标及策略；另一方面，他们又代表客户把上述详情和要求传递给广告公司创作和媒介人员。作品初稿完成后，业务经理还得通过自己的演讲，让客户接受广告初稿和媒介计划，还要协调各方意见，帮助修改。最后还要代表客户监督广告计划的实施过程。

2. 创作部

创作部是广告公司的核心部门，其最主要的任务是把自己的创意产品卖给客户。他们从客户及客户服务部那里了解广告活动的目的，然后由创作人员进行构想，继而发展成广告创意，同时也负责将这些创意通过适当的表现形式制作成完善的广告作品。如果是广播电视作品，则由文案人员或美工完成工作后，由公司负责制作的人员联系专业制作公司完成作品。

3. 媒介部

媒介部的职责就是制订并实施最有效、最合理的媒介计划。媒介人员分为三个层次：媒介总监、媒介经理及媒介主管。

媒介工作分为四类：媒介计划，即由媒介计划人员按照客户服务人员、市场调查人员及媒介调查人员提供的信息作出有利于品牌或企业传播目的的媒介发布计划；媒介购买，即根据媒介计划由媒介购买人员进行具体实施；媒介调查，即媒介调查人员关注媒介的特点、收视（听）率、可视率、阅读率，同类产品在媒介上发布的时间、费用、次数，以便计划人员作出相应的媒介安排，并反馈给公司其他部门，调整客户的广告策略或预算。媒介调查，通常依赖于专门的媒介调查公司；媒介监测，媒介监测人员监测有关媒介是否按与公司的广告协议准时发布广告。

4. 市场调研部

市场调研部的工作贯穿广告活动的始终，广告活动前对产品、消费者、市场的调查分析，广告活动中、广告活动后对广告效果调查等。市场调研部通常设有市场调研总监、调研经理、调研主管及调研助理。

一个专业的全面服务型的广告公司除上述机构外，还设有经理办公室、行政部、人事部、财会部等职能部门。

部门制组织结构又被称为资源集中式组织结构。在这样的组织形态中，能够通过组织结构的良好运作，将公司中的人力资源、物力资源集中使用，便于公司的有效管理，其缺点是不能满足特殊客户的需求，同时不利于公司内部的良好沟通，容易形成部门本位制，影响整个公司的工作效率。

4A公司里，还会根据自身公司的业务特点，设置一些特别的重要部门，例如"企业战略部"，专门负责为客户提出企业经营策略以及管理方面的建议与解决方案；重视品牌的公司，则有"品牌管理部"，或在各客户小组中建立品牌小组；"新业务拓展部"也是一个常见的部门，这个部门通常并不负责新客户的开发，而是积极主动地从事对新媒体类型、新营销手段和方式的研发，以保证公司在行业竞争中具有持续的竞争优势。

3.3.2　按客户设置部门

按客户设置部门就是实行"小组作业制"，这也是广告公司中典型的组织结构形式。

这种组织形态除了财务部、办公室、媒介部和市场调研部外，其他部门都是根据客户的种类和要求，将公司的工作人员分为小组，每一个小组负责某一广告客户或某一品牌的全部广告活动。每个小组成员都由AE（Account Executive 的缩写，就是广告业和服务业的客户执行或称客户主任）以及广告活动涉及的各类广告专业人员组成，如策划、创意、文案和设计人员等。

这种组织结构形态的最大优点是，更能满足客户的特殊需要，而且每一个客户都有专人负责处理，沟通方便，既为客户提供了满意的服务，又便于公司掌握整个公司客户的情况，并根据公司的业务量来调整公司的规模。同时，也避免了公司接受两个或两个以上相关品牌业务委托的业务冲突。各工作小组独立作业，有利于各小组之间展开竞争。其缺点是，各小组在使用公司资源的时候，容易造成部门之间的冲突，给客户造成误解，认为别的小组比自己的小组业务能力强而影响与公司的合作。

3.3.3　按地区设置部门

许多大广告公司，尤其全球或全国性广告公司，往往采用按职能和按地区划分相结合的组织结构。如跨国广告公司在国内刚设立合资公司时，在北京或上海只设媒介部、客户服务部、市场部，而创作部则设在香港或台湾。这些公司代理的外商客户在中国的合资公司总部可能设在不同的城市，因而这些广告公司按客户总部在哪公司客户服务人员就在哪的原则设立组织。如盛世长城有北京、上海、广州三个分公司，因为客户 P＆G 中国总部在广州，故盛世长城 P＆G 的客户服务部就设在广州。

这种组织机构方式，有利于提高公司的办事效率，能与客户共同感受同一地区的人文特征，能够达到较好的交流效果，能够节约运营成本等。但增加了广告公司管理的难度，业务小组难以快速会商讨论有关课题。按地区划分部门对部门主管的素质有更高的要求，他们要具有很强的理解力和表达能力，才能很好地和异地的同伴协同为客户提供服务。

3.3.4 按公司的定位设置部门

按照经营定位设置部门的方式，值得规模较小的广告公司借鉴。如有的小广告公司仅设立经营中心和创作中心，再加一个行政财务部。经营中心的人员负责市场调查、客户服务和媒介；创作中心主要由创意和美工人员构成。

这种组织结构的优点在于分工机动、灵活，便于随时调整。既节约了沟通成本，又提高了现有人员的效率，但这种组织结构缺乏长远计划的执行能力。

3.4 广告公司的业务运作流程

广告公司的业务从接受广告主的委托开始，直至广告作品传达到目标受众，广告效果调查数据反馈给广告主，一次广告活动才算完成。一次完整的广告活动包含的环节有营销研究、广告策划与创意、广告作品制作、媒介购买与执行，还有贯穿整个活动的业务沟通。广告公司的业务需要经过以下基本流程：

3.4.1 客户接洽与客户委托

这是广告公司具体业务活动的起点。这一阶段的工作，具体分为三个步骤：一是通过客户服务人员与客户的接触与沟通，了解客户委托代理的意图和愿望，委托代理的业务内容及其欲达成的目标，并向客户全面推介本公司；二是就客户拟委托代理的业务内容，收集相关的客户资讯和市场资讯，为具体代理业务活动的开展做好初步准备；三是召开客户和广告公司双方高层管理人员和相关业务人员共同出席的客户说明会，由客户代表正式说明委托代理的业务内容，并详细通报有关客户的基本情况，以及与代理业务相关的产品资讯、通路状况、市场状况、营销状况与营销目的等，完成客户与广告公司高层的深层沟通与交流。这一阶段，以客户下达正式的代理委托书为工作目标。

3.4.2 代理议案

广告公司在接受客户的正式代理委托后，召开提案会议，对客户委托代理的业务项目进行具体的讨论和分析，确认这项业务推广的重心和难点，检查相关资讯的完整性，决定是否调查或收集其他资料，并在此基础上，确定广告公司为开展此项业务的具体工作计划，包括指定该项目的客户联系人与业务负责人、具体工作内容与工作进度安排。具体工作计划的确定与工作计划书的编写，是这阶段应达到的工作计划目标。

3.4.3 广告计划

这一阶段工作是广告公司业务运作的重点，是广告公司代理水平与服务能力的集中体现。其主要工作内容为：建立具体的广告目标以及为达到这一目标的策略手段，包括目标市场与目标视听众、目标消费者的确定，市场机会的选择，广告信息与广告表现策略、广告制作计划、广告媒体策略和媒体计划的制定，还应包括完善活动的营销及其他推广建议，完善活动的具体日程安排。总之，就是具体规划如何以最适当的广告信息，在最适当的市场时机，通过最适当的传播途径，送达最适当的视听众，最有效地实现预定的广告目的。其重要的工作方式有：广告策划会议、广告创意与表现会议。完整的广告策划方案或广告计划书，是这阶段应达到的工作目标。

3.4.4　代理提案的审核与确认

提案是指前一阶段工作所形成的广告策划方案或广告计划书。其审核与确认包括两方面的工作内容：一是广告公司的自我审核与确认；二是客户对该提案的审核与确认。工作方式为公司的提案审核会议、对客户的提案报告会。公司的业务审核由公司的业务审核机构执行，或由公司资深的业务人员组成临时会议，具体负责在正式向客户提交前对该提案的科学性与可执行性进行审核。提案报告会由公司向客户具体报告已形成的广告方案，并接受客户对该方案的审核和质询，最终获得客户对该方案的认可。

3.4.5　广告执行

这阶段的工作内容为具体执行客户签字认可的广告方案或广告计划。一是依据方案所确认的广告创意表现策略和计划，从事广告制作，广告制作可由公司制作部门执行，也可委托专门的广告制作机构执行；二是依据方案所确定的市场时机、媒体策略和媒体计划，从事媒体购买、媒体投放与发布监测。还可根据客户的要求，对已制作完成的广告作品进行发布前的效果测试和刊播试验。

3.4.6　广告活动的事后评估与总结

依据广告公司与客户双方的评估方案，对此次广告活动进行事后评估。广告公司还应以报告会的形式，完成对客户的评估报告与业务总结。至此，整个广告代理活动才算终结。

所有广告公司，不论采用何种组织结构类型，采取何种服务方式，其基本的业务运作流程大体上没有太大的差异。

3.5　广告公司的业务扩展

广告公司要保持长久的生命力，获得持续不断的发展，不仅需要具有较高的业务水准，能为客户提供优质的服务，而且还应具有较强的业务开发能力，争取更多的新业务，与更多的新客户合作。尤其在当今日益激烈的市场竞争中，良好的业务开发能力显得尤为重要。一般而言，广告公司可以通过以下三种途径进行业务扩展。

3.5.1　挖掘现有客户的业务潜力

对广告公司而言，每一个现有的客户都代表着一个业务机会。对客户的需求，公司必须提前行动而不是被动地作出反应。客户愿为好的创意花钱，即便客户并没有某个创意的预算，一旦发觉创意对业务有帮助，他们会以更多的广告费来支持它。因此，广告公司必须主动给客户提供开拓业务的创意，拓展现有的业务，而不是坐等客户提出要求，再去行动。

要从现有的客户中拓展业务，必须对现有客户的业务及需求有相当的了解，这样才能提出建设性的创意。因此，公司最好建立客户发展报告制度。客户发展报告由最熟悉客户业务、了解客户情况的员工填写，一年至少填写两次。其内容是每一客户发展的可能性，包括四个关键的增长源：公司额外的服务、新产品、附加的作业以及正在建立的业务。报告应及时提供给负责业务发展的管理层，使公司从现有客户中挖掘最大的潜力。

3.5.2　积极开发新的客户

仅从现有客户身上挖掘潜力拓展业务是不够的，公司还必须要积极开发新的客户。为此应做到：

（1）收集潜在客户信息。公司应有新业务助理，工作职责是整理、收集有关潜在客户的信息，这些信息包括：潜在客户的主要业务、潜在客户的其他业务、广告公司感兴趣的业务、潜在客户现在合作的代理公司情况、重要的潜在客户的决策人员（姓名和职务）及其基本情况（年龄、爱好、性格等）、最近与潜在客户接触的情况、与潜在客户可能会产生的冲突问题。

（2）选择和确定潜在客户。在选择潜在客户所在的行业时应首先排除与公司现有业务相冲突的产业，优先选择那些有市场发展潜力的产业。因为一个蓬勃向上的产业，其广告费用的支出会呈上升趋势，反之则会下降。为此，公司要特别注意经济类媒介的分析报道、政府的产业政策、证券业专家的评估和股市行情等方面的信息。选择潜在客户的产业，还要考虑公司的能力、资源，准确地理解各种产业对广告的需要。最后将公司所选定的产业按优先权分成高、中、低三类，排除低优先权的产业，除非客户主动接近广告公司。选择过程也就是潜在客户的确定过程。

（3）争取潜在客户。广告公司是靠实力和高品质的服务赢得顾客的，有效、精美的广告作品是广告公司的活广告，因此广告公司应充分运用以前的广告作品，争取潜在的客户。广告公司还可以借助自我广告，向客户和社会宣传、推介自己。同时积极、主动地与公众、媒体沟通，获取他们对公司的好感。公司良好的市场形象也可以成为争取潜在客户的信息源。

3.5.3 通过兼并收购发展新业务

兼并收购也是广告业务获得迅速发展的重要方式。兼并收购其他广告公司以改进本公司的服务，增加服务项目，扩大地理上的服务范围，并且能改变公司原有的人员和组织结构。具体而言，兼并收购给广告公司在业务发展方面带来的好处体现在以下几个方面：

（1）横向的发展。横向的兼并可以为以消费品代理为主的广告公司提供与现有客户相关的资讯和专业技术。如收购或兼并那些开展直销、企业诊断、公共关系、销售促进等业务的公司等。在全球范围内，许多大的广告公司近年就是靠不断追求多种经营而取得竞争优势的。

（2）纵向的发展。广告公司纵向整合是指兼并或收购的公司（业务）是本公司客户服务链中的前向或后向业务，如制作公司、调查公司、媒体的栏目或整个媒体。

（3）人员的发展。兼并和收购的另一好处是它能为公司提供一个具有更多经营者或专家的统一体。公司在创意、媒介、客户服务、调研和经营方面的人才不但能带动公司业务的增长，而且对现有的员工和未来的员工都很有吸引力。

（4）地域的发展。能够为公司带来强有力的地域网络的兼并和收购是极为有利的，尤其是对于那些寻找具有地域网络优势的客户更是有着极大的吸引力。

3.6 广告公司的人才管理

广告属于创意产业，其竞争就是人才的竞争。广告行业对人才素质的要求很高，在对广告公司实力的衡量中，人才是最重要的因素，因为在广告公司诸因素中，只有人才是最活跃、最富有创造性的。所以在广告公司的经营管理中，我们特别强调人才管理。

广告公司人才管理的主要内容是：人才的聘用、培训、评估及奖励。

3.6.1 广告人才的聘用

在人力资源管理活动中，人员的聘用是最重要的因素，因为聘用什么样的人从根本上决定了公司员工的素质。

1. 聘用的标准

广告公司对广告人的基本要求是：具有一定的专业知识和文化水平，有分析问题、综合问题的能力；有明晰的逻辑思维能力；有清楚地用语言和文字表达或沟通的能力；能客观地分析问题，并面对现实；有全局及整体观念；有个性，有自己的想法并能付诸实践；有事业心和负责任的态度；有探索精神，不安于现状等。

因工作需要不同，对调查人员、客户服务人员、创作人员、媒介人员、经营管理人员的素质和能力还有不同的要求，其选用的标准也有所不同。如 AE 要具备丰富的广告学识，端庄的仪表和沟通的技巧。一个标准的 AE 要有 5A 能力：

Analysis（冷静的分析能力）、Approach（敏锐和密切接触的能力）、Attach（不断的业务联系的能力）、Attack（强烈的进取心）、Account（争取最大利益的能力）。

2. 聘用的程序

公司发布招聘人才的信息，要求应聘者先把自己简历邮寄或通过网络投到公司，人事部门或业务部门在对应聘者感兴趣后安排会面时间。不管一个人被聘用的可能性有多大，公司对应聘者的各种咨询都应有一个认真的回答。与应聘者的会谈或面试是大多数广告公司经常进行的活动。有些公司还对应聘者采用笔试的形式以考察其工作能力和素质，如客户服务人员的外语水平、语言文字表达能力；市场调查人员的逻辑思维能力、分析能力及调查技术的掌握情况；创作人员的想像力；美术人员的绘图技能等。

新员工上班后，所有被正式聘用的员工都要签订劳动关系合同，确定合同期限，薪酬福利待遇等，同时人事部门还要对新员工进行职业教育。职业教育包括：介绍公司经营状况、规章制度、人事政策等；员工所从事的业务及相关业务介绍。

3.6.2　广告人员的培训

广告公司对员工的培训工作是非常重视的。通过培训使员工更专业。为保证公司内部培训工作的落实，建立一套相应的培训制度是非常必要的。公司管理层必须有人负责员工培训，每年作出员工培训的计划：有何种形式的培训、培训的目的、参加的人员、培训的成本预算、谁来负责等。广告人员的培训方法多种多样，可采用实习法、内部讲习法、外部进修法等，培训类型可采用集中培训、专业培训、岗位培训等。

3.6.3　广告人员的评估

对员工业绩的正确评价是完善人力资源管理的重要因素，因为许多重要的决策都是以此为基础作出的。员工也需要知道他们在公司所处的位置，公司对自己的看法及期望，自己在工作中的差距等。评估的基础是员工都必须明确公司对他们的要求，明白评判的标准。因此，从员工上班第一天起，公司就应给员工描述其工作，使其知道公司对自己的期望。

3.6.4　广告人员的薪酬与激励

广告人员的薪酬计划，是广告人员管理的一大难题。理想的薪酬计划，配合其他的激励措施，不仅能给广告人员最大的鼓励，而且也能最大程度地实现企业的预期目标。如果没有合理的薪酬，就很难使员工有优良的表现。

广告公司薪酬计划的目标是：吸引广告人才。原则是：第一，减少广告人员的流动。广告公司一些人员的流失可能会带来很大的损失，如客户总监的流失会使公司失去重要客户。第二，激励营销人员，调动他们的积极性。

一般正规的广告公司薪酬给付大致分为两种：一种是底薪加奖金；一种是营业额提成。两种方式各有利弊。

公司对于广告人员的激励，可通过经济激励和精神激励两类方法来实现。

经济激励。奖金便是一种较好的激励手段。除奖金制度外，可选择的奖励方式还包括股票或股份，给那些作出了特殊贡献的员工一定比例的公司股票或股份，不仅可以激发员工的积极性，更重要的是，它使员工意识到，其个人命运与公司发展紧密地结合在一起，从而使这种积极性能更有效、更长期地延续。

精神激励。精神激励的措施有：可预期的发展前途、有意义的富有挑战性的工作、权力、威望等。

3.7　本土广告公司的生存环境

根据国家工商总局和商务部联合颁布的《外商投资广告企业管理规定》，2005年12月10日以后，我国允许设立独资的外企广告公司。这意味着我国广告市场全面对外开放，中国广告业进一步融入国际市场。一些大型的跨国广告公司和媒介购买公司凭借其在资金、技术、人才以及经营管理上的优势，将会大举挺进我国广告市场，对我国本土广告公司构成极大的威胁。本土广告公司生存环境的话题已成为业界的热门话题。

3.7.1　外部环境

1. 外资广告公司对本土广告公司形成合围之势

一是外资广告公司凭借其雄厚的资金、先进的技术设备、科学规范化的运作理念以及国际性的策划创意资源等，吸引众多精英人才的加盟，使得本土广告公司人才缺乏的矛盾更加突出。二是对本土客户资源的争夺。跨国广告公司不再仅仅满足于服务本国企业，而是积极寻求与中国本土领袖品牌和极具成长品牌企业的合作，以获得更大的利润空间。三是对中国高端媒体资源的争夺。外资公司由于有强大的资金作后盾，能够拿到最有竞争优势的媒体，使得本土广告公司陷入十分尴尬的境地。

2. 本土广告公司生存环境日渐狭窄

本土广告公司各项业务正受到专业性的调查公司、咨询公司、公关公司、媒介购买公司和专业设计制作公司的挤压和蚕食，生存空间日渐狭窄。这些专业性公司的大量涌现，对于提供全面代理业务的本土广告公司而言，冲击无疑是巨大的。广告主可以把业务拆分，由调查公司、公关公司、促销公司、咨询公司、媒介购买公司和专业设计制作公司来分别完成。由于这些公司在各自的领域均以专业性见长，更能确保执行的信度和效度。广告代理公司则只能获得其中一小部分业务，即广告的策划创意和设计制作部分，这样使得一些本土中小型广告公司面临生存的巨大压力。

3. 本土广告公司面对资金瓶颈的制约

央视和部分省级卫视等高端媒体成为争夺焦点，巨大的资金门槛使得本土广告公司进退维谷。国际广告公司逐渐意识到，在中国开拓广告业务，必须借助于那些全国性有影响的媒体，如央视和部分省级卫视等。在央视 2008 年黄金资源广告招标会上，国际企业在央视 A 特段广告招标比例上升 65.55%（据央视广告部介绍，每天《天气预报》结束以后到《焦点访谈》开始之间的 12 条广告时段，叫作 A 特段，大概每条 15 秒）。国际企业中标额比上年增长 64.74%，高于国有企业中标额（增长 51.08%）13.7 个百分点，报名参加本届广告招标的国际品牌比往年有明显增长，宝洁、立邦、肯德基、强生、耐克等许多国际品牌出现在招标现场。自 2003 年至 2006 年，宝洁曾连续四届蝉联"标王"，2006 年的中标金额是 4.2 亿元。可以看出，跨国广告公司和本土广告公司在稀缺媒体资源上的争夺将会异常激烈。跨国广告公司通常有国际资本作为后盾，能够拿到这些媒体资源。而对于本土广告公司而言，资金瓶颈一直是制约公司发展的重要因素。

3.7.2　内部环境

1. 零散化运作

本土广告公司的零散化运作，使其在与广告主和媒体的博弈中处于相对弱势地位。这种零散化经营局面的出现，原因主要有两点，一是由于我国广告从业人员有强烈的个体创业愿望，表现出强烈的短视心理，即看重短期回报，追逐市场投机，漠视行业规范，很难形成长期的契约性雇佣或合作体制；二是本土广告公司缺乏经营管理方面的人才。现在本土广告公司的老总大都是策划或创意出身，他们中很多人是在其他公司积累一定经验之后，自己开公司，在策划创意的专业领域他们具有丰富的实战经验，而对于经营管理却并不是很在行，内部也没有相应的部门来规划整个公司的长远发展，因而大多也只能停留在手工作坊式运作的层面。这两点也是我国本土广告公司为什么总是长不大的症结所在。

2. 同质化现象

本土广告公司服务的同质化现象愈演愈烈。由于服务趋同，找不到核心竞争力，广告公司之间往往相互压价抢单，陷入激烈的价格竞争，造成广告公司的营业额、利润空间狭小，无力投入公司的升级运作，无法积累更多的经验，而这一状况又使得核心竞争力的打造更加困难。

3. 优势在消解

本土广告公司的优势在逐渐消解。本土广告公司本来拥有得天独厚的优势，即对我国消费者心理的把握，拥有本土丰富的社会资源；管理简单，经营成本低；经营灵活，容易感知市场的风云变幻，并能迅速作出反应，获取商机，规避风险等。然而，这些优势随着我国广告市场的日趋规范正在逐渐消解。跨国广告公司经过近 30 年在中国的发展，基本实现了本土化，公司的中高层经营管理者以及员工大都从本地人才中产生，公司集中了本地广告界的大批精英人士，他们对中国传统文化有着深刻的体认，也知道如何与企业和媒体打交道，成为本土广告公司的强大竞争对手。

3.8 本土广告公司的应对策略

面对激烈竞争的内外环境，本土广告公司应该采取应对策略。

3.8.1 进行资本运作，组建本土广告集团

本土广告公司大部分仍停留在小生产规模阶段，而且往往是"小而全"，专业广告公司不专业，没有形成自己的核心竞争优势。本土广告公司必须走集团化发展的道路，谋求自身发展，以先进的管理、市场化的经营理念以及雄厚的资金来与外资广告公司相抗衡。根据我国市场的特点，这些集团可以是区域性的，也可以是全国性的，视公司实力以及今后的战略目标而定。根据战略目标的不同可以采取不同形式组建本土广告集团：（1）互补型合作，如一些专业广告公司与本土大中型综合代理公司建立合作关系，并且保持长期的业务联姻；（2）同质性联盟，如中小广告公司进行合并，成立股份有限公司，作为一个更强大的整体出现；（3）利用外资、内资或通过上市融资等渠道壮大自身实力，最具代表性的就是：隶属于上海世博（集团）有限公司的上海广告有限公司与奥美集团的合资、与博报堂的合资，分众传媒、航美传媒、华视传媒在纳斯达克上市，北青传媒、大贺户外传媒在香港上市，解放日报集团广告业务注入新华传媒以及成都博瑞传播在上海上市，广州日报集团部分广告业务注入粤传媒在深圳上市等。

3.8.2 凸显公司特色，强化其核心竞争力

规模化与专业化，是我国广告公司发展的两个方向。一方面是少数大中型广告公司通过兼并、联合或重组等多种形式组建广告集团实现规模化经营；另一方面是大量的中小型广告公司通过提供专业化的服务谋求生存与发展。这两类公司在我国广告市场上都有着广阔的发展空间，而那些小而全的公司在激烈的市场竞争中将会被淘汰出局。无论是集团化还是专业性的广告公司，都必须确立自身明确的、差异化的定位与特色。将业务集中于广告作业的某一环节，如策划创意或制作；或是集中于某一行业，如专门从事汽车或房地产广告制作与品牌推广等；或是集中于某一地域，通过自身拥有的社会资源代理当地客户或外来企业在当地的广告业务。另外，公司特色要力求创新。如随着一些新兴分众媒体日益受到广告主的重视，可以考虑成立专门从事新媒体开发与广告制作的专业代理公司。

3.8.3 规范内部管理，营造良好的企业文化

广告公司人才流动非常频繁，要根本上解决人才频繁流动，特别是中高层管理人员跳槽带走客户或影响公司正常运转的问题，除了加强人员培训之外，还应从系统的角度来考虑，即通过加强公司内部管理，创造优良工作环境，完善员工激励机制，营造良好的企业文化，最终增强整个公司的凝聚力和提高员工的归属感。在广

告公司经营管理和文化建构中，应该充分发挥人力资源部的作用。目前，人力资源部还只是负责一些公司事务性的工作，如人员招聘、解聘手续、签订劳动合同等，实际上其职责应涉及公司制度建设的多个层面。有实力的广告公司可以成立事业发展部，规划公司的发展战略。

3.8.4　与客户建立长期的战略合作伙伴关系

广告公司面对的主要挑战之一是维持与客户之间长期的、稳定的和互惠的相互关系。目前最大的难题是双方互不信任，导致双方之间往往是一单子买卖的短期合作，这是我国本土广告公司普遍存在的一大问题。事实上，广告主更多地希望代理公司能够成为真正的经营伙伴，希望提供企业发展方向、企业战略等方面的咨询服务。代理公司应当具备参与企业经营层面，做企业智囊的能力，更牢固地维护已有的客户。在客户开发上，一些中小广告公司应根据自己对客户背景、客户素质和目前的市场环境等多方面因素的综合考虑，选择那些适合自己的、有发展潜力的客户，而不一定非要将目光盯住大客户，同时也不是什么客户都去接；而对于一些本土大中型广告公司而言，可以根据自身优势有针对性地开发高新技术企业、优势民营企业以及跨国公司在华企业，与跨国4A公司争夺客户资源。通过服务这些优质客户可以提升其在同行业的声誉，为赢得新客户提供便利。

3.8.5　联合出资组建区域性的媒介购买公司

专业媒介购买公司的优势是以量定价，能够在与媒体的谈判中拿到更优惠的折扣，因而受到广告主的欢迎。在国内，一些大型的国际性媒介购买公司基本上主导了这块市场，如实力媒体、传立媒体等，他们凭借其雄厚的资金以及专业的媒介策划能力，对本土从事综合代理业务和专事媒介代理的广告公司冲击尤其巨大。本土广告公司为了应对这一情势，必须联合多家有实力的广告公司，独立组建区域性的媒介购买公司，这些公司应是以股份制的形式独立经营的。由于在该地区拥有丰富的社会资源，并且熟悉当地的消费心理和消费文化，更能为广告主提供有针对性的媒体计划，因而也必然更受企业界欢迎。为了更好地发挥区域性媒介购买公司的优势，需要解决以下三个方面问题：（1）定期组织该区域受众媒体接触调查，以保证媒体投放的客观科学；（2）积极参与地区媒体节目策划、制作与经营，与媒体建立更加稳固的合作关系；（3）倡导企业对创意性媒体的需求，建立媒体创新机制，打破常规媒体的垄断性，创造新鲜媒体的多样化，降低公众对广告的逆反心理，增加公众对广告的亲和力。

3.8.6　通过多种途径，提升广告公司的社会形象

广告公司本身是一个赢利性的机构，但作为公司的经营者，应该有长远的战略眼光，通过各种渠道提升自己的社会形象。一旦有了这种社会形象，广告公司自然能够凝聚优秀人才，吸引优质客户。以日本电通为例，1946年该公司创办广

告研究刊物；1948 年创办电通广告奖；1949 年创办学生广告论文竞赛，并对高等院校广告教育提供资助；其后又创办了媒介发行量审计机构、日本广告代理协会、日本广告评论组织，出版电通广告年鉴、市场与广告年鉴、日本报纸年鉴。电通也是在 1996 年最先主动向中国高等院校广告专业提供资助、信息资源和师资培训的跨国公司。电通的运作不仅决定了它在日本广告业的领导地位，也体现了跨国资本对中国广告市场的长期战略。电通公司的成功经验为本土广告公司发展提供了一些有益的启示。

本章小结

广告代理制是目前经济发达国家广告业的通行做法，也是一个国家广告业成熟与发达的主要标志。广告代理具有双重代理的性质：一方面它全面代理广告主的各项广告活动；另一方面它又代理媒体（广告媒介）的广告时间与广告版面的销售。实行广告代理制，对我国广告业的发展意义重大。广告公司通用的机构设置方案。本土广告公司生存环境，以及应该采取的应对策略。

思考题

1. 广告代理制的含义及内容。
2. 广告代理制的特点。
3. 广告公司如何留住人才？
4. 本土广告公司生存环境，应该如何应对？

第 **4** 章　媒体广告经营与管理

广告本质上是依附于媒体的，媒体是广告市场主体之一。媒体广告功能过去一直通过内部的广告部门来实现，其广告经营集承揽、发布等多种功能于一身。随着现代广告业的不断发展成熟和广告经营机制的确立，广告市场主体功能分工不断明晰，专业广告公司发展壮大，媒体广告代理渐成趋势，媒体自身广告经营的职能和角色也相应地转变或弱化，或实行广告总代理，或将广告部门改制为专业广告公司实行公司化运作，将采编与广告经营分离，这些情况在经济发达地区尤为明显。但就我国目前媒体广告经营总体现状而言，绝大多数媒体广告仍然自营，即使对广告部门进行了公司化改制，其职能实质上仍然相当于一个部门，只不过内部分工更细一些罢了。

4.1　媒体广告组织机构

广告媒体中最早的应是报刊，媒体广告组织最早当然也在报刊社出现。早期报刊广告数量不多，都由广告主起草好文案，送交报刊社编辑审定。报刊社不设广告专职部门，也没有专职广告人员。

报刊社设专职广告部门是广告市场发展的结果。一是随着经济发展报刊广告数量增多，广告开始讲究编排，注重视觉效果；二是随着政府财政对国有报刊社拨款的减少和按市场体制建立的报刊社的出现，广告在报刊社的地位日益重要，几乎所有报刊社都将广告经营摆在第一位，调集精兵强将到广告部门工作。广播、电视媒体设置广告专职部门应该略晚于报刊媒体，但总体发展状况与报刊媒体差不多。媒体广告组织也是日臻完善和复杂化的。

各个国家和地区的经济发展状况不同，媒体广告经营运作方式也不完全相同。媒体广告机构设置也是如此，不过差别只是组织形式，广告经营本质没有区别。

我国媒体广告组织，依其广告业务规模大小，有的比较精简，有的则很完善，职能齐全，机构复杂。

4.1.1　报刊社广告部门的机构设置

报刊社一般在总编辑下设编辑部、广告部、发行部，这也是媒体的三大主要业务部门。

广告部是专门负责广告业务的职能部门。业务人员承担广告业务的接洽、签约，美工设计人员负责广告样稿的设计、编排、校对和制作，审核人员负责广告内容的审核，组版人员负责清样的组版、照排、出菲林。

大型报刊社或报刊社集团设有与编辑委员会平行的经营管理委员会，下设广告处或广告中心，负责广告整体运作，包括广告战略、策划推广、专版制作、广告代理运作以及广告审查和分类，信息类广告的校对与制作等工作。

4.1.2　杂志社广告部门的机构设置

杂志社广告部门同报刊社一样，根据机构大小、业务量多少而设置。

小型杂志社由于其业务量小，一般不单独设广告机构，由编辑、美工和发行人员兼办广告业务。大型杂志社一般有一套与大型报刊社相类似的机构设置。总编辑室下设编辑组、美工组、印刷业务组、发行组和广告业务组等专业小组。编辑组、美工组都在一定程度上参与广告的编排制作。广告组负责广告业务的联系接洽、签约、策划以及广告实施发布等事宜，广告内容的编辑审核由编辑组负责，广告的版式设计、图画创作由美工组完成。

4.1.3　广播电台广告部门的机构设置

广播媒体广告机构设置一般都很健全，有独立的广告部。在广告部下设业务、编辑、导演、录音、制作合成、财务等组织，并按工业、农业、商业、外贸等条块设立专业小组，负责接洽业务、制作广告和实施发布等工作。

4.1.4　电视台广告部门的机构设置

电视媒体广告机构设置基本与广播电台相同，但多了摄像、美工、后期制作人员等。我国广播、电视媒体的广告经营额在全国广告经营额中占绝对份额，尤其是电视。目前已有不少省市将电视、广播媒体整合成集团，如上海、重庆等，但电视和广播的广告经营一般还是分开运作，有的广播电台、电视台甚至按频道运作广告业务。

下面是上海、安徽、北京、重庆广电媒体广告经营部门机构设置情况，不难看到，同是广电媒体广告经营部门但内设机构并不完全相同。

上海文广新闻传媒集团广告经营中心职能部门设置：电视广告业务一部、电视广告业务二部、整合营销部、广播广告业务部、编审部、市场研究部、财务部、综合办公室。

安徽电视台广告中心职能部门设置：卫视业务部、经视业务部、企划部、市场部、综合管理部、财务控管部。

北京电视台广告部下设 8 个部门：业务一科、业务二科、业务三科、研发科、企划科、管理科、编播科和综合科。

重庆广播电视集团（总台）的广告经营分为电视和广播两个经营中心。电视广告经营中心将全国划成若干片区并设立相应的部门，同时又按不同频道设置广告部门。广播广告经营中心，负责重庆广播 5 套频率的市场推广和广告销售，内设 6 个部门：品牌部、专题部、策划部、制作部、控管部、综合部。

4.2 媒体广告部门的主要职能

对媒体来说，由于有专门的机构统一负责、统一协调和安排广告业务，能保证广告经营有序地进行，提高广告服务质量，争取更多的客户，使广告收入来源稳定，经营效益得到提高。

虽然几乎所有的媒体都成立了广告部门，但不少媒体广告部门对自己的工作重点还不够明确，服务水平、服务内容、服务质量还处于较低水准，有的甚至就靠给回扣"拉广告"。因此，就我国的媒体广告组织来说，还需要充分认识自身的职能和作用，健全和完善广告机构的职能。

媒体广告部门的职能主要体现在以下几个方面：

1. 承接广告业务

把媒体的广告版面或广告时间售卖出去，是媒体广告部门的业务重点。由于专业广告公司拥有众多广告客户，是媒体的最大买主，因此，媒体广告部门首先要争取广告公司，保证媒体得到稳定的销售渠道。

媒体广告部门应广泛宣传媒体的优势和特点，如实宣传媒体的覆盖域、收视率、发行量、受众成分、广告价格等要素，便于广告公司了解和选择，便于广告公司向广告客户推荐等。争取专业广告公司的支持和广告客户的青睐是媒体广告部门工作的关键。

在得到广告公司支持基础上，媒体广告部门也需要对广告公司进行慎重选择，主要考虑以下条件：（1）是否具有代理能力，广告客户的经营状况如何。（2）是否具有与媒体相应的影响力。（3）是否具有良好的代理信誉和业绩。（4）是否具有良好资信和足够的资金实力。

2. 设计制作和发布广告

媒体广告主要来源于两个方面，一是广告公司代理推荐；二是直接承揽的广告业务。前者的广告业务大都由广告公司基本完成，媒体广告部门主要是对广告进行审核，协助安排广告排期。对于媒体直接承揽的广告业务，媒体广告部门则要负责策划、设计、制作的全过程。目前直接承揽的广告业务量一般不是很大，报刊广告主要是小广告、分类广告等类型；广播、电视广告主要是声像比较简单、时间较短的广告内容。较复杂的广告制作，一般都交由专业广告制作公司制作。

3. 审查广告内容

根据《广告法》等有关法规和要求，对广告内容进行审查。

（1）广告主的主体资格是否合法；

（2）广告内容是否真实客观，是否会产生误解；

（3）广告内容和表现形式是否合法；

（4）查看有关广告证明。医药、医疗等需要刊播前审查的广告，必须查验有关方面的审查审批件。

4. 做好广告经营的财务核算和费用收取

确定广告收费项目，计算确定广告价格，确定费用结算方式，目前一般有预先购买、预交定金、刊播后收取、广告公司代收、广告客户自付等多种方式。

5. 做好调研和信息咨询服务

广告媒体要向广告公司和广告客户提供详细的媒体资料，如发行量、收视率、收听率等、覆盖范围、节目时间档次、版面位置及大小、受众成分等，便于客户选择。

4.3　国外媒体广告组织

一般来说，在市场经济比较发达的国家和地区，媒体广告部门与编辑业务部门、经理部门同处于相当重要的位置。

根据职能和需要，机构一般分外勤和内务两个方面设置。外勤部门主要承接广告。内务部门主要负责处理收集来的广告，编排发稿的时间和位置，收取广告费等。

在实行完全广告代理制的国家和地区，媒体在广告经营中一般只承担广告发布的职能，向广告代理公司和广告客户出售媒体版面和时间，是媒体广告版面和时间的销售部门。如在最先实现和完成媒体广告职能和角色转换的美国，其广告业高度发达，实行着完全广告代理制，媒体以不直接与广告主接洽为原则，除分类广告外，媒体只承担广告发布的职责。由于职能和业务内容的单一，这类媒体的广告部门机构设置就较简单，称为广告局或广告部，下设营业部门、编排部门、行政财务部门等几大部门。营业部门负责对外的业务联络和接洽，编排部门负责广告的刊播，行政财务部门负责行政财务方面的管理，督促广告费的及时回收。

而在没有推行广告代理制或没有实行完全广告代理制的国家或地区，媒体不仅负责广告的发布，还兼任广告承揽与广告代理之职，其媒体广告部门的机构设置就较复杂。

4.3.1　美国媒体广告部门机构设置

美国媒体广告部门远比我国媒体的运作复杂，因而其工作人员也比我国同类媒体多。美国的日报广告部门的人数可达数百人，甚至与整个编辑部人数相当。如《费城问讯报》广告部的人数就与编辑部人数相当，接近500人；《芝加哥论坛报》的人数超过 500 人。这两家媒体都以分类广告占大头。《纽约时报》是个例外，该报每年广告收入高达十几亿美元，但该报广告部的人数仅 400 多人。原因在于其分类广告比重很小，全国性广告占了 70%，而在全国性广告的运作中，又将大部分工作以合约形式委托代理公司办理。该报企业发展部高级主任戴利介绍："我们把广告和发行的大多数工作都包给其他公司去做了。我们主要和广告代理商打交道。"

美国地方小型日报的广告部结构较简单，主要有业务、调度、美术设计等科室；但大中城市大型日报的广告部就庞杂得多，通常按广告类别划分为 4 个主要部门，即本地陈列广告、全国广告、分类广告和财务部，另设有若干辅助部门，如总务、美术设计、广告撰文、市场调研等。广告部主任常由副总经理或副总裁兼任，该岗位的基本职责就是确保对所有广告客户的优质服务，努力提高广告销售额并确保其处于较高水平。美国媒体要求广告部主任对任何新增客户保持高度敏感，力争将更多客户吸引到自己的媒体上来。4 个主要部门各设经理及副经理或助理若干。部门的主要成员是广告业务员和推销员，各自有分工的领域及大客户。除了少数全国性媒体，很多日报的分类广告部门人数众多，推销员又分为一般推销员和电话推销员。《芝加哥论坛报》广告部的分类广告分部，就有近百人的电话推销员队伍。大型日报都十分重视市场调研工作，因此市场调研室也是很重要的部门，其主要职责是研究本报及对手媒体吸引广告客户的能力、本报广告效果、本地区经济状况及对广告的影响、广告市场潜力、与对手竞争及吸引广告的策略等等。

4.3.2 美国媒体广告部门的服务手段

美国媒体的广告部门把扩大广告额和让客户对广告效果满意作为自己最重要的任务。这一切都是通过具体的服务措施来实现的。归纳起来，美国媒体从以下 8 个方面强化自己的广告服务功能：

（1）拥有先进的服务设施。主要指广告销售手段的现代化。美国媒体广告部门早已实行彻底的电脑化管理，所有客户来单都立刻进入电脑，很多代理公司与媒体广告部门联网，代理商根本不需要往媒体跑。远处的客户甚至可通过卫星将广告内容和图片传给媒体，以确保广告的及时刊登。照相、扫描、打印、绘制等设备也保持先进水平，以确保优质的服务。媒体还利用电话与客户联系，很多媒体的广告部门雇有大量电话推销或服务员。所以，在美国媒体的广告部，看不到我国媒体广告部那样客户人头攒动的现象。

（2）帮助客户制订广告计划。在深入了解客户全年广告需求的基础上，在媒体政策允许的范围内，向客户提供实惠且高效的广告预算和刊登计划或套餐服务，这对吸引和保持新客户特别有用。

（3）扩大协议销售客源。尽量多地与客户签订半年、全年等长期协议。这种协议签署得越多，媒体广告销售状况越稳定，与其他媒体的竞争力也越强。《费城问讯报》每年有 10000 多广告客户，其中六成以上是全年协议客户。

（4）制作可信任和有吸引力的广告版面。由于广告客户花钱的目的是销售产品和建立自己的信誉，媒体有责任帮助他们制作最值得信赖和最具有吸引力的版面。如果由代理商制作，则媒体仍有义务在版面组合方面避免客户之间发生业务冲突。

（5）提供尽量周详的广告资料。向客户提供包括价格、版面、截稿期、办事流程等在内的媒体广告政策资料，过去一段时间媒体受众的分布及广告效果调查等资料，以方便客户和帮助客户作出更好的决策。

（6）争取代理商的合作。与广告代理商保持良好关系，尽量满足其要求，以优质的服务争取其多拉广告。

（7）接单、审核、存档方面高效率运作，建立一个科学高效的办公流程，将每一个环节的差错减少到最低限度。

（8）制定公平合理的价格体系。

4.3.3　日本媒体广告部门的机构设置

日本的广告产业结构与美英等国截然不同，媒体的广告经营职能与广告公司并没有明确划分，几乎与广告公司相同。日本的媒体不仅接受广告公司的广告代理，发布广告，也直接向广告主承揽广告，为广告主提供广告制作及市场调查等多种服务。

我们以日本某中央媒体东京本社广告局的组织结构为例（表4-1）。广告局由对外营业和对内管理两个部门组成。对外部门主要负责招揽广告，按广告客户的类别分成三个部。对内部门也分为三个部。后勤部主要负责接收广告原稿、分割广告版面、审查广告内容、校对等，即从广告申请到原稿版面化过程中的一系列业务。管理部主要签订广告合同、收取管理广告费。策划调查部则主要承担策划版面、进行调研、编制资料等工作。

日本某中央媒体东京本社广告局的组织结构及其运营　　　　表4-1

广告局	营业部门	客户一部　负责行业广告业务	
		客户二部　负责行业广告业务	
		客户三部　负责行业广告业务	
	管理部门	后勤部	负责接收广告原稿、分割广告版面、审查广告内容、校对等
		管理部	负责签订广告合同、收取管理广告费等
		策划调查部	负责策划版面、进行调研、编制资料等

日本广播电视媒体广告组织的结构与报刊相似，最大的不同是没有分类广告，也就没有相应的部门。广播电视媒体广告部门的最大任务是如何吸引插播广告。

4.4　媒体广告经营模式

我国媒体的广告经营，大体经历了三个发展阶段：第一个阶段为自营阶段。这一阶段的广告经营主要由媒体自己的营销队伍完成，由于营销实力的局限，广告市场的开发受到一定的影响。第二个阶段是自营与代理混合经营阶段。这一阶段，社会广告公司涉足媒体广告代理经营，广告市场得到进一步的开发，媒体自身建立的营销队伍在广告经营中承担的任务减弱。第三个阶段为广告公司代理经营阶段。媒体广告经营全面实行代理制，媒体自身建立的营销队伍基本退出一线经营，转为开展营销管理、市场研究等工作，媒体与广告公司结成双赢的合作关系。

4.4.1　自营模式

自营是传统的广告经营模式。在我国内地广告欠发达地区，广告公司的发育并不成熟，大部分媒体目前广告经营只能仍然采用自主经营的模式。其特点为：媒体成立自己的广告部门，负责广告的经营和管理。应该说，广告自营也是符合这些地区的实际情况的。

自营模式主要有以下优势：（1）自营使得媒体有更大的动力经营广告，能为客户提供专业的服务和更大的广告价值。（2）广告客户也更喜欢直接与媒体打交道。获得客户的长期信赖，提高客户忠诚度。（3）充分利用行业记者与行业客户的长期关系，获得行业客户的持续性广告投入。（4）广告投放客户直接掌握在媒体自己手中，分散风险，不会因为个别客户的流失影响整体经营。（5）不用跟广告代理商分享利润，获得的广告收益百分百进入自己口袋。

自营的劣势主要表现在：（1）媒体事业体制的属性，重宣传轻经营的历史原因造成经营人才的缺乏，尤其现在受网络等多元传播渠道的冲击，媒体的垄断优势越来越小，媒体广告的经营越来越需要专业化的推广和营销人才，而这是媒体内部缺乏的。（2）媒体承担着双重任务，势必引起媒体为了创收，大量利用记者的特殊身份和关系拉广告，一方面会分散记者的注意力，导致媒体质量的下降；一方面影响媒体的社会公信力和品牌形象，不利于媒体长期健康发展。（3）由于大部分媒体还处于广告管理不规范、制度不严密的阶段，自营可能导致内部人员为了个人利益，损失广告资源的现象发生。（4）自营需要很高的投入成本，媒体自身的人力财力有限，自营不能使媒体利用社会力量快速做强，也不能深度挖掘市场潜力和盈利空间，可能会错过发展的良机。

随着时代的进步，自营模式存在的弊端越来越显露，已明显阻碍了媒体广告的经营。其存在的问题是：（1）营销水平低，大部分还是依靠编辑、记者的人际关系拉广告，不利于媒体品牌的树立和长期健康发展。（2）有些媒体为了创收，实行全员创收政策，这种靠被动强压的做法可能在短期内取得了创收快速增长的效果，但长远看造成采编人员不能集中精力于本职工作，为了创收而采取短视行为，影响受众率提升和精品栏目打造，同时不利于专业人才的培养。（3）广告后续增长乏力。（4）造成内部分配的不公平，尤其是采编播人员虽然本职工作出色但由于创收能力弱，导致收入偏低的现象，影响内部团结和员工积极性。这些问题也是不容忽视的。

4.4.2　自营与代理相结合模式

自营与广告公司代理经营的混合模式是媒体在迈向广告代理制过程中的一种过渡形式。媒体将部分广告业务保留在媒体内自营，同时将部分频率、栏目或广告时段引入外部代理公司经营。这种方式是媒体积极尝试广告代理制的一种阶段性表现，能够缓解媒体的经营压力，激活内部经营动力。但是，这种经营模式同时也使得媒体和广告公司处于一种相对竞争状态，如某些易开展的业务自留，而把难以开拓的业务交给代理公司经营，广告代理公司无法获得较好的发展条件，从长远看，不利于广告经营代理制的实施。

4.4.3　独家买断、多家行业代理模式

这种模式在广告业发育比较成熟广告公司、比较发达的沿海地区最为常见，目前正在向内陆地区扩展。

1. 独家买断代理

媒体将广告经营全盘交给一家代理公司，双方之间确定经营目标，媒体出让广告经营权，代理公司按照合约缴纳代理费和保证金。对于缺乏经营管理经验的媒体，独家买断代理具有明显的优势：（1）媒体把广告经营完全交给社会上具有丰富经验和专业水平的广告公司，弥补了媒体自身经营人才缺乏，经营能力不足的状况，使媒体资源的销售和利用达到最大化。（2）通过专业广告公司的参与经营，吸引大客户的广告投放，可以在一定程度上提升媒体平台的权威性和影响力，扩大客户资源。（3）通过买断式经营，能够有效降低媒体发展初期的风险，释放自身的经营压力，快速与市场接轨，把主要精力放在版面节目形态和内容的生产上。

从另一方面来看，这种方式也存在诸多问题：（1）风险大，把鸡蛋放在一个篮子的做法，本身风险就难以预测，其经营成败取决于一家代理公司身上。如果这家代理公司运作上出现问题或最初的评估和选择有问题，都可能带来媒体整体经营的失败。（2）形成独家买断代理关系后，媒体自身的经营自主性受到限制，原先建立的一些优质广告客户，可能难以和新的代理公司进行合作而流失，一些颇具实力的广告公司，因为独家代理限制而错过合作机会，这对媒体来说也是一种风险和不利。（3）一旦代理公司做大后，其掌握着大量的客户资源，媒体的讨价还价能力减弱，长远看，不利于媒体广告经营的健康发展。

综上分析，独家买断代理方式较适宜于新媒体或目前经营较为困难的媒体。媒体应选择市场上较为成熟的代理公司，其客户资源丰富，在当地媒体市场具有较强的影响力。独家买断代理应该是实施行业代理的一种过渡形式，随着媒体市场的不断扩大和影响力的提高，应该逐步改变独家代理的模式。

2. 分行业代理

分行业代理就是媒体按照行业将广告客户分类，媒体将划分好的某一类或几类行业广告业务交给各个广告代理公司代理；而广告代理公司需按照协议规定完成年度广告定额，媒体不得将该行业广告经营资格授予其他的广告经营者，同时广告代理公司只能在规定行业内经营，不得跨行业经营。

分行业代理是媒体专业化程度比较高的一种广告代理模式，越来越受到媒体的青睐。

分行业代理的最大优势在于：（1）减少各家代理公司对于广告业务范围的模糊造成的摩擦，以及对于同一广告业务的不必要竞争，专心于自己所代理的行业。（2）将任务分解给多家广告公司，减轻自身压力，降低媒体的经营风险。（3）广告公司形成相对垄断经营，既有利于广告公司的专业化运作，进行广告客户的深度开发，又有利于提升媒体的广告经营收入。（4）能使得媒体集团整合资源，实施统一管理，采取"捆绑式"销售，用强势媒体带动弱势媒体，实现媒体集团总体收入的提高。

分行业代理也存在一些问题，主要问题有：（1）媒体需要与多家广告代理商打交道，管理成本较高。（2）分行业代理降低了媒体的灵活性，如何协调各种广告之间的利益需要认真考虑。

实行分行业代理需要具备以下内外部条件：（1）行业广告市场规模足够大，能支撑广告代理公司生存。（2）市场上存在多家成熟的广告代理公司。（3）媒体的管理水平较高，管理体系健全，能有效实施对内部管理和外部的代理商管理。

4.5 媒体广告经营对广告市场培育发展的影响

4.5.1 媒体广告经营中的问题

媒体自身直接经营广告是我国广告发展中的一个特殊阶段，目前这种状况依然存在，而且媒体广告经营比重超过了广告公司，估计这种状况还会存在一个时期。媒体直接经营广告虽然促进了广告的发展，但其存在的问题也是不容忽视的。

1. 媒体广告价格混乱

现阶段我国媒体广告市场仍然缺乏公开公平公正的、通行的市场标准。媒体具有垄断性，广告版面（时段）价格涨跌随意（如央视2008年黄金时段广告价格上涨了18%）、提价放折、暗箱操作等问题进一步加剧了价格竞争，这对于媒体的长远发展非常不利。广告公司期望媒体做到两点：首先是规范媒体广告价格体系，制定统一、明确和公开的价格标准；其次是媒体应该严格执行已定的价格、扣率等，消除暗箱操作现象。

2. 媒体越俎代庖，自办广告公司

除了广告价格混乱外，媒体直接招揽客户和媒体自办广告公司进行不正当竞争的问题也相当突出。媒体越俎代庖的要害是对行业的垄断，这种垄断阻碍了代理制的实施，严重影响了了我国广告市场的正常发育。

3. 监测数据不可信

媒体监测数据不可信一直困扰广告公司及广告主。调查结果显示，34.7%的广告公司认为媒体缺乏可信的监测数据。另外，对数据提供商提供的数据的可信度评价，也有67.2%的广告公司认为其可信度一般，表示不可信的广告公司有16.4%，认为其可信的仅有16.4%。

4. 服务不够灵活

媒体在服务上还存在诸多问题，如服务缺乏灵活性、缺乏多样的媒体产品、付费方式不合理等。广告公司希望媒体建立相对完善的客户服务体系，为客户提供更大的媒体传播平台和多元化的产品。

4.5.2　强媒体弱广告公司的危害

我国广告市场中有一种非常不正常的现象，就是强媒体弱广告公司。在广告市场上，媒体是老大。由于媒体的强大，广告公司的核心地位就很难突出出来。这也是我国广告市场还不成熟的表现之一。

20世纪90年代中期，由央视发起的"标王"广告营销模式就是最突出的表征。作为唯一国家级电视媒体，央视享有独断资源，其在开掘自身营销资源时，排除了其他媒体平等充分竞争的可能性。央视独特的垄断资源并非市场形成的，因此，央视在利用自身非市场性垄断资源争取利益最大化的同时，也伤害到其他利益主体的利益，使得各级地方电视媒体在广告营销中处于劣势。作为屈指可数的营销平台，无论央视开出多高的价钱，广告公司也只能照单全收，但广告公司代理广告业务绝不做亏本买卖，只好把成本继续转嫁给企业，企业再转嫁给消费者。央视百亿多广告收入的背后，却是以普通消费者埋单和企业巨大的财务风险作为代价的。

我国广告公司隶属关系呈现"多头分布"的特点，由于各广告公司的隶属关系的不同，其经营优势各不相同。广告公司的隶属关系可分为三类：社会专营广告公司、大众传播媒体广告公司、垄断行业广告公司。这三类广告公司，无论是在生产经营的成本上还是在市场竞争的手段上，都存在着巨大差异。大众传播媒体广告公司的经营优势居于三类广告公司之首。媒体广告公司绝大部分与媒体组织的广告部实际上是两块牌子一个部门。由于依托媒体，具有行业垄断和媒体发布两大垄断优势，因此，无论是生产成本和人才资源优势均优于其他广告公司。由于垄断程度不同，我国广告公司市场竞争处于不平等状态。这种状况不改变，将影响到我国广告市场的正常发展。

4.6　媒体广告代理势在必行

广告代理制是市场经济发展的必然产物。为了更好地推行和利用广告代理制，为发展现代媒体经济服务，我们应当自觉遵循广告代理制的运作原则。

4.6.1　遵循广告经营规律

媒体广告代理制是企业和媒体遵循广告经营规律并在国际上通行的广告经营制度，在西方经济发达国家已有百多年的发展历程，并日益在市场经济和企业营销战略中发挥着十分重要的作用。

实行广告代理制度的实质是实行市场化的社会分工和专业化的资源配置。广告代理公司能根据广告客户的发展需求进行市场调查、广告策划、创意设计、制作宣传、组织促销、公关活动和反馈测定广告效果，按市场整合营销的传播规则和企业扩展目标实施广告运作，努力实现对企业的专业服务最优化；媒体能根据自身优势，扬长避短，集中人、财、物各种资源办好媒体，提高媒体质量和舆论影响力，按媒体的发展规律进行功能定位、明确分工、各司其职，在提升媒体竞争力的同时实现广告经营收入的经济利益最大化。

实行媒体广告代理制，媒体原则上不再直接承接客户的广告设计创作和策划广告业务，而是由广告公司代理媒体的广告业务承揽和广告版面（时段）销售，这就可以完全避免广告经营者与广告媒体发布者在各自职能和运作方面的错位。从根本上说，我们只有自觉遵循媒体广告经营规律，才能真正建立起适应市场经济发展的广告代理经营的运作制度。

4.6.2　创建经营管理模式

媒体广告代理制是广告经营规范化、科学化的运行模式。以广告代理原则构建广告经营模式，从根本上要求媒体的广告经营管理体制要充分适应市场经济运行的基本要求。在组织结构上，必须实行专业化分工和科学化管理；在经营体制上，必须实行成本核算和绩效考核；在运作过程中，必须实行规范化程序和合同化制约。

尽管在建立市场经济体制的过程，我国企业趋向市场化经营模式已出现根本性的转变，但作为主导社会舆论的媒体，多数媒体的广告经营管理体制仍实行与市场经济发展极不相称的自营模式，即组建媒体广告公司，组织大批广告业务人员承揽媒体广告或实行独家经营管理本媒体广告的"全面代理"，或推行发动媒体全体员工搞广告创收。这种自营广告的运作经营模式，是在"肥水不流外人田"的传统观念指导下的广告经营方式，完全排斥了广告代理制的推行，极大伤害了社会广告公司代理广告的积极性。

推行媒体广告代理制，必须把媒体组织广告业务员承揽广告的业务工作剥离出来，交由社会广告公司负责运作；媒体广告公司应当参与社会广告公司的市场竞争。媒体广告部门应当依据以下工作职能进行创建媒体广告经营管理的组织结构和运作模式，即立足版面（时段）营销，服务广告代理；强化市场分析，创新广告产品；制定调控政策，拓展广告市场。

媒体广告经营从根本上实现由自营模式转向代理模式，主动剥离直接拉广告的运作业务，引导社会广告公司积极参与媒体广告代理经营，有利于广告市场开发，是媒体广告实现由粗放经营转向集约经营，由短期经营行为转向可持续发展的根本性飞跃。

4.6.3　实行公开公平竞争

媒体广告代理制是完全实行公开、公平、公正市场规则的市场运作制度。判断一个媒体的广告经营运作是否实行代理制的关键性标志是：看在广告经营政策上是否对社会广告公司实行公开、公平、公正的市场规则。

在市场经济条件下，应当充分认识到社会广告公司作为市场主体的本质，即广告公司代理媒体的地位是平等互利的，经济利益是等价有偿的，代理广告行为是自觉诚实的。媒体推行广告代理就必须委托或规定广告公司在代理授权内开展广告经营活动，明确企业客户、广告公司、媒体之间的权利和义务。媒体广告代理制的公平规则主要体现在支付广告代理费，即广告公司代理媒体广告版面（时段）获取酬金的制度。在广告代理实践中，无论广告代理公司采取的是成本实费制还是效益分配制，媒体应均实行同等的广告代理费标准。

媒体对广告代理公司实行公开、公正、公平的市场规则，是推行广告代理制的核心环节，也是市场经济体制和市场经营运作的最本质反映，更是媒体建立诚实信用的广告经营体制的最根本要求。实行公开的原则，就是媒体对所有广告公司和广告客户的政策措施要公开；实行公平的原则，就是媒体对所有广告公司和广告客户的政策措施一视同仁；实行公正的原则，就是媒体对所有广告公司和广告客户都不得采取任何的与市场主体地位不平等的对待方式。只有通过公开、公平、公正的市场竞争规则，媒体才能真正与广大的广告公司和客户建立相互信任、相互支持、相互发展的协作关系。

4.6.4　共同优质服务客户

媒体广告代理制是一种成熟和规范的市场中介服务制度。优质服务企业客户，是媒体广告代理制的核心内容，也是广告公司和媒体的共同目标和工作任务。广告公司通过承揽广告的策划沟通、设计制作、宣传发布等提供优质服务，进而实现企业营销计划和拓展市场；媒体通过代理政策、版面（时段）安排、印刷发行、扩大收视（听）率等方面提供优质服务，进而实现媒体广告的营销计划和经济效益。

广告代理制能够在西方经济发达国家确立并在全球各地普遍地仿效和推崇，最为重要的是广告公司和媒体在共同为企业客户优质服务过程中，让广大企业客户实现最有成效的企业营销目标，并被广大广告客户所普遍认同和积极配合。

媒体广告代理过程实际上是一个不断地服务广告客户拓展市场的过程。应当看到，媒体广告部门组织广告业务员到企业拉广告，更多关注的是个体如何承揽多一些广告；作为广告代理的广告公司组织广告专业人员到企业，更多关注的是整体如何策划创意为企业扩展市场制定可行的广告运作方案。毫无疑义，不同的广告经营动机在企业市场推广的过程中必然产生根本上不同的广告效果。广告代理制能对广告客户提供的专业化优质服务，是媒体广告市场得以不断拓展的客观要求。

4.6.5 建立代理运行机制

媒体广告代理制是一种智力密集型和信息导向性强的广告市场运作方式。我们判断一个广告市场是否成熟，关键在于看媒体是否建立完善的广告代理运行机制。这种市场化运作的体制是市场经济充分发展的必然选择。应当认识到，我国广大企业作为市场主体已成大势，迫切需要规范的广告代理制来推进企业的市场推广，其关键在于媒体能否建立广告代理运行机制满足广大企业的市场需求。

从根本上说，媒体广告代理制是一种能够真正把社会广告公司积极性调动起来的经营模式。广告公司代理的广告，应是媒体广告的主要业务来源。媒体广告经营推向社会，让广告公司积极主动地参与媒体广告代理经营，有利于开发广告市场，有利于广告公司与企业共同建立起策划营销的专业化和社会化运作机制；媒体通过广告公司的专业化代理服务也有助全面提升企业形象，并形成一种长期稳定的相辅相成的利益格局。

应当说媒体在全面推行广告代理制的过程中始终在起着主导地位的作用，即媒体完全可以通过建立广告代理运行机制来确立媒体广告经营管理的运作方向，并通过不断调整完善广告代理运行机制，最终实现媒体广告的可持续稳定发展的经营目标。

媒体广告代理的运行机制的建立应着重把握三个根本性环节：一是要坚持采编与经营分离的原则，媒体采编人员应严禁参与广告经营；二是要采用广告代理费机制取代广告组稿费，媒体不能变相支付广告佣金；三是采取系统的政策措施扶持社会广告公司做大做强。

4.6.6 规范广告经营职能

媒体广告代理制是一种媒体委托广告公司代理营销媒体广告版面（时段）的经营模式。从本质上看，媒体广告代理制就是媒体向广告公司和广告客户销售广告版面（时段）。依据这个本质特征来调整并规范媒体广告经营管理工作和确立媒体广告经营职能，具有十分重大的意义。

媒体广告版面（时段）作为一种特殊的产品，是各类广告的重要载体。组织对媒体广告版面（时段）的整合营销是媒体广告部门的最基本职能。但是，由于媒体对广告经营职能定位和职责划分出现重大的观念偏差，大多数媒体实行媒体广告部与媒体广告公司两块招牌一套人马，把媒体的广告经营管理与广告代理的职能混为一体进行运作，从而带来一系列的问题：一是把拉广告作为广告部门的基本职能，制定广告经营策略易形成短期的经营行为；二是直接拉广告的投入大，费用多，成本高；三是媒体广告业务员以发挥个体能力为基础承揽广告，缺少对广告客户的全面策划、设计制作的整体服务，易形成粗放型的经营行为；四是媒体广告自营在对人员素质、费率折扣、市场开拓、监控协调等方面都不可避免地存在较多的管理问题。

实行媒体广告代理制，媒体广告部门的经营职能可从承揽拉广告业务中解脱出来，及时转向广告版面（时段）营销的业务运作上，实现媒体广告经营的宏观管理和微观调节相结合的营销策略：一是要集中精力抓好广告市场调研分析，制定广告版面（时段）的营销政策，始终把握广告经营的市场主动权；二是不断开发多种形式、多种规格的广告版面（时段）价格体系，形成适应不同经济能力和层次的广告客户需求的不同价格广告产品系列；三是要加强媒体广告的市场反馈，为广告客户提供增值服务和投资回报。

4.6.7 构建代理网络体系

媒体广告代理制是媒体拓展广告经营代理网络体系建设的制度。媒体要在充分发挥广告公司的重要作用的过程中，实现媒体构建一个遍及全国性的广告代理网络体系，从而为媒体广告版面（时段）的整合营销打下最为坚实的基础。

媒体要争取到尽可能多的代理广告，就应当与社会广告公司建立一个联系密切、沟通畅顺、信息及时、利益互惠、诚实信用的代理规则。媒体通过媒体制定的代理政策进行市场化运作，可以选择委托那些具有与媒体业务相应的代理能力、具有良好代理业绩、具有经营实力和良好资信的广告公司开展广告业务合作，共同拓展媒体广告市场。

社会广告公司是市场经济发展的必然产物，并伴随着广大企业的广告市场推广而发展壮大的。广告公司与广大企业有着直接、紧密的经营业务联系，并有为企业产品的市场整合营销进行专业化、社会化服务的技术、队伍和经验。毫无疑义，社会广告公司是十分重要的社会资源，媒体应重视把每家广告公司都作为媒体的一个广告业务员进行对待和扶持。全面推行广告代理制，实现媒体运用广告公司的社会资源开拓媒体广告市场，必将展示出广阔的发展前景。

4.6.8 培育媒体广告市场

媒体广告代理制是一项促进媒体广告经营可持续发展的制度。这种制度的工作重心是要求媒体广告部门重视广告的市场培育与市场开发，由媒体通过广告代理机制的预期利润和利益格局引导广告公司主动地组织对广告客户的市场策划，主动地配合媒体的广告经营，因而是一种互动性强的广告市场开发运作过程。

媒体广告是企业经营的有机组成部分。实行媒体广告代理制的最大受益者是企业。一方面，具有实力的广告公司能够为企业的产品或服务的营销提供全方位的策划、设计、宣传服务，能极大提高企业广告运作质量和水平，实现企业自身利益的最大化，从而为企业的发展注入生机；另一方面，媒体能致力于开发广告版面（时段）新规格新品种，不断实现广告客户投放需求的最大化。媒体和广告公司在专业化分工、社会化服务企业过程中不断地建立一种关系融洽、利益互惠、市场拓展的合作伙伴关系，有助于媒体广告市场的培育、成长和稳定发展，也有助于企业遵循市场经济规律，理性地在进行整合营销中投放广告，并形成企业稳定成长的良性循环发展。

实行广告代理制能够推动社会广告公司在广告代理的统一平台上进行有序的竞争，这种竞争的焦点体现在广告公司为广大广告客户或企业提供的策划设计服务方面，有助于社会广告公司致力提高整合营销和创意策划的整体水平，通过广告代理的竞争机制促进社会广告公司的综合实力增强，并形成一个规模不断扩展的广告市场，从而为媒体创造良好的广告经营环境。

本章小结

随着现代广告业的不断发展成熟和广告经营机制的确立，广告市场主体功能分工不断明晰，专业广告公司发展壮大，媒体广告代理渐成趋势，媒体自身广告经营的职能和角色也相应地转变或弱化。国内外媒体广告经营组织机构的设置模式没有根本的区别。目前媒体广告经营大致有 3 种模式，而独家买断媒体广告经营权的模式有扩展之势。我国目前广告市场强媒体弱广告公司的状况，不利于广告业的发展和广告大市场的形成。媒体广告代理经营势在必行。我们应当自觉遵循媒体广告代理制的 8 个运作原则。

思考题

1. 媒体广告经营模式有哪些？
2. 试析独家买断、多家行业代理模式优劣及发展趋势。
3. 试析强媒体弱广告公司的危害性。
4. 媒体广告代理制的 8 个运作原则是什么？

第 **5** 章 企业广告经营与管理

企业是广告行为的发起者，广告信息的发出者，也是广告活动的出资者，这些特点也就决定了企业是广告市场的源头。企业的广告意识与广告行为，既关系到企业自身的生存与发展，也直接影响和制约广告市场的发育和成长。因此，企业经营管理好广告业务是一件十分重要的工作。

5.1 企业广告经营管理的原则

企业广告经营管理有三个基本原则。

5.1.1 功能定位原则

要明确广告在企业中的具体作用，明确广告在企业的发展中究竟担负何种职责，履行何种职能。只有这样，企业的广告管理才有明确的目标，广告运作才有明确的方向，广告组织的工作职能才能落到实处。把握功能定位原则，其根本点在于使企业广告组织结构与管理模式，与企业对广告组织的功能要求在高层次上统一起来，至少也要谋求现有组织结构和管理模式与企业对广告组织的功能要求协调一致。

5.1.2 层级责任原则

要尽量减少企业广告管理层次，明确广告管理各层次的具体责任，尤其要建立起规范化、合理化的广告宏观决策的管理机制和体系。一般来说，就是建立由企业主管和企业的广告主管构成的企业广告的宏观决策层。

5.1.3 统放结合原则

要统筹规划广告营销，这是企业整体发展和长远发展的利益需要，最大限度地发挥广告的整体效应和积累效应，满足企业对广告多方面的需求、长远的需求。

5.2 企业广告部门的类型和职责

5.2.1 企业广告部门的类型

企业广告部门作为现代企业营销组织的重要组成部分，在营销中所发挥的作用越来越大。从我国企业的广告经营管理现状来看，其广告组织大致可分为三种类型：公关宣传型、销售配合型、营销管理型。

1. 公关宣传型的广告管理模式与组织类型

这种类型将企业广告纳于行政管理系统，一般不独立设置广告部门，而是将其职能和业务归属于企业的行政管理部门，由行政部或办公室兼管执行，与财会部、人事部等非生产业务职能部门并列，其履行的职能是企业广告宣传、新闻宣传、公关宣传等，与产品的直接营销关系不太密切。

这种模式注重企业的形象推广和企业内外部的信息沟通。

2. 销售配合型广告管理模式与组织类型

这是目前国内外企业最为普遍采用的一种广告管理模式，它从属于企业的销售部门而非行政部门，功能定位于销售配合。企业销售部门下设：市场调研、产品开发、销售和广告促销。在具体运作中，有两种管理组织类型：（1）以市场为基础的管理组织类型。企业广告部既是广告管理部门又是企业的广告执行与营销服务机构。营销总管→广告——产品开发——营销调研——营销（市场经理A、B、C）。（2）以产品为基础的管理组织类型。营销总管→部门品牌经理（品牌经理A、B、C）——营销调研——营销服务（SP、包装与设计、媒介）——产品开发。将广告与营销服务合二为一，一并归属于部门品牌经理或品牌经理，同时又将营销服务从中分离出来，另立机构，惟营销调研与产品开发维持不变。两种管理组织类型的共同优势是，注重广告对企业销售的配合，在于能更好地把握和发挥广告的销售力和直接的销售效果。其不足：一是由于过分强调广告对销售的配合，影响企业广告的长期规划管理，不利于企业整体形象推广和品牌系统的建立，不利于广告对企业长远发展战略的配合；二是由于管理与执行层次过多，导致企业广告宣传的零乱与分散，影响企业广告宣传的整体效果，还会造成各品牌、各阶段、各市场广告宣传的无计划投入。

3. 营销管理型广告管理模式与组织类型

这种广告管理模式与组织类型，既不归属于企业的行政部门，也不从属于企业的销售部门，而是把广告提升为与生产、销售、人事、财务等几大职能部门并列的独立机构与组织。从功能层面上说，注重企业广告的宏观决策和组织管理，不仅为企业营销的重要推广组织，而且作为企业实施整体发展战略的重要组成部分，参与企业营销的宏观决策、推广管理与组织实施。这是在企业主管直接控制下的一种管理模式与运作机制，我们把它叫作营销管理型。营销管理型广告管理模式与组织类型，将企业广告管理工作中宏观决策、组织管理与具体实施连为一体，有利于加强企业广告管理运作中的统一性、整体性和长远规划性，有利于企业广告资源的充分开发和合理调配，有利于企业广告作用的全面发挥和有效运用。

不管企业采取哪种广告管理模式，其广告基本运作程序却是大体一致的，一般都要经过广告决策——确立企业广告基本战略思想和总体战略目标，广告计划——确立并制定出切实可行的具体广告计划，广告执行——广告计划的具体实施等3个阶段。

在具体运作中，我国企业广告主要有自我执行和委托代理执行两种方式。所谓自我执行，就是企业配置了功能齐全的广告部门，其广告部门承担了企业广告运作的一切工作和职责。这与我国的广告代理制度尚不成熟有关。而实际情况是，企业广告运作要达到完全自我执行，难度极大，有必要实行部分代理，把企业依靠自身力量难以完成的广告运作环节如广告策划与制作等委托广告公司代理，以减少不必要的损失。相应地，委托代理执行的方式能极大提高企业广告效率，增强企业广告的投入产出比。这是现代广告发展的需要，也符合企业发展的根本利益。

5.2.2　企业广告部门的职责

企业广告部门的基本职责是：

（1）参与制定企业的战略决策。

（2）参与制定广告活动计划。每个企业都有各自的市场目标，广告工作以实现企业市场目标为目的，广告活动计划中需要确定在怎样一种程度中开展广告活动。

（3）制定广告目标。

（4）从事广告及与广告有关的活动，如公共关系、宣传、促销、市场调查等。只有综合运用上述有关活动，广告才会产生实际效果。

（5）有效地选择和使用广告代理公司、广告调查公司、促销公司、制作公司等。

（6）制定广告预算方案并取得上级对广告预算方案的认可，特别是在有效利用广告预算上尽最大的努力。

（7）及时与广告公司沟通，选择最能使广告信息有效渗透目标市场的媒体。

（8）注意协调、调动广告部门及广告工作人员的能力开发和人才补充。

（9）评估广告效果及广告公司、市场调查公司、公关公司等工作成效。

（10）与有关广告团体保持良好关系。

（11）及时将本部门与外围委托单位的情况通报给主管。

5.3　企业广告运作的基本任务

企业广告运作不同于其他广告机构的广告运作，这主要是因为企业广告运作担负着广告最后决策的责任，所以对它的基本任务可以归纳为以下三条。

5.3.1　制定广告决策

通常当一个企业向市场进行营销选择时，就意味着它已经基本确定了自己的营销战略。在这个营销战略中，包含了我们通常所说的4P的各个方面，并且也给定了企业营销的具体目标，自然这其中对广告提出了一个方向性的选择，包括对广告预算作出的明确限定。这个最基本的选择和预算就是广告决策。广告决策包括列出广告要达到的战略目标，制定出包括长、中、短期的广告计划，以及在广告实施过程中如何对结果进行检验和评价，并根据检验结果，制定纠正措施和调整计划。

5.3.2 控制广告成本

为了保证广告运作按照既定策略有序地前进，企业广告管理部门依照确定的广告计划对广告预算加以分配，保证广告费用的充分支持，同时也确保广告投入能够发挥相应的效益。在这里，控制广告成本的一个重要内容，就是科学合理地投放经费，使广告投入真正地与其他营销成本一样发挥效益。这既包括对企业广告部门自身的控制，也包括对广告代理公司服务费以及广告媒体费用投放的控制，目的是保证企业的广告活动能取得最大的经济效益。

5.3.3 协调广告规划

在一个比较充分的广告运作中，往往单纯依靠企业自身的广告人员无法完成任务，所以在大多数情况下需要依赖专业广告公司的业务支持。因此企业广告管理的一个很重要的任务，就是选择合适的广告代理公司。这要求企业广告运作部门必须考察专业广告公司的经营情况、业务构成以及有没有为同类产品服务过的经验。还有该广告公司的广告策略是否灵活有效、有创见，该公司与媒体的关系如何，该公司的财务状况如何，广告制作水平的高低、市场调研能力的强弱、信誉是否可靠等。这些都关系到企业能否得到广告预期的效果。有时企业同时联系不止一家广告公司，或者在不同区域进行广告操作，这就需要对各个服务机构之间的工作加以协调，以保证有机配合。即使只用了一家广告公司，但广告运作却涉及到不同机构、不同媒介，也需要有效地加以协调。

5.4 企业广告运作的科学程序

对于企业而言，广告既是一项投入也是一项投资，而且在企业的价值追求中更加侧重于投资。因此，企业广告运作的一个核心任务，就是如何通过科学的决策程序和有效的操作模式，保证企业广告能够实现既定的目标。

所谓科学的决策程序和有效的操作模式，是企业广告运作对市场的一种适应，它既包含了企业广告运作中长期积累的一般工作规范，也不排除在操作实践中灵活机动的创造性发挥。当然，不论怎样，企业广告运作不可能摆脱广告运作的基本规律，所以相关的运作法则也是它所必须遵循的。

第一，企业广告运作是在一个确定的环境中进行的，因此它就不可能摆脱环境本身的影响和制约。这个环境既有宏观的因素也有微观的因素。宏观环境广义而言，涉及到政策法规、伦理道德、民俗风情、地理环境等诸多外在的自然和社会因素，任何广告运作只有明确地认识它并且适应它，才不至于引起各种环境冲突；微观环境则包含了广告运作中的具体利益关系，诸如竞争对手、消费者习惯和认知状态等等，广告运作中只有清晰地对此加以确认才可能有的放矢。

第二，科学的广告运作是建立在广告组织的有效执行之上的，因此企业广告运作就不可避免涉及企业广告组织问题。企业广告组织作为企业经营管理体系的一个组成部分，是制定企业广告决策、落实企业广告计划、协调企业广告关系的具体执行机构，也就是说它承担了企业市场营销沟通的基本任务。对任何企业而言，其市场营销的一个主要任务就是进行营销沟通，而实现营销沟通就必然需要相应的组织机构。正是在这个意义上，广告组织具有不可替代的角色价值。

第三，由于企业广告运作是广告主的广告行为，因此它与一般专业广告机构的运作也有所不同。通常情况下，企业广告运作主要是确立方向把握进程，企业广告组织承担了对广告运作任务目标、途径方法和财务支持等方面的把关，所以对广告运作具有最后决定权，这也决定了企业广告组织对广告运作负有最后责任。正因为这样，企业广告运作更加需要科学的决策机构和决策程序，包括相应的人员和组织设置，以及通过这些人员和机构所形成的合理的决策方式，以保证决策科学化和规范化。

第四，在大多数情况下，企业广告组织并不是依靠自身单独完成广告运作的，它还需要专业广告机构和广告媒体的配合。因此，如何协调各种关系，进而达成广告资源有效配置也是企业广告运作的一个重要内容。由于企业广告运作中的参与者有多个方面，每个方面又都有自己不同的角色行为，如果不能够有效地加以协调，就有可能使广告运作效果打折扣。何况由于广告环境趋于复杂化，广告运作已经成为包括了销售促进和公共关系等营销传播职能的整合传播，系统性的协调，也就成了企业广告运作的一项不可或缺的内容。

显然，企业广告所面临着的是一系列的工作和任务。不仅仅是在战略意义上的策略方向问题，还有战术意义上的操作实施问题。任何把企业广告运作看作是一种随机的行为反应，都是不切合实际的，也必然要受到市场的惩罚。虽然我们依然不能否认，美国百货业巨头沃纳梅克的预言（"我知道我的广告费有一半是浪费了，但却不知是哪一半。"）在现实中具有不可回避性，但是通过科学规范的方法，却有可能使我们减少企业在广告运作中的不确定性，从而体现出更好的广告效益。

5.5 企业广告的媒介计划

5.5.1 媒介计划的含义和内容

媒介计划的含义：为把广告信息最有效地传达给目标受众，根据广告目标的要求，在一定的费用内，对广告媒介进行的策划。媒介计划的的核心是确定广告媒介目标，实质是媒介的选择、组合方案。媒介目标是广告信息经媒介传播后对现实的和潜在的消费者形成的传达程度、影响程度。

媒介计划的内容：(1) 传播对象。(2) 沟通渠道。这是媒介计划重点内容，即根据广告目标的总体要求，选择适当的媒介，使广告信息尽可能地接触目标消费者。(3) 何时进行。有关发布时机和发布时间的选择。(4) 如何进行。广告的具体时间和方式。

5.5.2 对各类媒介的考察评估

1. 总体分析

(1) 普及状况和受众成分。这是考察广告目标消费者和媒介受众的关系。首先，要看某一媒介或节目的影响程度，包括发行或覆盖的区域，受众规模、构成等。其次，要看广告目标消费者与媒介所拥有的受众的联系程度。其关系有这么几种情况：1) 不相交，二者没有联系；2) 部分相交，二者互相覆盖；3) 全部相交，二者完全吻合；4) 媒介受众大于广告目标对象，超越了广告活动的需求；5) 广告目标对象大于媒介受众，超越了媒介的影响覆盖范围。由此可以得出：相交质量参数=广告目标对象人数/媒介接触人数。最后还要看媒介被接触的程度，即媒介被受众阅读、收看、收听的状况。

(2) 媒介使用条件。一看购买媒介的广告时间或空间（版面）的难易程度，购买手续和过程是否简便易行。二看媒介表现广告信息的能力。三看媒介制作广告的水平、风格。

(3) 媒介相对广告费用。媒介相对广告费用=广告单位时间（单位面积）的价格/预计媒介触及的人数。

(4) 媒介的传播效益。

2. 对不同媒介的具体分析

(1) 报纸和杂志：1) 普及状况和读者层次；2) 阅读状况；3) 使用条件；4) 相对广告费用；5) 传播特点。比较后的效果评价。

(2) 广播和电视：1) 装置普及状况；2) 听（观）众状况；3) 媒介购买；4) 适应性。

(3) 各类促销媒介。

5.5.3 影响媒介计划的内外因素

1. 外部因素

指媒介之外，影响制定媒介计划的诸多因素。

(1) 产品的特点。广告商品有什么特性、处于何种生命周期、是否为名牌等。

(2) 目标市场的特点。根据目标市场的各种状况，对目标消费者进行分类。

(3) 经销系统的特点。企业和产品的销售方式、销售范围、销售各环节的配合等。

（4）竞争对手的特点。特别是对方运用媒介的情况。

（5）广告作品的特点。媒介要能体现广告作品的创作特色，有利于表现广告主题，有利于广告作品与目标受众的沟通。

（6）广告预算。

2. 内部因素

指媒介自身能够对制定媒介计划产生影响的各种因素。

（1）购买费用。

（2）传播效益。

（3）可行性。

（4）寿命。指媒介推出广告信息持续触及受众的时间长短。

（5）灵活性。指在某一媒介上推出广告前，可以修正调整的程度。

（6）直辖性。媒介同其他营销环节相互配合的程度。

5.5.4 媒介组合策略

媒介组合，实际上是对媒介计划的具体化，就是在对各类媒介进行分析评估的基础上，根据市场状况、受众心理、媒介传播特点以及广告预算的情况，选择多种媒介并进行有机组合，在同一时期内发布内容基本一致的广告。这样不仅能最大限度地提高广告的触及率和重复率，扩大认知，增进理解，而且在心理上能给消费者造成声势，留下深刻印象，增强广告效益。

1. 确定媒介的步骤和方法

（1）确定媒介级别。指媒介的类别档次。

1）各类媒介的优缺点比较。

2）各类媒介的费用档次。

3）同以前广告活动的连接。

4）竞争对手运用媒介的情况。

（2）确定具体媒介。确定具体媒介的基本要素是：覆盖域、针对性、可行性。对媒介进行评估。

1）覆盖域。即广告媒介发挥影响的区域范围，抑或媒介的普及状况。

2）收视（听）率。

3）到达率（Reach）。指一定时间内不同的的人或户接触某一媒介刊播的广告的比例。计算公式为：触及率 ＝接收人数 ×覆盖域总人数 ×100％。

4）毛评点（GRP）。指广告通过有关媒介传播所获得的总效果，是各次广告传播触及人数比例的总和。计算公式为：毛评点 ＝到达率 ×频度。毛评点是一种全球通用的表现广告活动强度的方法。

5）权威性。衡量媒介的影响力大小，有广告作品产生的作用和某媒介推出后所产生的作用，是对媒介的传播效果质的方面的考察。

6）每千人成本。广告每到达一千人次需要多少钱？我们可以用每千人成本选择媒体，决定最佳媒体或最佳媒介排期，因为它便利说明一种媒体与另一种媒体，一个媒介排期表与另一媒介排期表相对的成本。例如：某时段的广告价格是 4500 元，目标观众的收视人数是 15 万人，每千人的成本就是 3 元。计算公式为：千人成本（CPM）=广告费/广告到达人数。这是通常对媒介效果的比较性评价。

（3）确定广告单位要素

包括广告片（CM）的长度、播出时段、广告篇幅的大小、广告版位、广告刊登位置、广告面积大小、彩色图标像素等。这些主要把握以下几点：

1）广告价格问题。

2）根据广告战略的总体要求、广告信息量的大小，考虑广告单位的大小。

3）在费用允许的情况下选择相应单位，尽量提高注目率。

4）与媒介信息服务内容的相关性联系起来。

2. 优化媒介组合

媒介组合是广告媒介战略的核心和主框架。

（1）优化媒介组合的意义：

1）能够增强总效果（GRP）和到达率。

2）能够弥补单一媒介传播频度的不足。

3）能够整合不同媒介的传播优势，形成合力，扩展传播效果。

4）能够发挥不同媒介的传播优势，形成合力，扩展传播效果。

5）能够相对减少成本，增加广告效益，有利于企业量力而行。

（2）媒介组合的方法：

1）媒介载体（Vehicle）的组合，即对具体媒介进行组合。媒介载体是指广告的承载者，例如就电视来讲，载体可以是某个频道、某天的某个时段。媒介载体组合包括同类型媒介组合、不同类型媒介组合、租用和自用媒介组合。

2）广告单位的组合。

（3）善于运用不同媒介：

1）要能覆盖所有的目标消费者。

2）注意选取媒介影响力的集中点、覆盖面的广度。

3）与企业整体信息交流的联系。

5.5.5 广告日程决策

这就是指在已经确定的媒介上如何推出广告、在什么时间进行、以什么样的方式展开的策划，其核心是制定广告发稿日程表。

1. 广告时间策略

（1）拖拉推出。即广告推出时间早于商品进入市场的时间，即广告拖拉出商品。目的在于事先制造声势，先声夺人。这适用于全新产品的推出；老产品经更新换代或部分改进后重新上市；季节性商品在旺季到来之前。

（2）即时推出。广告推出的时间与商品推向市场的时间相同。这适用于老产品、供求平衡或供应稍偏紧张的产品。

（3）延时推出。推出广告的时间晚于商品进入市场的时间。这适用于没有把握的新产品、上市试销、商品上市后试探性广告。

2. 广告时机策略

（1）商品时机。利用商品时机内在联系，巧妙推出广告。

（2）重大活动时机。抓住重大活动时机推出广告。

（3）黄金时机。把握人们记忆最珍贵的瞬间推出广告。

（4）节令时机。把握节日或季节为商品销售带来的时机推出广告。

3. 广告频度决策

这有集中型和分散型两种方式：

（1）固定频率。即在一段时间内，广告均衡推出，广告费支出呈水平状况，以求有计划地持续取得广告效果。其类型：均匀序型和延长序列型。

（2）变动频率。即广告周期内发布广告的频率和进度是不等的。其类型：波浪型、渐进型、递减型。

5.6 企业如何选择广告公司

寻找到一个高水准的广告公司，对企业营销和品牌推广的作用是不可估量的。巨额广告费用的支出，其回报是第一位的，所以在选择广告公司时不能不慎重。

5.6.1 企业选择广告公司的流程

企业广告部门以上述情况为基准进行选择，列出可能符合标准的广告公司候选名单，再写出一份简要说明书。选择的流程包括：

（1）将说明书发给候选广告公司，对回复进行分析和筛选，评估他们的媒体构想和创意，他们的行政管理体系，他们的收费方式等。一般情况下企业将预选的广告公司名单精选到 4~5 个。

（2）与这些广告公司分别联系，召开见面会，以进行交流和沟通。感兴趣的广告公司往往十分重视这一显示能力的机会，会派出 AE（Account Executive）与之沟通，向企业介绍自己的成功作品，展示自己的能力。企业广告代表可以就此了解广告公司的整体情况和广告公司人员业务素质。

（3）企业对每个广告公司详细讨论，以选择最初考虑的适合其业务的那种广告代理类型。经过再次淘汰，名单缩至二三个，然后双方就背景、经验、技能和特征等方面进行更进一步的交流。此次会面由企业代表主持，着重介绍企业的经营状况、面临的问题和挑战、广告活动的设想，有的企业还会带着客人参观生产现场。当情况明了之后，企业会请他们在一段时间内分别拿出广告策略、创意的方案，企业将在几个广告公司的方案中选择最佳者。双方再次进行细节讨论，签订正式合同。

在选择好广告代理公司之后，广告部还必须与之密切合作，为广告公司提供有关产品销售记录、产品测试结果、产品分析报告等方面的资料，并密切配合广告公司的工作。广告部应给予广告公司自由处置的权力，让其执行广告计划的实施，静观其效。

对于广告费用的控制，广告部应该预先编制好详细的预算，作为审查广告公司费用支出的依据，并应在广告预算中详细列出各项广告费用支出，标明工作进度。对费用的监督，最好以周或月为单位按期检查，并用图表显示，清楚明确地反映各期费用支出情况。

广告部门对于广告代理和企业，最重要的工作在于提供新的观念和新的构想。广告公司因为其专业性质，可能不会了解企业的经营经验，这方面的材料必须由广告部门提供。对企业而言，因为广告部的接触面广，常可发现好的构思和意见，供企业参考，为企业的经营和管理提供宝贵的咨询意见和建议。

5.6.2 企业选择广告公司的关键

企业寻找广告公司的关键是什么呢？詹姆斯·W·凯斯利（JamesW. Caslev）博士于 1985~1986 年间对美国的广告客户和广告公司作了一项抽样调查，请他们对选择广告公司过程中各种有关因素按重要性作一排序。凯斯利博士列出了 14 个常被人们考虑的因素。从答卷中看到，广告公司和广告客户的观点几乎完全一致，尤其是他们排列的首要 5 点毫无区别。这 5 点是：

（1）负责广告业务人员的素质。

（2）广告公司和广告客户在营销、广告目标的认识上完全一致。

（3）广告公司业务人员是否有彻底了解广告客户企业经营状况、经营特点的愿望和热情。

（4）这些人员是否正直、可靠、值得信赖。

（5）当广告公司认为广告客户的决策欠妥时，广告人员是否有提出意见和建议的积极性。

5.7 企业的广告预算

5.7.1 企业广告预算的基本程序和步骤

广告预算是建立在对未来预期收益和回报基础上的投资，具有一定程度的风险。因此，企业在广告预算的管理问题上必须坚持科学的决策过程。

1. 必须明确预算期间的企业营销目的。

2. 在确定企业营销预算的基础上，明确营销与营销推广在整个营销预算中的分配比例与数额。

3. 依据确定的广告预算来确立具体的广告目的，或者是在既定的广告目标下，力图使广告预算符合广告目的的要求。

5.7.2 企业广告预算的一般方法

1. 销售额比率法

销售额比率法是大多数企业采用的广告预算方法。这种方法的广告额是根据销售额和比例算出来的。企业的总广告额等于各类产品按不同的比例算出来的总和。

这个方法最大的优点是可以合理地控制销售预算，尽管产品各阶段支出会有所不同，但销售人员制定长期的销售预算时，可作一个总量上的合理控制，把最终的广告投入与销售额的比率定出来。

销售额比率法作为决定企业整体广告预算的方法，稳定企业在各阶段的收益，是非常有用的"经验方法"，但将其作为决定各个产品、商标的广告预算方法，就存在以下两点问题：第一，根据产品生命周期的位置或者根据产品品种不同，广告费的销售额比率需要变动，因为固定的比率不能机械地适用于每个阶段或各个产品品种。第二，先决定销售额的标准，再决定广告预算，这种顺序忽视了广告会提高销售额这种本来的因果关系。

2. 主观的广告（对销售）效果估算法

主观的广告效果估算法是一种基于经验基础上的带有科学成分的"感性投放"，也就是以广告的销售额效果作为主观的估算，决定广告预算。

这种方法有如下的问题：忽视了不确定性；缺乏客观的论据；忽视了竞争对手的广告费；忽视了从广告到销售额之间的市场反应（如消费者的知名度、选择度的变化）。

3. 竞争对手广告费对抗法

竞争对手广告费对抗法是在决定各种产品、各种商标广告预算时的一种现实的经验方法，即在确定广告费用预算时以竞争对手为参考依据，与之持平或超过其广告费用。

竞争对手广告费对抗法存在着四个问题：竞争对手决定的广告费并不一定合理；竞争对手的广告费因为攀比有可能向越来越高的方向发展；有可能忽视本公司的盈亏状况；决定广告预算的模式不明确。

5.8 企业广告投放的十大误区

经常有企业的老总说："为什么我投了那么多的广告，产品还是卖不出去？"更有众多的企业高管知道"我的广告费有一半是浪费的，但问题是我不知道浪费掉的是哪一半"。可见广告投放是有误区的。

误区一：广告当救命手段

很多企业往往会有这样的现象：当产品出现滞销时，才想到做广告；当产品即将要被市场淘汰时，企业决策层才决心做广告，但这为时已晚。通常而言，当产品出现在货架上时，主打知名度的广告就应该跟上了，并根据不同的市场销售阶段，广告形式也随之变化，以具有针对性的广告形式及诉求，引起不同消费层次的注意及提升目标消费人群的购买欲望，以达到产品销售的目的。

误区二：便宜当好货

当一个企业要投放广告的消息传出去后，广告公司和媒体代理商就会纷至沓来，纷纷向你推荐他们所拥有或代理的媒体。更有亲朋好友介绍过来的广告公司向你推荐低价位的媒体。媒体也分上、中、下三等，往往下等媒体价位较低，也就是我们常说的垃圾时段或版面，广告效果不佳。但有些企业单纯从降低广告成本的角度出发，而忽视了广告效果，他们专挑低价位的媒体投放广告，但广告效果不甚理想，产品依然动销不了，广告费打了水漂。

误区三：广告没有系统性

有些企业对广告的认识还停留在"可有可无"的状态，想起了就做几次广告，资金紧了首先抽掉的是广告预算，始终处于一种盲目的状态。广告是一个系统的工程，从前期的策划、市场调查、制定广告策略、广告制作到后期的媒体策略、投放策略，缺一环节就会造成资金和时间的浪费。

误区四：广告诉求不准确或诉求过多

广告要明明白白告诉消费者，我的产品会给你带来什么好处（产品对消费者的利益点），这就是我们通常说的"广告诉求"。广告诉求的准确与否，直接影响到消费者对产品的"认知"，"认知"度的提升才会引起消费者对产品的"偏爱"，也就是我们通常所说的"认同"。只有当"认同"度提升到"认购"时，产品才会真正实现销售。有的产品花了大量的广告费，但消费者始终不知道该产品是派什么用的，当然不会去购买这个产品了。

很多企业为了节省广告开支，降低广告成本，在有限的篇幅（或时间）里，把能说上的（功效、针对人群等）全都罗列上，舍不得丢弃一些卖点。消费者在观看（阅读）广告时记住的信息是有限的。复杂的广告诉求，难有好的成效。广告之父大卫·奥格威一直告诫广告人和广告主："广告一定要谨守单一诉求。"我们要牢牢记住这样一个千锤百炼的原则：消费者从一个广告里只能记住一个强烈的概念。

误区五：广告投放不按计划进行

任何一个新产品的上市，必将经历一个"培育期、成长期、成熟期、衰退期"的过程。广告是针对某一产品而特定的一个促销系统化过程。一定要按照计划合理地安排广告资源，坚持广告投放，并要有足够的耐心（前提是这个广告计划是科学的、是经过反复论证的，并不是拍脑袋的产物）。有些企业在投放广告后的一段时间内，市场效果不甚理想，而其实市场发展正处在上升阶段。眼看着广告费用越来越大，最后企业领导就沉不住气了，下令广告运作部门停止广告的投放。殊不知，你这时的水已烧到99℃了，就差这一把火。但这最后一把火却被撤了下来，所做的广告前功尽弃，产品的销售情况可想而知了。

误区六：选择了不合适的广告公司

优秀的广告公司是很专业的，他们一般不会轻易接揽不属于他们擅长的项目。然而，绝大多数的广告公司处于到处抢业务的状态。这类广告公司在接项目时，把自己说成无所不能，无所不精，结果创意策划也好、媒体购买也好，往往弄得很糟糕。

误区七：盲目选择广告代言人

成功的品牌在寻找它的代言人时，是非常慎重的。首先要非常明确你的产品是卖给什么人？其次是拟请的广告代言人在这些目标消费人群中的偶像地位或影响力，目标消费人群对偶像的模仿程度等。如百事可乐请郭富城、王菲、陈慧琳，可口可乐请谢霆锋等。这些代言人的出现，使百事和可口的销量猛增，因为这两大公司锁定的目标消费群都以年轻人为主体，而上面这些代言人正是年轻人的偶像，对年轻人的日常生活有很大的影响。有些企业请广告代言人，单纯追求名气，认为能带来名人的效应，实际未必。

误区八：广告形式的雷同化

很多的企业没有自己独特的广告表现形式，觉得别人的广告形式好，就搬来作为翻版。这种现象多见于电视广告。一个古装广告片出现，没有多久，皇帝、大臣、格格纷纷出场，连老态龙钟的皇太后也颤颤巍巍地出现了，最后连上不了台面的太监也堂而皇之地登台亮相了。这么多的产品就好像全是销售给皇宫里的，脱离了普通老百姓的生活。消费者感觉不到任何新意，市场状况可想而知了。

误区九：广告投放前不作测试

广告所起到的一个关键作用是产品与消费者之间的互动性。要在消费者心目中产生必要而适当的共鸣，以引起消费者对产品的购买欲望，这样的广告才能算是成功的。而我们很多的企业在制作完广告片后，没有经过一个广告测试，就急匆匆地把片子投播了，往往起到的效果不甚理想。

广告创意中的主观成分占了很大一部分，创意人员往往认为他的创意是最好的。但广告简单地说应是"找对人，说对话"，如果"你说你的，他说他的"，消费者想听的你没说，而你所讲的，是消费者不要听的，或是听不懂的，广告就这样被无情地淹没了，怎么可能会有理想的效果呢？

误区十：广告投放后不予评估

广告投放后，企业往往听之任之。市场情况好了，认为这是广告做对了；市场情况不好或下滑，也不知道广告费浪费在哪里，对广告投放后的效果及市场反馈处于盲目状况。广告投放后或在整个广告期结束后，一定要对是否达到了预期的广告目标、产品的市场占有率、销售额有多大的上升等进行评估。一般来讲，广告效果的评估需要聘请专业的调研公司或专业的研究人员来进行。

5.9 中小型企业的广告策略

中小型企业处于发展阶段，为了达到树立品牌促进销售的目的，就需要广告的支持。但由于中小型企业自身资源有限，所以不可能像宝洁、哈药那样进行铺天盖地的广告宣传。那么如何利用现有资源使有限的广告费用变得切实有效呢？

第一，充分了解企业所处阶段及自身能力，明确广告投放目的。经营者首先要了解企业所处环境，明确投放目的。比如，为了打响知名度、为了迎合新产品的上市、为了打击竞争对手等等。很多企业广告投放目的性不明确，想起来就投有点钱做广告，一点计划性也没有，必然起不到广告应有的效果。

第二，知己知彼，百战不殆。知己就是明确自身产品定位、销售网络、产品特点，深度挖掘产品的利益点。知彼就是了解竞争对手的产品定位、产品特点、企业死穴、广告策略、广告排期、投放分量、媒体的选用，从而使广告投放有很强的策略性。

第三，寻找合适的广告制作公司、媒体代理公司：

（1）不找最好的，但要找最适合的。谁都知道奥美、灵狮、李奥贝纳的实力及名气，但是这些广告公司的创作、制作费用也是昂贵的。所以，这就需要企业经营者找到与自身资源相匹配的广告公司。

（2）了解广告公司的特长。比如有的广告公司精于 VI 的制作，有的擅长广告创意，而有的则专于媒体。了解他们的特点及专长，这样才能使创意做得更出色。

（3）不要选择竞争对手也选择的广告公司。防止关于创意、投放的机密被对手提前知晓，使自身陷入困境。

（4）选择能为企业发展提供战略支持的广告公司。比如英扬广告公司长期为纳爱斯公司服务，多年来的广告路线及创意保持了一致性及阶段性，取得了良好的效果。

第四，制定合理的广告预算。一定要根据考虑自身的财力，尽量使广告预算接近一个完美的平衡点，方可使广告效果最大化。

第五，了解各类媒体的特性，选择合理的媒体搭配。目前，主流的媒体为电视、广播、杂志、报刊、户外。而新兴媒体主要有短信、网络、社区广告、黄页、DM 直邮等等。由于各种媒体不同的性格及特性，而有着各自独特的吸引性、传达性、及时性。这些不同点，便构成了各类媒体的特点。

第六，广告效果的评估。一般来说，主要评估的内容为：投放广告后比投放广告前的效果如何；投放新广告后比投放旧广告时的效果如何。

一个品牌的运作成功是由多方面因素决定的，比如产品本身的吸引力、价格因素、渠道是否完善、有无促销支持、企业内部管理是否完善、人力资源是否支持等等。如果单独一味追求广告效应，那么再多的广告也不会使品牌经营长久。所以，只有在企业将现有资源进行有效的整合，同时在人力、物力、财力等各方面均做好准备后，广告的效果才会明显。

5.10　企业广告新视点

随着我国市场经济体制的不断完善，广告主开始走出了只要打广告就可以打造成功品牌的童话时代，开始用理性的眼光来分析广告的作用。2006 年可以说是广告主成长的转折点，是广告主走向成熟的一年，这以 2005 年末中国广告主协会的成立为标志。广告主走向成熟的最大特征就是，广告主已经表现出对广告的高度理性化，特别是一些国内大品牌的广告主对广告传播利用越来越淋漓尽致，广告主自身不断发展。

广告主更加理性地分析自身的传播需求，一些产品高度同质化和品牌形象依赖度高的行业，攀升成为全媒体的主要投放者，而在广告投放相对饱和的行业，广告主开始放慢投放脚步。根据央视市场研究 CTR 的数据，2006 年全媒体投放量最大的 5 个行业为化妆品/浴室用品、药品、商业及服务性行业、食品和饮料。其中饮料行业以 55% 的增长率成为全媒体广告投放量增长最快的行业，交通业和邮电通信则成为两匹黑马，从原来的负增长，一下子跻身增长速度前五名，分别是 28% 和 40%。金融投资保险业因其对品牌的高度依赖仍然继续保持增长强势，达到 40% 的增长率。而一些广告的投放已经接近饱和的行业，广告投放回归理性，增长速度有所放慢，比如化妆品/浴室用品的增幅仅为 5%，减速趋势明显，化妆品/浴室用品仍处于竞争最为激烈的市场，产品功能雷同，差异性小，但品牌的竞争越来越注重精准，不再盲目。而如宝洁等品牌的进攻方向由广告成本昂贵的一线城市、一线媒体向更加接近目标消费者的二三线市场转移；而电脑及办公自动化产品也表现出类似的变化。

广告主在理性地分析自身需求的同时，开始注重传播的效率，精准化成为广告主的重要追求方向。一些大的广告主开始尝试着运用多种新兴的小众媒体作为传统媒体的补充，而小广告主则主打区域性的"窄众媒体"。同时，广告主开始普遍注重大活动对于品牌宣传的意义，实施相应的传播战略。如世界杯足球赛、超级女声、网球公开赛、北京奥运会、上海世博会等宣传性的活动，都被各大广告主所追捧。

本章小结

企业广告经营管理必须遵循 3 个基本原则。企业广告组织大致可分为 3 种类型。企业广告运作的基本任务也可归纳为 3 条。企业的广告预算一般有 3 种方法。企业广告运作必须遵循科学的程序。企业广告的媒介计划十分必要，也比较复杂。企业选择广告公司是有讲究和程序的。企业广告投放的十大误区可以使我们从另一个侧面来审视如何进行广告投放。中小型企业应该制定适合自己的广告战略。

思考题

1. 企业广告经营管理必须遵循哪 3 个基本原则？
2. 企业广告组织类型大致有几种？
3. 怎样做企业广告的媒介计划？
4. 怎样防止陷入广告投放的误区？

第6章 国际4A公司的经营与管理

6.1 什么叫4A广告公司

6.1.1 4A的原始含义及其特点

我们通常以4A公司指代国际性有影响的广告公司,如奥美、智威汤逊、精信、麦肯、电通、电扬、BBDO、李岱艾等。这是因为4A公司在国际广告界有执世界广告市场牛耳之势。

4A最早是美国广告代理商协会(Association of American Advertising Agency)的称谓,因名称里4个单词都是以A字母开头,故缩写简称为4A。该协会于1917年在美国圣路易斯成立,是世界上最早的广告代理商协会。协会成立的初始背景,是呼吁媒介保证支付广告刊登费15%的佣金给广告公司作为媒介代理费,以促进广告主雇佣广告公司提供专业服务,这样广告公司就能将精力集中在非凡的创意和高超的客户服务中。我们把美国4A协会会员公司称为4A公司。当然,现在所称的4A公司已超出了这个范畴。现在所称的4A公司未必都是美国4A会员,有的公司仅是其他地区4A协会的会员公司。

美国4A协会的成立是广告业发展的结果,也是广告业社会分工的结果。广告主将广告的全过程全权委托广告公司操作,这样广告公司就由为广告主单项服务的公司发展为全面服务的公司(Full Service Advertising Agency),也称为综合性广告代理公司。这类公司的突出特点是:能够为广告客户提供市场调研、创意策划、制定媒介组合计划和促销活动计划、设计和制作广告、测定广告效果等全过程的全面的服务。

美国4A协会对会员公司有很高的标准,首要标准就是经营额的要求。所有4A公司均为规模较大的综合性跨国广告代理公司,如:Ogilvy & Mather(奥美),J. WalterThompson(智威汤逊,JWT),McCann(麦肯),Leo Burnett(李奥贝纳),DDBO(天联),TBWA(李岱艾)等。世界五大广告集团奥姆尼康(Omnicom）、WPP、IPG（Interpublic Group）、阳狮（Publcis Group）、电通（Dentsu），除电通外，前四大集团的成员基本都是 4A 成员。这足以体现 4A 公司的世界地位。4A 成员的经营额大约占全美广告业务的 70%～80%。所以 4A 已经成为一种品牌，是不是 4A 成员，其市场品牌、市场地位、市场价格甚至内部业务流程都是不一样的。

美国 4A 协会自律规则《实践标准和创作守则》对会员要求非常严格，违反会规者就要被开除会籍，以此约束会员公司遵守广告道德准则。

但是，目前世界上实力雄厚、影响很大的广告公司并不都是美国 4A 成员，如日本的电通（Dentsu）、博报堂等就是特例。电通是日本最大的广告公司，也是世界第五大广告集团，其业务量甚至超出了许多 4A 公司。

6.1.2　4A 概念内涵的演变

由于美国 4A 成员必须是综合代理商，所以发展到后来，人们把 4A 当作综合服务型广告公司的统称，逐渐淡化了 1917 年那个行业组织的概念限制。于是另一个名称 Association of Accredited Advertising Agencies（直译为"值得信赖的广告代理商联合会"）成为世界各地广告行业组织通用的 4A 概念。世界各地都以此为标准，取其"符合资格、从事广告业、有组织、值得信赖"的核心说法，再把美国的国家称谓改为各自国家或地区的称谓，就拼成了世界各地的 4A 称谓，现在世界很多地方都有 4A 协会组织。我们现在通用的 4A 概念基本上都是这个意义。

我国刚改革开放时，言称 4A 公司都泛指外资广告公司。目前我国除广州外（广州 4A 的成员并不都是外资广告公司），在北京、上海等地提到的 4A 公司基本上是指外资广告公司，连传统上不与 4A 为伍的日系广告公司，一般人在概念上也归入其中称为 4A 公司。

目前发达国家和地区的广告行业，均成立了以综合性广告代理公司为成员的 4A 协会。我国台湾省、香港地区、澳门地区的 4A 组织成立较早。在香港叫香港广告商会；在澳门叫澳门广告商会；在台湾叫台北广告经营人协会。这些地区的 4A 成员都是当地最好的广告公司。我国大陆最早成立的地区性 4A 组织是 1996 年 11 月成立的广州市广告行业协会综合性广告代理公司委员会，简称广州 4A（The Association of Accredited Advertising Agencies of Guangzhou），成员有本土公司也有外资公司。2005 年 12 月，由国家商务部主管的中国商务广告协会（原中国对外经济贸易广告协会，1981 年经国务院批准，民政部核准成立，这是第一个全国性的广告行业组织，2005 年 9 月经民政部核批，更名为中国商务广告协会）成立了一个综合代理专业委员会（The Association of Accredited Advertising Agencies of China）的二级协会，称为"中国 4A"。

由于 2005 年 12 月 10 日前国内尚未允许外商成立独资广告公司，所以 4A 公司往往是以与国内公司合资成立广告公司的方式进入的。目前，全球前 10 大广告公司全部在中国设立了合资公司，其中有盛世长城国际广告公司、麦肯·光明广告公司、智威·汤逊中乔广告公司、上海奥美广告公司、上海灵狮广告公司、北京电通广告公司、美格广告公司等。

国际 4A 广告公司在我国的发展非常迅速，从 20 世纪 70 年代末到 90 年代初，4A 成员们从台湾、香港一直来到大陆。截至 2006 年底，在我国大陆开展业务的外商投资广告企业达 497 家，其中 4A 公司就有上百家。在我国大陆前 50 家广告公司排序中，外资公司已占 22 家。跨国 4A 广告公司除服务于跨国企业客户外，纷纷争取我国企业大品牌客户，开发国内市场，给本土广告公司带来较大的冲击。

6.1.3　美国 4A 的规则

既然 4A 是从美国发起的，4A 公司绝大部分又与美国 4A 协会相关，因此，让大家了解一些美国 4A 的规则是必要的。

1. 美国 4A 创意守则

4A 会员公认：

（1）广告在美国经济体系和国民生活方式中，负有双重职责。对于民众，广告是大家了解自由企业的产品与服务的一个基本途径，是大家了解符合自己愿望与需求的商品与服务的基本途径。民众享有期望广告内容可靠、表现真实的权力。

对于广告主，广告是他们在社会激烈竞争中劝说人们购买其产品或服务的一种基本手段。他们享有将广告作为一种促进业务、获取利润的表现手段的权力。

（2）广告与美国民众的日常生活密不可分。它已成为广播电视节目的组成部分而进入家庭，面对个人甚或整个家庭；它在最受欢迎的报纸、杂志中亦占有一席之地；还向游客和居民展示自己。在上述种种展示中，广告都必须尊重大家的趣味与兴趣。

（3）广告针对的人数众多、目标广泛，人人口味不同、兴趣各异。因而如同大众事业——从体育运动到教育，直到宗教……一样，广告也难以讨得每一个人的喜爱。基于此，广告人公认，他们必须在美国的传统限制下进行运作，为多数人的利益服务，同时尊重少数人的权力。

2. 美国 4A 的服务标准

据美国广告协会（4A）所制定的广告公司服务标准，其重要者有下列数项：

（1）研究顾客的产品或服务，以决定产品本身的优劣点，及其竞争能力。

（2）分析市场现况与潜力，以其产品劳务，适合市场的需要。诸如市场位置、可能销售量、季节性、贸易与经济情况等均在分析研究之列。

（3）讲求运输、销售及其执行方法之知识。

（4）有效运用各种媒体向消费者、批发商、代理商、零售商说明产品与服务的知识，此一知识包括商品特性以及效果等。

6.2　4A 公司的机构设置

4A 公司组织机构是怎样构建的？它与一般广告公司有什么区别？这可能是大家感兴趣的话题。

不论是外资广告公司还是本土广告公司，也不论是哪一种类型的广告公司，在部门设置上，虽有差异，但其主要职能与结构是基本相同的。以 4A 公司而言，一般在总经理或总裁下设 4 个大部，分别由 4 位副总经理或副总裁负责，他们同时兼任各部的总监。这 4 个部是：客户部、创意部、媒介部、调研部。有些公司根据业务和运转的需要还设有行政办公室、公关部、大型活动部、国际广告部等。这是按职能分工方式设置的。实际上本土广告公司通常也设置上述 4 个基本部门。

4A 公司内部机构突出特点是：结构简单，层级清晰，职责分明。

客户部的主要工作是客户联络及制定创意指导。重点人物是客户主管（DCS），其下按不同客户划分为不同的客户总监（AD）、副客户总监（AAD）、客户经理（AM）及客户主管（AE）。

创意部负责构思及执行广告创意。重点人物是执行创意总监（ECD），其下会视人手而分为若干组，每组由一至两位创意总监（CD）或副创意总监（ACD）带领，其中一位是文案出身，另一位是美术出身，但也有不少人身兼两职。其工作除广告构思外，也负责指导及培训下属。创意总监下会有不同的小组，每小组由一位文案（CW）及一位美术指导（AD）组成。基本上由两人共同构思广告。由于美术指导的执行工作一般都较繁复，所以大都有一位助理美术指导（AAD）协助。有经验的文案及美术指导将会晋升为高级文案（SCW）及高级美术指导（SAD），但工作与此前大同小异。创意部还包括电视制作（TV Production）、平面制作（Print Production）、画房（Studio）及平面统筹（Traffic）4 个小部门。电视制作部设有监制（Producer），负责电视广告的统筹，但实际上广告拍摄由广告制作公司负责。平面制作部设有平面制作经理（Print Production Manager），主要负责跟进平面广告的印制工作。画房设有绘图员（Visualizer）、计算机绘图员（Computer Visualizer）、正稿员（Artist）等职位。平面制作统筹（Traffic Coordinator）则负责统筹平面制作事宜。

媒介部主要为客户建议合适的广告媒体，如电视、报纸、杂志、海报、直销、DM 等，并为客户与媒体争取最合理的收费。重点人物是媒介主管（Media Director），下设媒介主任（Media Supervisor）及媒介策划（Media Planner）等。

从上面可以看出，本土广告公司除了部门层级、名称没有这么复杂外，其工作内容本质上是大同小异的。

6.3 4A 公司的运作

6.3.1 4A 公司的整体操作流程

国际 4A 公司的操作流程，各个公司也不完全相同。我们以某国际 4A 公司的操作流程为例，来看 4A 公司是如何运作的，其基本运作路径对本土公司应该有所启示。

首先，客户提出需求，想做 XX 新产品的全国推广，客户经理接到消息后，向客户总监反映，然后，安排好具体会谈时间。会谈时企业负责人向广告公司就该产品作一介绍，并谈一下企业对推广的初步想法和营销目标（如第一年销售 5000 万元等等）。一般来讲，在开会之前，客户经理会与 AE 一起通过网络等途径了解一下 XX 产品所在行业的基本情况，这样在会谈中会相对主动些。会谈结束后，经客户总监同意，客户经理制定一个工作进度表，表明工作的内容、负责人、时间安排等，并交企业确认。然后，客户经理通知各相关部门包括策划部、媒介部、创意部等总监，并介绍项目基本情况。项目正式开始运作后，各个部门的工作一般不是同时进行而是按次序交叉进行的。

大致顺序如下：

（1）客户部 AE 和客户经理开始搜集产品资料、竞争对手资料、行业资料等等，同时，媒介部搜集竞争对手的广告投放情况（近年来投放地区、金额、媒体种类），以及竞争对手的广告表现（企业一般也会提供部分资料）。

（2）需要的话，还可能委托市场调查公司，进行定量和定性的市场调查。

（3）AE 将所有资料整理，提交给客户经理、客户总监，策划总监、策划经理（注意，很多公司没有策划部，策划工作由客户部完成）。大家消化资料。

（4）客户经理、客户总监、策划总监、策划经理会召开几次会议，讨论各自的一些看法和思路，正常时间为一周左右，当大家就某一策略思路达成共识后，再由客户经理和策划经理整理细化，并形成文字（策略思路）。

（5）客户经理和策划经理开始讨论策划方案的框架和细节，两人合作或者指定其中一人完成整个提案的撰写。同时，向媒介部讲明策略思路，由媒介部完成媒介方案。填写创意简报，经客户总监和创意总监签字后，召开创意简报会议，参加者为客户总监、客户经理、AE、创意总监、文案、美指等。会上客户经理向创意部讲解创意简报，并就创意部的疑问进行解答。

（6）创意部开始工作。文案和美指开始构思创意概念（或叫点子），总监负责把关。创意部有了几套比较满意的方案后（注意，只是想法，并没有做出来，也可能画有草稿），会向客户部进行一次非正式的提案，一般这种提案会有几次，双方达成共识后，开始正式做创意表现。文案撰写标题和内文以及影视脚本，美术指导开始做表现稿，创意总监把关。同时，完成的策略方案也会提交给客户总监和策略总监，请其给予修改意见。

（7）客户经理根据进度，制定内部提案时间，到时进行内部正式提案，不断完善提案，一般会进行一到两次。

（8）内部提案 OK，跟企业约定时间，进行正式提案（一般是总监提）。企业通过，则根据方案开始执行；企业通不过，一切重新来过或者被客户解约；基本通过，做部分修改，再进行二次提案。

本土广告公司的操作流程大率如此。小公司可能会省略相关环节和部门，比如有的规模较小的公司，创意都是全公司（包括客户部）一起想的。

6.3.2　4A 公司部门工作内容

1. 客户部的工作内容

广告公司为客户代理广告，一般都是从客户部开始的。所以，客户部是广告公司运作的最前沿和最重要的开端。工作状态和工作绩效直接影响到广告公司的经营业绩和组织形象。关系到与客户的良好合作关系，关系到潜在客户市场的开发。

客户部通过各种渠道和手段联络和争取客户，并负责接待上门来访的客户。代表客户把客户要求传递给广告公司创作和媒介人员。客户部对这些资料进行通盘考察分析之后，会同创作、媒介、调研等部门召开联席会议，研究资料，探讨拟定初步的广告计划方案和工作日程，然后由各部执行。

客户部还代表客户对广告设计、制作、发布各环节的质量和节奏进行监督。最后还要代表客户监察实施。业务部总监须督察所有的业务发展情况，并与客户保持密切联系。另外，与客户签约、交涉、催收费用等工作，也属于客户部的职责范围。

2. 创意部工作内容

一个优秀的广告能够吸引消费者的"眼球"，促进产品的市场销售，取得卓越的广告效果，关键在于广告创意。所以，人们说这是一个创意制胜的时代。广告公司能不能赢得客户、维系客户，很大程度上靠的是创意。

客户部门在完成必要的资料收集和沟通工作后，下一步就是要进行具体的业务操作——即进行创意。

创意部是广告公司的"总参谋部"，它荟萃着广告公司的一流人才，决定着广告公司的经营成败。一个广告公司的专业水准主要看它的创意能力和水平。其实，广告公司出售的是自己的智慧，最主要的任务是把自己的智慧推销给客户。而创意正是这种智慧最重要的成果。他们一方面从客户及客户部了解广告活动的目的，然后由创作人员进行构想，继而发展成广告创意，创意部负责广告作品的创意、设计和制作。其依据是客户部和调研部所搜集的有关客户广告目标、背景知识、市场状况等方面的分析。广告创作人员以此进行整体的考察研究，创意并负责将这些创意制作成完善的广告作品；然后会同客户部、媒介部和调研部讨论，拟定出符合客户心意的整套广告方案，供客户审核。在客户确认之后，创意部将着手制作，包括文案修正、美术修正、排版、印刷、摄影、拍片、绘画、配音、作曲、剪辑合成等工作。

3. 媒介部的工作内容

广告是通过传播来实现其创意和价值的。所以，媒介是传播的纽带和桥梁。在广告公司中，媒介部门的角色日益突出。在电视和广播出现之前并没有很多的媒介专家，但到了当代，随着传播科技的发展，以及平面媒体版面与电视电台时段的增加，媒介购买与媒介选择已变成了一门科学。媒介部的职责就是去评估、选择和建议如何将广告传播给有效观众最多的出版物、电台和电视节目。也因为客户给媒体付费，媒体选择和媒体购买在客户与广告公司的关系上日益重要。

媒介部是广告公司与媒介之间的联络部门。它的主要任务是根据广告计划和广告客户的委托，制定广告活动的媒介策略，合理分配广告预算，选择有效的广告媒体，并确定广告刊播的时间、版面大小和刊播频次。广告作品完成后，媒介部按其广告策略安排媒介的选择，负责与媒介的接洽和联络，签定广告刊播合同，代表媒介客户部收取广告费。

在广告的运作过程中，媒介部还负责对广告发布的监督，检查广告制作质量、播放质量、刊播次数等。在广告实施后，代理媒介单位向客户收取广告费。媒介部的职员应具有媒介知识，熟悉媒介特性，并与媒介关系良好。

4. 调研部的工作内容

广告调查犹如战场上的侦察兵，其任务是查明"敌情"。美国通过市场研究表明，新产品上市，失败率高达 80％以上。那么如何成为 20％的成功者呢？首先需要周密、详细和准确的市场调查。

现代广告公司市场调研部功能的发展趋势，已不再只是分析统计数字和搜集人口统计资料那么简单，而是趋向于更深入地了解消费者。它是广告公司不可或缺的部门，它的工作贯串整个广告活动的始终，从广告活动前对产品、消费者、市场的调查分析，到广告活动中、广告活动后的效果调查等。

调研部的主要任务是按照广告活动的要求，对目标市场展开调查，完成广告活动的事前调查和事后调查，协同客户部拟定广告计划，提供各类市场环境和市场潜力的背景材料，为客户和广告公司提供咨询和建设性意见，为广告决策以至广告主的市场决策提供客观依据。

调研部不只是要找出人们缺少什么商品，还要知道他们为什么要购买某种商品，归结起来就是要了解人类行为的原始动机以及如何打动他们。资料固然很重要，但在资料背后透出的有关的种种资讯，则是更加重要的部分。简而言之，市场调研部可被视为广告公司的消费者代表或者说广告公司的耳目。其具体的职能主要有两方面：一是组织规模不一的市场调查，取得第一手感性材料，同时收集归档各类信息资料；二是对现有材料作出分析结论，拟定广告计划，为客户和广告公司的市场决策提供依据。

5. 行政部的工作内容

广告公司行政办公室的任务，是对公司的日常事务进行全面的管理，并对业务部门进行行政监督，提供后勤服务。具体地说，行政办公室又可分为计划、人事、财务、审计、机要和后勤等分支部门。这些分支部门在一些特大的广告公司中单独列为正式的一级行政辅助机构。

（1）计划部门。具体负责公司的年度工作计划和经营计划的制定以及监督执行，负责制定公司的长远发展规划。

（2）人事部门。具体地负责公司人员的录用、签订劳动合同、薪酬福利、工作考勤考核、员工辞职解聘手续办理等。录用人员时应根据业务部门的需要，进行行业业务考核和综合级别评定，对具体业务部门的人员使用和定级实施监督。人事部门不参与业务的分工。

（3）财务部门。对公司的财务金融实施全面的管理，监督广告预算的执行，收取广告费用，交纳各种税费，交纳员工各种保障基金，核发员工工资，核算企业盈亏，并对广告活动费用和公司行政性开支实施控制。

（4）审计部门。对公司的财务制度执行情况实施监督，防止公司在经营中出现不规范行为或违法行为，实施广告公司经营中的财经自律约束。

（5）机要部门。负责公司文件的收发、借阅、保管和档案管理，并为企业建立各类业务档案，检查保密情况。

（6）后勤部门。协助公司业务部门的工作，为各业务部门开展广告活动提供物资支援和后勤保障。

6.4　4A 公司的 AE 制

6.4.1　何为 AE

4A 公司所津津乐道的就是 AE 制。美国、日本的广告公司里普遍流行 AE 制。所谓 AE（Account Executive），就是广告公司与客户之间的联络人，是广告公司中执行广告业务的客户负责人、专业客户服务人员，也有公司称为"客户主管"或"业务经理"。AE 的主要职责是获取客户的广告业务。AE 具有双重角色，在广告客户面前代表公司，与客户进行谈判、联络、提案、收款等；在公司内部代表广告客户，制定策略、协调资源、分派工作、监督进程等。AE 是广告公司的"灵魂"，熟悉销售、市场调研、企划、设计、制作、媒体等方面的专业知识，具备一定的沟通、协调、组织能力。虽然 AE 并不是广告公司的决策和某项业务的具体操作者，但地位却极为显要，薪水也往往高于产品经理。

6.4.2　AE 做什么，怎么做

广告公司的服务流程实际上是从 AE 开始的。广告客户委托广告公司制订广告计划，广告公司按其需求制作广告，通过媒体传达给消费者，使消费者购买或形成某种认知，AE 的工作贯穿于始终。AE 通过对市场、广告客户的了解，将广告客户想做广告的需要和欲望传达给广告公司，广告公司经过广告策划会议、广告表现会议、制作会议，形成营销、创意策略，与广告客户沟通并获得认可，然后制作广告，购

买媒体。

1. 与客户的"第一次亲密接触"

广告客户在初次与广告公司接触时，会提出有关产品的情况，如产品特性、出售时期、销售目标以及广告预算等。AE 就要判断广告客户所要求的提案内容，开始拟定广告计划方案，并组织工作小组。这个小组由 AE 以及市场营销、创意、媒介等部门人员组成。

2. 制作与实施

AE 充当广告计划组织者的角色，是制作小组的负责人，指挥和管辖整个工作的内容和进展。整个广告作业流程中，AE 的职责可分为如下 6 个部分：

（1）根据广告客户的具体情况决定作业的基本方针，选择最合适的人员，组织制作小组。

（2）协调统一各部门、各成员的思想。AE 作为工作小组的协调人，要充分领会作业小组的意图，考虑整个作业的方向，管理好公司各部门的工作，使作业进展顺利。

（3）制定作业日程表，监督实施整个作业流程进度及实施情况。

（4）尽可能与广告客户接触，收集附加的信息，传达给工作小组各个部门，以便广告作品介绍能够完全符合广告客户的意图。

（5）作品完成后，向广告客户介绍演示。AE 要归纳各部门提出的方案，最终担负起按照广告计划举行广告作品介绍会的责任，并创造条件，使计划方案能在作品介绍会上获得最高评价。

（6）在征得广告客户的同意后，AE 还要负责与媒体交涉，选择在何种媒体上传播，以及具体的广告版位、时间等。掌握广告制作的进度、协调各方面的工作也属 AE 的工作内容。在这一过程中，与广告客户及相关公司间的交涉业务比以前显得更为重要。进而，实施作品刊播后的观察、测定效果、向广告主发出销售额的付款通知等众多的工作，都是 AE 的工作范围，所有工作要一直持续到收到款项为止。

一个以全面代理为目标的广告公司最重要的一个环节就是客户服务（Client Service），客户服务的两个重要基础就是"关系"和"服务"，目前本土广告公司的客户服务均把重点放在前者。一个成熟的全面代理公司则会很好地平衡两者的关系。过分强调"关系"时，客户的服务工作变成了"有关系好办事"，AE 变成了公关，当有关系之人离开时，又需要花时间去建立；然而当客户不单感受到你的"关系"而且依赖于你的"服务"时，公司的任何人员变动对客户服务工作的影响就会很小，这就是在 4A 公司中为什么将 AE 与公关（PR）分开的原因，AE 同时扮演两个角色时客户服务工作的质量就非常令人怀疑。

6.4.3 如何做一个优秀的 AE

对一个优秀的 AE 来说，综合素质的要求是很高的，他必须具有宽阔的知识面、扎实的专业水准，还要有丰富的实战经验、灵活的应变能力、敏感的资讯搜集分析能力，尤其人际沟通能力对 AE 而言更不可缺少，客户的发现、维持主要有赖于人际沟通能力。

作为一名成功的 AE，必须具备 5A 的素质：

分析（Analysis）。对市场、产品消费者和广告客户的全面分析能力。

接触（Approach）。要善于通过接触与公司内部人员协调配合，与广告客户进行有效沟通。

联系（Attach）。要能把握与各方面的密切联系，营造和谐、融洽的工作关系和公共关系。

进攻（Attack）。要富于进取精神，善于主动出击，不断开拓市场，赢得客户。

核算（Account）。要有强烈的成本意识、核算意识、投入产出意识，对于经营的每一个环节都能精打细算，注意节约开支，提高利润，及时收回应收款。

日本电通公司要求 AE 有 4 种能力：沟通能力、企划能力、创意能力、创作能力，本质上与上述 5A 素质没有大的差异。

6.5　我国的 4A 组织

我国目前在香港、澳门、台湾和大陆均有 4A 组织。

6.5.1　香港 4A

香港 4A 即香港广告商会。香港 4A（The Association of Accredited Advertising Agencies of Hong Kong）成立于 1957 年，目前该组织包括一个常务理事会和 5 个分会。香港 4A 选择在媒介及商业领域最具影响力的具有卓著管理的广告公司加入。香港 4A 以行政事务委员会为领导核心，委员由会员公司的管理层代表选出。下设小组委员会，为会员及广告业在各方面争取更多福利。香港 4A 的宗旨在于，制订及维持广告专业操守，执行业务守则，出任广告公司的纠纷仲裁人，以及为广告公司和广告从业人员提供交流意见的机会等。香港 4A 还担当起推动香港创意工业的使命，提升香港在创意领域的突破和竞争力。香港 4A 亦经常举办培训课程、会员活动及颁奖典礼，以嘉奖、表扬制作出色的广告。

香港 4A 的领导机构为执行委员会，办事机构为小组委员会。2007/2008 小组委员会是：行政事务委员会；五十周年庆典事务委员会；培训事务委员会；互动及直销广告事务委员会；媒介及市场研究事务委员会；EFFIE 广告效益大奖事务委员会；创意事务委员会。

6.5.2　澳门 4A

澳门 4A 即澳门广告商会（Association of Advertising Agents of Macau 简称 AAAM）。

澳门广告商会的宗旨是：

（1）维护广告业界之权益。

（2）建立及推行全面之广告市场运作机制，以提高本地广告水平。

（3）加强同业间之沟通和交流。

澳门广告商会组织架构为理事会和监事会，组织成员任期为两年，期满改选，可连选连任。

6.5.3　台北市 4A

台北市 4A 即台北市广告业经营人协会（The Association of Accredited Advertising Agents of Taipei），是由台北市综合广告代理商所组成的协会，其前身为 1987 年 7 月 1 日成立的"综合广告业经营者联谊会"，从早期联谊会形式开始业界各项事务的推广，至 1991 年 12 月正式申请核准成为正式社会团体，并正名为"台北市广告业经营人协会"。目前在台北有 36 家广告公司为其会员公司。

台北市 4A 除致力于在业界设立标准外，也集合业界之专业知识与经验，让会员公司的经营健全、专业提升。台北市 4A 目前共设有 6 个小组，分别为公关小组、同业小组、媒体小组、广告主小组、学校小组及法规小组。这 6 个小组则分别针对不同的需要提出年度计划，例如：公关小组的目标，对外是提升 4A 的知名度与专业形象，对内则强化会员间之经验与联谊交流；媒体小组除协助会员获得媒体合理对待，也为会员监督收视率调查之品质；广告主小组也以建立广告主尊重代理商的专业，加强与广告主良性互动为努力目标；法规小组除了协助会员法律疑问的解决，留意业界相关法令动向与提供建议，也举办法律研习班，对实际案例作说明及分享。

6.5.4　广州 4A

广州 4A 原名为广州地区综合性广告代理公司委员会，1996 年 11 月成立，英文名称为：THE ASSOCIATION OF ACCREDITED ADVERTISING AGENTS OF GUANG-ZHOU，简称广州 4A。这是我国大陆最早成立的 4A 组织。该委员会隶属于广州市广告协会，是由广州地区各综合性广告代理公司自愿组成的专业团体。2004 年，应市场发展和需要，广州 4A 名称更改为：THE ASSOCIATION OF ACCREDITED ADVER-TISING AGENTS OF GUANGZHOU，即广州诚信广告代理商协会，仍属广州市广告协会的二级协会。首批接纳的成员单位 18 家，现有 29 家会员公司，2 家结盟公司。

6.5.5　中国 4A

中国 4A 即中国商务广告协会综合代理专业委员会（The Association of Accredited Advertising Agencies of China），是中国商务广告协会所属的二级组织，2005 年 12 月 17 日成立。中国 4A 是由中国（含港、澳、台地区）的高端综合性广告公司组成，包括国有、民营、合资、外资等广告公司，是一家自律、非赢利性组织。奥美、智威汤逊、麦肯－光明、达彼思、电通、传立媒体、盛世长城等 26 家会员单位的代表担任理事。目前，中国 4A 协会的成员已达到 30 家。

中国 4A 的建立，为本土广告公司的国际化、跨国公司的本土化提供了实质性的交流互动平台，对促进我国广告业的健康发展，树立了一个理想的标杆。2007 年初，中国 4A 发行了《中国 4A 标准作业手册》，该手册主要用于规范中国 4A 成员公司的作业标准，从而降低业内恶性竞争带来的消极影响。

中国 4A 的权力机构是会员代表大会。理事会是会员代表大会的执行机构。理事会下设办事机构秘书处，负责处理日常工作。中国 4A 下设公共关系组，媒体组，同业组，广告主组，社团/学校/工会组，协力厂商组，法规/政府组，创意奖组，培训组等 9 个工作组。在理事长的带领下，由 9 名理事分别根据自己的强项认领一个小组，并协同其他非理事单位共同开展工作。

中国 4A 会员资格均经过中国商务广告协会严格评估、筛选，是国内最具实力、最专业、最优秀的综合性广告代理商。根据要求，会员基本要求是：

（1）年营业额在人民币 1 亿元以上（注：要求提供广告业或服务业的纳税单位验证）。

（2）年营业收入在人民币 1000 万元以上。

（3）具有 3 个以上提供综合服务的客户。

（4）在中国 2 个以上的城市拥有分支机构。

（5）经营 3 年以上，能够为客户提供市场调查、广告策划、创作及媒体发布能力的全面服务性广告代理商。

（6）公司员工数量在 50 人以上。

由于中国 4A 不是中国广告协会的直属二级机构，对它的成立，中广协明确表示了不赞成意见。2005 年 10 月 10 日，中广协在向各会员单位发出的通报中明确表示："我会坚决反对在中国成立所谓的'4A'组织。"

6.6　4A 公司发展趋势

外资广告集团公司进入我国最早是 1979 年法国阳狮集团。2005 年底我国完全开放广告市场以来，一些跨国广告及媒体集团已纷纷加强在华整合传播力量，并对一些本土公司开展收购。据统计，截至 2006 年 5 月，世界五大广告集团奥姆尼康（Omnicom）、WPP、IPG（Inter public Group）、阳狮（Publcis Group）、电通（Dentsu）在华合资公司有 38 家，其中 WPP 集团 19 家，奥姆尼康集团 5 家，IPG 集团 6 家，阳狮集团 5 家，电通集团 3 家。其中，仅 2005 ~ 2006 年 WPP 集团就增加了传立媒体成都分公司、精信环球公司、N eo@ o g i l v y、北京华扬联众广告公司 4 家合资公司。

北京、上海、广州是中国经济最为发达的地区，2006 年三地广告总额 767.5 亿元，占全国广告经营额 1573 亿的 48.8%，是世界几大广告集团登陆中国的首选之地和落脚点。在 20 多年的发展过程中，跨国广告集团通过设立子公司、办事处和创办合资公司等方式，已把他们的发展根基深深扎在京、沪、粤这些经济发达地区，为其在中国市场的后续发展、全面扩张，铸就了一个铁打的"大本营"。全国 2006 年外商投资广告企业 497 家，其中上海就占了 95 家。

竞争的日益加剧使得广告主已经不再满足于单一功能的广告服务，要求广告公司从品牌建设的高度提供全方位的营销服务。于是，跨国广告集团从传统的广告业务中又延伸出公关、直效行销、形象策划、媒介购买等相关业务，并由此建构起较为合理的广告产业结构，为其往后的发展奠定了厚实的产业基础。

4A 公司都有显赫的背景和业绩，但核心竞争力各不相同，它们在中国是怎样发展的？如何布局以抢占高成长中的中国广告市场的未来？我们从一些代表性的 4A 公司发展运作中概括出几点基本取向，希冀对广告界人士有所启发。

6.6.1 拓展本土广告客户

电通是第一家进入中国的跨国广告公司，1980 年，电通最早在北京和上海设立了事务所。电通是被当时进入中国市场的日本客户带进来的。但是他们主动突破了常规，北京电通提出开发中国国内企业的想法，一些中国知名的品牌已成了北京电通的客户，而且业务规模越来越大。与此相反，其他的日系广告公司却仍然靠日本客户生存，发展缓慢。现在，随着业务的扩大，北京电通在中国很多地区设有办事处，通过这些分布在全国各地的业务网络，更好地实现了"全方位信息交流服务"。在中国的业务已经占了日本电通海外业务的绝对份额。因为一些大的本土客户需要从国内市场到国际市场整体协调推广，这就需要他们来做服务。也就是在这个时候，电通深刻地理解了做本土客户的重要性。

现在电通整体的业务中本土客户和日系客户各占一半。以本土客户为核心来开展业务将是北京电通拓展服务范围的重点。

6.6.2 并购整合新媒体

在过去的几年中，智威汤逊抓住任何一个有利契机，开始了并购之路。收购了中国本土最大的促销网络之一上海奥维思市场营销服务有限公司，建立了 RMG Connect（一个互动性方案的设计应用公司），与 Cohn&Wolfe 达成战略联盟（后者是欧美最负盛名的消费品公共关系管理公司）。同时准备与一家专业的视觉设计公司联合，还与其他公司共同筹备一家公关公司，到 2007 年有一个基本成型的集团公司，可以覆盖到整合传播中的各个渠道。智威汤逊在集团中扮演核心的角色，提供强大的创意。

随着新媒介越来越受到重视，广告客户投放的主要媒体虽然还是以大众媒体为主，但是一些被称之为"Narrow Band"（窄频）的媒介也开始介入传播，而且后者是更专业化、细分化的媒体，皆因单纯的广告投放模式已经不能适应新媒体时代的传播需求。围绕特定主题，整合不同媒体资源，让受众从不同信息渠道获得一致信息的整合传播已经成为企业传播的大趋势。几年前做一个成功的广告，如果不选大众媒体是不可能成功，现在就不能这么单纯地选择大众媒体了，用新媒体来加强客户的忠诚度，这在将来会是一种趋势。简单地讲，选用大众媒体是为了提升品牌知名度和增加品牌资产，选用受众较窄的新媒体是为了有效培养客户的忠诚度。新媒体的力量已经不容忽视。

6.6.3 从媒介采购向传播策划转型

实力传播是中国第一个专攻媒介研究，并为广告客户提供最优媒体购买方案的公司，中国广告投放量最大的前 50 家公司中，大多数与之有密切接触，而每年经由实力媒体之手投放于中国市场各种媒体的广告金额有几十亿元。这样一个媒介巨无霸这几年完成了从媒介采购向传播策划的转型。

实力传播的转型始于 2004 年 9 月。之前，实力传播主要是媒介公司，转型之后为传播公司，它的关注对象从媒介转为客户的目标消费者，而经营目标也从帮助客户以最低成本实现最大范围的传播，变成为客户实现最佳的营销投资回报，整合传播、整合营销自然成为公司达到目标的主要方法。

现在的广告客户投入方式已经不再传统，其中新媒体对传统广告业的冲击最大，我国 2007 年所有广告的投放量比上年增长了 20％，很多在传统纸媒体上投放的广告，已经主动转向了互联网。在新媒体的影响下，整合传播成了广告界、营销界转型的标志之一。实力传播就是在这样一个背景下，从简单的媒体代理向整合传播转型。

过去的实力传播，核心业务是采购，即向媒体投放广告。他们的优势在于，与全国 3000 家电视台、3000 家报纸、几千种杂志都有良好的合作关系，并且还有广播和户外媒体。他们现在的收入有两部分：一部分是收取策划服务费；另一部分是媒体采购。为客户提供策划已经成为他们的核心业务之一，传统的媒体采购正在与策划业务紧密地融合起来。

现在的实力传播更注重整合性。随着消费者的群体消费行为从感性追随逐步过渡到理性判断，广告的媒体策略更加多样化和个性化，是否可以进行科学系统的整合传播企划，从而使广告客户的投资更加有效，成为能否被客户选择的重要指标。比如是否具备跨媒体投放、新媒介的挖掘与运用、传统媒介广告形式创新、个性化的媒介投放等方面能力，而这些也正是实力传播转型以来所致力培养的竞争力。

现在的广告公司不仅仅是在市场上做广告这么简单。客户现在需要广告公司提交的方案不仅仅是挑选在哪些媒体投放广告，更需要一个可操作的策划方案，其对企业和品牌的影响要远远超过广告投放。

据悉，实力传播在策划与服务的收费上，通常是根据项目的规模按比例收取策划费用，一般的行规在 3％~5％。如果策划没有得到客户的认可，客户则会提出异议乃至放弃。自转型以来，实力传播的业务不断递增，客户增长了 20％，以外企为主。这些客户当中 60％以上选择电视广告，产品多是快速消费品，还有 25％的客户会选择报纸，其他的则会选择杂志等媒体。

采购和策划都是专业性非常强的工作，在这两方面实力传播已经形成独特的优势，这种不可替代性是其他广告公司所不能取代的。

6.6.4 线上线下服务合二为一

同样是国际知名的 4A 广告公司，智威汤逊一直在探索、坚持走一条不同于其他广告公司的发展之路，这就是提供多元化的服务。仅仅拥有领先的创意，对于广告人来说还是不够的，提供多元化的专业服务才是整合传播时代发展之根本依托。因此，一种新组织端倪也逐渐显露——集团化、网络化的智威汤逊正在浮现。

大众传媒广告只是整个传播项目的一部分，而越来越注重营销的客户群都要求能有整合线上创意和线下资源的方案。所以关键是创造出一个整合的、深深地扎根于消费者根本行为和喜好的意念，并将这个意念渗入到不同的渠道和媒体，甚至是零售商店这一级。这样不但可以迅速提升短期的销售额，而且可以增强长期统一的品牌形象。智威汤逊的公司架构，也以此为核心，循序渐进地开展。业务持续增长，也促进了智威汤逊全国网络架构的成熟，目前，智威汤逊在上海、重庆、广州拥有强大分支。通过分布于重要城市的公司、办事处，智威汤逊的网络有秩序地架构于全国。

6.6.5 提供整合营销解决方案

RSCG（灵智精实整合行销集团，以下简称灵智）认为自己绝对不是广告公司，他们做的是整合营销，灵智的所有解决方案都是从品牌的角度出发，为客户寻找"创意商机"。在很多广告公司正忙于转型的时候，灵智已经完成了针对客户整合营销需求的转型。

近些年，中国广告业开始进入整合营销阶段。这是因为整个沟通局面趋于复杂，今天中国传播和沟通的方式与国外已相差无几，甚至更为多样。传统媒体无论报纸、杂志还是广播电视都在蓬勃发展，新媒体中互联网、移动传播设备等也都登上了舞台。同消费者建立关系的渠道在增多，而企业的预算是有限的，如何找到有效的方式同消费者沟通，就需要整合营销。

灵智的出发点绝对不是某一个媒介，灵智提供服务的出发点永远是客户的市场问题在哪里。今天，客户面对的问题在哪里？一个成熟的品牌，与一个刚进入中国的新品牌面对的问题肯定不一样，成熟的品牌会考虑很多沟通方式，新品牌可以考虑 PR（Public Relations，公共关系）和其他可以贴近消费者的手法。另外，需要了解它们面对的市场挑战有哪些，之后灵智再来探讨相对合理的解决方案。

至于使用何种传播渠道，是否使用互联网媒体，需要了解目标消费群是哪一类人，不是对每一类人的传播都适用互联网，即便是在互联网做传播，也已经不是简单地投放网络广告那样简单了。有时候可以用 BANNER 广告，有时候建立 MINI 网站，有时候做活动。总的来说，互联网是一个不可忽略的媒体，但是如何运用还是要看不同客户的需求。

CRM（客户关系管理）和新媒体的发展也就是近几年的事情。如果在 2000 年同客户谈互联网，讲 CRM，他们都会说不需要，还是 TV 比较安全。现在不同了，客户会问通过互联网可以做什么，直邮、CRM 可以做什么，当然，还有户外楼宇、车载视屏等一些新媒体。

在这个众多媒体并存、奉行整合营销的年代，单一媒体的影响力大不如前，客户的广告投资风险也越来越大。

灵智在提供整合营销解决方案时，会考虑能够为客户带来多少利益，因此，会做营销效果预测。灵智也会采取更有针对性的措施。比如说对于戴尔公司，它做的是直销，没有店面，报纸就是它的店面。灵智在为它做方案时，对要选择的每份报纸，每份杂志，都经过了很严格的分析，要预测它对戴尔产品销售的作用，或是对它的品牌塑造会不会有好处，如果达不到目标，灵智绝对不能把广告投放出去。另外，在大规模投放广告之前，还会先做一些广告到达率的尝试，戴尔是电话直销，从顾客打进来的电话就可以知道他是从哪个媒体获得的信息。之后，灵智再对各种媒体作出衡量，做出最优的投放方案。

6.6.6　为客户提供 4D 服务

整合可以说就是灵智的核心竞争力。作为一家整合营销公司，灵智能为客户提供 4D 服务，即 DRIVE（促销）、DATA（数据库营销）、DIRECT MARKETING（直复营销）和 DIGITAL（数字营销）。针对客户的问题，他们整合各种资源，为客户提供最有效的方案。

除了运用传统媒体、互联网外，灵智自己还有通路网络，精实专门为客户提供通路方面的服务，其通路网络覆盖面是最广的，在国内，没有一个 4A 公司有那么宽的通路网络，他们服务 300 个城市，在 PC 店、商场和超市做促销。通路其实是很重要的，它是"最后一米的接触"。广告做得好，传播也做得好，把消费者推到销售点了，但是这时消费者身边的"杂音"是非常多的，怎样争取胜利，就在那最后的一米。通路做得好，能够增加销售成功的机会。

至于整合中的 PR（公共关系），灵智还没有找到好的合作伙伴，他们可能会考虑收购较好的本土 PR 公司。在中国做公关是一个非常复杂的问题。一个进入中国十几年的公关公司，它的优势绝对不会超过一个成熟的本土 PR 公司。这就是灵智的观点。在还没有自己的 PR 公司的时候，灵智会采取联盟的方式紧密地同本土 PR 公司合作。

灵智的内部组织运作，也是为整合营销服务的。在灵智，所有部门的员工都规划于同一个 CEO 领导之下，可以随时调动资源。其他国际 4A 公司可能也会有互联网、CRM 和 DM 这些部门，但它们通常各自开发业务，有自己的业绩。灵智慢慢地从传统广告公司完成向整合营销的转变。

本章小结

国际 4A 公司是指国际性有影响的广告公司。现在所称的 4A 公司未必都是美国

4A 会员。熟悉 4A 公司的机构设置和整体操作流程。4A 公司的一个重要特点是实行 AE 制。一个优秀的 AE，综合素质要求是很高的。我国目前在香港、澳门、台湾和大陆均有 4A 组织。基本了解 4A 公司的发展趋势。

思考题

1. 何谓 4A，其概念内涵的演变如何？
2. 何谓 AE，怎样做一个优秀的 AE？
3. 我国目前的 4A 组织有哪些？
4. 国际 4A 公司发展趋势的新特点？

第7章 传统媒体广告经营与管理

7.1 传统媒体广告概说

传统媒体广告是相对于近年兴起的新媒体广告而言的，它主要指电视、报纸、广播、杂志，即所谓"四大传统媒体"。说它们传统，大概是从它们承载广告的历史层面来讲的。实际上，户外广告、DM广告、POP广告、交通广告等也应该属于传统媒体广告，只不过有的传统广告形式现今的技术手段新了，使用的材料新了，它们的本质并未改变，如城市中的视屏广告，亦可看作是电视广告的延伸。既然当前所讲的传统广告特指四大传统媒体广告，我们也只好从众，不过本章将DM广告纳入其中。

新媒体广告的崛起使得传统媒体广告的寿命成了舆论的焦点。唱衰论有之，寒冬论有之、拐点论有之、求变论有之、共存论有之，不一而足。然而，就近年广告市场情况看，新媒体广告尚处在发育期，抢走了传统媒体广告一些份额，但市场基础并不稳固；传统媒体也还在发展，并没有急转直下、陡然衰落。我们不妨看一下国家工商总局发布的2006年我国广告市场统计数据报告。2006年全国广告经营额为1573亿元，增长11.1%，其中电视、报纸、广播、杂志四大传统媒体广告经营额为797.9亿元，增长18.2%，高于平均增长率。其中电视广告经营额404亿元，增长13.7%，增幅比上年下降8.2个百分点；报纸广告经营额312.6亿元，增长22.1%，增幅比上年上涨了11.1个百分点；广播广告经营额57.2亿元，增长47.2%，增幅比上年上涨了29.2个百分点；杂志广告经营额24.1亿元，与上年相比，出现了3.1%的负增长，增幅同比下降了25.2个百分点。

这其中最为可喜的应该说是报纸广告。因为2005年报纸广告增长大幅下滑，业内普遍认为报纸广告遭遇了寒冬。但是，2006年22.1%的增幅充分说明，报纸广告不仅没有经历严寒，反而在危机中焕发了生机。

　　上述数字的准确度有多高难以判定，因为目前全国广告数据的统计几乎成了一件艰难的事情，一些机构发布的数据只能靠估算，相互差距非常大。但据中国广告协会报委会统计和掌握的情况，全国报业广告增长的数字实际上并没有这么乐观。估计增幅是5%左右，即总量在270亿元上下。慧聪测算的数据是增幅8.1%，央视CTR测算的数据是增幅6%左右，报委会对100家报纸的统计数据同口径比是增长12%。这些都远低于22.1%。杂志广告经营额仅占广告经营单位总额的1.5%，这个数字大家也有疑问，认为又少了些，光航空系统的杂志就有好几个亿的广告收入，还有《瑞丽》、《时尚》等都上了亿，因而整个杂志业广告的实际收入可能超出公布的数字。

　　不过，从世界范围看，报纸广告下滑已是不争的事实，其下滑的剧烈程度已超出人们预期。美国报业协会数据显示，美国报业广告收入2007年来一直在下滑。报纸网站上的广告虽然弥补了一些损失，但无法扭转颓势。2007年第二季度报业整体广告收益下降8.6%，是2001年以来最严重的一次；第三季度下降7.4%，其中，占大头的报纸广告收入下降9%。纽约时报公司报告说，2007年第四季度，公司广告收入比上年同期下降4.1%。《纽约时报》2008年2月14日宣布，将裁减新闻采编人员100人，报社编辑部共有1332名雇员，此次裁员占采编人员总数的8%左右。美国报业巨头麦克拉奇（McClachy Co.）2007年1~7月，广告营收下降7.9%。美联社说，全美各地报业公司目前均在实施减员等节约成本的措施。经济形势整体走弱和来自网络媒体的竞争让报纸广告收入受损。

　　业界担忧，报纸广告下滑是发生在经济平稳运行的背景下，一旦经济衰退报业情况会如何？很难想像。因此，说报纸广告跌到谷底还为时过早。

　　报纸广告的下降首先表现为报纸发行量的下降。美国报纸的发行1984年达到顶峰，其后随着有线电视的普及和互联网的兴起，发行量逐年减少。美国报业协会表示，美国日报发行量在1984年达到高峰，此后到2005年下跌16%。到目前为止，美国报纸的发行量出现了连续20多年的下滑。国际三大评级机构之一的惠誉（Fitch Ratings）认为，广告客户将继续把他们的预算投向低价格和可测试及定位的媒体，如网络媒体。这一转移可能继续对报纸公司的股价产生消极影响，2007年以来这些公司的股价平均已经下降了15%，其中McClatchy股价2006年下降超过20%，2007年以来又下降了60%。我们从报用新闻纸的持续下降亦可窥出端倪，2007年上半年北美新闻纸用量下降了11%。2000年以来北美新闻纸用量已下滑近30%。

　　再看日本的情况。日本广告巨头电通公司调查结果显示，2006该公司在电视、报纸、杂志和广播这四大领域的广告业绩都有所下降。2006年日本四大媒体的广告量比上年全面下滑，其中，报纸广告量减少0.5%；杂志广告量减少3.6%；广播广告量减少1.7%；电视商业广告量减少0.6%；电视短广告量减少0.7%。报纸广告和电视商业广告是最近3年来的首次减少，而杂志广告和电视短广告则分别为连续6年和连续2年减少。2006年度日本广告市场规模为5.9954万亿日元，其中互联网广告占 3630 亿日元，比上一年增长 29.3%，呈现出高速增长。而电视、报纸、杂志、广播四大媒体的广告均比上一年度减少。2007 年该公司在电视、报纸、杂志和广播这四大领域的广告业绩都有所下降。目前，互联网广告已经超过广播，跃升为第四位，接近第三位杂志的 3887 亿日元。据日本野村综研推测，到 2010 年互联网广告市场总额将跃升为 7010 亿日元。

欧洲报纸广告情况与日美差不多。这种趋势是否预示着什么？我国报纸广告真的能在世界范围内一枝独秀？

我们认为，从整个媒体环境的发展形势来看，随着以网络为代表的数字媒体的汹涌来势，包括电视、报纸、杂志和广播在内的传统媒体的处境不容乐观。新媒体的出现，改变了传统媒体的生存环境，但是它不能宣布任何一种媒体的突然死亡，毕竟每一种传统媒体在世界上已经生存了足够的时间，具有顽强的生命力。在未来的发展中，新媒体环境只会改变媒体业务范围的格局，而很难轻易将某一种媒体淘汰出局。传统媒体会利用自己的传统优势，继续留在人们的精神生活中（表 7 -1）。

2006 年度传统媒体广告营业额前 10 名（单位：人民币 万元）　表 7 -1

序号	单位全称	营业额
1	中央电视台	920000
2	上海文广新闻传媒集团广告经营中心	335100
3	深圳报业集团广告中心	289421
4	南方广播影视传媒集团广告总公司	189000
5	广州日报	180300
6	北京电视台	170000
7	湖南电广传媒股份有限公司广告分公司	160000
8	江苏省广播电视集团	149457
9	浙江广播电视集团	145000
10	解放日报报业集团	110645

本书发稿时，2007 年全国传统媒体广告经营情况的官方数字尚未发布，但据一些机构预测，2007 年全国广告总收入增长率约为 12%，其中，电视广告收入总量和增量依旧是最高的，其增长率估计在 20% 左右，而报纸的广告收入预期将有明显下降，预计其增长率为 4%，杂志广告收入预计同比增长 9%，户外同比增长 10%，广播电台广告收入预计增长 29%。2008 年是奥运年，奥运会是体育界的盛会，也是广告业的盛宴。基于 CEIC 同期可比数据，预期 2008 年广告收入增长率将达到 17%，比 2007 年高 5%。电视广告依旧会是增长率最快的，报纸、尤其是北京的报纸，户外广告收入将有比较明显的增长。根据我们的主观感受，上述预测基本接近现实状况。

7.2 报纸广告面临转型

7.2.1 我国报纸广告现状的估价

我国报纸广告改革开放以后经过 20 多年的高速发展，2004 年增幅减缓、盈利下滑，2005 年，进入了一个盘整期。唱衰论、拐点论也就是从这时候兴起的。2006年，报纸广告增长 22.1%，当然这是在增幅减缓基础上的增长。由此我们可以得到这么几点认识：第一，凭一二年的增幅减缓来确认拐点尚欠科学；第二，报纸广告速度的确慢下来了；第三，世界报纸广告逐年下滑；第四，新媒体广告对报纸广告的确有影响。综合考虑这些因素，我们认为，我国报纸广告进入稳定增长的转型期。在国家政策对报纸广告进行规范的背景下，各大报业集团积极调整经营方式和广告结构，主动适应市场，取得了很好的效果。中国报业广告发展已经进入了一个新的历史时期。

在新媒体的挑战面前，报纸仍然具有非常强大的生命力。这种生命力主要体现为三点：一是报纸的新闻产品具有本身固有的特质，是其他媒体所不能替代的；二是报纸占据了新闻资源采集的优势，网络媒体的新闻资源主要来自于传统媒体，这种优势决定了报纸在短时间内不可能被取代；三是报纸数字化进程加快，更多的人可以通过数字化的媒体看到报纸，总的读者群还是增长的，报纸在转换形式进行发展。

从报纸广告经营来看，我们认为，传统报纸的广告份额可能会减少，但是整个报业的广告增长会提升。报业集团所开办的网站以及依托于内容工厂的新媒体将会得到较快的发展，报业集团广告将会获得总体增长。

对报业广告市场经营形势稍加分析，我们可以发现，有这么一些特点：

——报纸品质整体上升，但报业产业的布局不尽合理；

——报业广告总量增长，但在广告业所占比重下降；

——经营收入基数加大，但增长幅度逐步放缓；

——市场竞争态势加剧，但创新步伐加快；

——增长潜力仍然较大，但发展空间有待拓展；

——报业广告大户普遍从高位开始了下滑，但整体局势仍稳中有升。

目前我国的报纸广告以品牌类和促销类为主，品牌类的都是大企业在按照游戏规则投放，设计水平相当高，广告创意也别出心裁，广告印刷精美；而促销类广告则五花八门，没有任何章法，以报花、报眼、分类广告、专题等命名的广告不计其数，但是几乎没有精品，尤其是超市类广告的表格式价格广告，可以说是已经走入了策略的死胡同，但是企业往往看重消费习惯产生的巨额销售，对于广告的形式研究还不得其门而入。报纸广告促销类占据大多数，还因为每期报纸产生的效果基本在一周之内就可以表现出来，一周后就基本失去了意义，所以无论是什么形式的广告，基本都是以商品销量为基本目标，整版模式和半版模式成为很多快速消费品的首选。报纸广告的效果的投入产出比例已经大不如几年以前。

7.2.2 报纸广告的优势

报纸广告的特点是阅读人群比较广泛，而且信息量大于电视，可以保存，还有就是具有广告的隐形化，这以软文为代表，寓广告于休闲阅读之中。

1. 王者风范

虽然就娱乐性和生动性而言，报纸媒体大大逊色于电视和广播媒体；就速度而言，其时效性和现场感不及网络和广播电视等媒体。但是，报纸具有的记录性、丰富性和深刻性特征，在今天仍然具有其他媒体不可取代的优越性。报纸与广播、电视不同，可以更正确、更详细地报道一条新闻，这种报纸具有的报道性，广告可以充分地加以活用。有新闻性的适时的广告也是报纸广告的一大特色。因而，报纸作为现代社会的主要信息载体，历久不衰，至今仍牢牢地占据着大众传播的重要地位。计算机技术和网络的发展，也未能撼动它的王者位置，只是出现了新的"脸面"——电子报纸。但是，这已经是非传统意义上的报纸了。

2. 威望与信赖

在报纸广告中，媒介信用和威望是保证广告效果的首要条件。广告要取信于民，首先取决于发布广告的报纸在读者心目中的威望和信用。因此，广告选择媒介除了要充分考虑媒介的到达率外，媒介信用和媒介威望也是一个极其重要的因素。一般来说，报纸信用和威望通常比较高。这正是报纸的优势所在，也是许多广告主把报纸作为首选媒体的主要原因。建立在报纸悠久历史上的读者的信赖性，是产生报纸媒体媒介信用与威望很重要的一个方面。报纸具有权威性，人们对报纸和报纸广告较易产生信赖感。许多报纸早晚都定期、准确地被投送到读者手中，报纸已经成为我们在社会生活和家庭生活中不可缺少的内容。从电视和广播中看到听到的新闻，最终还要在报纸上再次确认。人们对报纸的信赖感比对其他所有的媒体都要强，在报纸上刊登的广告的信用度自然也是很高的。除了其悠久的历史令读者肃然起敬之外，还由于报纸是有形的、实实在在的，读者既能看在眼里，又能拿在手中，自然心底踏实，信赖感也油然而生。此外，报纸的商业化、广告化尚不是很严重，因而读者会觉得报纸的"污染"相对较轻。报纸的权威性和相对"纯洁性"，对企业塑造形象是极为有利的。

3. 深度与含蓄

报纸是一种强力的以理性诉求为主的广告媒体。尤其是报纸通常具有的深度报道，最能吸引读者的关注，赢得读者的信赖。报纸是以新闻消息为中心的，在许多消息中，有不少其实就是广告——至少，是起到了广告的作用。例如，新奇的与众不同的产品和服务，就往往能引诱记者蜂拥而至，免费为你大作广告。新产品和新服务的推出可以利用新闻消息的形式来达到广告效果。

4. 可保存性

报纸上有新闻性的广告不是一瞬间从视野消逝的，而是具有很长的记录性，其根本原因是报纸广告同时提供了读者有价值的最新信息。报纸所传递的信息相对于电视和广播媒体来说更易于保存，又能重复，因而大大促进了读者对广告的记忆。报纸是一种大容量的信息载体，可以刊登较多的广告信息，十分适于一些需要提供详细信息、依赖理性诉求的产品。因此，报纸可以详细地向读者提供必要的商品信息和生活信息，消费者也能够保存那些信息。而电波媒体除使用磁带和录像带外，保存近乎是不可能的。

7.2.3 报纸广告的劣势

生命周期短。人们读报时倾向于快速浏览，而且是一次性的。一份日报的平均生命周期只有短短的 24 小时，因此，其生命周期是很短的。

干扰度高。很多报纸因为刊登广告而显得杂乱不堪，尤其是超级市场做广告的报纸尤其如此，过量的信息削弱了任何单个广告的作用。即使是增刊广告，现在也因为太厚而显得更加混乱。

有限的覆盖面。报纸在特定市场的读者大多不是经常的读者。例如，报纸历来就很难影响到 20 岁以下的年轻人，老年人和农村居民也是如此。由于成本太高，报纸很难为全国性广告主提供所有的市场。

产品类型限制。报纸和所有的印刷媒体广告一样是平面的，立体广告、动感广告都不能在报纸上做，例如要演示的产品。另外，专业的服务（医生、律师）和技工（管道工、电工）等也很容易被忽视。

新闻纸印刷效果不理想。除了特殊的印刷技术和事先印好的插页，虽然有新的生产技术，但与杂志和直接邮寄广告相比，报纸印刷的清晰度仍然不理想，尤其是彩色广告。日报的制作印刷速度要求很快，因而生产过程缺乏更细致的准备，而周刊和月刊出版物就可以做到这点。

7.2.4 报纸广告的变化

无论广告媒体怎么花样翻新、层出不穷，但最具权威的广告仍然是"报纸广告"。报纸是最早的广告媒体，即使在电子和网络媒体高度发展的今天，报纸这种古老的媒体依然有着难以抗拒的魅力。报纸的魅力使报纸广告大有用武之地，人们在亲近报纸的同时，也亲近了报纸广告。

技术的发展使报纸产业处于不断变化之中。有人预言，读者很快可以在一个平展的小型手持屏幕上看报。还有人认为，尽管技术像声音文本、视频文本，将使报纸产品更加丰富，但纸张印刷的报纸仍将是报纸媒体的选择，仍然会紧跟读者和广告主的需求，仍具有相当的竞争力。一些专家认为报纸的未来将取决于它对更细分的特定市场的接触能力。以美国《达拉斯晨报》为例，它提供了多种形式的传达载体，如双语对照的西班牙语版本。国家银行曾经用它来推广新产品，向西班牙居民说明使用支票和储蓄账户的好处，帮助了一个广告主——国家银行得到重要的市场份额。还有正在进行的两个项目也很具意义。第一个是《每日新闻》的发展，它是一种根据读者的个人兴趣制作的报纸,以各种形式存在:个人电脑的屏幕上、打印出来、电视屏幕上,或者通过声音传输。第二个是 Knight-Ridder 正在发展的大众化报纸,通过一个可随身携带的小型屏幕来附加个人需要的各种信息。这个系统还允许读者翻页剪切和保存文本,调出相关的背景资料。所有的操作只需要一支电子笔。

当然,面对竞争和挑战,报纸要从经营理念和手段上,积极主动地调整,去引导市场,引导企业,影响读者。

第一,要作好报纸的定位,始终抓住社会最主流的人群、中坚力量。报纸定位除了把握舆论导向,保持政治正确外,更多的功能应该得到延伸,突出服务功能,提供读者需要的内容。让读者阅读报纸,不但是一种消遣娱乐,更能获得有用的信息,获得商机。

第二,对于传统报纸采编成本比较高的问题,可以通过新闻资源的整合和二次售卖,把成本摊薄,比如对新闻资源作综合利用,作深度开发。

第三,针对国家的政策调控和市场变化,要及时主动调整经营结构,让广告构成在产业布局上更加合理。过分依赖于单一产业,风险很大,报业要自己领着市场走,而不是被市场牵着。加强策划,主动创造需求,引导市场,吸引投放,引导消费者对广告的认知和接受。

第四,发展多元经济,让报业的产业链得到有效延伸,报业广告向产业链延伸要效益,实现增长方式转变,在会展、活动等方面的收入应取得突破。调整报纸广告的价格策略,提高服务水平和经营能力,为广告客户量体裁衣定做服务套餐,提高客户满意度和忠诚度。

7.3　电视广告依然强势

7.3.1　电视广告的现状

从媒体的影响力来看,电视无疑是媒体之王。在 20 世纪 90 年代后期,伴随着网络泡沫的虚张声势,一些人提出网络将会把电视逼到死角。然而网络随后的表现却并不令人十分满意,纳斯达克股市上糟糕的表现,让网络重新回到了现实。网络要想战胜传统媒体,必须要在技术和内容上获得更大的突破,而这种突破显然需要时间和精力。因此从现实状况来看,电视的霸主地位还会在相当长的时间内存在。电视能够成为媒体之王,是它的技术条件决定的。

我国的电视广告从 1991 年以来一直呈快速增长趋势。以 1999～2003 年为例,电视广告的平均增长率为 13.73%,大大高于全国经济的增长速度,但略低于我国广告的平均增长率 14.02%。从 1999～2003 年的 5 年看,电视广告的增长速度也低于全国广告的平均增速,在六类主要媒体中,电视广告的 5 年平均增长速度也是最低的。据 CEIC(亚洲经济数据库)的数据,2004 年我国电视广告收入 291.54 亿元,同比增长 14%;2005 年电视广告收入 355.29 亿元,同比增长率达到 22%;2006 年电视广告收入为 404 亿元,同比增长率为 13.7%,比 2005 年增速明显减缓,而且这种减缓的趋势仍在继续。电视广告增速减缓的原因在于：以网络视频、楼宇视屏、车载视屏、移动电视、手机等为代表的新媒体对电视造成冲击；境外电视媒体占据了部分广告市场份额；受国家宏观调控政策的影响，国内房地产行业的相关广告投放一路走低；国家开始控制医疗、医药广告的投放，导致电视媒体的广告收入受到影响。

不过，总起看我国电视广告的发展与整个广告业的发展是基本同步的。

我国电视广告的主要竞争对手是报纸和户外广告。2003 年，我国报业广告收入仅比电视少 12 亿元，户外广告收入几乎是电视广告收入的一半，达到 120 亿元。在新媒体中，网络广告的增长速度极其迅猛。但是，从总的看来，电视广告在媒体市场上的霸主地位仍然是稳固的。在全球媒体和我国媒体市场中，第一大户仍然是电视，在全球占 38％的市场份额，在全国约占 25％的市场份额。2007 年，我国电视广告收入总量和增量依旧是传统媒体中最高的，其增长率估计在 20％左右。2008 年因为是奥运年，北京奥运会是体育界的盛会，也是广告业的盛宴，电视广告依旧增长最快几乎没有疑义。

电视广告市场竞争日益激化，市场份额增速减缓与地域发展不平衡的特点，将引发我国电视广告格局的结构重组。部分实力和资源不足的电视台，不断受到挤压，市场空间锐减。广告投放逐渐向部分强势电视台集中，强者愈强的电视广告市场格局正在形成。

7.3.2　电视广告的优势

电视广告的优势是非常明显的。

成本效用。很多广告主把电视看作是传播广告信息最有效的方法，因为它的到达面非常广。数以万计的观众定期看电视。电视不仅能达到很大比重的人口，而且还能到达印刷媒体不能有效到达的人群。

冲击力。电视画面和声音可以产生强烈的冲击力。这一性质导致了一定程度的消费者的参与，这与遇到一位说服力很强的销售员的购物经验很相似。电视也允许很大程度的创新，因为它将画面、声音、颜色、动作和戏剧结合起来。电视有令人难以置信的能力：它能使平凡的产品显得很重要、令人兴奋、有趣。如果广告令人喜爱，还能使消费者产生对赞助商的正面的联想。

影响。电视对我们的文化有着强烈的影响。对多数人来说，电视是一种主要的信息来源、娱乐形式和教育途径。它是我们生活中的一部分，以至于我们更容易相信那些在电视上做广告的公司（特别是戏剧和教育节目的赞助商），而不相信那些不做广告的公司。

7.3.3　电视广告的劣势

但是电视广告的劣势也是存在的。

费用。电视广告的制作和播放的成本非常高。虽然人均成本低，但绝对费用可能很高，尤其是对于中小型公司来说。制作成本包括将广告做成胶片和智力成本。请名人代言广告，则费用动辄上百万元，这不是一般公司能够花费得起的。

干扰。电视广告的干扰非常多。国家广电局等有关部门对于广告播放时间和时段的规定就是一种限制。另外，如果30秒钟的广告、电视台间隙广告、信用服务广告和大众服务广告增加，电视广告的可视性和说服力就会下降。还有很多地方性电视台对自己节目的促销也造成了对广告一定程度的干扰。

观众没有选择性。虽然已有各种技术能够更好地精确地锁定消费者，但是电视对观众仍然缺乏选择性。由于广告主不能确信观众就是恰当的受众，于是广告有很多浪费的覆盖面，比如向并不符合目标市场特征的受众传递信息。

电视是传统媒体实力继续发展的主要代表。无论是中央电视台招标的一再突破，还是湖南卫视的超级女声娱乐节目成功的商业运作，都使我们不得不承认，电视仍然保持着我们这个时代最有实力的媒体的位置。

但是电视受到网络冲击的影响不可低估，尤其对年轻的受众。欧洲交互广告协会（EIAA）2007年底发表的调查结果显示，西欧年轻人利用互联网的频度首次超过收看电视的频度，8成以上的西欧年轻人表示"没有互联网的生活是不可想象的"。EIAA是对英国、德国、法国、西班牙、意大利、比利时、荷兰以及斯堪的纳维亚各国的7008人实施电话调查后得出上述结论的。

调查表明，16～24岁的年轻人中，回答每周利用5～7天上网的比例高达82%，超过了回答经常收看电视77%的比例。回答经常收看电视的比例，比2006年时的调查减少了5%。收看电视减少的理由，48%的受访者回答为经常上网。

调查显示，62%的受访者回答由于上网而疏远了其他媒体。此外因为上网，40%的受访者回答不看电视了，28%的受访者回答看报纸的频度下降了，22%受访者则不收听广播了。据测算，全欧洲经常上网者达1.69亿人。

7.4　广播广告再度崛起

7.4.1　广播广告经营现状

我国广播广告经历了"繁荣——衰退——繁荣"的过程，20世纪90年代以前的广播以宣传为主，很少考虑广告经营；20世纪90年代中期，随着经济的繁荣和广播经营机制的转换，广播广告得到了快速发展；1999年受亚洲金融危机的影响，广播广告经营额出现下降。2000年以后，随着市场变化和广告经营模式的转变，广播广告经营得到了快速的发展，连续7年增长率维持在20%左右，全国广播广告收入总额已经由2000年的15.2亿增长到2006年的59亿元。根据国家广播电影电视总局《2007年中国广播影视发展报告》的数据，全国范围内广播广告收入已经连续7年呈现20%左右的增长，相对于整个媒体行业15%左右的发展速度，广播经营重现活力的迹象已经显现（图7-1）。北京、广东、上海、天津等地的多家广播电台，已经实现了广告年收入超亿元，而在全国范围内，电台行业的收入（特别是广告收入）的增长同样振奋人心。作为具有广泛群众基础和传统收听习惯的电波媒体，广播广告新一轮的发展依稀可见。

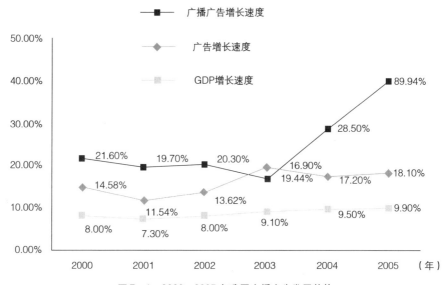

图7-1 2000~2005年我国广播广告发展趋势
（数据来源：国家广播电影电视总局统计信息网、国家工商总局）

从地区差异性来看，广播广告经营与地区经济发展程度密切相关，呈现东西差距明显的态势，广播广告业重心在东部，沿海地区占比总量80%，西部10省占比总量10%；北京、上海、广东、浙江、山东、深圳等省、市广播电台早在2004年广告收入就接近或超过2亿元，而西部省份大部分广告收入不足3000万元，有的甚至不到千万元。

从广告收入结构来看，目前我国大部分的电台广告经营还是依托"坐台卖药"的形式，尤其是内地广播电台，广告收入中医疗医药广告占到总收入的50%以上，医疗医药广告一方面承担着广播电台的创收任务，同时也严重影响着广播内容的提高和品牌形象的树立。

从频率定位来看，频率定位严重影响着广告经营收入，20世纪90年代，随着全国上下兴起的经济热潮，经济频率成为广告主的主要投放对象；进入21世纪，随着汽车业的大力发展和音乐、时尚的流行，移动收听人群数量迅速提高，交通频率、音乐频率得到了快速发展，根据中广学会调查，全国开播交通和音乐频率的城市或省份，交通和音乐频率承担着主要的创收任务，在各地电台充当领军频率，2004年全国50多个交广频率中，有45%创收排名当地第一。北京交通台单频率2004年创收1.7亿元，占7个频率总收入的46%。这种趋势仍在延续。

全国广播广告异军突起，呈现井喷式发展。业内人士提出，5年全国广播广告年增幅均位居传统媒体之首，2007年全国广播广告收入预计增长29%，可能超过电视广告的增长幅度。广播已从"弱势"变为"强势"。

7.4.2 广播广告的优势

也许由于电视的突起而使我们几乎忘记了广播广告的优势，实际上，广播广告的优势十分明显，这种优势我们估计会保持相当长的时期。

受众明确。广播能通过特别的节目到达特定类型的听众。它能够适应全国不同的地区，能在不同时间到达听众。例如，对于开车上下班的人，广播是一种理想的到达方式，这些广播时间叫驾驶时间，它为很多广告主提供最好的目标受众。

广告灵活。在所有媒体广告中，广播广告截止期最短：文案可以直到播出前才交送，这样可以让广告主根据地方市场的情况、当前新闻事件甚至天气情况来作调整。例如，在雪后，一家地方的五金商店就可以迅速地进行铁铲的促销。广播的灵活性还在于它愿意播放带有促销性质的插播广告。例如，为了促销饭店的比萨饼，广播电台播出促销性的有免费赠品的竞赛，让人们产生意愿并进行尝试。

价格便宜。广播可能是最便宜的媒体，因为广播广告的时间成本很低，而且能被广泛地接收到。另外，制作广播广告的成本也很低，特别是当读信息的是电台的播音员时。广播的低成本和对目标群体很高的到达率使其成为非常好的辅助媒体。实际上，多数广播广告最恰当的地位是辅助性广告，作为其他媒体广告的辅助方式。

赋予想像。广播让听众有一个很大的想像空间。广播通过词语、声音效果、音乐和声调来让听众想像正在发生的事情。所以，有时广播被称为思想的剧院。

易于接受。在地方范围内，广播的接受程度很高。广播并没有被想像为一个强迫性的刺激物。人们有自己喜欢的电台和广播员，并定期地收听，这些电台和广播员传递的信息更容易被接受并保存。

7.4.3 广播广告的劣势

当然，广播广告如同报纸广告、电视广告一样有它的局限性。

易被疏忽。广播是个听觉媒体，听觉信息转瞬即逝，广告很有可能被漏掉或忘记。很多听众都把广播视为令人愉快的背景，而不去认真听它的内容。

缺乏视觉。声音的限制会阻碍创意。必须展示或观赏的产品并不适合做广播广告，制作出能令观众产生观看产品这种想法的广告非常难。专家认为，幽默、音乐和声音效果的运用是最有效的方法。

干扰。竞争性广播电台的增多和循环播放，使得广播广告受到很大的干扰；广播听众往往倾向于将自己的精力分散于各种事情，这样，听众听到或理解广播信息的可能性就大大降低了。

时间安排和购买的难度。想达到比较广的听众的广告主需要向好几家电台购买时间，这样，时间安排和广告评价变得非常复杂。

缺乏控制。因为广播很大比重都是谈话节目，总会有播音员说一些对部分听众来讲不喜欢的话或主题，这就可能会对赞助商产生负面影响。

7.4.4 广播广告的经营格局

我国广播广告的经营目前呈多元化的态势，主要有以下几种。

1. 行业代理

行业代理是目前许多成功电台的首选。据统计，2006年，全国投放广播媒体广告前十位行业是：娱乐及休闲、商业及服务行业、邮电通信、食品、交通、金融投资保险、房地产/建筑工程行业、药品、饮料、家居用品。

2. 整频率代理

各地都有电台被广告公司整频率代理的案例。

3. 时段代理

代理某频率的某个时间段的广告经营，上海等地电台曾采取过这种模式。时段代理采取封闭式代理和开放式代理，大多以节目冠名和商办节目为主。

4. 指标代理

以一个双方可以接受的年度指标签约，享受代理费。目前广播广告的代理费似乎以30％起步。根据以往的指标经验，逐年地实现年度指标的增长。

5. 品牌代理、特级代理

针对某公司在某领域有某固定的大客户，电台往往愿意让其享受代理政策。品牌代理在一定意义上就是行业代理；特级代理在一定意义上就是指标代理。

6. 频率自主经营

许多频率拥有自己的广告经营团队，以领取电台固定薪酬和完全没有固定收入两种形式，个人为频率打工。许多成熟频率的自主经营占了相当的权重，也是最终的保障。随着代理制的逐步完善，这些团队的成员在逐步转化为客服人员，成为频率与社会公司的纽带。也有不少经营能手自己组建广告公司，介入频率的广告经营。

7. 总台集约经营

北京电台下属各频率由总台以行业代理的方式统一经营，统一招标，分频率投放，节目和广告开始分离，各地纷纷效仿。北京电台是在行业代理发展到一定阶段，体量增大至允许有适度风险，成熟频率（交通频率）在经营中起支撑作用，经营主导者对大盘有足够掌控能力的前提下开始走这一步的。有省级电台盲目效仿，竟然招标进行不下去，临时改辙。也有集团或总台年初搞了个轰轰烈烈的集约招标，弄出吓人的数字，年底羞于盘账。天下大势，分久必合，合久必分。电视2007年的广告经营有不少省、市将从集团（总台）公司整合模式转变为"频道制"。广播的"频率制"却在逆向转变，未知是喜是忧。

8. 频率、总台双向经营

也有地方采取双管齐下、各划经营范围、各自侧重做盘子的模式。如南京广播传媒中心把外地4A广告、增值业务（如电信、彩铃等）划归中心经营，本地业务由频率自理。效果未达预期，但也不失为一种"暗渡陈仓"的手段，也反映了经营者在频率制和中心制之间游移的矛盾心理。

9. 公司投资入股

有的广告公司以逐年投资确保频率的基本人力、设备运作，但基本不介入频率广告经营，年终参与分红的方式，享受广播广告的利润。这种股东制的电台运作，目前只能变通地施行，但似乎是一个前景看好的模式。因为它是真正意义上上市公司的运营理念和操作手法。

上述各种经营模式有的相互冲突抵触，但却在当今的中国广播界被交互同时使用着，有的甚至互为补充、相互竞争，这是个奇怪的现象。可以理解成广播广告还不成熟，也可以把它看作是广播广告的开放经营特质和包容性。

7.4.5　新语境下的广播广告

1. 嬗变的收听环境

新的收听环境是广播广告继续高速增长的市场基础。

当今我国广播受众和收听格局已基本实现了六大转移：

(1) 从中高龄受众到年轻受众的转移。

(2) 从县村听众到都市听众的转移。

(3) 从草根阶层到精英白领阶层的转移。

(4) 从固定收听到移动收听的转移。

(5) 从专注聆听到伴随收听的转移。

(6) 从教化式收听到娱乐消费式收听和接受服务式收听的转移。

"移动人群"成为广播收听的主流，每年以20%的速度递增。统计显示，城市居民开车和乘出租车收听广播的比例高达15.4%，在乘坐出租车的人群中，22%的高频率乘客表示他们曾在出租车上作出购买决定。近10年来，我国的私人汽车总量增长了8倍。私家车的快速发展造就了不少新的广播听众，同时提升了广播听众的素质层面和经济地位。越来越庞大的"移动人群"在路上的主要消遣方式是听广播，他们成为当今广播的主力听众。

美国广播界有句名言："车轮子和干电池拯救了广播。"说的是20世纪六七十年代，当美国广播被电视逼到悬崖边缘时，车轮子和干电池赋予广播在移动领域的优势，使得广播继续生存下来，并且有了今天三分天下有其一的局面。到目前为止，真正可称之为"无边界媒体"的还只能数广播。广播将永存，永存于它不可替代的便利性、广泛性。广播的便利性在移动收听上找到了新的诠释。

2. 脱胎的技术环境

新的技术环境也为广播广告的可持续发展提供了可资想像的空间。

数字广播和网络广播、手机广播等使传统广播的前景变得辽阔起来，自然也影响到广播广告的经营理念。

搜索巨头 Google 以1.02亿美元的价格收购了 dMarc 广播公司，并表示将杀入总价值高达200亿美元的广播产业，目前正在公测一项名为 GoogleAudioAds 的广播广告服务，广告客户将可以在互联网上利用该系统购买有针对性的广播广告。美国报业集团与雅虎等也开始合作。"自助式分类广告销售业务"将使得客户无须联络销售代表便可通过互联网自行购买广告。广告公司对此无疑将出一身冷汗。

各地纷纷抓住数字、网络、信息技术的机遇，使广播朝移动、网络、有线和多媒体方向发展。中央台等单位开办的相声小品、民乐、古典音乐、评书联播等7套有线数字广播已进入有线网，并已经具备开办更多套有线数字广播的技术条件。据说网络广播广告将超过通常的广播广告，各地电台大多在网上有适时广播系统。天津台完成了多套节目上网的广播多媒体尝试。广东台的股市广播、教育之声、健康之声等小调频台也都带来了经营业绩。2005年北京电台数字多媒体广播（DMB）技术试验通过了国家广电总局科技司专家组的验收。通过这个多媒体广播平台，北京电台可以实现播出12~14套广播节目，6~8套视频、数据服务。

3. 诱人的市场前景

有专业研究机构预测，我国广播广告的经营额从现在到2010年还将增加3倍，达到61.5亿元，在广告市场中所占的比重也将从目前的2%~3%上升至5.6%。

尽管尼尔森媒介研究认为，中国已成为仅次于美国的全球第二大广播市场，但中国广播业的市场体量总体来说还很小。据全球著名媒体购买商浩腾媒体（Optimum Media Direction，OMD）的统计资料，2002年美国广播广告收入达200亿美元，占整个美国媒体广告市场的14%。法国广告研究所统计，83%的法国人每天都要收听电台节目，99%的法国人至少拥有一种收音设备。索福瑞公司的调查显示，听广播成为法国人仅次于看电视的第二项日常休闲活动，其位置排在聊天和园艺之前。三分之二的欧洲人以及美国人每天收听3个小时的广播。在印度，广播的发展速度是其他媒体平均增长速度的3倍，有35%的广告收入来自广播广告。

7.5　杂志广告前景可期

7.5.1　我国杂志广告现状

从数据看，我国杂志广告收入增长缓慢，2006年甚至出现了3.1%的负增长，这与我国杂志市场良莠不齐，缺乏有特色有竞争力的杂志品种有关。不过也有人对广告统计数字的准确性产生怀疑。

根据慧聪媒体研究中心对全国主要报刊刊例价格的统计，2007年我国报刊广告市场总额为808.71亿元，比2006年同期增长7.64%，从增长情况来看，报纸广告比2006年同期增长6.82%，而杂志广告的增长率为15.73%，杂志广告增速是报纸的两倍多。与报纸相比，杂志是典型的窄众类媒体，读者定位相对高端，更为细分，能够满足特定读者的需求，随着新媒体的发展及读者阅读需求的变化，杂志媒体越来越受到广告商的青睐，可以预期今后杂志的发展将有更大的市场空间。

从各类杂志来看，同比增长幅度最大的几个类别分别是机动车类、体育健身类、社会新闻类、旅游休闲类、母婴类、城市生活类、健康类、财经类杂志，这些类别的广告增长率都在 15% 以上，而其增长的最根本原因皆因为其与当前社会的消费热点息息相关。

杂志在接触特定读者群体方面是很有用的媒体，它的性质决定了它必须有独到的内容才能满足特定读者的需要。所以各类杂志在读者结构、风格等方面都极为不同。选择在哪种杂志做广告时，广告主有必要了解这种杂志区别于其他杂志的地方。

7.5.2　杂志广告的优势

与电视、报纸、广播比起来，杂志无疑是小众媒体，但是它的广告优势显而易见：第一，读者的层次较高；第二，锁定的目标受众清晰。

目标受众。杂志大多是以特定目标受众而发行的。如《瑞丽》主要是针对女性服饰美容方面的杂志，包括《服饰美容》、《伊人风尚》、《可爱先锋》和《瑞丽家具》。受众接纳性高。杂志内容本身的权威性和可信性使广告也沾了它的光。很多杂志声称，在他们出版物上出现的广告都使其产品更有吸引力。很明显，在《财富》上刊登的广告会使商界人士留下深刻的印象。

生命周期长。杂志是所有媒体中生命力最强的媒体。有些杂志，像美国的《国家地理》（National Geographic，1888 年创办，已经成为世界上最广为人知的一本杂志）和《消费者报告》（Consumer Report，是美国普通人购买各种消费品时经常参考的杂志，有 500 多万订户）杂志，被看成是权威的资料而不断被引用，可能永远也不会作废。此外杂志还有很大的发展潜力，因为它可以通过家人、朋友、顾客和同事更广泛的传播，有许多间接读者。

版式。人们倾向于较慢的阅读杂志，通常要用几天以上的时间，因此他们有时间阅读详细的报道。杂志可以有多页面、插页和专栏等，从而使版式更富于创造性和多样化。

视觉效果。杂志通常使用高质量的纸张印刷，因此有很好的视觉效果，可以印出更加精美的黑白或彩色图片。印刷质量的精美在一定程度上衬托了内容质量，让读者赏心悦目。

销售促进作用。广告主可以有多种促销手段，如发放优惠券，提供样品或通过杂志附赠资料卡等。

7.5.3　杂志广告的劣势

杂志广告的劣势主要有：

有限的灵活性。杂志的截稿期早，广告必须在印刷日之前就要提交。有些情况下，广告主在一份月刊出版的前一个月就要把彩色广告的胶片送到印刷厂。如果广告主错过了交稿期，那么下一期广告也许会推迟整整一个月。而且，一旦广告送交杂志社制版印刷，便不能作任何改动，即使发生了重大事件，传播环境已经改变了，广告稿也不能改动。杂志对广告位置的提供也有局限。主要的版面，如封底和封二，可能早在几个月之前就售出了。

缺乏及时性。有些读者在杂志到手后很长时间都不去读它，所以，广告要作用到这些读者还需要一段时间。

成本高。虽然杂志的单位接触成本不像有些媒介（尤其是直邮）那么高，但却比大多数报纸高，也比广播电视高许多倍。在杂志中投放一张插页的绝对成本有时也会高得让人负担不起。而且，由于杂志传阅率高，发行量有限，直接订户比较少，尤其是一些专业性杂志，相对加大了广告的千人成本。

递送问题。除了少数杂志，大多数杂志不是在所有的书报摊上都有销售，如何使杂志快速到达目标受众手中是一个较为重要的问题。

7.6 DM 广告方兴未艾

7.6.1 什么是 DM 广告

DM 广告是英文 Direct Mail Advertising 的简称，最早的中文名字叫"直接邮送广告"。早期的 DM 还有许多小名，如"邮送广告"、"直邮广告"、"小报广告"等，一般认为只有通过邮寄的广告才可称为 DM 广告。美国直邮及直销协会（DM/MA）对 DM 的定义是：对广告主所选定的对象，将印就的印刷品，用邮寄的方法传达广告主所要传达的信息的一种手段。而我国国家工商行政管理局 1995 年出版的全国广告专业技术岗位资格培训教材《广告专业基础知识》把 DM 定义为直销广告（Direct Market AD）。DM 与其他媒介的最大区别在于：DM 可以直接将广告信息传送给真正的受众，而其他广告媒体形式只能将广告信息笼统地传递给所有受众，而不管受众是否是广告信息的真正受众。

DM 广告的形式主要有：信件／海报／图表／产品目录／折页／名片／订货单／日历／挂历／明信片／宣传册／折价券／家庭杂志／传单／请柬／销售手册／公司指南／立体卡片／小包装实物等等。

实际上当前的 DM 广告已不仅仅邮寄，还可以借助于其他媒介传递，如报刊发行中的夹带、传真、电子邮件及直销网络、商场柜台散发、专人选点散发、函电索取、随商品包装发出等。当前 DM 的派发形式主要有：（1）邮寄：按消费者地址信息邮寄给有消费记录或可能有消费需求的人。（2）夹报：夹在当地畅销报纸中进行投递（夹报费用为 0.10～0.20 元/张）。（3）上门投递：组织人员将 DM 投送至生活社区居民家中。（4）街头派发：组织人员在地铁公交车站、步行街、马路口、农贸市场等场所散发，或放在地铁公交车站内由需求者自取。(5) 店内派发：由员工在店内派发，或放在柜台由顾客自取。

7.6.2 DM 广告的特点

DM 广告在我国的发展没有多大的波澜，一直处于不温不火之中。而在美国，DM 广告的媒体地位排名第二；奥地利 DM 广告额约占全国广告额的 23%；我国

DM 广告目前只占近 1％ 的市场份额。这种状况可能与大家对 DM 广告的特点认识不清有一定的关系。DM 广告的特点是：

广告传递精准。由于 DM 广告直接将广告信息传递给真正的受众，具有强烈的选择性和针对性，其他媒介只能将广告信息笼统地传递给所有受众，而不管受众是否是广告信息的目标对象。

广告时间较长。一个 30 秒的电视广告，它的信息在 30 秒后荡然无存。DM 广告则明显不同，在受众作出最后决定之前，可以反复翻阅直邮广告信息，并以此作为参照来详尽了解产品的各项性能指标，直到最后作出购买或舍弃的决定。

广告形式灵活。DM 广告的广告主可以根据自身具体情况来任意选择版面大小并自行确定广告信息的长短及选择全色或单色的印刷形式，广告主只要考虑邮政部门的有关规定及广告主自身广告预算规模的大小，除此之外，广告主可以随心所欲地制作出各种各样的 DM 广告。

广告效应良好。DM 广告是由广告主直接寄送给个人的，故而广告主在付诸实际行动之前，可以参照人口统计因素和地理区域因素选择受传对象以保证最大限度地使广告信息为受传对象所接受。同时，与其他媒体不同，受传者在收到 DM 广告后，会迫不及待地了解其中内容，不受外界干扰而移心他顾。

广告效果可测。广告主在发出直邮广告之后，可以借助产品销售数量的增减变化情况及变化幅度来了解广告信息传出之后产生的效果。这一优势超过了其他广告媒体。

具有隐蔽性。DM 广告是一种深入潜行的非轰动性广告，不易引起竞争对手的察觉和重视。

影响 DM 广告效果的主要因素是：（1）目标对象选择欠妥，势必使广告效果大打折扣，甚至使 DM 广告失效。没有可靠有效的 Mailing List（邮件列表），DM 广告只能变成一堆乱寄的废纸。（2）DM 广告无法借助报纸、电视、杂志、电台等在公众中已建立的信任度，因此 DM 广告只能以自身的优势和良好的创意、设计，印刷及恢谐，幽默等富有吸引力的语言来吸引目标对象，以达到较好的效果。

7.6.3　DM 广告的现状

DM 广告在欧美国家发展十分迅速。美国为世界广告第一大国，DM 广告投资额约占全国广告总额的 16％，DM 媒体地位排名第二。德国 DM 广告额约占全国广告额的 8％，DM 广告费支出列第三位。奥地利 DM 广告额约占全国广告额的 23％，列各类媒体之首。而在我国，DM 的发展仍处于初期，DM 广告目前占到我国广告市场近 1％ 的市场份额。

我国开始恢复广告业以来，强势媒体（电视、报纸）占据了广告市场绝大部分份额。而 DM 发布环节的可信度低，DM 媒体多年停滞，没有良好的基础，企业意识没有到位，提供此项服务的专业机构欠缺等因素，使 DM 多年来一直处于待开发阶段。与国外相比，我国 DM 媒体成长空间巨大。目前，全国有近 60％ 的企业认知

DM 广告。浙江地区的大中小企业曾有 90％ 以上运用商函来推销产品，而且都取到了明显的促销作用。DM 作为广告投入只及电视传媒的 2％、报刊传媒的 10％，但是营业收入增幅达 30％ 左右，因而，其投入产出比较令企业满意，中小型企业对此尤具好感和使用欲望。

我国正在逐步规范广告市场，并加强对 DM 的管理。作为同 DM 有密切联系的邮政部门，也正在全国积极发展 DM 业务，并推出"中邮专送广告"专用媒体，为 DM 媒体地位的提升作出了积极的努力。虽然从目前来看，DM 发展还处于初期，但 DM 广告在我国成长速度是很快的。目前，全国有近 80％ 的企业采用 DM 做过广告，江浙地区的大中小企业也几乎 100％ 运用过商函来推销产品，而且都取到了明显的促销作用。

因此，DM 广告已被大部分企业作为商务活动广告推广之一，其低廉的成本及极强的针对性、亲切感和真实性，受到企业经营者的青睐。随着时间的推移，DM 媒体地位会逐渐提升，将继续发挥其在社会中不可替代性，与其他广告媒体共同形成一个多层次、多方位、多传播渠道的立体网络。

7.6.4　DM 广告的管理

DM 广告属于印刷品广告，在我国有着严格的管理。重新修订并于 2005 年 1 月 1 日起施行的《印刷品广告管理办法》重点是针对 DM 广告的。其主要内容有：

第二条　印刷品广告，是指广告主自行或者委托广告经营者利用单页、招贴、宣传册等形式发布介绍自己所推销的商品或者服务的一般形式印刷品广告，以及广告经营者利用有固定名称、规格、样式的广告专集发布介绍他人所推销的商品或者服务的固定形式印刷品广告。

第四条　印刷品广告应当具有可识别性，能够使消费者辨明其为印刷品广告，不得含有新闻报道等其他非广告信息内容。

第七条　广告主、广告经营者利用印刷品发布药品、医疗器械、农药、兽药等商品的广告和法律、行政法规规定应当进行审查的其他广告，应当依照有关法律和行政法规规定取得相应的广告审查批准文件，并按照广告审查批准文件的内容发布广告。

第十二条　广告经营者应当在每期固定形式印刷品广告首页顶部位置标明固定形式印刷品广告名称、广告经营者名称和地址、登记证号、期数、发布时间、统一标志"DM"。

第十三条　固定形式印刷品广告的首页和底页应当为广告版面，广告经营者不得将广告标题、目录印制在首页上。固定形式印刷品广告不得使用主办、协办、出品人、编辑部、编辑、出版、本刊、杂志、专刊等容易与报纸、期刊相混淆的用语。

第十七条　凡发布于商场、药店、医疗服务机构、娱乐场所以及其他公共场所的印刷品广告，广告主、广告经营者要征得上述场所管理者的同意。上述场所的管理者应当对属于自己管辖区域内散发、摆放和张贴的印刷品广告负责管理，对有违反广告法规规定的印刷品广告应当拒绝其发布。

按照《印刷品广告管理办法》，广告经营者申请发布固定形式印刷品广告，应符合下列条件：

（一）主营广告，具有代理和发布广告的经营范围，且企业名称标明企业所属行业为"广告"；

（二）有150万元以上的注册资本；

（三）企业成立3年以上。

广告经营者发布固定形式印刷品广告，应当向其所在地省、自治区、直辖市及计划单列市工商行政管理局提出申请，提交下列申请材料：

（一）申请报告（应载明申请的固定形式印刷品广告名称、规格，发布期数、时间、数量、范围，介绍商品与服务类型，发送对象、方式、渠道等内容）；

（二）营业执照复印件；

（三）固定形式印刷品广告登记申请表；

（四）固定形式印刷品广告首页样式。

省、自治区、直辖市及计划单列市工商行政管理机关对申请材料不齐全或者不符合法定形式的，在五日内一次告知广告经营者需补正的全部内容；对申请材料齐全、符合法定形式的，在受理之日起二十日内做出决定。予以核准的，核发《固定形式印刷品广告登记证》；不予核准的，书面说明理由。《固定形式印刷品广告登记证》有效期限为二年。广告经营者在有效期届满三十日前，可以向原登记机关提出延续申请。

本章小结

传统媒体主要指电视、报纸、广播、杂志，即所谓"四大传统媒体"。以网络为代表的数字媒体来势汹涌，传统媒体广告的处境不容乐观。电视、报纸、广播、杂志的广告各有其优势和劣势，把握这些，扬长避短，传统媒体广告仍然可以焕发青春。DM广告一直不太被注意，根据其他国家的经验，DM广告的市场前景应该是可期待的。

思考题

1. 对报纸广告的前景，业界意见不一致，你怎么看？
2. 电视广告能够与网络广告相抗衡吗？
3. 广播广告的市场还会扩大吗？
4. 对我国DM广告的前景作一个预期。

第**8**章 新媒体广告经营与管理

8.1 新媒体概述

8.1.1 什么是新媒体

今天，没有什么比新媒体这个词更令广告人兴奋，也更令广告人焦虑。兴奋，是因为它以超乎想像的速度发展；焦虑，是因为它似乎正在为传统媒体唱挽歌。

所谓新媒体当然是与旧媒体亦即传统媒体相对而言的。对于新媒体的界定，学者们莫衷一是，媒体界众说纷纭，广告人稀里糊涂，没有定论。最近几年，"新媒体"概念四处散播，互联网被称为"新媒体"，移动电视、视屏、手机、IPTV 等也被称为"新媒体"，还有人把博客、播客等也列入新媒体。那么，到底什么是新媒体呢？

清华大学新媒体研究专家熊澄宇教授认为：所谓新媒体是一个相对的概念，新相对旧而言。从媒体发生和发展的过程中，我们可以看到，新媒体是伴随着媒体发生和发展在不断变化。广播相对报纸是新媒体，电视相对广播是新媒体，网络相对电视是新媒体。今天我们所说的新媒体通常是指在计算机信息处理技术基础之上出现和影响的媒体形态。这里有两个概念，一个是出现，是指以前没有出现的；一个是影响，所谓影响就是受计算机信息技术影响而产生变化的，这两种媒体形态是我们现在所说的新媒体。也有专家提出：只有媒体构成的基本要素有别于传统媒体，才能称得上是新媒体。否则，最多也就是在原来基础上的变形或改进提高。还有学者把新媒体定义为"互动式数字化复合媒体"。

美国《连线》杂志对新媒体的定义是：所有人对所有人的传播。

美国网络新闻学创始人、"博客（blog）"报道形式首创者丹·吉尔默 2001 年 9 月 28 日在自己的博客上提出了"新闻媒体 3.0"（Journalism 3.0）的概念：1.0 是指报纸、杂志、电视、广播等传统媒体或说旧媒体（old media）；2.0 就是人们通常所说的以网络为基础的新媒体（new media）或者叫跨媒体，但新闻传播方式并没有实质改变，仍是集中控制式的传播模式。而媒体 3.0 就是以博客为趋势的 we media（还没有一个非常贴切的中文译名，可以译为"个人媒体"、"自媒体"、"我们媒体"或"共享媒体"）。

比较各种观点，不难发现，人们对新媒体的认识，分歧仅在于广义和狭义。我们认为，广义的新媒体是指依托于数字化、网络化信息处理技术和通信网络的新型信息媒介的总称。狭义而言，新媒体是指依托于数字化、网络化、平民化信息处理技术和通信网络，由专业信息网络机构主导，以各种数字化信息处理终端为输出装置，通过向大量用户大规模提供交互式信息和娱乐服务以获取经济利益的各种新型传媒形态的总称。新媒体随着信息通信科技的发展而不断发展、变异，目前，主要的新媒体包括互联网、移动通信等。

梳理新媒体内涵，我们发现：

第一，新媒体并未脱离媒体的范畴，它必须具有媒体的基本属性。新媒体依然必须处在其他社会单元的中间位置，必须有信息流的发生，也就是说，至少要包含信息的发布与传播两个环节。如此看来，像电子商务，其业务重心是资金流和商品流，而非信息流，所以不应当归为新媒体。比较火爆的博客（网络日志），同样不一定是新媒体。有的博客主要是自娱自乐，点击率低，很少人去看，也就是说，只有信息的发布而没有信息的传播，自然不能算新媒体。而这就像日记一样，根本不是什么媒体；可一旦结集公开出版，就成为一种媒体。

第二，传播介质和路径的创新是新媒体的主要产生方式。这一点容易理解。比如网络、短信等，都是传播介质创新而产生的新媒体。

第三，传统媒体与新技术的结合，或者传播路径的创新，也可以归为新媒体。报刊、广播、电视等传统媒体与新技术的结合，产生如下的新媒体：电子报、电子杂志、播客、在线视频等。至于分众传媒视屏广告的兴起，则属于电视的传播路径创新，从家庭搬到了电梯间、办公楼、大卖场、飞机上、医院里以及其他公共场所。

人们按照传播媒介的不同，把媒体的发展划分为不同的阶段——以纸为媒介的传统报刊及其他印刷品被称为第一媒体，以电波为媒介的广播被称为第二媒体，基于图像传播的电视被称为第三媒体，以互联网为载体的信息传输被称为第四媒体，以手机为终端的信息传输为第五媒体。

1998 年 5 月，时任联合国秘书长的安南在联合国新闻委员会上提出，在加强传统的文字和声像传播手段的同时，应利用最先进的第四媒体——互联网（Internet）。自此，"第四媒体"的概念正式得到使用。将网络媒体称为"第四媒体"，是为了强调它同报纸、广播、电视等新闻媒介一样，是能够及时、广泛传递新闻信息的第四大新闻媒介。从广义上说，"第四媒体"通常就是指互联网，不过，互联网并非仅有传播信息的媒体功能，它还具有数字化、多媒体、实时性和交互性传递新闻信息的独特优势。因此，从狭义上说，"第四媒体"是指基于互联网这个传输平台来传播新闻和信息的网络。"第四媒体"可以分为两部分，一是传统媒体的数字化，如《人民日报》的电子版，二是由于网络提供的传输条件而诞生的"新型媒体"，如新浪网。

目前，手机成为比互联网更普遍、终端数量更大的信息传输工具，因而称其为第五媒体也得到了广泛的认可。

新媒体除了具有报纸、电视、广播等传统媒体的功能外，还具有交互、即时、延展和融合的特征。可以说，这四大特征也恰是新媒体对传统媒体的比较优势。新媒体突破了时间和空间限制，在数字化后，可以实现多样强大的传输方式和日益低廉的储存成本；新媒体将所有媒体形式内容整合在数字化的环境中（储存、播放、传输），体现了极大的融合性。

8.1.2　新媒体的特点

较之于传统媒体，新媒体自然有它自己的特点。相对于旧媒体，新媒体的一个显著特征是它的消解力量——消解传统媒体（电视、广播、报纸、通信）之间的边界，消解国家与国家之间、社群之间、产业之间边界，消解信息发送者与接收者之间的边界等等。

其一，互动性。这是无须多废口舌的。因此，手机是一种新媒体。由用户主动发送一条索要信息的记录，然后再由另外一方（可能是人，也有可能是一个组织）向其反馈一条信息。互动性还包含一个重要原则：就是用户可以自由退出。互动性使得在公共领域中的传播不仅有大众传播的性质，还有人际传播的特征。

其二，数字化。数字化的内容，使得内容本身得以更广阔地实现"范围经济"，即以很多种不同形式呈现。

其三，个人化。传统媒体，在面对每个受众时，都是一样的。比如，同一台节目，或者，同一张报纸。但是，新媒体不然。同样一个域名的网站，用户面对的界面和内容可能不同。原因可能有二：一是用户定制；二是传者（也就是网站）根据用户的操作习惯，通过类似 cookies 技术，给予不同的内容呈现。这两个原因其实还是受者与传者互动的结果。试想从来没有留下阅读痕迹的用户，怎么会被网站判断出他希望读什么？

以上三个特点，数字化是本质，互动是表现形式，个人化则是一种延展。

数字化的确让媒体有集中的趋势。因为同样一份内容可以不同形式表现，那么内容制作的门槛会提高。有钱的企业会对内容精心制作，然后以不同形式表现而获得更多的超额利润。这样的话，小规模的内容制作公司是难以匹敌的。web2.0（其实这个概念应该从属于新媒体的一部分）公司大部分的命运是被收购，就是这个道理。媒体越来越集中的话，对于社会而言，未必是一种进步趋势。

8.2　网络广告

8.2.1　什么是网络广告

我们平常讲的网络广告就是互联网广告的简称。著名的传媒研究者——美国霍金斯的定义是——网络广告即电子广告，指通过电子信息服务传播给消费者的广告。

通俗地讲，网络广告就是以互联网为传播载体，广告主利用一些受众密集或有特征的网站发布商业信息，并设置链接到广告目的网页。

网络广告是随着互联网的发展而逐步兴起的，是新技术条件下的广告媒介。网络广告发源于美国。1994 年 10 月 14 日，美国著名的 Wired 杂志推出了网络版 Hotwired，其主页上开始有 AT&T 等 14 个客户的广告 Banner。这是互联网广告里程碑式的一个标志。中国的第一个商业性的网络广告出现在 1997 年 3 月，传播网站是 Chinabyte，广告表现形式为 468 ×60 像素的动画旗帜广告。Intel 和 IBM 是国内最早在互联网上投放广告的广告主。我国网络广告一直到 1998 年初才稍有规模。历经多年的发展，网络广告经过数次洗礼已经慢慢走向成熟。

8.2.2 网络广告形式分类

网络广告的形式五花八门，现就目前常见的一些形式作简单介绍。

网幅广告（General Banner），包括 Banner、Button、通栏、竖边、巨幅等。网幅广告是以 GIF、JPG、Flash 等格式建立的图像文件，定位在网页中，大多用来表现广告内容，同时还可使用 Java 等语言使其产生交互性，用 Shockwave 等插件工具增强表现力。

弹出窗口广告（Pop-up Windows），在访问网页时，主动弹出的广告窗口。

DHTML 动态广告（dhtml），当用户打开页面时，该广告将在页面中以静态或动态的方式停留一段时间，然后，消失在屏幕上，或者以一定的轨迹缩到页面中原有的网幅广告上。

全屏式广告（Full Screen Ads），用户打开浏览页面时，该广告将以全屏方式出现 3 ~5 秒，可以是静态的页面，也可以是动态的 Flash 效果，然后，逐渐缩成普通的 Banner 尺寸，进入正常阅读页面。

视频广告（Online Video Ads），可以直接将广告客户提供的电视广告转成网络格式，实现在线播放。

流媒体广告（Steaming Media Ads），以插播形式出现在 Real Media，Windows Media，Quicktime 或其他网上流媒体。

电子邮件广告（Email Ads），将广告资讯通过电子邮件的形式发送到特定用户的信箱中，收件人通过查阅邮件来获得广告的信息。

鼠标响应网页悬浮广告（Mouse Over Floating Icon），在网页页面上悬浮或移动的鼠标响应广告，形式可以为 Gif 或者 Flash 格式。

插播式网幅广告（Interstitials Ads），插播在网页下载过程中的一种广告。

伸缩式网幅广告（Retractable Banner），伸缩功能通过两种方式来实现，一种是点击伸缩通栏右上角的"扩展广告"的字样，另外一种是直接点击伸缩通栏。当网友看完伸展开的广告以后，可以再次点击右上角的"收缩广告"的字样，伸展开的广告会马上收缩回去。

网上声音广告（Online Audio Ads），在各种广告形式中加入声音，增强广告效果，加深受众印象，综合利用视觉、听觉效果对用户进行说服的网络广告。

QQ 上线弹出广告（QQ Online Start Pop-up Banner），用户登录 QQ 时，伴随立即播放的 Flash 动态广告，它同时具有自动打开、自动关闭和自动更新广告内容的特性。该广告只在登录 QQ 时出现，广告形式的巨幅画面和动画情景使广告效果得到最佳体现。

QQ 对话框网幅广告（QQ Interface Button），它位于 QQ 用户的信息发送栏中醒目位置，以投放时间计费，能够把广告信息真正传达给每一个访问者。

QQ 对话框鼠标响应广告（QQ Interface Mouse Over Button），依托于用户端广告的隐藏式广告，当鼠标扫过用户端 Banner 时会出现。

8.2.3　网络广告的优势

与传统媒体广告相比，网络广告有着许多先天的优势。

其一，广告覆盖面广。网络广告可以通过国际互联网把广告信息全天候 24 小时不间断地传播到世界各地，不受地域限制，也不受时间限制。

其二，广告受众数量多。网络虽然是一个全新的媒体，但互联网的受众数量扩展速度十分惊人。中国互联网络信息中心（CNNIC）发布的《第 21 次中国互联网络发展状况统计报告》显示，截至 2007 年 12 月 31 日，我国网民总人数达到 2.1 亿人，目前我国网民仅以 500 万人之差次于美国，居世界第二。CNNIC 预计 2008 年年初，我国将成为全球网民规模最大的国家。目前，美国的网民数量预计在 1.65 ～ 2.1 亿，而我国 30 岁以下的人群占全球第一。这一受众群体对广告主具有特别的吸引力。美国调研机构 Ipsos Insight 的最新调查结果显示，中国网民平均每周在线时间为 17.9 小时，位居全球首位，日本 13.9 小时，韩国 12.7 小时，加拿大 12.3 小时，美国 11.4 小时，墨西哥为 9.2 小时。也正因为受众在线时间长，这样与传统媒体重叠的受众花在印刷媒体和电视上的时间则被挤压了。这也是传统媒体受众日益减少的原因。

其三，广告效果即时精准监测。传统媒体广告只能单方面地播放或刊登广告，要想得知广告的效果，需要通过广告投放前和投放后的用户调查才能够实现；而互联网媒体具有可监测、可评估、可优化等特点，即可随时对用户量、曝光、点击、分布、用户接触广告后的去向进行精确的监测、评估，进而优化、更换广告素材。

宽带的快速普及也无疑为新兴的媒体和广告形式奠定了基础。未来几年，电信运营商预计会推出速度更快的宽带接入业务。正是在这样大的背景下，互联网广告正展现着互联网新兴媒体的巨大价值。

8.2.4　网络巨头逐鹿广告业

2006 年下半年以来，几乎所有的互联网企业都进行了架构、策略、渠道的调整，技术创新、精准营销日益成为网络市场的主流。最显而易见的是，广告类垃圾邮件、弹出式广告、插件广告等令网民反感的强迫式广告正逐渐淡出互联网，代之而起的是以搜索引擎广告、窄告、分类广告、博客广告等为代表的定向投放类广告。网络广告的发展前景勿庸置疑,可以预见,未来的网络广告将有可能与传统媒体平起平坐甚至更胜一筹。因此,世界网络巨头点燃并购烽火就在情理之中。

2007年5月微软宣布收购网络广告公司aQuantive,8月完成收购。微软希望籍此缩小与Google在网络广告领域的差距,从而更有效地从高速增长的互联网广告市场获利。微软收购aQuantive的价格为每股66.5美元,总计支出60亿美元,这是该公司历史上规模最大的一笔收购。这次收购案被认为标志着网络广告时代的来临。

微软收购aQuantive之所以出价昂贵,是因为aQuantive为目前为止尚处于独立的最后一家重要的网络广告公司。在此之前,类似的公司DoubleClick、RightMedia、24/7 Real Media和Digitas,都已经被收购。微软称,它以现金每股66.5美元的高出价打败了其他的竞购者,这个收购价比aQuantive在5月17日收盘价高出85%。大多数分析师似乎愿意接受微软收购aQuantive所提出的这个溢价,因为这个出价足以同Google竞争。

目前,Google、雅虎和微软正全力争夺网络广告市场份额,三家公司都希望通过收购增强自身竞争力。2007年4月,Google宣布以31亿美元的价格收购Double. Click,Google收购Double Click的目的也是为了进入显示广告市场,从而拉开了网络广告行业整合的序幕。同月底,雅虎宣布以6.8亿美元收购Right-Media剩余的全部股份。2007年5月,网络广告公司24/7Real Media以6.49亿美元将公司出售给全球第二大广告公司WPP集团。就在2007年5月一个月之内发生了105.29亿美元的收购,网络广告业的技术型小公司突然变得炙手可热。在这场整合大潮中,已经将互联网视为未来重要发展方向的微软自然不会坐视不理。尽管网络广告目前只占据广告总支出的10%,这桩收购案和其他一系列收购行为预示着业内已经在来到一个发展拐点。所形成的共识是,企业如果不建立他们的网络广告营销实力,他们将落后于竞争对手。

微软平台和服务部门总裁凯文·约翰逊(Kevin Johnson)表示:"我们的目标是在网络广告市场成为第一或第二。"为此,微软实施了对一系列广告业务的收购,其中包括视频广告公司Massive、移动电话广告公司ScreenTonic和MotionBridge。

2008年2月1日,北京时间19:40,微软宣布将以每股31美元收购雅虎全部已发行普通股,交易总价值约为446亿美元。这是一个震动世界的新闻。如果微软成功收购雅虎,在搜索广告市场占有的份额将增至27%,当然距离谷歌的65%还有较大差距。与此同时,微软在整个网络广告市场占有的份额也将有较大提升,与Google的差距将缩小至13个百分点。更为重要的是,微软收购雅虎后将在网络流量方面占据垄断性的优势。从某种意义上讲,网络流量就是广告营收。

在中国,新浪、网易、搜狐三大门户网站及百度、Google两大搜索引擎在网络广告业的崛起,是中国互联网广告业发展的重要标志。如今,中国互联网公司运作逐渐成熟,网络广告产业链不断优化,市场规模不断扩大。据统计,中国网站数量已近70万家,大部分的网络广告收入由新浪、搜狐、网易分庭抗礼,享有近60%的市场份额。从广告类型上看，创新网络广告层出不穷，百度搜索的排名广告、好耶的网络广告联盟、以视频特色为主的富媒体广告，都在不同层面上探索网络广告商机。

8.2.5 网络广告的现状

1. 我国网络广告现状

我国的网络广告市场大约从 1998 年开始发展，到 2006 年中国网络营销市场规模为 60 亿元，比 2005 年的 41.7 亿元增长了 44%。据艾瑞咨询集团发布的一份我国网络广告市场份额报告预测，2007 年我国网络广告持续快速增长，市场规模达 106 亿元，同比增长 75.3%。2011 年中国网络广告市场规模将达到 370 亿元，与 2007 年的 106 亿元相比增加两倍多。

搜索引擎广告实现爆发式增长。2007 年搜索引擎广告市场实现高速发展，同比增长率由 2006 年不足 50% 快速增加到超过 100%，市场规模近 30 亿元人民币。

品牌网络广告形式多元化。2007 年品牌广告市场也呈现快速发展态势，年同比增长率由 2006 年的 48.9% 上升至 65.3%，总量达到 77 亿元人民币。虽然品牌图形广告仍然是品牌广告市场的主流形式，但是富媒体及视频广告、游戏嵌入式广告、软件类广告等新兴广告形式增长强劲，成为未来推动品牌广告市场快速增长的新动力。

在综合 2007 年中国网络广告市场的发展基础上，艾瑞咨询认为，中国网络广告市场发展将呈现十大趋势：网民继续快速增长推动网络营销产业快速发展；中小企业成为网络营销的中流砥柱，搜索引擎成为最大的网络媒体；品牌广告主投放向网上整合营销方向发展；品牌网络广告形式多元化，富媒体及视频广告成为主流形式；社区营销从概念变为应用成为越来越常见的营销形式；网络广告载体向多元化方向发展；品牌广告投放主流计价方式向人群定向的 CPM 转变；搜索联盟快速发展，联盟广告生存方式和计价方式多元化；网络广告代理公司出现专业化、集团化趋势；网络广告产业链更加成熟，市场更认同第三方数据公司。

2. 国外网络广告现状

iResearch 艾瑞市场咨询整理 IABEurope 关于欧洲各国网络广告收入规模的相关数据显示，2006 年英国网络广告收入规模为 316.3 亿元，德国为 178.7 亿元，法国为 120.3 亿元。值得关注的是 2006 年荷兰网络广告市场的收入规模也达到了 55.7 亿元，意大利也取得了 49 亿元的佳绩。

欧洲互动广告局（IAB）宣布，2007 年欧洲互联网广告支出比 2006 年增加 38%，有望达到 115 亿欧元。据说已接近成熟的美国市场规模。据英国 Group M 公布的数字，网络广告支出将在 2009 年超过电视广告支出。Group M 的预测表明，在 2008 年底，网络广告支出将在英国全部媒体中占到 24.8%，而电视占 26%。2008 年，英国互联网的收入将上升 30.8%，达到 34 亿英镑，而电视的收入预计增长 1%，达到 35.6 亿英磅。德国信息产业联合会发布的报告称，2007 年德国网络广告市场的销售额从 2006 年的 4.8 亿欧元上升到到 9.77 亿欧元。2007 年意大利的广告支出比上年上升了 3.1%，但互联网广告支出较 2006 年大幅上升了 43%（图 8 -1）。

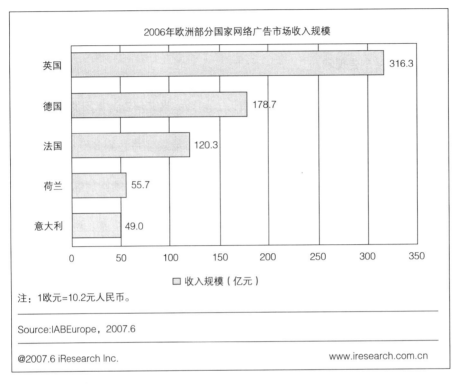

图 8 -1

3. 英国网络广告

英国的互联网广告被称为爆炸式增长，发展速度惊人，是全世界广告发展最快的。2000 年网络广告额只占英国广告市场的 1%，2004 年网络广告收入 6.53 亿英镑，占广告市场的 3.9%；2005 年网络广告收入 13.7 亿英镑，占广告市场的 7.8%；2006 年网络广告收入 20 亿英镑，虽然只占 13.3%，却已高出全国性报纸所拥有的广告份额 13.2%。

英国互联网广告署发表的一份报告中说，英国互联网广告市场 2007 年上半年收入达到了 13.3 亿英镑，占广告市场的 14.7%。上半年英国广告市场增长了 3.1%，如果不计算互联网广告，整个广告市场将下滑 1.9%。预计 2007 年互联网广告收入将达到 27.5 亿英镑。

iResearch 艾瑞咨询集团整理 eMarketer 关于英国网络广告市场的相关数据显示，2006 年英国网络广告市场收入规模为 37.2 亿美元，2007 年为 52.8 亿美元。预计到 2011 年英国网络广告市场收入规模将达到 82.4 亿美元。艾瑞分析认为：英国网络广告已经处于成长后期，预计到 2009 年以后其网络广告市场的收入规模增长将低于 15%，进入成熟期。新的网络广告技术以及新的网络广告表现形式可能为英国网络广告市场带来新的生机与活力，可能促使其网络广告进入"第二个成长阶段"。

互联网推动了英国广告经济的发展，其已代直邮服务成为增长最快的广告媒介。目前，直邮服务在英国广告市场的份额为 11.8%。分类广告是在线广告市场的最大功臣，年增长约 72%，收入达到了 2.777 亿英镑，高于互联网广告平均 20.8% 的增长速度。付费搜索广告居第二位，年增长 44%，其全球的增长速度为 57.1%。调查显示，约有一半的电子商务交易始于互联网搜索。

以手机和手提电脑等为载体的移动平台广告将是下一个增长点。2007 年移动平台广告量可能上涨一倍，达到 6000 万英镑，而 2008 年又可望在此基础上翻一番。

4. 德国网络广告

德国信息产业联合会发布的报告称，2007 年德国网络广告市场的销售额从 2006 年的 4.8 亿欧元上升到了 9.77 亿欧元。电信运营商和 IT 企业是 2007 年德国网络广告市场的主要客户，广告支出约达到 2.23 亿欧元。其次是商业贸易和运输企业，网络广告投资也达到约 1.89 亿欧元。媒体、娱乐供应商、银行和金融服务业的网络广告支出排在第三位。

报告称，此次统计的网络广告主要包括滚动标题栏的横幅广告、弹出广告、广告网页和动画短片等。之前，德国数码经济协会（BVDW）已对此统计方法提出异议，认为这些广告形式并不能完全涵盖所有的网络广告形式。也就是说，德国网络广告市场的实际销售额要大于上述数据。

5. 法国网络广告

根据 eMarketer 研究公司最新的统计数据，2006 年法国网络广告市场规模已经达到 15.6 亿美元，跻身欧洲网络广告市场第三位，并继续以较快的速度增长。前两位分别是英国和德国。预计，2007 年法国网络广告市场规模将达到 22.7 亿美元，增长率达 45.6%，2011 年法国网络广告市场规模将有望突破 40 亿美元。

法国广告业公布的统计数据显示，2007 年上半年法国互联网广告投资超过 12 亿欧元，比上年同期增长 40%，在所有媒体当中增长速度最快。法国交互广告署（IAB）与互联网管理联合会（SRI）委托进行的调查表明，2007 年上半年，法国互联网广告在各类广告市场中所占份额达到 10.8%，比去年同期增长了 3%；互联网广告客户数量达到 2433 家，比一年前增加了约 58%。如今，法国百强广告客户中，有 97 家已利用互联网。

6. 日本网络广告

日本专业研究机构电通总研（Dentsu Inc.）发表的报告显示，今后 5 年日本通过电脑和手机等发布的网络广告总额可能会翻番。研究报告称，2011 年，日本网络广告总额有可能在 2006 年 3630 亿日元（1 美元约合 119 日元）的基础上实现翻番，增长到 7558 亿日元。5 年间的平均增长率约为 15.8%，其中，2007 年会增 24.9%，之后增长率逐年下降，到 2011 年为 9.6%。

据 Dentsu Inc. 公布的数据，日本 2007 年企业广告上升 1.1％至 7.01 万亿日圆，而在线广告却上升了 24.4％。

2006 年日本互联网已经超过杂志成为继电视和报纸之后第三大媒体。

2007 年广告整体支出连续第四年上升，部分得益于在大阪举行的田径世锦赛和上议院选举，但增幅较前一年下降 0.6 个百分点。在线广告账单总计 6003 亿日圆，搜索相关广告支出上升 37.8％至 1282 亿日圆，移动设备广告上升 59.2％至 621 亿日圆。电视广告下降 0.9％至 1.99 万亿日圆。报纸广告下降 5.2％至 9462 亿日圆。杂志广告下降 4％至 4585 亿日圆。

iResearch 艾瑞咨询根据日本电通（Dentsu Inc.）发布的数据发现，2007 年日本搜索引擎市场规模预计将达 1246 亿日元（约合 11.2 亿美元），相比 2006 年的 930 亿日元年同比增长 34.0％，日本电通同时预计，日本搜索引擎市场将在未来 4 年内步入发展成熟期，稳定发展，到 2008 年有望突破 1500 亿日元，2011 年达 2265 亿日元（图 8 -2）。

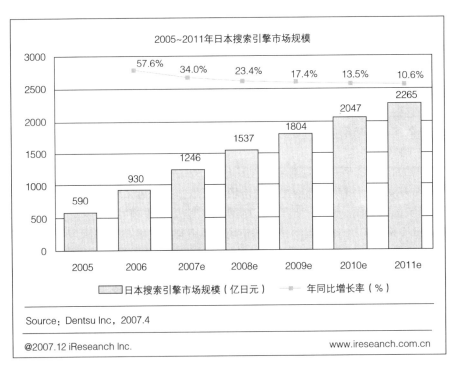

图 8 -2

7. 美国网络广告

1994 年，网络广告在美国诞生。经过十几年的发展，它已经逐渐走向了成熟，网络广告的迅猛发展已经远远超出了人们对它的预期估计。

根据美国调研公司 eMarketer 关于美国网络广告的相关数据，2005 年美国网络广告市场规模为 125 亿美元，2006 年比 2005 年增长 31.2%，为 164 亿美元。eMarketer 预计，随着更多企业将广告预算由传统媒体转向互联网，2007 年美国网络广告支出将超过 210 亿美元，2011 年将在此基础上再翻一番。2007 年美国广告支出将仅增长 2.1%，但互联网广告支出将增长 26.7%。

据统计，在关键词搜索结果页面显示的广告市场增长最强劲、最稳定，现已占网络广告 40% 的份额。传统的陈列式广告（即在页面固定显示的广告）占网络广告 21% 的份额。分类广告排名第三，占 17% 的份额。数据显示，2008 年美国在线广告市场收入将达 207 亿美元，比 2007 年增长 24%。这将使互联网广告收入占整个广告市场的份额增加 4%。而报纸广告在此期间下降了 2.4%。2009 年在线广告市场将继续增长。预计将比 2008 年增长 28.5%。这种增长可能是以传统广告平台的下降为代价的。

来自私人股本集团 Veronis Suhler Stevenson（VSS）预计，美国网络广告规模将在 2011 年前超过报纸广告。网络广告将以每年逾 21% 的速度增长，2011 年规模能达到 620 亿美元。这一规模将超过报纸广告——预计 2011 年报纸广告的规模为 600 亿美元。VSS 董事总经理詹姆斯·拉瑟福德表示："网络广告和报纸广告的发展都在延续我们多年前观察到的趋势，但现在终于临近两条线的交叉点了。"在全球范围内，广告支出正在从传统媒体向网络及数字媒体转移。

美国广告协会进行的一项调查显示，近 90% 美国公司都有营销预算在视频游戏或虚拟社区等新型媒体上做广告。随着网络的蓬勃发展和众多网络社区、电子杂志等新型媒体的出现，新媒体广告特别是网络广告，逐渐成为美国公司乃至政界人士参选的新宠儿。

Nielsen Media 研究公司的数据显示，美国公众中青年精英喜欢看电视的人越来越少。不仅仅是电视，报纸、杂志、广播等其他传统媒体也普遍感受到了互联网带来的威胁。Knowledge Networks 的研究显示，2001 年以来，美国人平均上网时间已经增加了一半，上网已经占到了美国人花在媒体上的时间的 15%。相对地，美国人阅读报纸的时间越来越少。来自全球报纸协会的数字显示，20 世纪 60 年代，5 个美国人中有 4 人每天阅读一份报纸，现在只有一半的人在读报，且仍呈减少之势。

8.2.6 网络广告有可能超越报纸广告

据艾瑞市场咨询研究成果，由于北京奥运会的积极影响以及付费搜索广告的迅速崛起，中国网络广告市场的发展大有可为。2007 年中国网络广告市场规模达 106.1 亿元人民币，与 2006 年相比增长 75%，品牌广告和搜索引擎广告都不同程度推动中国网络广告市场规模增长，其中品牌广告同比增长 65.3%，搜索引擎广告同比增长 108.6%. 网络广告近 3 年的增长速度都在 50% 左右，一般认为这个速度还会保持 3~5 年。

艾瑞咨询预测，2011 年中国网络广告市场规模将达到 370 亿元人民币，其中品牌广告和搜索引擎广告将分别达到 237 亿元人民币和 133 亿元人民币。搜索引擎广告、富媒体广告以及其他新广告形式将成为推动网络广告市场发展的主要动力。网络广告市场规模正在追赶报纸。

英国、法国、德国的网络广告市场发展也非常迅速，状况大致差不多。

而美国著名媒体投资公司 VSS（Veronis Suhler Stevenson）发布的年度媒体行业研究报告预计，到 2011 年，网络广告投放规模将超过报纸广告。2011 年网络广告投放规模能达到 620 亿美元。预计 2011 年报纸广告的规模为 600 亿美元。网络广告将超越报纸广告成为美国第一大广告投放市场。

互联网广告市场正在以惊人的速度增长，广告界甚至认为互联网广告超越报纸等媒体广告只是个时间问题。"互联网广告超过报纸将是一个非常重要的信号"，专家预测称，尽管互联网广告的收入要赶上报纸的广告收入还有很长的路要走，但是互联网广告收入与传统媒体广告收入之间的差距正在缩小，互联网广告市场潜力不可小视。研究表明，29％的互联网使用者减少了从电视获取信息的依赖，而他们的读报率也下降到 18％。

2007 年以后全球广告市场将继续保持增长态势，年增幅在 5％左右。其中新兴市场和互联网广告市场的增长率将达两位数。互联网广告市场目前增长势头很猛，预计 2007 年的增幅将达 24.5％。美国 2006 年投放在互联网广告方面的净投资占总投资的比例已突破 10％，预计 2007 年日本和英国的这一指标 也将跨过 10％的门槛。目前世界各大广告公司纷纷将目光投向中国和俄罗斯等新兴市场，预计中国广告市场增幅 2007 年将达 19％。相对于互联网和新兴市场迅猛的广告发展势头，西方发达国家和传统媒体的广告市场增长率却很低，甚至出现负增长。这种两极分化趋势正在加剧。

8.3 手机广告

8.3.1 什么是手机广告

手机广告或称为无线广告、移动广告，是基于手机工具所提供的商业广告。手机已被称为第五媒体。手机媒体异军突起，凭借其可随时随地传递信息的优势，以庞大的用户群作为支撑，迅速成为一种新兴的广告媒介。手机与互联网的结合，即形成以手机为视听终端、手机上网为平台的个性化即时信息传播载体，它是以分众为传播目标，以定向为传播目的，以即时为传播效果。

手机广告实质上是网络广告的组成部分。

手机广告的亮点在于把移动电话和广告结合起来，形成客户、商家和运营商三方受益的局面。一方面，手机是一种新兴媒体，广告公司和商家通过移动通信网络发布广告信息，等于把握了本地具有消费能力的客户，广告效果好，针对性强，信息的抵达率可达 100％，是一种行之有效的经营方式和促销手段；另一方面，对于移动公司来说，移动广告业务使网络承载的业务量大为增加，在获得丰厚业务收入的同时还提高了网络利用率。

8.3.2　手机广告的特点

手机广告作为一种全新的广告形式，与当今电视、广播、报纸、杂志等媒体的广告相比，具有以下特点：

（1）交互性与主动性。强交互性是手机媒体的最大的优势，手机广告可以做到一对一的发布以及一对一的信息回馈。

（2）传播迅捷、范围广。手机广告传播十分迅捷，顷刻即达；手机广告传播范围广泛，只要有手机信号的地方，就有可能接收到手机广告。这些是传统媒体所无法做到的。

（3）受众数量可准确统计。手机广告的突出特点是可测量性和智能化。

（4）形式多样，多媒体广告日益增多。手机广告的表现形式包括文字、图像、视频、音频、动画等，它们可以根据广告创意需要进行任意的组合创作，从而有助于最大限度地调动各种艺术表现手段，制作出形式多样、生动活泼，能够激发消费者购买欲望的广告。

8.3.3　手机广告的类型

目前手机广告大致有 4 种类型：

第一种，当用户购买手机或者手机卡的时候，一般手机内会内置一些图片铃声广告视频，从用户使用手机那一天起，这个广告就被启动了，还有就是存在手机卡里，主要是 STK 卡，通过 OTA 技术，将手机里的菜单以及菜单下的具体内容进行不定期的，或者经过请求后的更新活动。

第二种，通过用户浏览 WAP 网站时实现的，比如在网站上有这种图片的或者是文字的广告，点击之后能够进入广告的相关页面，或者进入到企业的 WAP 网站站点上。

第三种，手机订阅广告资讯，下载参与游戏。订阅资讯，就是订阅促销方面的信息，比如说某个手机用户是大型的商场或者是某一些团体的会员，它订制了关于这个团体或者是这个商家的服务信息之后，有一些广告资讯也会随之而来。比如下载游戏中，游戏道具还有兵器都完全可以变成广告，甚至包括饮料都可以变成广告的一个空间。

第四种，网络内容提供商群发给手机用户的广告。这是目前最普遍的广告形式。

8.3.4　我国手机广告的现状

据国家信息产业部发布的统计数据，截至 2007 年 12 月，全国手机用户数达 5.47286 亿户，手机普及率为 41.6%。手机短信发送量达到 5921 亿条，同比增长 37.8%。预计到 2010 年时我国手机普及率将达到 50%。目前手机广告业务还很小，根据艾瑞咨询最新研究成果《2007 年无线营销研究报告》显示，2007 年我国无线手机广告市场规模为 7.4 亿元人民币，较 2006 年的 5 亿元增长 56%。由于北京奥运会而带来的广告市场的整体性增长，无线广告无疑也是其中非常重要的一块，2008 年我国无线广告市场规模的增长率还将继续放大。艾瑞预计，2010 年我国无线广告市场的整体规模将达到 22 亿元人民币 (图 8 -3)。作为中国最大的移动通信运营商，2007 年 7 月中国移动从工商部门获得广告资质，进军无线广告市场，并将在北京奥运会期间提供无线搜索、彩铃等一系列业务；2007 年 7 月 17 日，中国移动宣布推出北京奥运手机官方网站，成为历史上第一个奥运手机官方网站，并将在年底提供奥运快讯业务。

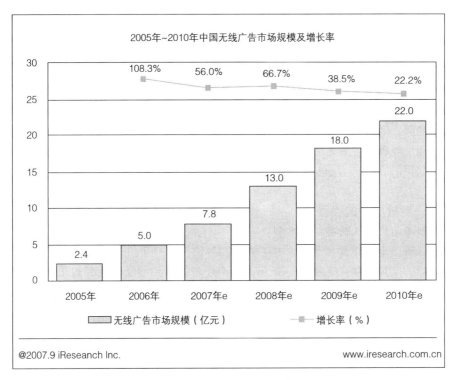

图 8 -3

据 Informa Telecoms &Media 公司最新一份统计报告，未来 5 年全球移动广告市场总价值，将攀升到 113.5 亿美元。据悉，低端廉价手机产品的普及，以及高端多媒体手机的盛行是这一结果的主要原因。至 2006 年年底，全球范围手机用户将达到 21 亿，而这个数字到 2011 年将飙升至 40 亿。

诺基亚公司预计，2007 年全球手机用户总数已会达到 30 亿户。

正是因为手机用户的惊人数字，业界几乎一致看好手机广告，认为市场前景无量。

8.3.5 手机广告对传统广告业的革命性影响

2005 年最火爆的电视节目无疑是湖南卫视的超级女声，手机成为这台节目的决定性角色，超级女声宣告了第五媒体的强势崛起！从传播和广告的角度来看，这台节目最突出的特点有两个：量化与互动。在手机短信出现之前，几乎所有传统媒体都不能对自己的受众进行精确地量化，超女最后一场决赛的前三名短信得票数接近800万，意味着电视机前扎实的观众群，暗示着这样一个信息，未来所有传统媒体的受众统计可以通过手机这一第五媒体直接计算出来。另一个特点就是互动。互动性可以从两个方面来看，一个是观众之间的互动，形成了强大的传播效应，另一个是媒体间的互动。由于手机的存在，使得传统媒体与新型媒体之间的互动非常紧密，手机作为第五媒体激发出了所有传统媒体的互动性，并使得传统媒体的优势更突出、更强！给我们的启示是，未来的广告营销策划如果不具有互动的特点，其效果就会大打折扣。互动是什么？互动就是参与。第五媒体的互动性是其最辉煌、最杰出的特点。

第五媒体对广告的影响可以用两个字来表示，那就是：颠覆！以手机上网为平台的第五媒体作为一种全方位、立体的、多元化互动媒体，对广告业将带来翻天覆地的影响。广告业作为大众消费时尚文化的创造者和引领者，必然会受到第五媒体的影响，只不过这种影响会比以往其他媒体的影响更深刻、更迫在眉睫。

8.3.6　国外手机广告运营模式

日本的手机广告居于世界领先地位，2006 年日本基于 I-mode 技术的手机广告营业额超过 200 亿日元。I-mode 的优势在于用户无论何时何地都可以随身携带，使用频率高，是高便利性的媒体；当场可以网上确认与收发 E-mail；手机广告回应率高，是高效的媒体；手机的高度普及使得手机成为互动型的大众媒体，也是适时适地适宜的个人信息交流媒体；可以吸引非 PC 用户的网民；对于出门在外的用户，还可将用户吸引至各商店企业，起到沟通与促销的作用。

I-mode 不仅可以用于信息内容服务（如提供新闻、音乐、游戏），使用户获得最新最有价值的信息，以及商品促销、广告宣传；而且还可以用于市场调查与顾客管理，并且有与其他媒体的联动优势。

日本手机是单向收费的，用户无须为手机广告增加经济负担。手机广告形式多样，如通过手机送虚拟优惠券、有奖征答等。

手机广告可以分为旗帜型（图片型）广告、邮件型广告、网站型广告等。I-mode 广告具体做法有：在适当的时机发送手机电子邮件，吸引顾客；通过网络游戏吸引用户；在网络游戏中打出企业标志 LOGO 等等。

调查显示，I-mode 邮件广告点击率高达 24.3%，I-mode 画面上的旗帜（banner）广告的点击率为 3.6%，这一数字远高于仅有 0.5% 的 PC 上网者对旗帜广告的点击率。至于为什么邮件广告的点击率高达 24%，有人认为是由于邮件广告到来时伴随有声音和振动，因此效果自然不同。

日本 I-mode 的典型的手机广告流程是这样的：通知、吸引、告知，获得许可，发送电子邮件，唤起行动，促其购买，推进顾客化，推进优良顾客化，维持用户，使其重复购买与来店。大部分的信息通过手机电子邮件方式进行传送，一般是每周1次。简而言之，首先告知、选择、吸引用户来店，然后集中广告会员化。

在新加坡，电信有"听广告、免话费"这样的模式。只要手机用户愿意在每次打电话的时候收听一定时间（10秒前后）的广告，新加坡电信将提供给他们一定的免费通话时间，每月有限额，据悉反响不错。当然，免费促销在新加坡拥有相当的社会基础，这是该模式得以推广的重要原因之一。

国外运营商目前较成功的运营模式通常都植根于该国的国民文化之中。有了大众基础，再加上运营商合适的模式引导，手机广告的推行就顺利了许多（具体分成方式不明）。

尽管手机广告业务的产业链各个环节都是动作频频，但我国手机广告业务的商业模式中还没有全面盈利的案例。此外，手机广告和互联网广告相比，还存在技术标准不统一的问题，视频广告容易出现因用户手机类型多种多样导致很多不能顺利打开的现象，影响用户对广告信息的阅读体验，因此，目前的手机广告以文字形式居多，效果不尽如人意。

总而言之，目前的手机广告价值链还显得零碎，运营模式仍然处在的探索阶段，在广告主、移动运营商和用户之间存在多个复杂的营销层次，相信经过时间的沉淀，整个价值链会整合出一个有管理有活力的运营模式，这样手机广告才会有更大的前途。

8.3.7　3G时代手机广告十大趋势

结合对当前我国手机广告业务发展现状和存在问题的深刻理解，以及国外手机广告先行者的成败经验，我们认为，进入3G时代后，我国手机广告产业将在市场发展、广告实现方式和商业模式三个方面呈现以下趋势。

1. 趋势之一：手机媒体化催化手机广告产业化

毫无疑问，3G时代的到来将加快手机媒体化的进程。手机是一种新媒体，已经得到很多人的认同。这将加速电信业与媒体业的融合。2006年6月，中国移动与凤凰卫视签署战略联盟协议，在内容开发和推广等方面展开合作，同时中国移动收购了新闻集团旗下星空传媒所持19.9%的凤凰卫视股权，提前对手机媒体化进行布局。未来手机电视、位置服务、移动搜索等业务是3G时代的核心应用，这些业务与服务内容，将给手机广告带来视听方式和传播模式上的革命。从这个意义说，3G时代的手机已不再仅仅是一种通信工具，更有可能成为传播文本、视听、娱乐等多媒体信息的互动性传播工具。手机完成向第五媒体的转变，对手机广告乃至整个广告市场的产业链、商业模式等完善都有着巨大推动作用。

2. 趋势之二：网络融合带来传统媒体广告与手机广告的结合

电信、电视、计算机三网融合是未来电信行业发展趋势。尽管在3G时代，网络上可能还达不到完全统一，但在内容制作、服务提供、目标用户群定位上的一致性仍然可以表明，电信网正在并且已经为未来的三网融合做好准备。网络融合的先兆首先是业务的结合，除了被普遍认为将成为三网融合突破口的 IPTV，手机广告是最有可能在 3G 时代完成与跨网传统行业广告结合的业务之一，其主要表现为传统媒体广告在产业链和商业模式上对手机广告的影响和渗透。如传统互联网广告与无线互联网广告的表现形式和计费方式的一致，手机报、手机杂志与传统平面内容制作和广告运作的统一，传统电视、广播广告向手机电视广告的延伸，移动搜索等互联网业务成功进入手机后所带来的相同广告模式，定制类手机广告信息服务和传统直邮广告在数据库营销上的相似。在 3G 时代，新业务的兴起将把传统媒体广告的优势集结在小小的手机屏幕之中，形成最具有融合性和整合性的手机广告。

3. 趋势之三：广告与信息服务边界模糊化，传统的广告定义被颠覆

分众、定向、及时、互动是手机广告相比传统媒体广告的优势所在，在 3G 时代，这些优势将会得到更充分地发挥，手机广告甚至可能颠覆传统广告的定义。在美国广告协会的定义中，广告是指面向大众的、付费的宣传，其主要目的在于告知、说服和创造消费者需求。而通过手机发布广告，借助手机的即时性、随身性、个人性和私密性等特点，广告信息变为具有针对性的服务信息，给接收者带去亲切的提醒、提供友善的参谋以及便利的整体解决办法。试想出现以下的情况：我们在进入商业区时接收到已提前定制的最新商品信息；用餐时间使用位置服务可以看到当前周围餐馆的预定和折扣情况；刚下火车就收到亲切的问候短信，以及酒店预订、车票查询订购的服务信息，如果需要，通过手机支付就能完成整个预订和购买过程。在这些情景中，手机广告的性质悄然发生改变，消费把这类信息当作服务信息而欣然接受，而手机广告也逐渐进入以客户为中心的移动营销阶段。

4. 趋势之四：定制方式逐渐取代群发、Push 方式

日本和韩国是手机广告业务开展较好的国家，纵观其手机广告发展历程，我们发现除了广告资费低、广告内容与增值业务充分结合这两个特点，尊重用户的选择也是其手机广告成功的关键因素，表现在操作上则是尽量减少未告知情况下的群发和主动 Push 型广告，取而代之的是引导用户定制类型广告和提前知晓的补偿类型的广告，通过提前告知和定制渠道，运营商也可以进一步了解到愿意接收手机广告用户的兴趣爱好信息、接收广告时间和频次，一方面将终端用户对手机广告的排斥控制在最低，另一方面也为提供准确的广告内容提供了依据。进入 3G时代，用户接受程度取代技术成为制约手机广告业务大规模开展的主要瓶颈。用户越来越无法忍受简单冒昧的 Push 类手机广告形式，而粗放的广告投放方式也不能满足广告主的投放需求。主动定制、补偿定制取代简单群发将成为手机广告的主要发展方向。

5. 趋势之五：数据库不断完善，数据库营销成为手机广告核心竞争力

来自手机广告业务的一项调研结果显示：80％的企业更愿意同运营商或是运营商授权的广告经营单位合作开展手机广告业务，而其中，65％的企业明确表示运营

商所掌握的用户信息资料是他们选择投放手机广告、选择与运营商合作的主要原因。可见，运营商合理开发和利用自身庞大的用户信息数据库，将是 3G 时代手机广告产业乃至整个移动营销发展的重要动力。不同于传统行业的数据库营销，运营商充分挖掘自身用户信息，不仅能更好地维系客户关系和推广旗下的产品、服务，另一方面，借助庞大的用户数、高效的信息收集方式以及便利的终端渠道优势，运营商甚至可以考虑向外部企业提供数据库营销服务，为企业提供从营销决策、内容制作、信息送达直到营销效果评测的一整套移动营销解决方案。要做到这一点，运营商需要对现有数据库进行改进和完善，建立专门的终端用户商机管理平台，努力提高数据分析范围、深度，对用户信息进行深度分析，并根据分析结果向其投放适当的商业信息内容，与企业合作为用户提供必要的商业信息服务。如果方式得当，不仅不会使用户反感，还有可能达到因体贴的信息服务促成用户满意度提高的效果，从而提高用户对移动业务的粘着度和满意度。

6. 趋势之六：3G 时代多媒体特征，使手机广告表现力极大加强

进入 3G 时代，手机终端已经不再仅仅只是传统的移动通信工具，各种智能手机的兴起，预示着未来手机将成为集合通信、互联网应用、娱乐等功能于一体的多媒体掌上终端。更大和更清晰的屏幕、更长久的电池续运行能力、更快速的数据传输能力使各种业务的实现成为可能的同时，也将极大提高 3G 时代手机广告的表现能力。广告主可以根据广告诉求、广告内容和目标受众的不同特征选择合适的广告表现形式，以达到最佳的广告投放效果。不管是言简意赅的文字型广告、亲切近人的音频型广告、简洁直观的图片型广告、张力十足的视频类广告，或者是用户高度参与其中的互动式手机广告，均可以在进入 3G 时代的手机广告中得到实现。

7. 趋势之七：置入式手机广告将大行其道

置入式广告在传统广告中已有一定应用，如信用卡账单背面的商品信息、软文广告、赞助性质的冠名等，这一类型广告的优点在于可以形成长期、潜移默化的宣传效果，且不会遭致用户潜意识上的抵制。这一特征可以帮助手机广告更好地突破用户因个人空间被侵入而产生的抵触情绪。进入 3G 时代，置入式手机广告主要有两种表现形式，一种是终端置入型，通过 SIM 卡、RFID 芯片、手机硬件功能改造、客户端软件嵌入等方式实现。韩国 SK 电信成功推出的 "Nate Ad MoA" 业务正是这一类型手机广告的代表，广告可以通过手机待机画面、无线互联网连接画面、关机画面、电源开关画面等 7 种方式来呈现。另外，广告内容还可以自动联网更新。另一种置入方式是内容置入，包括手机游戏、手机电视、手机搜索等，3G 时代会有较大规模发展的业务和内容均有可能成为未来手机广告的置入目标。

8. 趋势之八：以手机广告引发的闭环销售将成为现实

一般认为，手机广告的发展将会经历三个主要阶段：以广告 Push 为代表的信息单向传播阶段；以广告定制和信息互动为主的商业信息沟通阶段；以电子商务为载体，以交易实现为最终目标的移动营销服务阶段。在 3G 时代，随着技术、应

用和手机广告产业链不断成熟，人们只通过手机就可以完成信息流、资金流、物流三流的统一。以手机广告到达为开始，用户登陆无线电子商务门户进一步获取更详细产品信息，确定购买意向后借助手机支付功能在线支付，并通过定位服务引导物流配送，最后使用手机来确认交易完成，实现随时随地完成商品的整个购买过程。而手机广告产业也将发展成为横跨通信、IT、贸易、金融、物流行业的庞大产业。

9. 趋势之九：广告收费方式将发生变革，CPA 不再只是概念

广告业流传着这样一句经典名言："我知道有一半的广告费浪费了，但我不知道浪费的是哪一半。"从 CPM（千人成本）到 CPT（按时段计费）、CPC（按点击量计费），一直到 CPA（按效果计费），传统广告计费方式的演进从另一个侧面说明了广告主在努力提高广告投入准确性方面所作的努力。按实际由广告所引发的销售来计算广告费用是广告主的梦想，但由于受到监测手段、数据准确性等因素限制，这种理想化的广告收费模式至今仍停留在概念阶段。而进入 3G 时代的手机广告则很有可能将这种 CPA 收费方式变为现实。在手机广告形成闭环销售的情况下，从用户接收到广告信息开始直到交易最终完成，运营商和广告服务提供商对于用户提交的每一个申请均有记录，并以此判断所投放的广告是否真正对产品的销售产生了直接影响。对于确实产生实际销售的手机广告，广告运营商将根据协议向广告主收取销售额固定比例的广告费用。对于那些没有起到形成直接销售的手机广告，企业只需要按数量、流量、或者时间等向运营商支付基本的通信费用。

10. 趋势之十：运营商将成为手机广告产业链的领导者

与广告主、广告公司对手机媒体的热烈追捧不同，牢牢把握手机媒体控制权的运营商在手机广告的运作上表现得相当低调。直到 2006 年，中国移动和中国联通才先后宣布涉足手机广告业务，但其业务范围与规模更多让人感到只是雷声大雨点小，运营商缺乏关注也是手机广告发展较为缓慢的原因之一。政策限制、商业模式不明确、产业链未成形，是导致运营商举棋不定的主要原因。但站在整个产业的角度来思考，移动运营商将极有可能成为未来手机广告产业链的主导者。首先，移动运营商有能力做到对无线互联网的全面管理，拥有主导移动营销产业链的能力。其次，通过手机广告切入移动营销市场，符合移动运营商向综合信息服务提供商转型的战略目标。最后，手机广告尚处于襁褓之中，需要强力的行业领导者来引导整个产业健康稳步地向前发展。

本章小结

所谓新媒体，是与旧媒体亦即传统媒体相对而言的。广义的新媒体是指依托于数字化、网络化信息处理技术和通信网络的新型信息媒介的总称。新媒体的特点是：互动性、数字化、个人化。新媒体广告中，最突出的就是网络广告，其发展迅速，大有超越传统媒体广告之势。网络广告的分类与优势。我国网络广告的发展状况。

手机作为第五媒体，本质上也是基于网络的，手机广告（无线广告）发展势头被业界普遍看好。

思考题

1. 新媒体概念的内涵是什么？
2. 目前网络广告的分类有哪些？
3. 结合国外网络广告的现状，试评述我国网络广告的发展前景。
4. 简评手机广告（无线广告）的发展趋势。

第**9**章　户外广告经营与管理

9.1　户外广告概说

9.1.1　什么是户外广告

在科学技术迅猛发展的现代社会，户外广告采用了不少新材料、新技术，户外广告已不仅仅发挥广告功能，同时也成为美化城市的一种艺术品，是城市经济发达程度的标志之一。亚洲海报公司（Asia poster）的 CEO 史默伍德（Small Wood）曾这样描述："户外媒体才是真正的大众媒体！不是所有的人都看电视、读报纸或上网冲浪，但是任何人只要他离开家，就会看到户外广告。"这句略带夸张的话道出了户外广告在现代广告媒体格局中的位置。

什么是户外广告（outdoor advertising）？我们一般把设置在户外的广告称作户外广告。从广告分类来说，户外广告本质上不是广告媒介形式分类而是空间的分类，这从对户外广告的释义中可以看出。但我们往往又把它当作一种广告媒体形式，例如有人把分众传媒设置在电梯、卖场、办公楼、医院里的视屏广告也列为户外广告，显然它并不在户外。可见户外广告的外延在扩大。

到底哪些属于户外广告，国家工商总局修订并于 2006 年 7 月 1 日起施行的《户外广告登记管理规定》中的界定，可以视为对户外广告的认定。《户外广告登记管理规定》对户外广告是这样表述的：本规定所称户外广告是指利用户外场所、空间、设施等发布的广告。规定第五条对户外广告的具体形式又作了列举：

（一）利用户外场所、空间、设施发布的，以展示牌、电子显示装置、灯箱、霓虹灯为载体的广告；

（二）利用交通工具、水上漂浮物、升空器具、充气物、模型表面绘制、张贴、悬挂的广告；

（三）在地下铁道设施，城市轨道交通设施，地下通道，以及车站、码头、机场候机楼内外设置的广告；

这基本上把户外广告的种类描述清楚了。

户外广告可能是现存最早的广告形式之一。最早期的户外广告形式，通常是在房屋外墙壁的显眼处，贴上一些抢眼的标志。考古学者在古代罗马和庞贝古城的废墟中发现了不少这样的标记。有一个从古罗马遗址挖掘出的户外广告是一家房产要出租。几千年来，尽管广告形式不断创新，印刷、广播、电视、有线传播和近年出现的互联网广告的不断发展，但户外广告自始至终都是在建立品牌和传递市场信息时被最广泛应用的媒体之一。更重要的是，这种最古老的广告方式受欢迎程度至今仍呈日益向上的趋势，我们常看到有国际领先品牌，如 IBM、P&G、摩托罗拉、可口可乐每月支出过百万元人民币，在我国大街小巷的抢眼地段，传播他们的信息；就连网络先驱诸如新浪、搜狐、雅虎和网易也借助路牌和公交车身广告，保持它们在真实世界里与人们的联系。

9.1.2　户外广告的主要特征

户外广告的特征是最为明显的，其主要特征是：

1. 它对地区和消费者的选择性强。户外广告一方面可以根据地区的特点选择广告形式，如在商业街、广场、公园、交通工具上选择不同的广告表现形式，而且户外广告也可以根据某地区消费者的共同心理特点、风俗习惯来设置；另一方面，户外广告可为经常在此区域内活动的固定消费者提供反复的宣传，使其印象强烈。

2. 户外广告可以较好地利用消费者在途中，在散步游览时，在公共场合经常产生的空白心理。这种时候，一些设计精美的广告、霓虹灯多彩变化的光芒常能给人留下非常深刻的印象，能引起较高的注意率，更易使其接受广告。

3. 户外广告具有一定的强迫诉求性质，即使匆匆赶路的消费者也可能因对广告的随意一瞥而留下一定的印象，并通过多次反复而对某些商品留下较深印象。

4. 户外广告表现形式丰富多彩，特别是高空气球广告、灯箱广告的发展，使户外广告更具有自己的特色，而且这些户外广告还有美化市容的作用，这些广告与市容浑然一体的效果，往往使消费者非常自然地接受了广告。

5. 户外广告内容单纯，能避免其他内容及竞争广告的干扰。而且户外广告的费用较电视、报纸低。

但是，户外广告媒体也有其不足之处，主要表现在：

覆盖面小。由于大多数户外广告位置固定不动，覆盖面不会很大，宣传区域小，因此设置户外广告时应特别注意地点的选择。比如广告牌一般设立在人口密度大、流动性强的地方，如机场、火车站、轮船码头南来北往的流动人口多，可以做全国性广告。

效果难以测评。由于户外广告的对象是在户外活动的人，这些人具有流动的性质，因此其接受率很难估计。而且人们总是在活动中接触到的，因此注视时间非常短，甚至只有几分之一秒，有时人们在同一时间可能接触到许多户外广告，所以要取得广告效果，就要做到让人们视觉暂留，这非常重要。

户外广告牌的设置还没有抗风标准，或者说标准不统一。一般正规的广告公司在设立户外广告的时候，会按照当地的基本风压值为标准来设计和制作广告设施。比如说在北京，正规广告公司给客户安装户外广告牌时一般要求抗风标准必须在八级以上。因为，一旦户外广告牌出现事故造成损失，广告公司是要负责的。可是，这只是他们自己的标准，国家现在还没有强制性的规定。

9.1.3 户外广告主要类型

户外广告主要有两大类型：固定广告牌和移动广告。

1. 固定广告牌

（1）大型广告看板，主要指建筑物外墙广告牌，一般面积较大，一块广告看板的面积有的甚至超过 500 平方米。

（2）大型建筑物外墙上的 LED 显示屏以及城市人行道旁边、电梯、卖场、办公楼等公共场所的电子视屏。上海徐家汇东方商厦顶端有一块硕大的弧形电子广告显示屏，是郁金香传媒（Tulip Mega Media）设置的，据说是世界上面积最大的弧形电子广告屏，被誉为"世界第一弧"。它的可视角度为 150 度，最远处的视觉距离可达到 2 公里，净显示面积近 350 平方米，加上采用了世界最先进的 LED 显示技术，即便在阳光下图像也清晰明亮。而位于上海陆家嘴商圈的花旗大厦的外墙 LED 屏幕竟达 6000 平方米。

（3）人行道广告牌，就是指人行道两边的小型看板、灯箱、立柱广告，或者指示牌上发布的广告等，一般距离地面 2~5 米，距离人行道比较近，又比较低矮，传播的有效性较好。

（4）交通类广告，主要设立在一些与交通类有关的公共场所，如车站、机场、高速公路、公交车站等地方。交通广告指利用公共交通工具（火车、汽车、地铁、轮船、飞行器等）作为发布广告信息的媒介，主要形式有车身广告、车厢内广告、座椅套广告、车票广告等。交通广告与一般户外广告最大的区别在于，交通广告是流动性的广告媒介，传播范围比一般户外广告灵活和广阔得多，而且乘坐交通工具的人口流动性比较大，阅读对象遍及社会各阶层，有助于提高商品的知名度。除了提高商品知名度以外，交通广告还有助于消费者了解产品的详细信息，比如车厢内广告多是乘客消磨时间的一种消遣，因此可以传递详细的关于产品的信息。交通广告一般制作和发布成本都比较低廉，作为辅助媒介是值得好好利用的。但发布交通广告需要注意的是，由于其受众广泛，因此广告的目标对象缺乏针对性，必须结合广告发布的内容加以合理利用。

（5）POP 广告（Point of Purchase Advertising）：又称售卖场所广告，是一切购物场所内外（百货公司、购物中心、商场、超市、便利店）所做的现场广告的总称，分为室外 POP 广告和室内 POP 广告两大系统。从严格意义上讲，POP 广告也属于户外广告的一部分。近年来随着我国大型售卖场的发展，POP 广告已经随之发展成为一种重要的卖场广告手段。

室外 POP 广告：包括购物场所外的一切广告形式，诸如条幅、灯箱、招贴、海报、门面装饰、橱窗布置等。室内 POP 广告：包括购物场所内的一切广告形式，如柜台陈列、柜台广告、空中悬挂广告、模特广告等。

POP 广告主要是刺激消费者的现场消费，因为销售现场的广告有助于唤起消费者以前对于商品的记忆，也有助于营造现场的购买气氛，刺激消费者的购买欲望。

2. 移动广告

（1）车身广告：公交车厢、地铁车厢广告。国外目前已有了私家车身广告。

（2）热气球、飞艇（船）、游船广告。

（3）专业广告车，又称 DAV（dedicated advertising vehicle）广告车，是一种在车厢的左右两面和后面装载广告发布机器的专门车辆。这种形式目前还很少见到。

有时候我们也将户外广告媒体分为电子类和非电子类两种：电子类广告媒体顾名思义就是要达到广告的信息显示效果，就必须要使用电，有电视墙、LED 显示屏、Neon（霓虹广告）等。非电子类广告就是除了上述电子广告之外的广告，一般为传统广告牌。

户外广告媒体是可以不断有新媒体产生的。像新近出现的沙滩广告，在沙滩上用有模具的压路机压出广告图案，就是一种新的户外广告媒体；像在美国、英国出现的人体肚皮广告等。只要有人群生活的地方，就会不断有新的广告媒体被发现或发明，户外广告本身的创新性也为其自身带来巨大的发展潜力。

9.2　我国户外广告的现状

9.2.1　我国户外广告的经营现状

我国 1990 年时户外广告额仅为 6.11 亿元，自 1990 年起，就以每年超过 25%的速度迅速地增长，较之报纸、杂志、广播和电视快出很多。中国广告协会统计表明：2002 年全国户外广告经营额已达 99.8 亿元，以 30%的增长排在各主要媒体增幅前列，占整体媒介投放的 15%左右；2003 年户外广告业继续呈现高增长，户外广告经营额 129.27 亿元人民币，比 2002 年增长 29.5%，占广告市场总额 12%；2004 年，我国户外广告市场达到 160 亿，比 2003 年增长了 23.1%；2005 年户外广告经营额 144.55 亿元，比上年增加 28.8 亿元，增长 24.87%。

从 1990 年到 2005 年，我国户外广告投放额由 6.11 亿元增长到 144.55 亿元 16年增长 22 倍以上，年均增长 26%。

据 CTR 媒介智讯数据显示，2006 年户外广告依旧是中国第三大广告媒体，但从数据上看，热度有所降温，增长速度明显放缓，从上年 79%的增幅陡降至 2006 年仅为 9%的增幅。户外广告花费前五大行业分别是房地产/建筑工程行业，商业及服务业，邮电通信，娱乐休闲及金融投资保险。然而值得注意的是，上年普遍超过 50%增幅的行业在 2006 年难觅踪迹，其中增幅最高的行业是商业及服务业，但增幅仅达到 21%左右。而邮电通信行业依旧属于户外媒体广告市场的主力投放，从广告花费前十大品牌来看，除康师傅名列第十位，其余九大品牌都来自邮电通信行业，其中中国联通、中国网通和摩托罗拉呈现不同程度的下滑，网通的降幅更达 28%。从户外广告的资源使用情况来分析，空牌的比例在 5% 左右，商业广告占据 85% 的比例，较上年下降 1 个百分点，而公益广告相对提高了 1 个百分点，占 12%。

我们已经从数据上看到，户外广告在 2006 年结束了一枝独秀的高速增长（表 9-1）。

自 2006 年 5 月 22 日国家工商总局以部门令的形式颁布了《户外广告登记管理规定》，拆牌运动在各大城市展开，对于部分城市如北京、上海、广州规定限制户外广告的区域。部分地方政府更极端地采用一刀切的方法全面禁止户外广告。再则，政府改变户外广告的批放方式，对户外资源进行拍卖，规范户外广告市场。这些政策的出台，不断加大户外媒体的成本，对于一些资金薄弱的中小公司影响甚大，导致户外广告行业重新洗牌。

与此同时，资本在户外广告市场发力，德高贝登排挤对手大力收购各地户外广告公司，上海通成地铁纳入旗下；维亚康姆北京落户，抢滩铁路、街道、公交车身。白马与 clear channel 几经波折，终以 clear channel 控股入主而收场；新加坡报业控股投资 Tom 户外 2600 万美元，给其带来新的发展机遇；大贺向东南沿海全面扩张。国际资本进入户外广告市场给本土户外广告公司带来巨大的冲击。

这些措施在短期内已经影响到户外广告市场。但是从长远来看，这也加快了户外市场的整合，小型户外公司将迅速被大型公司合并，户外媒体将逐步呈现出规模化趋势，短暂的阵痛是户外媒体逐步成熟的必经之路。从资源分布的情况来看，公益广告的比例提升可能就是户外广告市场开始意识到其本身与城市环境协调发展的重要问题而作出的选择。

现阶段我国户外广告在广告业总收入中所占的比重达到 12%~15% 左右，远远超过全球 5% 的水平，成为仅次于电视和报纸的第三大广告媒体。主要原因是，首先，与其他媒体广告形式相比，我国城市人口密集，消费能力强，户外广告性价比高。同时，户外广告是最为市场化的媒体，在制作成本、监管风险、维持和运营成本均低于其他媒体广告形式，因此在我国更受欢迎。户外广告虽然增长迅猛，但在整体广告支出中日益增加的比重也意味着户外广告正逐渐告别其高速增长期。根据 CTR 市场调查的数据，2006 年户外广告支出增长率第一次大幅下滑，较上年同期仅增长 9%，较 2005 年增速下降 70 个百分点。随着 2005 年 12 月中国户外广告市场对外资的全面开放，在粗放式增长难以为继之时，市场整合不可避免。

从全球视角看，欧美国家的户外广告增长速度普遍维持在 10% 以下的水平，发展中国家的发展速度较发达国家更快，匈牙利的户外广告发展最为惊人，达到 43.5%，而我国与捷克的发展水平相当。北欧发达国家芬兰的户外广告市场呈现出负增长的趋势，而丹麦、法国和美国的增长率都不超过 6%。不过从各国户外媒体所占份额来看，法国的户外广告比例最高，达 12.3%，当然这与本地的媒介消费习惯有密切关系，在法国，各媒体的广告市场比较均衡。

2006 年度广告公司户外广告营业收入前 10 名排序（单位：人民币 万元）　**表 9 – 1**

序号	单位全称	户外广告营业收入
1	分众传媒（中国）控股有限公司	185000
2	海南白马广告媒体投资有限公司	77104
3	江苏大贺国际广告集团有限公司	49300
4	北京电通广告有限公司	32365
5	上海机场德高动量广告有限公司	17868
6	上海华智地铁广告有限公司	16000
7	北京公交广告有限责任公司	13375
8	上海地铁通成广告有限公司	12000
9	北京通成推广公交广告有限公司上海分公司	11079
10	南京梅迪派勒公交广告有限公司	9500

9.2.2　户外广告媒体的特点

目前我国户外广告媒体已经形成四大特点：

第一，外资逐步渗透。随着中国广告市场的全面开放，外资进入趋势明显，国内大型户外媒体广告商开始并购扩张。

第二，产业集中度相对提升。随着资本的并购，广告媒体资源也开始向大型户外媒体广告商靠拢。

第三，广告资源成本增高。资本的并购注定了户外广告商对广告主的议价能力的提高，而使得广告资源的成本也升高。

第四，广告媒体的增加。新兴广告媒体的出现，科学技术和材料的进步，在户外广告媒体得以充分体现。

9.2.3　国际广告集团刮起整合狂潮

2005 年以来，国际广告集团在我国户外媒体市场刮起了一股整合狂潮。2005 年 12 月，中国户外广告市场正式对外开放，众多外资巨头加大了在中国攻城略地的进度，德高集团、维亚康母、白马户外、TOM 集团是户外广告市场的主要参与者。

2005 年 9 月，全球第二大户外广告集团法国 JCD 旗下的德高贝登，只花了 1 亿多美元，就吃掉了两家在香港上市的户外广告公司——媒体世纪（8160，hk）和媒体伯乐（8072，hk），借此全面称雄北京、上海地铁和公交广告市场。媒体世纪与媒体伯乐都是以地铁与公交车车身广告为主要业务，占据京、沪、穗三地地铁广告绝大部分市场，其中北京、上海几乎所有正在运营线路的地铁广告都为他们掌握。收购完成后，德高贝登掌握了北京全部地铁广告，掌握了上海轨道交通 1 号线、2 号线、3 号线、4 号线、5 号线广告，上海 5000 辆公交车车身独家媒体使用权，此外还有南京地铁 1 号线为期 18 年的广告经营权,以及内地其他地区万余辆公交车车身广告经营权。2006 年 12 月,德高集团宣布进军天津地铁广告,与天津市地铁深远广告策划有限公司合作,起步开发、经营天津地铁一号线广告。

2005 年 12 月 15 日,全球最大的国际传媒及娱乐公司维亚康姆旗下户外传媒公司,在北京成立首个分支机构,收购了北京流动魅力传媒广告有限公司 70% 的股权,并因此获得了"流动魅力"拥有的北京 126 条公交线路、约 5000 辆车车身的 5 年独家广告经营权。

白马户外与 TOM 集团旗下户外媒体集团目前分居内地户外广告市场第一、二号席位。尽管两家业务各有侧重——白马以巴士站牌为主,TOM 以大牌为主,但以整体市场份额计,堪称头号竞争对手。

白马户外早在 1998 年就归入全球第一的户外广告商 clear channel 旗下。

在业界,白马户外在内地候车亭广告的权威性和垄断地位无人不晓。白马广告所有候车亭广告位都有一个统一的名字叫"风神榜"。白马广告已建成的"风神榜"候车亭广告网络覆盖了全国 30 个主要城市,在白马广告发源地广州的市场占有率甚至达到了 100%,上海市场的占有率也到 95% 以上;2004 年 8 月,白马户外广告公司以 1.47 亿元的价格获得北京 3044 个候车亭的 10 年广告经营权。目前,白马户外已占据京沪穗三地的公交候车亭广告 80% 以上的市场份额。

TOM 已成功在中国大陆建立了一个覆盖超过 30 个主要城市的全国性户外媒体网络。TOM 户外传媒集团于 2002 年 1 月成立,是中国最大的单立柱和大型广告牌的经营商。集团旗下资产分布在 30 个城市的 4000 多个黄金地段,其中包括北京、上海、大连、青岛、厦门、成都、昆明、广州。在当地的经营规模都在当地市场排名第一或第二,仅单立柱和大型广告牌已占整体资产超过 15 万平方米,覆盖城市中心、主要高速公路、机场等主要交通枢纽。此外,TOM 的户外广告网络的特点在于拥有多样性。交通工具及街道设施广告的选择弥补了户外广告牌和灯柱广告的不足,提供了更多选择。TOM 户外传媒集团首次涉足铁路媒体,为配合构建覆盖全国的广告媒体资产网络,已取得重庆轻轨广告媒体的经营权,为期 8 年,涉及的媒体资产总面积超过 5000 平方米,其中包括轻轨车厢外车身、混合广告媒体(站台玻璃屏闭门、通道贴、墙贴、站厅立柱胶贴及立体展示)及站台灯箱。虽然收购价没有公布,但据业界消息称,TOM 户外此次收购涉及资金约为 4000 万至 5000 万元。

9.2.4 本土户外巨头举旗融资圈地

从你走出家门的那一刻起,无论是在电梯、地铁、公交车、街边、机场、咖啡厅、饭馆,甚至厕所里,也无论你抬头、低头,向左看、向右看,广告将无处不在。

这就是中国户外广告传媒产业发展的趋势,特别是 2007 年底以来,中国的户外广告产业融资和整合的态势尤为明显:航美传媒、华视传媒在纳斯达克 IPO,分众传媒并购正处于最后上市路演中的玺诚传媒,分时传媒、第七传媒完成私募,整个户外传媒市场融资额度超过 5 亿美元。而郁金香传媒、炎黄健康传媒、世通华纳等也正在处于上市前的最后冲刺，市场大变动的时代已经来临。

中国的户外传媒市场将走进融资与大整合的阶段。

据易观国际报告：2007年第三季度户外液晶广告市场收入规模为10.82亿元，环比增长11.6%，结合季度性因素分析，市场呈现常态增长趋势。在2007年三季度的户外液晶广告市场中，分众传媒、航美传媒、玺诚传媒、郁金香传媒、炎黄健康传媒5家企业共占据市场74.0%的份额，市场集中度略有提高，呈现"寡头+长尾"格局。

其实，虽然并购玺诚后分众几乎占据了户外广告传媒市场50%以上的份额，但中国的户外广告传媒市场远没到精耕细作的阶段，国际资本市场仍然看好整个中国的户外传媒领域，并不惜重金布局。在2007年一年里，分时传媒融资2000万美元、郁金香传媒融资3000万美元、第七传媒融资800万美元，新的私募还在不断进行。

据了解，除了在楼宇方面分众一家独大，航空传媒航美一大带两小之外，各渠道主要的一家或两家液晶广告运营商持续扩大其市场占有率，分众传媒、航美传媒、郁金香传媒、炎黄健康传媒、亿品传媒、世通华纳分别在各自领域占据领先地位。

航美传媒首席运营官冯中华就认为，按广告规模计算，如果把机场所有的广告费用加起来甚至高于中央电视台，说明航空公司还有很多可以开发的广告领域。

以白马为例，率先创立了候车亭类媒体，抢占了市场先机，随后当各路诸侯并起之时，又率先得到全球最大户外媒体公司Clear Channel的巨资注入，迅速巩固了领导地位，并于2002年正式在香港主板市场上市。

在这样密集的资本推动下，以分众等为首的户外传媒企业，都希望借助资本的力量迅速将网络推向全国更多城市，并以收购兼并的手法，将更多好的资源囊括手中。

在户外广告行业，聚集效应尤为明显，以分众的商业楼宇液晶广告为例，其2007年第三季度收入规模为4.82亿，环比第二季度增长20.2%。这一数字虽略低于2005年、2006年同期水平，但仍旧高于整体市场。

而在航空领域，随着渠道的开拓度日渐完善，渠道内主要媒体企业均引入了立体电视、数字化框架广告等新广告形式。这些广告形式使航美传媒、迪岸传媒等企业更加适应国内市场纵深度的要求，这实际上增加了广告主的数量，随着国内机场的持续扩建，将形成较为乐观的增量市场。针对广告主的预期目的提供精准营销的解决方案，保证营销传播效果，已成为楼宇、航空、卖场等较成熟市场的主要竞争方向。

在出租、公交等其他领域也类似，尽管国内的管制政策对部分一线城市此业务的发展形成一定限制，但受终端数量增长、无线增值服务陆续引入、奥运经济正面促进等因素影响，世通华纳、华视传媒、巴士在线等在2008年有较乐观发展预期，而行业集中度将不断提高。

9.3 我国户外广告的监管

9.3.1 《广告法》关于户外广告的规定

户外广告与人们的生命安全与人们的生活环境密切相关，故世界各国对户外广告的监管都是比较严格的，立法管理并不少见，我国也不例外。

我国《广告法》中涉及户外广告的内容主要有两条：

第三十二条　有下列情形之一的，不得设置户外广告：

（一）利用交通安全设施、交通标志的；

（二）影响市政公共设施、交通安全设施、交通标志使用的；

（三）妨碍生产或者人民生活，损害市容市貌的；

（四）国家机关、文物保护单位和名胜风景点的建筑控制地带；

（五）当地县级以上地方人民政府禁止设置户外广告的区域。

第三十三条　户外广告的设置规划和管理办法，由当地县级以上地方人民政府组织广告监督管理、城市建设、环境保护、公安等有关部门制定。

从《广告法》的有关规定中可以看出，对户外广告的管理规定略显粗疏，同时管理政出多门，有的地方涉及管理还不止 4 个部门。我们认为，这也是我国户外广告包括张贴的俗称"老军医广告"久治不愈的原因之一。这些问题有待《广告法》修订时或可得到解决。

9.3.2 户外广告发布程序

2006 年 5 月 22 日，国家工商总局以部门令的形式颁布《户外广告登记管理规定》，完善了户外广告登记申请和审批程序，明确户外广告登记包括户外广告发布登记、变更登记和重新登记三个类别。

规定明确，申请发布登记应当提交《户外广告登记申请表》、户外广告发布单位和广告主的营业执照或者具有同等法律效力的经营资格证明文件、发布户外广告的场地或者设施的使用权证明、户外广告样件等文件；申请变更登记应当提交《户外广告变更登记申请表》、原《户外广告登记证》、与变更事项相关的文件；申请重新登记应当按照申请发布登记的要求提交文件。

关于登记申请，规定提出，户外广告登记申请一般情况下由发布户外广告的单位或个人向户外广告发布地县级工商行政管理机关提出；利用交通工具等流动载体发布户外广告的登记申请，向交通工具等运动物体使用单位所在地的工商行政管理机关提出。

关于审批程序，规定要求，工商行政管理机关对户外广告发布单位提交的申请材料依法进行书面审查。对申请材料不齐全或者不符合法定形式的，应当当场或者在 5 日内一次告知申请人需补正的全部内容；对申请材料齐全、符合法定形式的，应当出具受理通知书，并在受理之日起 7 个工作日内做出决定，对符合规定的予以核准登记，核发《户外广告登记证》，对不符合规定的不予核准登记，并书面说明理由。

对自设性户外广告，《户外广告登记管理规定》规定，不需要申请户外广告登记。规定明确，除地方法规规章另有规定外，在本单位的登记注册地址及合法经营场所的法定控制地带设置的，对本单位的名称、标识、经营范围、法定代表人（负责人）、联系方式进行宣传的自设性户外广告，不需要向工商行政管理机关申请户外广告登记。自设性户外广告监管方式转变为发布后监管。

关于户外广告发布前登记的范围，规定提出，工商行政管理机关对以下四类户外广告进行发布前登记：（1）利用户外场所、空间、设施发布的，以展示牌、电子显示装置、灯箱、霓虹灯为载体的广告；（2）利用交通工具、水上漂浮物、升空器具、充气物、模型表面绘制、张贴、悬挂的广告；（3）在地下铁道设施，城市轨道交通设施，地下通道，以及车站、码头、机场候机楼内外设置的广告；（4）法律、法规和国家工商行政管理总局规定应当登记的其他形式的户外广告。上述四类广告之外的其他户外广告，不再要求进行发布前工商登记，广告监管方式转变为发布后监管。

9.3.3　北京、上海整治户外广告

北京市从 2007 年 4 月份开始，对全市户外广告进行最大规模的整治。截至 10 月 31 日，各级城管执法机关共拆除户外广告 22281 块，规范各类牌匾标识 36449 块，取得显著效果。从 2006 年 9 月份开始，市城管执法局开始对环路和各放射路、机场路大型户外广告每月进行定期检查，并积极劝导广告商自行拆除违规户外广告。2007 年 4 至 6 月，户外广告整治工作进入规范强拆阶段，市城管执法局每月定期督察拆除情况，同时，各级城管执法机关对未经审批的户外广告责任人提出限期改正，对未在限期内自行拆除的，依法进行强拆。北京市市政管委决定：2007 年 11 月 20 日前，旧式车身广告将全部清除，车身内外将不再允许喷涂、设置医疗广告。今后公交车车身不再允许喷涂整车广告。

上海市 2007 年 10 月 18 日召开的有关专题工作会议部署用 3 年时间花大力气整治户外广告，力争在世博会举办前，使街道更加整洁、环境更加优美。整治户外广告的内容为：内环高架范围内（含内环地面道路）20 层（60 米）及以上的建筑物顶部户外广告和非广告设施将被拆除；包括内环高架、南北高架、延安路高架、沪闵路高架、逸仙路高架、中环路全线、南浦大桥、杨浦大桥、卢浦大桥在内的城市快速路，以及桥柱、高架桥阴绿化带，将不得设置户外广告设施（高架路路灯线杆上的对旗广告除外）和非广告设施。内环与中环之间 20 层（60 米）及以上居民楼楼顶户外广告设施，也将被勒令拆除。对于设在路口人行道的户外广告及非广告设施，有关部门也将要求拆除或调整。已设置并与相关部门、单位签有阵地使用协议且 2007 年底前届满的，不得续签；阵地使用协议期限较长的，必须于 2008 年年底前终止。

　　此前于 2007 年 1 月 1 日起正式施行的《上海市城市道路管理条例》第二十七条规定：占用人行道设置广告牌的，应当遵守户外广告设施设置的有关规定，不得影响城市道路通行和安全。禁止占用宽度小于 3 米的人行道设置广告牌。

　　整治户外广告对户外广告市场的影响是不言而喻的。

9.3.4　当前户外广告管理的难点

　　当前我国户外广告市场管理的难点是：

　　(1) 户外广告管理的各环节衔接不紧密。在体制上，户外广告的审批、管理与查处分别由不同单位行使职权，由于体制原因，各部门缺少信息沟通和协调机制，中间环节不能很好地衔接，往往在审批办证之后，不便于管理，易造成管控脱节，使一些广告商有机可乘，在经济利益的驱动下，没有审批办证就擅自设置户外广告，扰乱了正常的户外广告市场秩序。

　　(2) 户外广告空间资源的有限性和稀缺性，造成市场供不应求。户外广告作为展示企业形象、提高产品知名度、促进市场营销的重要媒介之一，市场需求日益增大，这就会出现城市户外广告空间资源的稀缺与户外广告不断增大的市场需求之间的矛盾。

　　(3) 户外广告的管控难度日益增大。在监管方法上，由于户外广告多而杂，分布点多面广，管理难度较大。

9.3.5　创新户外广告管理新模式

　　1. 户外广告的科学规划

　　户外广告的布局规划应着眼长远。其一，户外广告区域规划应科学合理。其二，户外广告牌匾的形态规划应超前，根据需要和可能可分为以下几种情况：一是体现庄重、宁静、繁华、绚丽、辉煌等不同的风格，二是在不同位置和路段应设置不同形式和适宜规格的户外广告。

　　户外广告牌匾的要素规划应科学规范。一是关于牌匾的单位面积及尺寸，应根据不同位置、路段和广告牌的种类制定规范和技术标准。二是户外广告牌匾的色彩应与建筑物及周边景观环境的色彩保持协调，并结合广告牌匾单体的内容、图案、造型进行设计。三是广告牌匾的造型应具有统一性、别致性、可观赏性和艺术性。四是广告牌匾材料应不锈蚀、美观大方，鼓励采用高科技含量的新材料、新工艺，先进的灯光照明设备。

　　户外广告牌匾的规划要求应客观。一方面对于户外广告制定出通用规划要求，另一方面对于不同类别户外广告在符合通用规划要求前提下，应提出不同要求。

　　2. 建立户外广告融审批、管理、查处于一体的管理目标责任制

　　(1) 建立审批、管理、查处于一体的管理目标责任制，有利于解决户外广告根治难、管理难的问题。

　　(2) 建立联合办公集中审批制度。

（3）建立户外广告管理领导小组，负责领导、协调、监督户外广告审批、管理、查处工作。

（4）建立市、区两级联动机制，这有利于把户外广告规划、审批、管理、收费、查处、设置等纳入科学、规范、有序的轨道。

3. 建立有序的市场化运作机制

市场化运作就是将户外广告设置引向市场，户外广告规划位应该有偿使用，为了获得商业利益的户外广告要交纳一定比例的城市空间资源占用费。户外广告管理要按照"统一规划、规范管理、总量控制、有偿使用"的原则，编制发展规划，合理开发资源，提高管理效率，形成比较健全的服务、管理、执法和资源开发工作机制。进一步建立和完善市场经济的运作机制，制定出台户外广告设置使用权招投标和拍卖办法，使户外广告设置使用权的获取通过招投标和拍卖的方式实现。根据管理权限的划分，市、区两级户外广告招投标和拍卖活动，分别按各自的管理范围，由市、区两级的城市管理部门委托国有城建公司负责组织实施。在招标和拍卖中要按照位置、地段、广告类别和收益等进行价格拍卖，拍卖收入上交国库。上海、北京已经拟议采取这些措施。

9.4　国外户外广告监管

9.4.1　美国的户外广告现状及其监管

美国广告经济高度发达，大众媒体广告排山倒海，户外广告发展也相当迅猛。在美国，户外广告是最具竞争力的广告媒体之一，它在激烈的商战中能稳稳地守住并拓展自己的地盘。

19世纪初，美国商人们在马戏团围栏和剧场墙壁上张贴广告，向行人推销止痛药和生活用品，这便是美国户外广告的起源。从诞生到现在，户外广告不断成熟。美国最大的户外广告公司维亚康姆公司的首席执行官瓦莱·凯利曾说："从纽约的车身、旧金山的轨道交通，到全国各主要路段，包括享有盛名的时报广场在内，户外广告能为我们的客户在任何地方做广告，给他们以无与伦比的机会来触及消费者。"这话不算夸张，户外广告在美国的大行其道的确有目共睹。购物中心的广告牌、"全副武装"的公交车、电话亭、汽车站、卡车车身、遮阳伞、路边休息椅、地铁隧道内……美国的户外广告练就了无孔不入的功夫。2006年，美国户外广告收入高达68亿美元。

户外广告是一种物美价廉的宣传手段。美国广告商这么认为。

美国户外广告协会（OAAA）的统计显示，美国的户外广告费用比电视广告便宜80%，比报纸便宜60%，比广播便宜50%。另外，美国是个车多的国家，人的流动性大，户外广告因而大有价值。而现代新科技的日新月异，也使得户外广告不断脱胎换骨，在表现手段、方式上更加具有冲击力。在纽约的摩天大楼间，就树立着一种时刻散发着迷人香气的广告牌。

美国的户外广告虽然看起来多而杂，但它们还是受到政府严格的管理。美国联邦政府、州政府和地方政府都有针对户外广告的相关立法。美国户外广告比较规范，主要得益于法律管得严，行业自律标准高。由于户外广告的特殊性，户外广告发布商除了要遵守广告发布的通行规则之外，还要遵守本行业的一些特殊法律法规。联邦政府管理户外广告业的法律特别多，主要有：《高速公路美化法》（1965 年）、《陆上综合运输效率化法》（1991 年）、《国家公路体系标示法》（1995 年）和《21 世纪交通运输公平法》（1998 年）等。细心的读者可能会发现，这几部法律都跟高速公路有关。的确，美国高速公路四通八达，广告商喜欢在高速公路两侧做广告，所以高速公路自然就成了执法部门监管的重点。

联邦政府立法规定了户外广告的地点、尺寸和内容。对于地点，联邦政府确立了两大原则：第一，广告不能对行人和司机造成干扰；第二，要保护和改进城市的面貌。为此，在一些地方是不可以安装户外广告的，比如楼顶上，隧道、桥梁、码头周围 1000 英尺内，指定的旅游景点线路上，历史建筑物附近等等。对于户外广告的内容，只有一个限制：烟草不许做广告。20 世纪 80 年代时烟草广告出尽了风头，占到全部户外广告的 39％。1999 年 4 月美国联邦政府一道禁令，所有的烟草广告都无奈地撤出场外。但是，由于娱乐、媒体、零售业的客户当仁不让，户外广告行业并未因此而走向萧条。

除了联邦政府的立法以外，各州政府和市、县一级地方政府针对本州、本地区的实际情况，还作出一些更加细致的法律规定。像巴尔的摩市，市政府早就规定，不再增加商业中心广告牌的数量，只允许现有广告牌的买卖和出租。于是许多年来，市里没再立起过新的广告牌。总之，从联邦到州再到地方，各级政府都有自己的法律，一层比一层具体、细致。对于广告商来说，这些都是"游戏规则"，必须一板一眼照着做。

美国政府对户外广告采取严格的审批制度，无论什么形式的户外广告，都要到相关的政府部门去审批。在政府确认你的广告合法合规并发给广告许可证后，你才可以做广告。对于那些"冒天下之大不韪"，不合法地进行户外广告宣传的公司、个人，政府一旦发现，会马上通知当事人限期改正，过了期限仍没有改动的，将课以重罚。

美国户外广告行业自律组织是成立于 1891 年的美国户外广告协会（Outdoor Advertising Association of America）。会员几乎囊括了美国所有大的户外广告商，美国户外广告业 90％的收入都来自于该协会的会员公司。

美国户外广告协会明确要求所有会员公司必须遵守国家法律，同时还要遵守行业自律准则，否则将受到严厉处罚。这些行业自律规则主要有：

（1）遵守负责任的言论自由原则。支持户外广告商为合法商品发布广告，但户外广告发布商不得发布容易误导公众的广告，或者与特定小区标准不相符的广告，或者用词和画面淫秽的广告。

（2）保护未成年儿童的原则。如果某种商品不得向未成年人兜售（如烟或酒），那么发布该商品的户外广告商就只能远离儿童经常聚集地发布该户外广告；不得在中小学、公共游乐场和宗教祭祀地 500 英尺以内的地方发布户外广告；在可能会有未成年光临的地方发布户外广告，必须将该广告的数量控制在合理的范围之内。

（3）支持有价值的公益事业的原则。比如支持发布公益广告，支持用户外广告来传递某种公共服务或者其他有利社会进步的非商业信息。

（4）遵守有效果有吸引力的原则。广告商要不断提高户外广告的质量、外观以及安全性；鼓励户外广告商不断使用新技术；在非娱乐场所发布户外电子广告牌，只能使用静态方式来传递信息，不得使用动画广告、闪光广告、滚动广告、能播放各种视频文件的录像广告；在户外电子广告牌附近必须安装亮度检测设备，全天 24 小时对广告牌及其附近地区的照明亮度进行检测，一旦周围地区亮度出现变化，广告牌的显示亮度也必须进行相应调整。

（5）遵守与小区保持良好关系的原则。一旦有非法户外广告牌在某个小区出现，必须以最快的速度将其拆除，广告发布商不能获得任何补偿。

（6）尊重爱护周边环境的原则。不得在商业和工业区域以外的地方发布户外广告牌；不得发布面积过大超出特定标准的户外广告；在高速公路风景秀丽的地段不得发布新的户外广告；尽可能使用可回收材料来制作户外广告牌；广告发布商应负责管理和维护户外广告牌周边的植被。

9.4.2　欧洲户外广告现状及其监管

在全球通过资本运营达到庞大规模的三家主要户外运营商 Clear Channel、JC-Decaux 和 Viacom，占据了英、法户外市场大约 80% 以上的资源。欧洲的户外现状可规纳为如下六大特征，即：标准化、数据化、短期化、规范化、寡头化、网络化。

欧洲户外广告业以其成熟的形象，规范化的经营，近 10 年来产生了飞跃性的变化，逐渐蜕变为深受广告主青睐的主流媒体之一。以英国为例，2005 年行业总营业额为 9.26 亿英镑，占全国总广告量的 8.3%，和 1995 年的 3.78 亿英镑相比，足足翻了 1.5 倍。在英、法两国，除大型广告挂幅外几乎所有户外媒体都是以周作为单位进行交易的。例如：广告主在法国如需要做一个覆盖全国的广告，采用的如果是分布最广的标准式广告牌（4 米宽 ×3 米高），需要花费约 1227060 欧元/周，可覆盖到 55 个人口在 100000 以上的市镇。法国的客户和广告公司开始质疑户外广告购买以一周为时限的科学性，普遍要求购买发布的时间更长一些。然而再增加一周，价格就得贵一番，不少客户望而却步，使媒体公司处于两难的境地。英国曾有市场调研证明，户外广告的信息，如在全市或全国性的范围内发布，两周为最佳效果回报。

德国的变化较为缓慢，至今市场仍有 40 多家户外媒体主，近几年 Clear Channel 和 Decaux 已开始介入其机场、市区大牌和市区灯箱媒体，相信在今后的 5 年内，德国也将走向寡头之路。

在欧洲户外广告业，由于媒体资源高度集中、价格体系相对稳定，决定价格的因素主要是购买的总量。近 10 年来，专业策划及购买户外广告的公司是一支新崛起的生力军。在英国，每年所投放的户外广告有大约90％是由全国三家专业户外代理公司替广告主购买投放的。

欧洲户外广告的设立和发布也需要经过政府审批这一关。但由于法律健全，政府的服务性功能相对简捷和清晰。"Health and Safety"（"健康和安全"）成为唯一标准。健康一般只针对吸毒、色情等内容进行规范，安全主要是工程方面的牢固度和对居民、行人及车辆的影响度。户外广告设置的标准及范围非常透明。

英国实施户外广告管理法规，始于20世纪40年代，历经六度修订。最初的立法宗旨是为了维护和谐与安全，在过去的50年中，它一直都是户外广告立法的基本原则。每次修订也是细节居多，比如种种定义的明确、可以不经许可发布或必须经许可方能发布的广告种类的进一步确定、某个具体形式的户外广告的相关标准等等。给人的总体印象是使法规更具体更细致，更加人性化且更具可操作性。

9.4.3 日本户外广告现状及其监管

日本的户外广告业极为发达，其营业额超过总广告花费的50％。由于国土狭小，可利用空间有限，户外广告在闹市街头几乎是寸土必争。最突出的，是由安装在大厦顶部的大型广告牌组成的上下、前后、左右的立体景观。日本建筑学者把广告塔、广告板、霓虹灯和灯箱等户外广告设施及其附属物，通称为城市的"第二轮廓线"。2000年4月以前，日本户外广告一般单指在屋外媒体上发布的广告，即屋外广告（Out of house media），它与交通广告、报纸折叠广告、商店内的广告等统辖在促销广告中，是促销广告的一个分支。2000年4月，日本政府同意广告主可以在公共汽车的车身上做广告，引发了广告业界重新定位户外广告的外延。由于屋外广告、交通广告、报纸折叠广告等在广告形式和发布途径上具有一定的共性，日本广告业界一般将以上几种广告统辖为户外广告。2000年4月1日，日本最大的广告公司电通株式会社专门成立了户外广告业务局，统辖包括屋外、交通、报纸折叠广告等在内的户外广告业务。日本其他广告公司在内部机构的设置中，也大多采用这样的格局。

日本户外广告种类繁多，遍布生活的方方面面，下面作简要介绍。

（1）交通广告，普遍使用在主要的交通线路和大的交通中转站及交通工具上的广告。比如，车站广告、海报；地铁站柱子上的贴画、旗帜；车内的中吊广告（悬挂在车厢中间的印刷广告），窗和门上的张贴广告；公共汽车和出租车车身广告等。新近开发的交通广告媒体还有飞机机身、广告车（用卡车做成广告车到处跑）等，这些媒体醒目、巨大，更具影响力。

（2）屋外广告，主要有广告看板（完全依附在建筑物外表上的看板，一般是短期使用型，从一周到一个月不等）、广告塔（建筑在建筑物上面的，另外搭建的广告看板，一般为长期使用，使用期限从一年到三五年不等）、大屏幕广告，大型悬挂垂幕广告等。广告塔的客户主要是借贷公司（合法的放高利贷公司）、烟草公司和软饮料等；广告看板的主要客户是CD、电影、食品饮料、化妆品等广告；现在广告内容有从"企业广告"向"商品和服务广告"上转移的倾向。

（3）其他形式的移动广告媒体，如活体广告：穿着广告衣或举着广告牌的人。广告内容一般是附近的商店、游戏厅、餐馆的开业、打折等，一般要站立几个小时。在东京街头，时常看到有人胸前、背后挂着广告牌站在路边，一动不动地宛如雕塑。这是一些广告商利用人来做户外广告牌，既不违反法律，又很吸引人，一举两得。用相同的方法，日本人可以在不允许设置户外广告的地方进行宣传。例如在国会议员的家门前，就经常有人挂着广告牌来请愿或抗议。

户外广告媒体已经成为日本最受关注的广告媒体之一。日本的一项调查表明，20岁以上人群对广告媒体的兴趣度为：电视13.8%，广播3.2%，报纸8%，杂志7.4%，车内广告10.9%，邮寄品4.5%，其他2.5%；而25~34岁的消费主体人群为：电视15.8%，广播3.3%，报纸8.7%，杂志8.3%，车内广告18.2%，邮寄品5.3%；其他3.2%。从以上数据可以看出，虽然在20岁以上的所有人群中，人们对电视的兴趣度依旧最高，但在25~34岁的消费主体阶层中，对以车体广告为代表的户外广告的兴趣度高过电视，成为第一。因此从受众对广告媒体的接受度来讲，户外广告在现在和未来都是深具潜力。

户外广告媒体成为发布广告效果最好的媒体之一，具有印象深刻、冲击力强和参与度高的特点。只有户外媒体可以无时无处地出现在你生活空间里。日本铁路公司作过一个调查，在地铁或其他公共交通媒体里面，人们的行为如下：看广告为67.7%，睡觉为50.7%，看外面为50.5%，读报或杂志43.9%，和别人说话27.4%；在车站上，注意别人的为49%，看海报的为37.7%。在长达几十分钟的时间里注意一个广告，可以在细致阅读广告内容中打发时间。因此地铁里的广告一般文字较多，对商品或服务有详细的说明。当生活者对广告介绍感兴趣时，该广告就直接作用于目标受众。比如对下班人群做啤酒广告，对上班途中的职业妇女做化妆品广告，对上下班途中人群做的杂志广告等，都可以直接导致购买行为发生。

户外媒体是低成本高成效的媒体。电视广告的CPM（Cost per mill/thousand，即每到达一千人所需要的费用）是随着电视媒体广告投放的数量成正比平稳上升的，而车内广告最大的特点是用少量的钱很快到达一个相对较高的到达率。所以交通广告是在成本最少的情况下，效果最好的广告媒体。日本电通广告公司曾做过一次调查，在日本东京JR（日本铁路公司）山手线做一个月的广告——山手线是日本地面铁路各线路中的环状线路，客流量巨大，是做广告的好媒体——费用如下：山手线有36个车站共有1.85米×2.4米的广告牌48面，一个月全部包下来的费用不到1200万日元。据JR公司自己的调查，山手线一天的客流量在1076万人，其中32.9%的人看广告，广告达到每千人所需费用即CPM为108日元。而其他媒体的CPM值分别为：电视广告（关东地区）为500元；报纸（在朝日和读卖新闻的东京本社版做整版广告）3700和3300元；杂志广告，分别选用发行量为79万部、64万部、48万部的三种，做4色1页广告，费用分别为2300元、3100元和3500元。从中可以看出，在众多的广告媒体中户外交通广告是价格性能比较高的一种。

日本并没有专业性很强的户外广告法，但在各种相关的法律、条例、规则、标准中，对户外广告活动都有规定。早在 1949 年 6 月通过的《户外广告物法》，其目的是维持自然风景，城市市容的美观，防止户外广告危害公众利益。按照该法及《都市计划法》、《文物保护法》、《森林法》等相关法律，日本禁止在传统建筑群、文物、水土保持林、国有道路内、公园、绿地及墓地等指定区域设置户外广告。同时，都、道、府、县等地方政府还可以根据《户外广告物法》制定有关条例，禁止在道路两旁的树木及桥梁、铜像、纪念碑和其他指定的建筑上设置广告。比如，大阪市的户外广告管理就比东京更严格。大阪市对广告牌高度有具体的规定，并有钢架的负荷量和广告牌抗风能力、抗拉能力等的技术标准，要求只有经过建筑师或专业人员测定计算并承担安全责任后才能施工，所有户外广告在钢架周边均要有良好的扣板装饰，在保证安全的前提下，做到与周边环境相协调等。在环境方面，管理最严的是古都奈良和京都，在那里设置户外广告不能影响寺庙景观，即使批准后的广告，也不能大红大绿，高度也要低于寺庙周围的建筑物。日本的香烟广告面积被限制在 35 平方米以下。大阪户外广告管理委员会规定，批准后的布条广告，无论是商业的还是公益的，最多只可刊挂 3 周。如果有广告公司擅自出格，社会舆论将予以抨击，而行业协会内部会按自律原则，责令其停止该户外广告的发布。

在日本，户外广告由广告协会实行自律管理。广告公司是不敢随意违反规定的。没有行业协会的支持，经营者很难生存。包括影视、报刊广告在内的一切经营都遵循守法的游戏规则和道德规范的约束，而行业协会是最有威信和力度的管理组织。

9.5　我国户外广告发展趋势

我国户外广告跨入一个全新的发展阶段，展现出新的魅力，其今后的发展机会和潜力突出地表现在：

（1）随着企业实力、规模、数量的扩大与增强，行业规范的进一步建立和完善，一个健康有序、法制健全、规范完善、良性发展的户外广告市场生态环境正在逐步形成，行业和产业的大发展必然给户外广告带来深层次的积极影响，极大促进这一广告形式的全方位发展和创新转变，从而在整体广告市场中继续发挥积极有益的重要作用。

（2）在媒体形式多元化趋势中，户外广告的优势和特点进一步凸显。随着我国城市化进程的加快、交通的发展和人们在户外活动时间的增加等，户外广告的受众量也呈现出稳步增长的态势，其恒定的受众辐射面、低千人成本、高传播效果等特点和优势也越来越受到广大广告主的重视和青睐，成为各类媒介选择或组合中不可或缺的重要组成部分，在社会经济生活和市场营销推广中发挥着十分重要的作用。

（3）高科技在户外广告中的应用不断深化，从而改变了传统户外相对单一的产品形式和表现形式。户外广告可调用的创意手段和技术手段越来越丰富，包括视屏、三维、蓝牙、动感、音效、互动技术等等，使得户外广告价值获得了进一步提升，对受众的吸引力显著增强，展现出多姿多彩的独特魅力。

（4）市场细分的发展，使得户外广告本身的细分特点日益明显，从而使户外广告的目标受众定位更加精细和准确，同时也催化了行业内新型细分媒体的创新发展和诞生，这其中就孕育了极大的发展机会和空间。户外广告的内部细分和网络化发展、标准化规范的结合，将极大地提升媒体自身价值和传播影响力，精确化传播受众目标，最大化传播效果和效率，这将从根本上改变传统户外广告的经营形态和赢利模式。

（5）中国社会经济的高速发展趋势给户外广告创造了一个良好的发展环境，越来越多的规模企业如雨后春笋，纷纷涌现，这些企业有着很强的经营理念、品牌传播、市场推广等方面意识，对户外广告价值的认识和对户外媒体形式的重视程度在增强，使得户外广告的市场机会越来越大，表现出勃勃生机。

（6）国内城市经济的大发展必然将促进户外广告大发展，全国范围的城市改造、市政建设、环境美化和亮化、城市形象升级等使得户外广告大受裨益，从而赢得了广阔的拓展空间。户外广告在美化城市环境、夜间亮化、环境改造等方面将日益发挥其不可替代的积极作用，各类设计精美、创意独特、设置规范、形式丰富多彩的户外广告，创造和形成了城市良好的商业氛围，为吸引外来投资、促进大众消费、营造市场气氛、聚焦受众眼球等提供良好的信息和资讯传递载体，成为现代城市的一道亮丽风景线。

本章小结

户外广告的外延在不断扩大，应该把握。了解户外广告的优势及其不足，对各种广告形式的比较乃至选择是大有益处的。目前我国户外广告市场呈现两大特点：国际户外广告集团纷纷进入掀起整合狂潮，同时，国内户外广告巨头不甘示弱，融资圈地，国际资本毫不迟疑。与此同时，对户外广告的整治并未停息。掌握其他一些国家对户外广告的管理办法，非常有助于我们完善户外广告市场的科学管理。

思考题

1. 你觉得户外广告应该怎样定义，其外延应包括哪些？
2. 国际户外广告集团纷纷进入整合我国户外资源，应该怎样评估？
3. 以分众传媒为代表的国内户外广告公司，占据了国内视屏广告市场的绝对份额，他们的发展趋势应该怎样评价？
4. 试述我国户外广告发展的趋势。

第**10**章 广告的整合营销传播

10.1 整合营销传播的内涵和特点

整合营销传播是国际广告界近年由整合营销衍生出的广告新概念，从 1990 年代起就风靡西方广告界、营销界，被公认为代表 21 世纪广告营销的方向，被视为新营销时代广告营销的主流。

那么什么是整合营销呢？整合营销是以整合企业内外部所有资源为手段，重组再造企业的生产行为与市场行为，充分调动一切积极因素，以实现企业目标的、全面的一致化营销。简言之，就是一体化营销。整合营销主张把一切企业活动，如采购、生产、产品开发、外联、公关、广告等，不管是企业经营的战略策略、方式方法，还是具体的实际操作手段，都要进行一元化整合重组，使企业在各个环节上达到高度协调一致，紧密配合，共同进行组合化营销。企业营销的重要手段之一就是广告。因此，基于整合营销理论的广告整合营销传播理论的提出就成为顺理成章的事。

10.1.1 整合营销传播内涵

整合营销传播（Integrated marketing communications 简称 IMC）发端于 20 世纪 90 年代初市场经济最发达的美国，这个概念由美国的市场营销学、传播学和广告学的学者提出。其概念内涵的阐释最具代表性的是美国西北大学整合营销传播学教授唐·E·舒尔茨（Don. E. Schultz）和美国广告协会（AAAA）的定义。

舒尔茨认为，整合营销传播是一种适应于所有企业中信息传播及内部沟通的管理体制，而这种传播与沟通就是尽可能与其潜在的客户和其他一些公共群体（如员工、媒介、立法者等）保持一种良好的、积极的关系。舒尔茨教授对此作了补充说明：IMC 不是以一种表情、一种声音，而是以更多的要素构成的概念。IMC 是以潜在顾客和现在顾客为对象，开发并实行说服性传播的多种形态的过程。IMC 的目的是直接影响消费者的传播形态，IMC 考虑消费者与企业接触的所有要素（如品牌）。IMC 甚至使用以往不被看作是传播形态，但消费者认为是传播形态的要素。

美国广告协会将整合营销传播概念定义为：这是一个营销传播计划概念，要求充分认识用来制定综合计划时所使用的各种带来附加值的传播手段——如普通广告、直接反应广告、销售促进和公共关系，并将之结合，提供具有良好清晰度、连贯性的信息，使传播影响力最大化。

舒尔茨是整合营销传播领域的创始人，被誉为"IMC 之父"，现为美国西北大学梅迪尔新闻学院整合营销传播退职荣誉教授，所著的《整合营销传播》是 IMC 领域中第一部专题论著。舒尔茨在定义中强调利用企业的一切信息源进行传播和沟通，从而吸引消费者。

美国广告协会定义的关键则在于使用各种形式使传播的影响力最大化的过程。

总结以上观点，我们认为，整合营销传播的内涵是：广告主和广告公司以消费者为核心，重组企业行为和市场行为，综合协调地使用各种形式的传播方式，以统一的目标和统一的传播形象，传递一致的产品信息，实现与消费者的双向沟通，迅速树立产品品牌在消费者心目中的地位，建立品牌与消费者长期密切的关系，更有效地达到广告传播和产品营销的目的。它是一种传播方法，追求对传播的充分利用和传播效益最大化。

10.1.2　整合营销传播特点

整合营销传播是现代商业的一种制胜之道。常有企业家感叹：为什么自己投入了大量的广告费，可品牌形象在消费者心目中仍是模糊的？为什么一个品牌往往各领风骚三五年，不能长久地维持自己的品牌优势？整合营销传播所要树立的正是品牌的"长治久安"。一个美国人一天中所接触的广告多达 300 个，我国消费者也日益受到大量广告的包围。整合营销传播要借助各种传播和营销手段，传播同一种品牌形象，使品牌脱颖而出。整合营销传播主张把企业一切营销和传播活动，如广告、促销、公关、新闻、直销、CI、包装、产品开发进行一元化的整合重组，让消费者从不同的信息渠道获得对某一品牌的一致信息，以增强品牌诉求的一致性和完整性。对品牌信息资源实行统一配置、统一使用，提高资源利用率。这使得广告营销和传播活动有了更加广阔的空间，可以运用的传播方式大大增加了。

整合营销传播作为一种营销传播方法，归纳起来主要有以下基本特点：

（1）以现有及潜在消费者为中心，重在与传播对象的沟通。整合营销传播强调应依消费者的需求，度身打造适合的沟通模式，营销传播要有消费者观点而非从行销者本身出发。

（2）整合多种传播方式，使受众更多地接触信息。整合营销传播强调各种传播手段的整合运用，对广告、公关、促销、CI、包装等传播工具，进行最佳组合，以求达到最有效的传播影响力。

（3）形象整合，信息传播突出声音一致。整合营销传播是将所有营销传播的技术和工具（广告、公关、促销活动和事件行销等），采取同一声音、同一做法、同一概念传播，与目标受众沟通，使受众接触到的信息单一、明晰，为建立强有力的企业或品牌形象服务。

（4）强调传播活动的系统性。整合营销传播是复杂的系统工程，强调营销信息传播的系统化，以及传播过程中各种要素的协同行动，发挥联合作用和统一作用。管理要求更加程序和层次化。

整合营销传播涉及广告主、广告媒体、广告公司，从不同的角度看，战略选择基本一致，战术方法不尽相同。从广告主的角度看 IMC，以广告、推销、公共关系等多种手段传播一贯的信息，整合传播战略，以提高品牌和产品形象；从媒体的角度看 IMC，广告活动不是由个别媒体单独实施，而是由多种媒体组成一个系统，给广告主提供更好的服务；从广告公司的角度看 IMC，不仅是广告，而且要灵活运用必要的推销、公共关系、包装等诸多传播方法，把它们整合起来，给广告主提供服务。

广告公司比其他营销传播代理商更会使用多种营销传播工具。有一半以上的广告公司承担了广告主一种以上的营销传播职能。为了更好地整合各种不同的营销传播工具，西方许多传统广告公司已经对自身的组织结构进行了不同层次的改革，开拓出不同形式的整合型组织，并形成了若干变革模式。目前，西方广告公司已经进入 IMC 范式时代。未来的广告机构将不再是单纯的广告机构，而是一个营销机构。从我国目前的广告业情况看，奥美广告在这方面先行了一步。

10.2 "广而告之"已落伍——4C 营销理论

整合营销传播基于 4C 营销理论。4C 营销理论又是针对 4P 理论提出的。所有学习过市场营销学的人对 4P 理论应该不陌生。

"他们传授的所有营销知识都是错误的！"在中欧国际工商学院高级经理培训《广告管理新规则》课程上，学院客座教授、美国北卡罗莱纳大学教堂山分校广告学教授罗伯特·劳特朋一语惊人。这里说的"他们"是指 4P 理论的创始人杰罗姆·麦卡锡以及"现代营销之父"菲利浦·科特勒等人。

作为"4C 理论"的创始人、"整合营销传播"学说创立者唐·舒尔茨的合作伙伴，罗伯特·劳特朋极力推崇整合营销传播理论，而对 4P 营销理论大加挞伐："你知道在美国市场上新产品的失败率是多少吗？84%！这说明美国营销理论有问题。4P 可能正是其根源。传统的营销理论都是从企业内部看营销，但实际上消费者嗷嗷待哺的时代早已过去，鱼儿已经离饵，营销者必须针对不同类型消费者的个性化需求抛出各色鱼饵，一条一条地引他们上钩。"

10.2.1 从 4P 理论到 4C 理论

40 多年前的 1960 年，市场营销理论的逻辑起点只是产品。1964 年密歇根州立大学的杰罗姆·麦卡锡（E·J·Mccarthy）在《基础营销学》一书中论述市场营销管理体系，提出了4P理论。

4P是指企业在营销活动中的4个可控因素：

（1）产品（Product）：企业提供给目标市场的商品或服务，产品因素包括产品的质量、样式、规格、包装、服务等等。

（2）价格（Price）：顾客购买产品时的价格，包括折扣、支付期限等。

（3）地点（Place），产品进入或到达目标市场的种种途径，包括渠道、区域、场所、运输等。

（4）促销（Promotion）：企业宣传、介绍其产品和说服顾客购买其产品所进行的种种活动，包括广告、宣传、公关、人员推销、促销活动等。

4P组合属于企业可以控制的因素，所以企业可根据目标市场的特点，选择产品、价格、销售渠道和促销手段，即进行"营销组合战略决策"。4P的组合不仅受到企业本身的资源条件和目标市场的影响和制约，而且受到企业外部"市场营销环境"的影响和制约。因此，要密切监视其"外部环境"的动向，善于适当组合4P，使企业的"可控因素"与外部"不可控因素"相适应。这是企业经营管理能否成功、企业能否生存和发展的关键。

4P理论的提出被认为是现代市场营销理论划时代的变革，并成为多年来市场营销实践的理论基石。4P理论重视产品导向而非消费者导向，以满足市场需求为目标。4P理论是营销学的基本理论，它最早将复杂的市场营销活动加以简单化、抽象化和体系化，构建了营销学的基本框架，促进了市场营销理论的发展与普及。4P理论在营销实践中得到了广泛的应用，至今仍然是人们思考营销问题的基本模式。然而随着环境的变化，这一理论逐渐显示出其弊端：一是营销活动着重企业内部，对营销过程中的外部不可控变量考虑较少，难以适应市场变化。二是随着产品、价格和促销等手段在企业间相互模仿，在实际运用中很难起到出奇制胜的作用。

由于4P理论在变化的市场环境中出现了一定的弊端，于是，更加强调追求顾客满意的4C理论应运而生。

30年后的1990年，罗伯特·劳特朋提出了4C理论，向4P理论发起挑战。4C理论以消费者需求为导向，重新设定了市场营销组合的四个基本要素：即消费者（Consumer）、成本（Cost）、便利（Convenience）和沟通（Communication）。

罗伯特·劳特朋认为，营销应以消费者（Consumer）为中心，不应是"消费者请注意"，而是"请注意消费者"，应关注并满足客户在成本（Cost）、便利（Convenience）方面的需求，加强与客户的沟通（Communication）。

4C理论所主张的新观念是：

（1）把产品先搁在一边，直接研究消费者的需要和欲求（Consumer wants and needs），不要卖你所能制造的产品，而要卖消费者需要的产品。

（2）暂时忘掉定价策略，着重了解消费者为满足需要计划付出的成本（Cost）。

（3）忘掉销售渠道策略，考虑如何给消费者提供购买的方便（Convenience）。

（4）最后忘掉促销，取而代之以沟通（Communication）。

与产品导向的 4P 理论相比，4C 理论有了很大的进步和发展，它重视顾客导向，以追求顾客满意为目标，这实际上是当今消费者在营销中越来越居主动地位的市场对企业的必然要求。4C 理论是否能够取代传统的 4P 理论，尚是一个有争议的问题。但重要的是 4C 理论提供了一种新的视角，这种视角改变了营销思考的重心。

广告的整合营销传播正是基于 4C 的营销理论。它把广告、公关、促销、消费者购买行为乃至员工沟通等曾被认为相互独立的因素，看成一个整体，进行重新组合。罗伯特·劳特朋认为，要进行整合行销传播，应该注意四点：第一，要由外而内，从市场情况出发，以客户需求为中心；第二，强调以结果为导向，要求结果具有可衡量性；第三，营销战略必须具有可行性，对广告进行全新定位，首席营销官要更多地参与企业决策，不能躲在某个角落做做广告就交差；第四，要按时间顺序将广告、媒体等多种资源重新整合、再分配。

罗伯特·劳特朋教授对第四点即整合营销中的广告、媒体传播进行了详细阐述。他指出：营销的第一步是把信息传递给消费者，因此，对传播信息主要手段之一的广告也要进行整合传播。传统广告中，广告人员一般是按目标、方案、战略、创意与执行等流程策划、制作，然后把方案扔到媒体手中，"你们去给我投放吧！"广告的作用只是"广而告之"，但现在已是媒体百花齐放的时代，大规模的"广而告之"已经收效甚微，这就需要有全新的方法。

每个人都有自己的生活体验。因此，罗伯特·劳特朋认为，新的广告方式应该针对个人，进行广告沟通时，营销人员还要把广告想像成与人对话，"广告是对话而非独白"。之所以要采用这样的方式，罗伯特·劳特朋认为，传统广告只是希望向消费者发出的信息能得到回应，并没有设计具体指标来衡量广告效果。但正确的广告效果衡量标准应该是利润的多少，而非接受广告的人数。所以，广告不应只是电视、广播及报纸、杂志广告的统称，而要扩展到更大的范围，甚至推销员本人也可以成为有效的广告媒介。

10.2.2　发现媒体传播"机会窗"

除了广告，媒体是整合营销传播中需要关注的关键要素。罗伯特·劳特朋介绍了"机会窗"的概念，即以客户为导向来发现媒体传播的机会和创意，以此改变客户的行为。

"提到媒体，你们会想到哪些媒体？再想像一下，你的关键客户每天会接触哪些媒体？这当中有什么机会？加强这种思维模式的练习，可以加深你们对媒体的认识"。罗伯特·劳特朋以自己为例说，他每天早上 7 点都会被收音机的定时广播叫醒，对广告人员而言，这就是可资利用的广告机会。在纽约，早晨的广播每播 15 分钟节目，便会插播 3 分钟广告，许多人进早餐的时候都会收听广播，这就是机会。通常，早餐由牛奶与面包构成，那么，牛奶的包装盒上就可以打广告，这同样是与消费者接触、沟通的渠道。在这个分析过程中，最关键的是要清楚存在哪些机会，并分析哪些是合适的广告机会，这样才能打开"机会窗"，提高广告效果。

整合每个机会。每个人在整合营销传播方案中，创意人员必须清楚消费者的各种信息接触点，不断发现新的"机会窗"，因为如今消费者的信息接触点已经不再局限于电视、杂志等大众媒介。譬如厂家既可以在女性杂志上刊登扫帚广告，也可以举办一个凡参加者都获赠一把新扫帚的公关活动。不论是广告、促销、公关，还是销售人员的游说，都可以被整合在一起进行传播产品信息。

罗伯特·劳特朋举例说，世界杯期间，百威啤酒在零售商、酒吧、餐厅等销售渠道的支持下，在酒吧、酒店、超市中设立陈列标志，举办了以啤酒瓶比赛为主题的促销活动，并辅以电视广告，最大限度地影响消费者。罗伯特·劳特朋强调：整合营销传播还有非常重要的一条，那就是要让与营销部门有关的每一个人都参与其中，公司员工、代理商、销售人员等同样需要整合。

10.2.3　传统广告与整合营销传播的区别

整合营销传播理论传入中国大陆时，中国市场产品已经非常丰富，品牌之间的竞争也开始加剧，消费者市场的细分初见端倪，广告大战正酣。特别是 2000 年后，企业的营销手段已变得多样化：广告、直效营销、事件营销、促销活动设计，还有许多其他种类，最大的挑战就是如何使这些林林总总的活动结合在一起。整合营销传播让企业界、广告公司、策划公司和咨询公司如同找到了一剂良方。

传统广告和整合营销传播的区别，舒尔茨教授用了一句非常生动的话来表述：前者是"消费者请注意"，后者是"请注意消费者"。

传统广告与整合营销传播的区别是：传统广告代理以大众传媒为媒介进行传播为主，从策略、创意到品牌的塑造与管理，通过媒体向目标消费者进行单项传播。而整合营销则是在消费者与品牌的所有接触点上做工作，去影响消费者的态度和行为，以达到销售的目标。整合营销传播绝对不像吃水果沙拉，把你需要的营销传播工具拌在一个盆里，然后嚼碎吞下就算了。整合营销传播是在打篮球，各种营销传播工具如球场上的后卫、前锋、中锋，各司其职，而且讲究战法，通过纯熟的默契与教练的调度，发挥大兵团的作战实力。还有人比喻它们两者的区别，就好像是在战场上，传统方法是空中部队，对目标进行大范围的轰炸，而整合营销就是地面部队，他们是真正深入腹地攻城拔塞的。

10.2.4　整合营销传播理论在我国的传播

整合营销传播理论到底什么时候引入我国的，现在说法很多。中山大学管理学院卢泰宏教授在《整合营销传播》一书的推荐序中写道："1995 年我访问台湾带回唐·E·舒尔茨原著的繁体中文译版《整合行销传播》（台北，滚石文化，1994）一书，当数大陆第一本。1996 年 9 月到 1997 年 10 月我先后发表了'IMC 系列'文章共 7 篇，应该是国内最早介绍整合营销传播的系统性文章。"期间，南开大学陈炳富教授等一些学者在阅读了英文原版或台湾译版的基础上发表了关于整合营销传播的文章，但是，反响都不大。1998 年 3 月，简体中文版的《整合营销传播》被《国际广告》杂志社列为"国际广告商务译丛"，由内蒙古人民出版社出版。然而，就是这本盗版书在中国市场上引起了不小的反响，专家学者们围绕这个理论写了不少文章，广告人和公关人如同找到了灵丹妙药一般，连著名的广告策划人叶茂中也在这本书的基础上增加了一些实例编写了有关整合营销传播的书籍。2000 年之后舒尔茨频繁地来中国大陆演讲、授课，让"整合营销传播"更加升温。到 2002 年，龙之媒书店被正式授权出版《整合营销传播》简体中文版时，整合营销传播已经是中国最炙手可热的营销理论了。

整合营销传播理念在我国企业中的推行却并不简单，如今，真正实践了整合营销传播的企业少之又少。派力营销总裁屈云波曾经在 2000 年 8 月亲自建立了科龙集团整合营销传播部，并在 2001 年底的一次沙龙中与舒尔茨面对面地讨论整合营销传播在中国尤其是在科龙的实践问题。那次，舒尔茨回到美国后还在媒体上写道："谁说中国落后不适应整合营销传播，科龙就做得非常好！"

作为整合营销传播最为卖力的实践家，屈云波却认为"现阶段企业的整合营销传播实践谈何容易！"

中国消费者需求可细分的程度远远不及美国，不管从哪个细分指标上讲，能区隔的细分市场数量还是比较少，共性需求远多于个性需求。例如，家电、汽车、房产、手机等行业目标消费者的需求差异性比较大，比较适合整合营销传播；但是其他很多快速消费品，消费者的需求差异并不大，这些品类目前就并不适合整合营销传播。屈云波能够在科龙实践整合营销传播理论的另一个重要的便利条件是，虽然他当时是公司主管营销工作的副总裁，但是掌管了整个集团的公关、企业形象管理和品牌管理工作，掌握了整个公司的传播权。而其他企业往往是销售、广告、公关等都由不同的主管负责，使得"整合传播"的概念很难付诸实践。何况屈云波在科龙的实践并不算成功。连屈云波也认为，中国目前的广告公司（包括国际 4A 公司）连全案都很难做到，怎么可能有能力去帮企业实施整合营销传播呢？

10.3　广告公司整合组织结构的模式

整合营销传播要求广告公司首先应当对内部组织机构进行整合。

1996 年，美国科罗拉多州 Gronstedt 集团现总裁安德斯·葛兰斯特博士（Anders Gronstedt）和美国密苏里新闻学院现署理院长、美国广告联合会杰出广告教育奖获得者埃丝特·瑟荪教授（Esther Thorson）经过调查分析，归纳出五种基本的广告公司整合组织机构模式。这五种模式具有一定的连续性，即表现为，各个部门职员从独立的专业机构之间的宽松合作到完全整合在一个机构中工作的过程。每个广告公司，其组织模式从整体上看可能会接近某一类型，但并不一定就是某个模式，它们可能同时又融合了其他的模式，也可能会针对不同的客户使用不同的模式。

10.3.1　联合模式

通常适合员工不足40人，没有能力聘请各种营销专家的小公司。在采用联合模式的公司中，主公司一般执行媒体广告的工作，帮助客户制订总体战略，并决定采用哪些营销手段，而公共关系、直销和促销等活动则外包给其他公司。整合工作由主公司的客户团队承担，即协调各个专业代理机构，以确认信息、形象和时间安排等是否得到有效的整合。

这种模式的优势在于：（1）灵活性。可以帮助客户在合适的领域找到合适的专家。（2）节约成本。主公司无需花费雇用各方面的营销专家。当然，这种模式也存在很多缺陷：（1）专业机构之间缺乏横向联系。项目的计划和执行是自上而下进行的，从客户到主公司，再从主公司到外包专业机构。（2）每个公司都追求自己的利益，因此媒体之间潜在的协同能力并不能得到有效的发挥。（3）合作公司之间很难传递有关品牌的无形信息。（4）只适合单个整合项目。这种整合模式不适用于客户长期的、不断发展的整合传播战略。

10.3.2　一机构为中心的联合模式

这种模式与联合模式实际上大致相同，主公司依靠许多外部供应商提供营销服务，如数据库管理、促销等；主公司的客户团队要承担整合任务。这种模式与联合模式的主要区别在于，主公司除了有能力开展传统的广告活动外，同时也能兼顾使用其他的传统营销工具，如公共关系，也就是说公司本身也可提供多种营销服务。此模式的一个缺陷是，客户往往对主公司的专业水平持怀疑态度。

10.3.3　拥有自主单位的公司模式

这种模式被许多大中型公司所采用。构建这种模式最典型的方式是通过收购一些独立的、在某个营销传播领域具有专业水平的公司来实现。但事实上，许多采用这种模式的公司其自主单位是由公司内部单位直接成长起来的。在这种模式中，客户经理全权处理整合工作，并承担整合责任。

这种模式的优势在于：（1）众多同一领域的专家一起工作，有利于共同发挥专业能力。（2）同一家公司来自不同自主单位的专家，为同一家公司工作，他们能更好地进行合作。但这种模式也存在缺陷：（1）专家间的关系难以协调。由于多个专家一起工作，如何平衡和融合不同专家的意见，采纳哪个专家的意见等都需要考虑。（2）各自主单位各谋其利。表面上，各方面的专家为同一家公司工作，其实他们所在的部门是相对独立的，作为独立自主的单位来运作，有时甚至拥有不同的名称，在不同的地点工作，因此各领域的专家可能倾向于为自己单位谋利。

10.3.4 矩阵模式

矩阵模式有时也称为"项目组织"。它融合了职能部门和跨职能部门团队的特点。在此模式中，整合营销传播的计划和执行工作是由不同跨职能部门的客户团队承担的，整合工作的领导者是协同作业的组织者，采用矩阵结构，引导不同领域的专家协同开展工作。

这种团队中有不同知识背景的人员、专家以及丰富的信息资源。在这样的氛围里，各种想法都可以得到整合。由此可以看出这种架构的优势：（1）层级结构加水平结构，有助于遏制部门主义倾向。（2）垂直结构和层级结构并行，使组织同时拥有职能部门专业知识的深度，以及水平结构之间各营销手段整合的宽度。（3）专家既归属于某个职能部门，又跨越职能部门和各自的专业进行合作。（4）各领域专家一起工作，能更好地进行部门间的沟通，且容易产生更多的创意，而创意的所有权归大家所有，克服了专家纷争的陋习。（5）团队的协同工作能产生更合适的媒体组合。但明显的缺陷是延误时间。要从不同领域的专家那里征求多数认可的观点，需要不断的磨合，产生创意也需要时间。

10.3.5 整合模式

整合模式通常由小公司采用，尤其是员工为15~20人的小公司，员工们必须懂得运用所有的营销工具。后来，大公司为了迎合整合营销传播的发展，也开始模仿小公司组建整合模式。与小公司相比，大公司的优势在于能聘请到世界级的专家。

把握"以客户为中心"的营销趋势是整合模式的最大优势，具体表现在：（1）组织范式的改变。新模式减少了原有各种不同营销专业部门之间以自身利益为出发点的冲突，员工能充当沟通者的角色，目的是让客户从营销活动中受益。（2）深入理解客户品牌的核心内涵，在参与客户策划各种营销方式的过程中能更好地解释品牌的内容。（3）员工服务宗旨的转变。采用这种模式的广告公司能对各种营销手段进行融合，根据客户的需求为其提供服务，即公司员工能真正为特定的客户服务，而不只是为某个职能部门工作。（4）更合适的媒体组合建议。员工不再与任何特殊的职能部门发生关系，所以他们能从客户出发，采用"零基"（zero nbased）媒体选择方法。但在实施过程中，该模式也遇到了一些问题：（1）对于员工的要求较高。员工们要更好地参与整合，对各种营销手段都要了解，要成为"战略通才"。（2）不同营销手段的高度整合可能使公司难以在各个专业领域都保持世界级的专业水平。

必须指出的是，以上五种组织模式是一个不断发展的过程。在前三种组织模式中，各专业职能部门之间还存在竞争，虽然客户总监在决策时会与所有的专家协商，但是最终还由职能部门自己作出决定。到了矩阵式组织模式，对于如何选择合适的媒体组合，以及如何整合媒体工具，则是由客户团队商讨达成一致意见，这个过程消除了各职能部门之间原有的激烈竞争。第五种模式是广告公司向整合发展的一种理想模式，但并不是完善的模式，也不是发展的终极目标。许多大型整合机构，为了应对在营销策划领域中需要提供专业服务的挑战，在组织内建立一个由各路专家组成的咨询和培训团队。

10.4　广告公司变革的途径

传统广告公司的运作是让创意、媒体、调研和客户服务等不同部门的工作人员分别为不同的客户服务。虽然他们也一起举行前期的准备会议，但是不同部门的人员还是以本部门的利益为中心而独立地工作。实施 IMC 的广告公司，就会把为同一个客户服务的所有团队成员聚集在一起，以使各项工作做得更好。

众多研究表明，广告公司在帮助客户进行营销策划时，虽然认识到运用其他营销传播渠道的必要性，但是他们在与其他营销机构合作的同时，从根本上还是不愿发展跨职能计划。不仅广告公司如此，其他营销传播机构也存在类似的与 IMC 理念背道而驰的做法。下面介绍广告公司进行组织机构变革的三种主要方法，它们是对一些跨国广告公司成功实践的总结。

10.4.1　增设其他营销传播职能部门

增设其他营销传播职能，具体可以通过两种方式来实现。首先，擅长某一领域业务的机构（比如广告、公共关系等）可以直接在内部增设其他职能部门。如果客户需要使用多种营销工具，就无须从外部寻找专业营销服务机构合作，可以交由一家代理商统一完成。博达大桥国际广告传媒有限公司（FCB Worldwide）就曾经在其全面服务型广告公司中增设了促销和直销部门。采用这种方式意味着要从零开始培育新的营销传播职能，势必造成资源和精力的分散，也可能削弱其长期建立起来的在某领域的"专家"形象。实力强大的广告机构有足够的资金在设立新部门时就聘请有关方面的专家，而小机构就无法做到，因此这种方式对后者不太适合。其次，要更快地增加其他营销传播职能，一种更实用的方法就是并购一个专业服务机构或者与专业机构合作。目前，许多大型广告公司都积极地收购其他类型的传播服务公司。例如，WPP 集团在 2002 年和 2003 年大约进行了 40 次收购交易，涉及公关、咨询和医疗保健传播等领域；2005 年以来，WPP 在中国先后并购了 6 家本土广告公司。有计划地收购本土优秀广告公司，已成为 WPP 推进中国业务整体布局的重要环节。WPP 已不满足于单纯的广告业务，触角向市场咨询和内容服务上延伸。在进军新市场的同时以收购的方式来增强服务市场的业务能力。

10.4.2　组织机构重组

毋庸置疑，组织机构的重组是一项复杂而艰巨的工程，它要求广告公司摆脱原有的组织架构，重组其组织，甚至要相应地进行企业理念和文化的调整。这种方式是广告公司根据 IMC 而进行的彻底变革。对于广告公司来说，想要整合营销组织，应首先考虑消除传统的层级制组织观念，以团队合作方式将各种"营销专才"编成

"客户价值管理团队"。对于广告公司来说，除了配备专门负责品牌管理的营销经理外，还要将 IMC 的各个步骤落实到公司内部的专门项目负责人身上，并将这些专才合并在一个团队中，通过信息系统来协调各种传播技巧。Price/ McNabb 公司（一家位于美国 NC 州 Asheville 市的广告公司）就是进行组织机构重组的一个例子，它对一家提供全面服务的广告公司进行了彻底重组，从而避免了原有独立部门之间存在的利益冲突，向专注于 IMC 和关系营销的营销传播公司转变。

10.4.3 营销传播团队合作

活跃于各国市场上的著名 4A 广告代理公司从属于某个全球性的广告集团，如奥美（Ogilvy & Mather）、智威汤逊（J. Walter Thompson）同属于 WPP 传播集团；BBDO 从属于奥姆尼康集团。这些全球性广告集团在我国市场上通常以下属 4A 广告代理公司、媒体策划以及公关公司的名义独立开展业务。因此，在争夺客户的市场竞争中，不同的公司之间就不可避免地要展开争斗。而这些广告集团的多元化发展，就为实施整合营销传播提供了十分有利的条件。2002 年末，法国第二大广告传播集团哈瓦斯下属的两个公司就作了这方面的努力。哈瓦斯的广告公司"灵智大洋"与市场服务机构"精实整合营销"充分利用双方的优势，成立了"品牌小组"，为客户提供度身定制的广告代理、市场调研、公关活动、品牌推广和营销渠道管理等系列服务。BBDO 公司在管理吉列（Gillette）营销策略时也曾领导其姊妹公司 Porter Novelli（负责公共关系，简称 PN，全球领先的公关公司之一，2005 年 1 月正式进入中国。服务范围涵盖医疗保健、消费市场、公共事务、高科技等领域。）和 Rapp Collins Worldwide（负责直销，全球最大的直销代理机构）以及其他一些专业的营销公司协同作战。集团在领导营销传播团队进行合作的同时要掌握核心业务，除了承担领导和战略计划制定的基本工作外，还要保持各种营销传播机构协调一致。

IMC 的发展和营销战略重心的转移，对广告公司既是机遇又是挑战。"每一个代理商都已经注意到了这个趋势，而且非常清楚这个趋势，但实际状况却几乎没有几家代理商是真正整合的营销传播公司"（McCann Erickson 前副总裁 John Fitzgerald）。看来，西方广告公司组织机构的调整和完善仍有相当长的路要走。尽管如此，他们在实施 IMC 的过程中，已经积累的组织变革经验值得我国的营销服务商学习。在经济全球化和营销战略全球化的进程中，迈向整合营销传播是广告公司发展的必然趋势，而把握整合组织机构的发展模式，结合我国国情进行创新则是我国广告公司改革组织机构的战略选择。

10.5 广告公司发展新方向

越来越多的广告公司正在将自己的服务范围从单纯的做广告转变成为企业做销售。"营销整合传播"这一概念已实实在在进入了广告这一行业。为什么会发生这样的转变？最根本的原因在于：一方面，有些广告主需要广告公司提供全面服务，以便在营销各阶段进行多方面沟通，保证各项营销策略在同一理念指导下相互配合，达到整合营销传播的效果；同时避免在寻找其他代理公司中消耗时间、精力及其他的开支。另一方面，近年来广告主对专业服务的呼声越来越高，需求日益复杂化、多元化；而广告公司整合自身优势，经过多年分流已形成多种专业的服务定位，为广告主多样选择提供可能。可见，广告公司只做营销"产品、价格、通路、广告"之中的 1/4 已经远远不够了。

从 1995 年开始，上海梅高广告公司的经营就来了个 360 度的大转型，不做媒体代理了。公司定位为：麦肯锡＋奥美。众所周知，麦肯锡是靠策略定位，奥美靠创意表现。现在对客户真正增值的是，广告公司在整合这两个方面资源后，表达出的行销能力。因为转型，梅高可以每年向一个客户收到 200 ~ 1000 万的行销咨询费，这在传统的广告公司几乎是不可能的。梅高认为，"企业唯独需要的帮助是把它的生意做起来，产品能卖得更多"。事实上，很多广告公司为了使其创作的广告有更好的市场表现，不知不觉中已渐渐深入到企业营销活动中去，在经过公司的再造和具体化后，整合营销传播作为公司发展目标或者服务手段被明确提出，并运用于广告公司对客户的服务中。

也有部分广告公司开始向顾问咨询型公司转变。这种转变同样是以整合营销传播为其理论基础。这些广告公司或者是在继续提供传统广告业务的同时，开始介入企业的产品研发、通路设计、品牌管理等领域，或者是直接选择营销及广告运作的前端，如咨询、策划等，基本上不再介入末端具体的执行，如制作、发布等。

此外，整个广告业形态的变化迫使一批跨国专业媒介购买公司的竞争力正在逐步下降：不但无法进行直接购买，反而纷纷通过各地依附在传媒业者周边的小型媒体代理掮客执行客户的购买任务，媒体购买专业公司所标榜的媒体调研优势与策划优势，只能定位为"媒体咨询服务"以收取微薄的服务费。基于这样的颓势，一些专业媒体购买公司不得不走上转型之路。如成立于 1996 年的实力媒体，在 2003 年开始向客户提出优化投资回报的承诺，透过整合传播策划为手段，以帮助客户达成更好的投资效果。由此，实力媒体正式从媒介公司转型为传播公司"实力传播"，关注对象也从媒介转为客户的目标消费者，目标也从帮助客户用最低成本达到最广泛的传播变成为其实现最佳的营销投资回报。

10.6 整合营销传播对本土广告公司的影响

关于整合营销传播，近些年来营销界、广告界已关注得太多太多。让我们看看来自最前沿的一些广告公司对这一概念的诠释：综合的广告公司让客户省心、省力、省钱，并且有利于整合运作。专业的广告公司是大型综合公司的"小舢板"，它有它的独特功能，在某些特殊的时候可以出力。

所有的 4A 公司把整合营销传播作为一个重要的手段。虽然名字不同，但万变不离其宗——以消费者为基础，把产品的利益点提炼出来，然后把两者结合起来。

整合营销和整合传播是两个不同的概念，整合营销中包含了传播要素。营销整合的是客户需求、通路建设、价格体系、促销体系、公关建设等等营销方面的大项内容。至于传播的整合，可能更多的就是广告、公关、促销的整合过程，是各种传播手段的合力共振。广告中又会包含了大媒体的广告以及一些新兴的媒体，例如网络、免费杂志等等广告。整合就是在统一的目标指导下，将营销或者传播资源进行有效组合，使其合力共振，发挥最大能量，产生最大效益。广告公司往往是被动地整合，常常是一开始设想得非常完善，到执行时，经常会省略很多传播机会和手段，那是很无奈的放弃。

广告公司转型是必然的。转型的过程就是一个高度专业化的过程。随着市场竞争的激烈以及广告业内竞争的升级，企业需要更高质量的营销方案和执行能力，而广告公司也必须提供更好的产品。在这个过程中，广告公司不得不给自己一个合适的定位，根据自己的特色，以某一项服务作为自己的主打产品，比如，特别擅长创意；同时，广告业内其他一些服务也逐渐分化出来，比如，调查公司等。对目前中国的广告业来说，实际上正在进入一个充分的专业化的阶段。绝大部分广告公司将逐渐分化，对自己进行重新的定位。也就是说，小规模的综合广告公司将不再有生存的空间，只有那些有独到的看家本领的广告公司，才有可能在未来的市场上有立足之地。

但与此相关的另一个问题是，中国的广告业并不是一个线性的发展过程。对西方而言在不同的阶段所出现并加以解决的问题，在中国被压缩在同一个时间而成为共时性的问题。一个正常发展的广告业是在高度专业化之后，由于市场的变化，经过分化之后在专业化方面已经充分发展的不同公司组合成一个统一的集团，和而不同，共同为企业提供在一个更成熟的市场环境中的整合营销传播的服务。而在中国，在广告公司并没有完成专业化的任务的同时，我们也必须面对企业和市场所正在发生的新的变化，即整合营销传播的需要。

整合营销传播的实质，是在一个更发达的市场环境和传播环境中，由于竞争的高度激烈，在推广中仅仅使用广告手段是不够的，必须以数据库为基础，综合运用各种推广手段，形成有效精准传播。这种方式对中国现在的市场而言还是比较奢侈的事情，所以，很多中国的广告公司，打出整合营销传播的大旗，或者是一种自我包装的手段，或者是强调，在传播方面为企业提供比广告手段更多的整合服务。

由于国内广告公司固有的多、小、散的特点，加上入世后外资广告力量的进入，以及替代性行业如咨询和公关的兴起，国内大部分广告公司面临更为严峻的生存环境。在新的形势下，以同质性高、无显著差异的消费大众为基础的4P理论已逐渐过时，为新的营销理论4C理论所替代。4C理论把重点放在消费者身上，即一切以消费者为中心，因此，在经过广告公司的再创造和具体化后，运用到广告公司对客户的服务过程中，"整合"开始由理论变成实践，整合营销传播随之被提上了议事日程。

在整合营销受到越来越多公司和企业重视的情况下，部分广告公司开始向顾问咨询公司转变，它们一定程度上跳出了现阶段国内大部分广告公司在媒介代理、设计制作等领域的激烈竞争，开始介入企业的营销顾问、通路设计、品牌管理等领域。由于目前媒介购买公司遇到的生存困境，甚至一些媒介购买公司也开始转变立场，在继续提供传统广告业务的同时，加入了整合营销的因素。

整合营销传播的出现对传统的广告代理机构的组织结构和企业文化，以及它们的客户产生了巨大的冲击。既然整合营销是以顾客驱动的，广告代理公司不得不在服务于传统观念的客户的同时对公司的经营方式进行调整，从而能够为那些已经接受了整合营销观念的客户提供高质量的服务。一些广告代理机构采取的改进方式是，建立单独的部门处理那些不同于传统广告方式的客户要求。这些部门在销售促进、顾客反馈、产品抽样调查以及广告等领域为客户提供服务。

随着利用各种促销方式的整合营销观念的普及，广告公司在未来必须能够掌握如何综合利用广告和其他的促销方式，从而使客户的某项具体活动达到最佳效果。这种决策需要更多的职业判断，如评价营销目标和营销战略，确定主要的目标顾客和产品特征，并为营销组合中所有方式制定预算。

中国广告业在经过了 20 多年的发展后，开始有了找不着北的感觉，许多广告公司不知道怎样的服务才能满足客户的要求，许多广告主也不知道用什么样的手段才能吸引消费者。在猛烈的广告炮火中和一次次的上当受骗后，消费者也已变得麻木。一方面广告的营业额年年攀升，另一方面广告的作用也日益被怀疑。由于激烈的行业竞争，使得广告经营者的利润越来越低；效果的不确定性，使得广告主对广告公司的要求越来越高；消费者的难以琢磨，又迫使广告主不断改变营销策略。这样就导致一些广告公司另谋生路，向整合营销传播公司或顾问咨询类公司方向转型。这本来并不是一件坏事，是市场经济发展的需要，也是中国广告业向新的高度迈进的标志。但对于什么是整合营销传播？如何充当企业的咨询顾问？是去卖头脑、卖点子，还是去卖数据？真实可靠的数据又从何处获得……相信许多已经转型或准备转型的公司，并没有解决好以上的问题，或者还处在这些问题的困惑之中。

实际上，作为现代企业无论采取何种营销手段，都离不开广告；而作为一个具有综合实力的广告公司，不仅可能，而且必须为所服务的广告主提供整合传播策略，并充当企业的营销顾问，不存在什么转型的问题，关键是你有没有撑得起大梁的人才。做广告至少还有个媒介作依托，有些实在的、可以量化的东西；而那种玩空手道的职业，要么短时间唬住几个人，要么真的有拿手绝活，有走得开江湖的功夫。

10.7　如何真正实现整合营销传播

企业拥有市场比拥有工厂更重要，而拥有市场则要拥有强势的品牌。品牌是否成功的最大标准就是这个品牌被市场和消费者接受的程度，而品牌的可接受程度又与品牌的传播形式紧密相连。整合营销传播是能够让品牌更容易被受众所接受的有效手段，企业可运用整合营销传播解决企业传播问题，追求传播效益的最大化，保持企业的持续盈利。我们认为，企业真正实现整合营销传播，需要做以下工作：

10.7.1 立足于传播，服务于营销，明确整合目标

整合营销传播如果只停留在"对不同媒体发出同一种声音"的媒体整合上，就是对其简单化和单一化的理解，但是也不能将其无限扩大到企业计划、生产等各个环节上，这种盲目的扩大化导致企业营销的导向性偏移，传播失去方向，失去了核心。

10.7.2 整合企业传播历史，实现品牌可接受程度的最大化

考察国外整合营销传播的成功案例，发现它们都是对企业的传播历史进行了很好的、系统的整合，通过对过去的整合，得到正确的品牌定位，并且能够一贯坚持，从而使定位得到彰显，传播理念更为清晰。当然，对于没有历史的新企业，或是完全没有知名度的新品牌，企业需要的是整合营销传播的观念，因为，它没有传播历史可以整合。

10.7.3 明确整合思路和整合方法

企业在实行整合时要有明确的整合思路，把握传播方向，整合的核心只能是一个，如果同时有多个核心，那就不是真正意义上的整合营销传播了。整合营销传播的成功还有赖于一整套规范与合理的整合方法，这些方法可以有效地保证传播的顺利实施，保证传播能源源不断地向前推进。

10.7.4 达成综合效果，建立永续关系

整合营销传播的重要目标是企业希望透过整合传播的一致信息，传达企业或品牌的一致形象给消费者，进而促进其发生消费行为，并希望建立永续关系。这就需要策略性的整合效果：综合运用多种传播手段，坚持"一个观点，一个声音"的原则，与消费者建立持久关系，尤其是顾客品牌关系。整合营销传播是企业应对逐步走向分裂的传播环境的有效方法，是一种适应市场竞争的传播理论，但是对它的实施，需要在操作层面上进行规范化的操控与把握，没有规范化与制度化做作证的整合营销传播必将是失败的和短命的，不但不能给企业带来效益，还会让企业和品牌走向绝境。

10.8 整合营销广告策略

10.8.1 整合营销广告策略的步骤

（1）首先要研究产品。要仔细研究产品，明确这种产品能满足消费者哪方面的需要，有何独特卖点。

（2）锁定目标消费者。确定什么样的消费者才是销售目标，做到"有的放矢"。

（3）比较竞争品牌。比较竞争品牌的优势以及其市场形象。

（4）树立自己品牌的个性。研究自己树立什么样的品牌才会受到消费者的青睐。

（5）明确消费者的购买诱因。消费者购买该品牌的诱因是什么？为什么会进行品牌的尝试。

（6）强化说服力。必须加强广告的说服力，通过内容和形式的完美结合说服消费者。

（7）旗帜鲜明的广告口号。这是在众多消费者中引起消费者注意的捷径。

（8）对各种形式的广告进行整合。对电视广告、广播广告、平面广告、DM 广告、POP 广告进行一元化整合，以达成消费者最大程度的认知。

（9）研究消费者的接触形式确定投放方式。要研究消费者是如何接触到自己的广告，如何增多消费者的接触次数，确定广告投放方式，以达到品牌认知。

（10）对广告效果进行评估。对广告的效果进行量化评估，为下次广告投放提供科学依据。

整合营销传播的核心是使消费者对品牌产生信任，并且要不断维系这种信任，与消费者建立良好的信任关系，使其长久存在消费者心中。整合营销传播的广告策略所力求避免的是传统传播方式造成的传播无效和浪费。

10.8.2　整合营销传播的策划过程

企业实行整合营销传播必须通过一定的策划过程才能得以实现，具体如下：

（1）发展资料库。消费者资料库的建立是整合营销传播策划的首要任务，惟有先掌握消费者的种种资料（包括人口统计资料、心理统计资料和以往购买记录等，这是企业的无形资产，也是整合营销传播的基本条件和核心）才能进而针对现有和潜在消费者发展沟通策略，整合沟通信息和各种传播工具。

（2）界定营销传播范围。界定沟通与传播范围，对内部沟通，如员工交流，供销合作、促销活动等作为传播过程进行规划和管理。对外部沟通，如品牌宣传、企业形象宣传等，进行研究和控制。

（3）运用营销工具，对各种传播要素进行整合。这一阶段要考虑如何运用营销组合作为营销的传播工具，以实施传播战略，达到预定的传播目标。

（4）营销传播战术协调。最后，营销策划人员根据以上各方面情况，选择各种战术，来实现整合营销传播的目的，如广告活动、公共关系、直效营销等。

10.9　对整合营销传播的争议

有趣的是，这个在 20 世纪 90 年代就已经出现了的概念，其理论框架经过舒尔茨等人的努力也已经基本建立，并且得到了营销传播界的基本认同，但是直到今天为止，这个具有价值的理论体系在操作上却不尽如人意。理论上的认同和实践中的欠缺，引起了诸多专家的困惑，于是不少赞同整合营销传播的人，试图在此基础上加以延伸，甚至在此前提下提出貌似更加进一步的观点，诸如整合品牌传播（IBC）、360度品牌管理（奥美）等，以便在操作层面上拥有更加规范的操作体系。被舒尔茨认为是对整合传播理论有所发展的美国科罗拉多大学汤姆·邓肯博士甚至认为："要想增强长期有利的品牌关系，单靠进行整合营销传播是绝对不够的"，"整合营销传播只是整合营销体系中的冰山一角"。而要想使整合营销传播得到普遍运用，就必须将其置于整合营销背景之下，在根本上改变组织的体制和优先顺序。在这方面一个具有典型意义的例证是，以大卫·奥格威名字命名的著名奥美广告公司早在20世纪80年代就改名为奥美整合营销传播集团，近些年来又大力推行所谓360度品牌管理，但是360度品牌管理无论是在理论上还是普遍推广层面上都感觉有点大而无当，其真正获得整合成功的案例却鲜有所闻，至少在奥美进入中国大陆10多年来一个也没有。到头来他们所使用的那些招数也只是一种与传统广告手法大同小异的操作模式，即便是在整合传播理论奠基者舒尔茨，以及品牌理论专家大卫·艾格那里似乎也不例外，这一点我们从舒尔茨相隔10年之后所出版的两本整合传播著作中即可得到证实。为什么一个得到普遍认同的理论，其结果却是如此？也许我们从中可以找到一个显而易见的答案：这就是整合营销传播与其说是一种操作方法，还不如说是一种操作观念，而且从应用层面上讲它首先不是方法而是观念。审视整合营销传播产生的基本背景，有利于我们加深对这一观点的认识。

【案例】 整合营销传播成为媒体公司发展的趋势
——凯络营销整合传播副总裁黎创富谈整合营销传播

全球第一家也是最大的独立媒体公司凯络媒体（下称凯络），如今正在为自己打造"整合营销传播"的名片。凯络开始在其全球机构的服务内容中新增加了整合营销传播的服务。

对凯络而言，这一改变被认为是顺应广告主需求和传播趋势的变化。

"整合营销传播已经成为媒体公司发展的趋势。"凯络营销整合传播副总裁黎创富这样认为。

"传播的原生状态就是综合性的广告代理公司，从最初的广告开始，公关、事件营销、促销等营销传播方式逐渐在广告的基础上发展起来，继而独立出来成为专门的公关或营销公司，媒体公司的出现也是如此。"这个演变的过程并不是太久远的回忆，黎创富最初在台湾工作时就曾经历那段时光。

如今，消费渠道的大规模整合结束了近一个世纪由大众媒体和广告代理商控制营销传播的时代，新媒体技术又加速了媒体使用的多样化，当客户的营销手段和投入也由传统的广告导向转向行为导向时，公关和事件营销等越来越蓬勃，促销和直销等手段被大量采用。

随着营销方式的进化，从欧洲开始，营销已经慢慢融入到媒体公司的服务计划中。黎创富说，媒体公司现在做的已经不只是"媒体计划"，而是"传播计划"，即把所有可以帮助客户传播信息的营销内容都拉进来，包括公关、事件营销、促销等。

一些大的广告公司已经在调整内部结构后摇身成为整合营销传播集团，如 WPP 旗下的奥美，以及正在进行业务调整的智威汤逊。

而在媒体公司业内，基于对整合传播服务的重视，博睿传播在成立时就宣布以后将重点关注在传播内容上的发展，而 GroupM 也专门设立一个名为 ESP（Event/Sport/Performance）的共享部门，负责与节目内容的合作、置入式广告，以及今后将出现的一些新的传播业务。

在过去的综合性代理公司中，公关、事件营销等只是点缀式的，客户需求不大，而现在，活动式营销的需求在变大，成为对营销的全面性需求。

在从分到合的过程中，如何创造一种组织构架，使不同专业背景的专家能成功地进行合作，是在实施整合营销传播中最大的困难。尤其是对于凯络这样背后没有广告公司支持的媒体公司，成为传播中的"领导者"似乎更是一个挑战。

人是最关键的因素。在黎创富看来，传播行业最宝贵的是人。虽然早两年前，凯络在招聘员工时就已经开始有意识地注意员工的综合背景，而不仅仅是要求广告出身，但黎创富发现，在内地，拥有整合营销传播经验和技能的人员并不多。

"内地的广告业起步比较晚，跳过了台湾地区和香港曾经经历过的大传播时代，很多从业人员最初进入的只是某个专业的广告或公关领域，因此技能较为单一，能同时融会贯通很多营销技能的人不多。"

黎创富认为，这也是目前在这个领域中的很多资深人员都来自台湾和香港的原因。以黎创富本人为例，他在广告公司就有超过 20 年的从业经验，几乎所有营销工作都从事过。

决定整合效果的另一方面因素也在于资源的整合。

国际大型的传媒集团拥有着天然优势。凯络的母集团欧洲最大的媒体集团 Aegis，在此前就已经将公关等公司并入，而如今这些公司都是凯络进行整合传播的强大支持。

而在外部，不同传媒集团间也并不是泾渭分明。"客户的需求是把所有营销功能整合在一起，最终达到怎么样让信息传达得更准确的目的，因此只要客户有需求，隶属不同媒体集团的公司都能进行合作。"黎创富说。

本章小结

整合营销是以整合企业内外部所有资源为手段，重组再造企业的生产行为与市场行为，充分调动一切积极因素，以实现企业目标的、全面的一致化营销。整合营销传播的理论基础。整合营销传播的内涵和特点。传统广告与整合营销传播的区别。整合营销传播对广告公司组织结构的要求，以及变革广告公司组织结构的途径。整合营销传播对本土广告公司的影响。如何真正实现整合营销传播，以及整合营销广告策略。

思考题

1. 什么是整合营销传播？其理论基础是什么？
2. 整合营销传播的内涵和特点是什么？
3. 广告公司怎样去适应整合营销传播？
4. 试评述整合营销传播对本土广告公司的影响。

第11章 广告管理概述

11.1 广告管理的含义及特点

广告管理是国家管理经济的行为方式之一,是我国工商行政管理的重要组成部分。在实际工作中,广告管理一般也表述为广告监督管理或广告监管。

广告管理的含义有广义与狭义之分。广义的广告管理包括:(1)广告公司的经营管理。(2)广告行业、广告市场及广告活动的社会管理。前者是广告公司对自身内部及经营活动的管理;后者则是政府职能部门、广告行业组织和社会监督组织对广告行业及广告活动的指导、监督、控制和查处,是对广告本身的管理。狭义的广告管理专指对广告行业、广告市场及广告活动的社会管理,也就是广告的行政监管、行业自律和社会监督。

广告管理的对象是广告主、广告经营者、广告媒介,其中新闻媒体是广告发布的主要平台和广告监管的重要对象。广告管理的对象、方法、内容、范围的独特性决定了广告管理具有不同于其他行业管理的特点,这些特点有以下几个方面:

1. 广告管理的本质具有法制性

广告监督管理要运用广告法律法规和各种具有法律性质的社会行为规范来对整个广告业和广告活动进行监督、制约、调控,而各种法律法规是国家意志的体现,具有规范性、权威性、强制性。

2. 广告管理的内容具有广泛性

广告管理的内容随着广告业的发展不断拓宽,一方面,广告业作为联系社会生产与社会生活的重要环节,随着社会主义市场经济的发展,在国民经济中发挥着越来越重要的作用,广告业的发展程度也已成为衡量一个国家或地区经济发展水平的重要标准。另一方面,广告业的发展,使得广告业的结构、分工、活动范围和方式也在进行调整和变化。从广告业的发展趋势看,广告业的结构调整越来越趋向合理,广告活动的范围和方式从单一变得越来越复杂,为了适应广告业的这种发展变化,广告监督管理内容，也由单一变得越来越广泛。广告监督管理的内容包括对从事广告活动的主体的资格尤其是广告发布媒体的资格进行监督管理，如依法确立广告活动主体的经营资格，撤销从事违法广告活动主体的资格，重点是对广告活动主体的各种广告活动、经营行为和发布行为进行监督管理。

3. 广告管理的对象具有特定性

广告监督管理是对广告活动的主体及其广告活动进行的监督管理。因此，从事广告活动的广告主、广告经营者、广告媒介及其广告活动，就成为广告监督管理的特定对象。不从事任何广告活动的工商企业、事业单位、社会团体和个人不属于广告监督管理的范畴。这一特定的管理对象就使得广告监督管理与其他的工商行政管理活动有所区别。

4. 广告管理的手段具有多样性

政府不同部门依据法规一般对广告活动采取不同的管理方法和手段。工商行政管理部门对广告主、广告经营者和广告媒介及其广告活动的监督管理具有行政执法的特点，即在监督管理活动中，通过教育与处罚、管理与服务、监督、检查、控制与指导等手段和方法，规范广告活动，维护社会市场经济秩序。

5. 广告管理的主体具有多层次性

广告管理的多层次是指政府行政立法管理、政府主管部门的行政监管、广告行业自律和社会监督管理的多层次相互协作管理。之所以要对广告行业和广告活动实行多层次相互协作管理，是因为任何广告管理法规即使再完备，都不能包罗万象、尽善尽美，在许多领域和地方，常常会发生一些新情况、新问题，这就需要各级广告行业协会组织和社会监督组织，通过自律、监督的有效途径来加以解决。正是由于广告活动的复杂性和广泛性，世界上绝大多数国家往往采用以政府行政立法管理为主，同时以广告行业自律与广告社会监督作为其必要的辅助与补充，来加强对广告活动的管理。从世界各国采用的这种多层次相互协作的广告管理实践来看，这种广告管理方式是相当有效和成功的。

6. 广告管理的结果具有强制性

广告监督管理活动是国家意志的体现，以法律法规为其依据和后盾，保证广告监督管理的权威性。因此，广告主、广告经营者、广告媒介及其所进行的广告活动，必须依法而行。对于弄虚作假、欺骗消费者的广告违法行为，广告监督管理机关有权依据法律根据其广告活动所造成后果的危害性大小作出行政处罚、经济处罚，对于情节严重，影响恶劣，构成犯罪的，将由司法机关追究当事人的刑事责任。

11.2　广告管理历史概述

广告监管是广告产生发展以后的事。18 世纪末 ~19 世纪初，英、美等国家爆发了工业革命，带动了经济的快速发展。繁荣的社会经济与工商业的发展为广告业的出现以及发展创造了条件。然而由于没有系统的管理制度，广告业的竞争出现了混乱和无序，对西方经济生活的健康发展产生了不利的影响。因此，西方国家政府于20 世纪以后着手广告的立法和监督工作，这可谓是世界近代广告管理的开端。

我国的广告监管是比较早的，始于 20 世纪二三十年代。当时广告业非常红火，30 年代前后，广告公司兴起，这是我国广告发展史上的又一个里程碑。这一时期，广告媒介开始变得多样化，出现了多种多样的广告形式。许多大型企业中都设有广告部，如英美烟草公司的广告部和图画间，就从中外各方邀请画家绘制广告。在激烈的商战中，民族工业也开始向广告事业投资，在企业内设置广告部门。同时，由于市场竞争的需要，广告业务不断增加，专业广告公司由此应运而生。在 30 年代初，上海已有大小广告公司一二十家，广告公司的业务以报纸广告为主，其他形式的广告，如路牌、橱窗、霓虹灯、电影、幻灯片等，大体都各有专营公司。与此同时，国民政府也开始对广告实施管理，当时的民法、刑法、交通法、出版法中均有涉及广告的条款，政府开始征收广告税。这一时期，广告界也出现了同业公会。1927 年"中华广告公会"在上海成立，这是广告同业的最早组织，后几经更名，1933 年改名为"上海市广告业同业公会"。

1949 年，中华人民共和国成立。由于经济、政治、社会诸方面的原因，新中国的广告事业在经历了一个长期的曲折过程之后，才得以恢复和发展。

新中国成立后，在各级人民政府之下，成立了工商行政管理局。对于广告行业，则在广告业比较集中的上海、天津和重庆等地，成立了相应的广告管理机构，对广告进行管理，并在全国相继成立了广告行业同业公会。同时，针对当时广告业务中存在的一些问题，对广告行业进行了整顿，解散了一批经营作风不正、业务混乱、濒临破产的广告社。各地区以人民政府名义发布了一批地方性的广告管理办法，如天津市卫生局在 1949 年发布的《医药广告管理办法》、上海市人民政府发布的《广告管理规则》。重庆市在 1951 年成立广告管理所后，于年底发布了《重庆市广告管理办法》。

1953 年，我国开始执行第一个五年计划，从事大规模的经济建设。与此同时，开展了对资本主义工商业的社会主义改造。由于当时国家对私营工商业实行加工订货、统购包销的经济政策，广告公司的业务量骤减。同时，为配合对私营工商业的社会主义改造运动，在工商行政管理部门的支持下，对广告公司进行了大规模的改组，在一些工业比较集中、经济发达的城市，建立了国营广告公司。后来又对国营广告公司进行了改组，如北京市文化局领导下的北京市美术公司，天津市文化局领导下的天津美术设计公司，上海市商业局领导下的上海市广告装潢公司和上海市文化局领导下的上海美术公司等，这些美术公司都是在对原有广告公司或广告社进行合并、改组后组建起来的或是原国营广告公司的翻牌。

十年"文化大革命"动乱时期，广告作为封资修的东西被砸烂，我国广告事业的发展陷于一片空白，广告管理机构解散，广告管理无从谈起。

1978 年 12 月，中共中央召开了十一届三中全会，宣布全党把工作重心转移到经济建设上来，提出了"对外开放和对内搞活经济"的政策。从此，商品生产不断发展，对外贸易迅速增长。由于发生从计划经济向市场调节的转轨，许多新的产品面临着开拓市场、扩大销路的课题，从而为广告的恢复和发展提供了契机。从此时开始，各地的广播、电视和报纸相继恢复广告业务，广告公司（社）相继成立。到1981 年底，全国广告公司已由 9 家发展到 100 多家，报纸、杂志 2000 多家，广告从业人员 1.6 万多人，并开展了外贸广告业务。

为加强广告管理，1982 年 2 月，国务院颁布了《广告管理暂行条例》，规定广告行业统一由国家和地方各级工商行政管理部门管理。同时，为加强行业自身的建设，成立了中国广告协会和中国对外经济贸易广告协会等两个全国性的广告行业组织，并举办各种展览会和培训班，促进了广告事业的建设。

1994 年 10 月 27 日，第八届全国人民代表大会常务委员会第十次会议通过《中华人民共和国广告法》，自 1995 年 2 月 1 日起施行。《广告法》共 6 章 49 条。《广告法》的实施，使我国广告业的发展真正实现了有法可依、有法可循。《广告法》与国家行政部门颁布的广告法规构成完整的广告法律管理体系，我国的广告管理逐步走上了法制化轨道。

11.3 我国广告管理的法规体系

我国广告管理的立法历史虽然不长，但广告法律法规体系比较完善。尤其是改革开放以后，我国广告事业飞速发展，广告立法管理基本同步跟进，1982 年 2 月 6 日，国务院颁布《广告管理暂行条例》（自 1982 年 5 月 1 日起施行），1987 年 10 月26 日，国务院正式颁布《广告管理条例》，并于 1987 年 12 月 1 日起施行。根据《广告管理条例》，1988 年 1 月 9 日国家工商行政管理局发布了《广告管理条例施行细则》，自此我国广告业纳入依法管理的范围。1995 年 2 月 1 日，《广告法》实施，这标志着我国广告业依法管理的历史翻开了新的一页。

国家工商行政管理局依据《广告管理条例》和《广告法》，单独或会同国家相关部门制定了几十个广告管理规章，使我国广告依法管理体系初步确立。

目前，我国以《广告法》为核心的广告法规体系的架构基本形成，建立起了多层次、多方位、多角度调整广告活动的法律体系，包括法律、法规、规章、规定等，为维护广告市场秩序、维护消费者权益、促进广告业发展提供了法律保障。

11.3.1 广告管理法规的性质及其特点

广告管理法规是我国法律制度的一个组成部分，属于行政法规的范畴，它由国家制定或认可，体现国家意志，以国家强制手段来保证实施，主要用以调整广告主、广告经营者、广告发布者和消费者在广告活动中的经济关系。从法律的高度对广告活动予以规范，符合国家、公众和消费者的共同利益，也符合广告活动参与者的利益。进行法制管理对于规范广告活动、促进广告业健康发展和维护社会经济秩序具有突出的作用。进行法制管理，广告管理部门能够依据广告管理法规打击违法广告行为，保护消费者的合法权益，降低违法广告的社会危害性，促进广告业健康有序地发展。

广告管理法规的基本特点是：具有很强的目的性、规范性和强制性。

广告管理法规具有明确的目的性。在我国，国家通过行政立法，对广告行业、广告市场和广告活动进行管理，其目的就在于使广告行业适应国家宏观经济形势发展的需要，促进广告业健康、有序地发展，保护合法经营，取缔非法经营，杜绝虚假广告，查处违法广告，保护消费者的合法权益，保护经济的有序竞争，有效地减少广告的负面影响，以保证广告在国家经济建设中的巨大促进作用。

广告管理法规具有规范性和强制性。广告管理法规的制定和颁布，是严格依法进行的。广告管理执法部门的设置、执法内容、执法范围、行政处罚准则等也是严格按照广告管理法规来进行的。广告管理法规的规范性和强制性，使广告行业监管有章可循、有法可依，违法必究。

11.3.2　《广告法》与广告法

首先必须明确，《广告法》是指专门的一部法律，而广告法则是指各种法律中一切与广告有关的内容条款。在我国，广告法是指以《广告法》为特别法，以《民法通则》、《合同法》等规范为普通法的一个法律体系，是指调整广告活动过程中所发生的各种社会关系的法律规范的总称。

《广告法》所体现的基本原则是：（1）与《中华人民共和国宪法》（以下简称《宪法》）及国家其他法律、法规不相抵触的原则，这是最高原则；（2）切合广告业发展实际的原则；（3）规范化原则；（4）有利于广告业健康发展的原则。

1. 《广告法》与《广告管理条例》、《广告管理条例施行细则》，以及其他单项广告管理规章的关系。

《广告法》是一部专门规范广告活动的法律，在市场经济法律体系中有不可替代的重要作用和地位。相对于规范整个市场经济活动而言，它是特别法；相对于规范广告活动而言，它是基本法。《广告法》施行后，《广告管理条例》继续有效，其中有关商业广告规范部分与《广告法》不符的，以《广告法》为准；《广告管理条例》中非商业广告规范条款继续适用。广告管理单项规章及其他法律、法规中关于广告的规定与《广告法》的规定不符的，以《广告法》为准。

2. 《广告法》与其他相关法律、法规的关系。

《广告法》是我国广告法领域中的基本法律。《广告法》颁布后，1987 年 10 月26 日国务院颁布的《广告管理条例》仍在实施。在法律和行政法规的指导下，国家工商行政管理局还颁布了众多的部门规章和行政解释，它们构成了我国广告法的专门法律体系。但是，这并不是广告法的全部，我国《民法通则》、《合同法》都是广告法的重要渊源。广告作为一般意义上的经济活动和传播行为，同样也受到国家刑法、民法有关规定和国家某些经济、社会管理法律法规的约束和规范，在《中华人民共和国产品质量法》（以下简称《产品质量法》）、《中华人民共和国反不正当竞争法》（以下简称《反不正当竞争法》）、《中华人民共和国消费者权益保护法》（以下简称《消费者权益保护法》）、《中华人民共和国药品管理法》（以下简称《药品管理法》）、《中华人民共和国食品卫生法》、《中华人民共和国烟草专卖法》等法律文件中也有广告法律规范。这些涉及广告监管的法律是广告法制体系的外围支持，在规范广告活动方面起着直接与间接的作用。

所以，必须对广告法在我国整个法律体系中的地位有清晰的了解，必须认清各类广告法规之间的关系，只有这样才能更好地解决现实生活中的广告法律纠纷。在法律适用时，必须考虑到各个法律之间的关系，必须全面地准确地适用法律规范，只有这样，才能公正地处理广告法律纠纷。例如：《广告法》第二条："本法所说的广告，是指商品经营者或者服务提供者承担费用，通过一定的媒介和形式直接或间接地介绍自己所推销的商品或者所提供的服务的商业广告。"从法律定义来看，我国《广告法》仅仅调整商业广告，公益广告、政府广告、分类广告等其他类型的广告都应当由《民法通则》、《合同法》等法律来调整。

《广告法》中关于广告定义中的"媒介与形式"，依照《广告管理条例》第二条的规定，应当包括报刊、广播、电视、电影、路牌、橱窗、印刷品、霓虹灯等。商品的标签以及附着于商品上的包装装潢，依照《反不正当竞争法》第五条第4项的规定（4. 在商品上伪造或者冒用认证标志、名优标志等质量标志，伪造产地，对商品质量作引人误解的虚假表示。），应当认定为"商品上"的表示，与广告还有所不同；该法第九条（第九条 经营者不得利用广告或者其他方法，对商品的质量、制作成分、性能、用途、生产者、有效期限、产地等作引人误解的虚假宣传。广告的经营者不得在明知或者应知的情况下，代理、设计、制作、发布虚假广告。）还规定了广告以外的"其他方法"，如说明书、在经营场所雇佣他人进行的诱导，在经营场所对商品所作的文字标注、说明、解释，新闻媒体的有偿报道等，这些与《广告法》上所说的广告也有所不同。目前这些也需要通过其他法律法规来进行调整。

在法律适用上，《广告法》必须与其他法律配合适用。如果广告主、广告经营者、广告发布者违反《广告法》的规定，可以直接依据《广告法》追究其法律责任，但如果广告中的演员对广告作不实表示，消费者可否依据《广告法》追究演员的民事责任呢？有人认为，《广告法》仅仅规定了广告主、广告经营者、广告发布者的法律责任，不应当依照《广告法》追究演员的责任。我们认为，演员如果在广告的发布中有过错的行为，应当与广告发布者共同承担过错责任。如果广告的发布者发布广告的方式不当，也应当承担过错责任。如果广告主、广告经营者仅仅制作了虚假广告，没有发布，依照《广告法》第三十七条的规定，广告行政管理机关也可以对其作出处罚。此外，根据《广告法》第三十八条的规定，社会团体与其他组织，在虚假广告中向消费者推荐商品或者服务，使消费者的合法权益受到损害的，应当依法承担连带责任。但是，《广告法》并未对主体民事责任的大小及责任的承担方式作出更具体的规定，在处理这些案件时，还必须援用《民法通则》的有关规定。

从内容来看，《广告法》主要从广告准则、广告活动、广告审查等方面对广告活动进行管理，其规范的性质中大部分属于行政性的规范。《广告法》也主要表现为行政管理法。但是，在广告合同中，如果广告主、广告经营者、广告发布者违反了这些规范，应当承担合同无效责任。在现实生活中，如果广告主、广告经营者、广告发布者违反了规定，首先应当承担行政责任，广告行政管理机关应当对其进行行政处罚。目前，由于广告行政管理的生态环境并不理想，而市场主体寻求民事救济的成本又过高，结果造成虚假广告普遍存在。

11.3.3 广告规章与行政解释

根据《广告法》和《广告管理条例》，我国还颁布了大量的广告规章，规范特殊的广告行为。主要有：《印刷品广告管理办法》、《烟草广告管理暂行办法》、《兽药广告审查标准》、《兽药广告审查办法》、《医疗器械广告管理办法》、《医疗器械广告审查标准》、《医疗器械广告审查办法》、《药品广告管理办法》、《药品广告审查办法》、《药品广告审查标准》、《农药广告审查标准》、《农药广告审查办法》、《化妆品广告管理办法》、《食品广告管理办法》、《食品广告发布暂行规定》、《房地产广告发布暂行规定》、《医疗广告管理办法》、《酒类广告管理办法》、《临时性广告经营管理办法》、《户外广告登记管理规定》、《广告显示屏管理办法》、《店堂广告管理暂行办法》、《广告语言文字管理暂行规定》，等等。还有国家工商局《关于利用音像制品发布烟草广告有关问题的答复》(1998 年 11 月 19 日)、《关于加强自费出国留学中介服务广告管理的通知》(1999 年 7 月 17 日)、《关于加强美术展览活动广告管理的通知》(1998 年 7 月 2 日)、《关于加强电视直销广告管理的通知》(1998 年 9 月 20 日)等行政解释。

这些规章和行政解释从广告市场主体的资格审查，到广告的设计、发布、代理、制作进行了系统的规定，它们从不同的方面具体规范我国的广告市场。但是，由于这些部门规章和行政解释一般在国家工商行政管理局的出版物上披露，所以，非专业人士一般很难知晓。加入 WTO 后，根据世界贸易组织的有关规则，我们必须完善广告规则的信息披露机制。相信随着政府信息公开制度的完善，国家广告管理机关会采取措施将这些广告规则让广大民众知晓。

11.3.4 现行《广告法》已不适应广告发展形势

《广告法》是我国历史上第一部全面规范广告内容及广告活动的法律，是我国广告法制体系的核心和基石，其制定和实施，规范了市场中的各种广告行为，大大促进了我国广告业发展。但我们也看到，《广告法》的部分内容及具体执法工作已落后于广告业发展，现行《广告法》在完备性、科学性和操作性等方面均存在着许多严重的不足之处，尤其是"问题广告"的不断涌出对现行《广告法》提出了严峻考验，新媒介的产生等外部环境的变化，也对现行的《广告法》提出了新要求。

现行《广告法》的法体缺陷主要体现在五个方面：

第一，现行的《广告法》侧重于对商业广告行为的管理与规范，而缺乏对政治广告、军事广告、文化广告等社会广告形态的表述。现行的《广告法》明确规定法律的调整范围为商业广告。《广告法》第二条规定："本法所称广告，是指商品经营者或者服务提供者承担费用，通过一定媒介和形式直接或者间接地介绍自己所推销的商品或者所提供的服务的商业广告。"明确本法的调整范围限于商业广告。随着广告实践的深入发展，中国的广告理论学者和业界专家对广告的本质以及广告的定义提出了新的认识，认为广义的广告不仅包括商业广告，还包括政治广告、军事广告、文化广告等社会广告形态，加强对这些广告行为的管理对于构建社会主义精神文明和政治文明具有非常重要的现实意义。

第二，关于广告收费标准的规定还不够完善，尚需使其进一步合理化、科学化。《广告法》第二十九条规定："广告收费应当合理、公开，收费标准和收费办法应向物价和工商行政管理部门备案"，"广告经营者、广告发布者应公布其收费标准和收费办法"。这些规定虽在总体上给予收费标准以尺度，但具体操作的自由范围较大，难以把握。由于我国目前的物价已基本市场化，在实际工作中，物价、工商行政管理部门对广告收费的实情很少问津，造成了目前我国广告业收费混乱的局面。

第三，由于没有配套的实施细则，《广告法》的不少条款操作性较差，无法真正实行。如《广告法》第三条规定："广告应当真实、合法，符合社会主义精神文明建设的要求"；第八条规定："广告不得损害未成年人和残疾人的身心健康"；第十二条规定："广告不得贬低其他生产经营者的商品或者服务"等。这些条文规定均无处罚条款，使得广告执法部门无法可依。近年来广告界对《广告法》第三十条规定争议颇大，第三十条规定："广告发布者向广告主、广告经营者提供的媒介覆盖率、收视率、发行量等资料应该真实"。但未规定提供发行量的途径、方式、方法，未规定相应的程序和规则，也未对违反法律、法规的行为制定相应的罚则，由此造成众多媒体肆无忌惮地虚报发行量而不必担心受到有关部门的处罚。

第四，《广告法》作为行政管理法，侧重广告的行政管理，缺乏行业自律、社会监督等其他广告管理模式的表述。《广告法》第六条规定："县级以上人民政府工商行政管理部门是广告监督管理机关。"将广告行为的监督管理与行业管理、登记管理相分离。广告作为一个专业化较强的管理领域，行业协会的作用不容忽视。在发达国家，广告行业协会具有较高的权威性，成为国家管理广告事务极为重要的组成部分。出于我国行业管理体制的历史原因，我国广告业协会在规模和职能方面不适应行业规范的需要，其行业自律功能、法律咨询等服务功能尚未完全发挥。现行《广告法》并没有体现行业协会的地位和作用，使行业协会丧失了保护本行业的能力和权威性，也没有形成与工商行政管理职能相互弥补的功效。

第五，《广告法》对新的广告形式和经营形式，如网络广告、媒介购买、垄断经营等方面的管理出现空白点，对欺诈广告、比较广告、儿童广告仅作了原则规定，这不利于《广告法》的具体贯彻执行。尤其是对"儿童广告"的规定具有很大的局限性。儿童广告的目标消费群蕴藏着巨大的商机,孩子们作为一个最有潜力的消费群体是商家和广告经营者永远的诉求对象。由于儿童还不具备辨别商业广告和常规儿童节目的能力,不能够真正理解广告是什么,同时也没有选择权等特点,我国一些学者和家长对此忧心忡忡,越来越多的人开始担心广告会对孩子产生负面影响。目前,我国还没有专门针对儿童广告的法规或规章,只是在一些法律和专项法规中设立了一些儿童广告的相关条款。如《广告法》中有"广告不得损害未成年人和残疾人的身心健康"的原则性规定;《烟草广告管理暂行办法》中规定,烟草广告中"不得有未成年人形象"等。相比于其他国家政府及相关行业组织对儿童广告的严格管理,我国对儿童广告的管理还存在一定差距。

近年来,广告业的外部生态环境和内部生态环境也不断地发生着变化,这些变化对《广告法》产生了巨大的冲击。《广告法》中的"盲点"范围不断扩大,来自于外部生态环境的冲击主要有经济、文化、体制方面的市场化改革,来自于广告业内部的主要有广告的集团化和新媒体广告的产生。这些方面为《广告法》的修订提出了"新的议题",《广告法》的修订迫在眉睫。

11.4　我国广告管理的行政体制

广告管理主要是指政府行政管理。国家广告监督管理机关依据有关法律、法规和国家授予的职权,采用行政手段,代表国家对广告活动进行的计划、监督、控制和调节等活动。

广告管理的行政体系是一个国家广告管理的总体框架,是广告法规监管的重要保证和具体体现。一个国家的社会制度、政治体制不同,其广告管理体制也会有所区别。目前世界各国广告管理体制虽有这样或者那样的差异,但从总体上看却是大体一致的,多数国家都是以政府行政管理为主导,再辅之以广告行业自律和社会舆论监督,从而构成一个完整的广告管理体系。

所谓广告行政管理,是指国家通过一定的行政干预手段,或者按照一定的广告管理的法律、法规和有关政策规定,对广告行业和广告活动进行监督、检查、控制和指导,它是一种运用有关行政法规、命令、指示、规定和政策对广告进行管理的方法和手段。在我国,广告的行政管理,是由国家工商行政管理部门按照广告管理的法律、法规和有关政策规定来行使管理职权的,而且是我国现阶段进行广告管理的一种主要体制。

我国实行的是具有中国特色的政府主导型广告管理体制。一是有专门的广告监管机关。根据《广告法》和国家有关行政法规的授权,工商行政管理机关是广告监管机关,具有指导广告行业发展和规范广告市场的双重职能。二是政府部门齐抓共管、综合治理。广告监管是系统工程,涉及多个领域与环节,工商管理机关在广告监管中发挥着积极作用。国家广播电视、新闻出版、信息、卫生、食品药品监管等部门协助负责对本系统广告的监管。三是行业自律、舆论监督、社会参与相结合。

《广告法》第三条规定：县级以上人民政府工商行政管理部门是广告监督管理机关。在我国，工商行政管理机关代表国家行使广告管理职能，其行政机构设置是完整而严密的。国家工商行政管理总局下设广告监管司，各省、市自治区、直辖市和计划单列市的工商行政管理局设广告处，地区和市级工商行政管理局设广告监管科，县级工商行政管理局设广告监管股。国家工商行政管理总局是广告监管的最高机关，受国务院和国家立法机关委托起草广告监管法律和法规，单独或会同有关部门制定和发布广告监管行政规章，负责解释《广告管理条例》及其《施行细则》和其他广告监管单项行政规章。地方广告监管机关可以依照立法程序和权限，起草和发布地方性广告监管行政规章。

工商行政管理机关对广告主、广告经营者和广告发布者的广告活动全过程进行监督和管理，以保证广告活动在法律规定的范围内进行。对广告主的广告活动的监管，主要是监管广告主的广告活动是否与广告主的民事能力相一致，广告内容是否符合国家法律和法规的规定。对广告经营者和广告发布者的监管，主要是要求广告经营者履行法定的义务，在经核准的经营范围内合法经营，制止垄断和不正当竞争行为，维护广告市场秩序等。对广告发布者的监管，主要是要求广告发布者严格审查刊播广告的内容，防止违法、虚假广告的出现。工商行政管理机关还负责查处广告违法案件，依法追究违法广告行为责任者的法律责任，并予以处罚。作出行政处罚决定的上一级广告监管机关还担负着行政复议的职责，作出维持、变更和撤销原处罚的决定。

国家工商行政管理总局和地方各级工商行政管理局，根据《广告管理条例》、《广告管理条例施行细则》、《广告法》和国务院的有关授权，对广告活动进行监督管理，其主要职能在《广告行政监管》一章中阐述。

11.5 广告业的行业自律

11.5.1 广告行业自律的性质与特点

广告行业自律，又叫广告行业自我管理，它是指广告业者通过章程、准则，规范等形式进行自我约束和管理，使自己的行为更符合国家法律、社会道德和职业道德的要求的一种制度。广告行业自律主要通过建立、实施广告行业规范来实现，行业规范的贯彻落实主要依靠行业自律组织进行。广告行业自律是目前世界上通行的一种行之有效的管理方式，并逐渐发展成为广告行业自我管理的一种制度。

建立广告行业规范，实行广告行业自律，是广告业组织与管理的重要内容，它与政府对广告业的管理和消费者对广告活动的监督共同组成对广告业的组织与管理体系。

这里所说的广告行业规范，不是指国家对广告业的管理规定，而是指广告行业组织，广告经营者和广告主履行制定的约束本行业或企业从事广告活动的广告公约和各种规章，属于广告职业道德范畴。例如，中国广告协会制定的《中国广告行业自律规则》，中国广告协会电视委员会制定的《电视广告工作人员守则》等，就是一种自我约束的公约。

广告行业规范和行业自律作为广告业者遵循的规则和制度，主要有以下特点：

（1）自愿性。遵守行业规范，实行行业自律，是广告活动参加者自愿的行为，不需要也没有任何组织和个人的强制，更不像法律、法规那样，由国家的强制力来保证实施。他们一般是在自愿的基础上组成行业组织，制定组织章程和共同遵守的行为准则，目的是通过维护行业整体的利益来维护各自的利益。因此，行业自律主要是依靠参加者的信念及社会和行业同仁的舆论监督作用来实现。违反者，也主要依靠舆论的谴责予以惩戒。

（2）广泛性。广告业自律调整的范围比法律、法规调整的范围更加广泛。广告活动涉及面广，而且在不断发展变化，广告法律、法规不可能把广告活动的方方面面都规定得十分具体。而行业规范则可以做到这一点，它不仅在法律规范的范围内，而且在法律没有规范的地方也能发挥其自我约束的作用。因此，广告行业自律是对广告法规难以约束的某些行为的思想限制、道德武器。

（3）灵活性大，适应性强。广告法律，法规的制定、修改和废止，需要经过严格的法定程序，而行业规范等自律规章只要经过大多数参加人的同意，即可进行修改、补充。

世界上最早的国际性广告行业自律规则，是 20 世纪 60 年代由国际广告协会发表的《广告自律白皮书》。它的发表，对世界广告业的发展影响巨大而深远，成为世界各国制定本国广告行业自律规则的主要参考文献。此后，世界上许多国家都制定、出台了相应的、适合本国国情的广告行业自律规则。

中国广告协会于 1990 年曾制定《广告行业自律规则》，对广告应当遵循的基本原则及广告主、广告经营者、广告媒介所应体现的道德水准，作出了相应的规定，但是在行业内一直没有得到认真的执行，同时，随着我国广告市场的日益活跃，原有自律规范已不适应新形势的要求。2008 年 1 月，中国广告协会第五次会员代表大会审议通过了《中国广告行业自律规则》。新的《中国广告行业自律规则》规定了广告制作、发布时应遵守的一般原则和限制性要求，禁止虚假和误导广告，提出广告应当尊重他人的知识产权，尊重妇女和有利于儿童身心健康，尊重良好道德传统。新的自律规则对于广告行为也进行了规定和限制，禁止以商业贿赂、诋毁他人声誉和其他不正当手段达成交易，禁止以不正当的广告投放为手段干扰媒体节目、栏目等内容的安排。对于涉嫌违反行业自律规则的广告内容和行为，新的自律规则明确，任何单位和个人都可以向中国广告协会及地方各级广告协会投诉和举报；经查证后，将采取自律劝诫、通报批评、取消会员资格等自律措施，直至报请政府有关部门处理。自律规则规定了会员需要遵守的自律措施以及违反本自律规则，协会所采取的 6 种自律措施，除包括对会员单位的处置措施外，还增加了适用于所有广告活动主体的处理措施。

此外，世界各国广告行业内的广告主、广告经营者和广告发布者还分别制定出各自十分具体且操作性极强的广告自律规则。这些规则的诞生，无疑为广告行业的正常运行和健康发展，提供了共同遵循的职业道德规范。例如由美国广告联盟等组织草拟、经国际报业广告首脑会议通过的《美国工商界广告信条》，美国《纽约时报》制定的《广告规约》和美国广播事业协会制定的《电视广告公约》等。

11.5.2　广告行业自律与广告行政管理的关系

广告行业自律和政府对广告行业的管理都是对广告业实施调整，二者之间既有密切联系，又有根本的不同。广告管理的依据是广告法规，它主要从外在方面对广告管理者的职责行为进行了规定；广告自律的原则是广告道德，它主要从内在方面划定出广告行业的职业道德规范。它们之间的关系包括：

首先，行业自律必须在法律、法规允许的范围内进行，违反法律的，将要被取消。政府管理是行政执法行为，行业自律不能与政府管理相抵触。

其次，行业自律与政府管理的基本目的是一致的，都是为了广告行业的健康发展，但是层次又有所不同。行业自律的直接作用目的是维护广告行业在社会经济生活中的地位，维护同业者的合法权益。而政府对广告业的管理其直接作用是建立与整个社会经济生活相协调的秩序，它更侧重于广告业对社会秩序所产生的影响。

再次，行业自律的形式和途径是建立自律规则和行业规范，调整的范围只限于资源加入行业组织或规约者；而政府的管理是通过立法和执法来实现，调整的范围是社会的全体公民或组织。

最后，行业自律的组织者是民间行业组织，它可以利用行规和舆论来制裁违约者，使违约者失去良好的信誉，但它没有行政和司法权；而国家行政管理则是以强制力为保证，违法者要承担法律责任。

广告行业自律是广告业发展到一定阶段的必然产物，它对于提高广告行业自身的服务水平，维持广告活动的秩序，都有着不可替代的作用。世界上广告业比较发达的国家都十分重视广告行业自律对于广告业发展的积极意义，行业自律逐步形成系统和规模，不断得到加强和完善。我国的广告业正处在初级发展阶段，随着社会主义市场经济的运转，广告管理法规在进一步完善和健全之中。在这种状况下，广告行业自律的作用显得更加重大。实行行业管理，加强广告法规的管理研究和确定行业自律准则，是我国社会主义市场经济发展的需要。

11.5.3　广告行业自律的积极作用

广告行业自律是在广告行业内建立起来的一种自我约束的道德伦理规范，因为这种自我约束是以遵守各种法律为中心而建立起来的自我限制。这种作法既可以起到补充政府法规的指导作用，又表现了广告行业自觉尊重法规的意愿。因此，自我约束对推动广告事业的发展起着积极的作用。

11.6　广告社会监督机制

11.6.1　广告社会监督的概念

广告社会监督管理，又叫消费者监督或舆论监督管理，是消费者和社会舆论对各种违法违纪广告的监督与举报。通常情况下，广告管理以政府的行政管理为主，但这并不是说广告行业自律和消费者监督管理是可有可无或根本用不着存在的，相反，正是由于有了广告行业自律和消费者监督的加入，政府对广告的行政管理才更加有力，广告管理也才更加富有层次。

广告社会监督主要通过广大消费者自发成立的消费者组织，依照国家广告管理的法律、法规对广告进行日常监督，对违法广告和虚假广告向政府广告管理机关进行举报与投诉，并向政府立法机关提出立法请求与建议。其目的在于制止或限制虚假、违法广告对消费者权益的侵害，以维护广告消费者的正当权益，确保广告市场健康有序地发展。

我国的广告社会监督组织，主要指中国消费者协会和各地设立的消费者协会(有的称消费者委员会或消费者联合会)。1983 年 8 月在北京成立的全国用户委员会，是我国首家全国性的消费者组织。中国消费者协会是经国务院批准，于 1984 年 12 月 26 日在北京成立的。目前，全国县级以上消费者协会已超过 2400 多个，还在街道、乡镇、大中型企业中建立了各种形式的保护消费者的社会监督网络 3.3 万多个。消费者协会基本上是由工商行政管理、技术监督、进出口检验、物价、卫生等部门及工会、妇联、共青团等组织共同发起，经同级人民政府批准建立和民政部门核准登记，具有社会团体法人资格，挂靠在同级工商行政管理局的"官意民办"的消费者组织。

11.6.2　广告社会监督的特点

与广告行政管理系统、广告审查制度和广告行业自律制度相比，广告社会监督有其自身特点。

1. 广告社会监督主体的广泛性

广告主的商品或服务必须通过一定的媒介发布出来成为广告信息，才能为广大社会公众所接受，从而产生消费意愿和消费行为；与此同时，一则广告信息一旦发布出来，即意味着已落入社会公众的"汪洋大海"之中，要受到广告受众全方位的监督。这些广告受众即构成广告社会监督的主体，其每一个成员都可以对广告的真实性、合法性进行监督，并向各级广告社会监督组织反馈其监督结果，从而构成一支庞大的广告社会监督大军。因此广告社会监督主体具有广泛性的特点。

2. 广告社会监督组织的"官意民办"性

在西方，广告社会监督组织即各种消费者保护组织，都是自发成立的，完全代表消费者利益，几乎不带任何官方色彩，在社会上扮演着"消费者斗士"的角色。而我国各级消费者协会则更多地带有"官意民办"的性质。这种"官意民办"性质主要表现在：其一，各级消费者协会都是经过同级人民政府批准后成立的，并非消费者完全自发的行为；其二，它成立后挂靠在同级工商行政管理机关，没有独特的地位；其三，它在经费、编制、人员及办公条件等方面得到同级政府支持，缺乏自主权。这种"官意民办"性质决定了我国广告社会监督组织具有双重使命：既要在一定程度上体现官方意志，又要保护广大消费者的合法权益。当然，在我国社会主义政治制度下，二者在更多的时候并不互相矛盾，而是一致的。

3. 广告社会监督行为的自发性

广告受众依法对广告进行监督并非广告管理机关和广告社会监督组织的指令所致，而是一种完全自发的和自愿的行为，在此过程中，几乎不存在任何的行政命令和行政干预。广告受众这种自发行为主要来自：其一，广告受众对自己接受真实广告信息权利的认识的加强；其二，广告受众对保护自身合法权益的意识的提高。而这一切皆取决于消费者素质的提高和广告受众自我保护意识的加强。因此，社会越发展，其文明程度越高，人的素质越好，广告受众的自我保护意识越强，那么人们对广告的监督行为也就越自发和越自觉。

4. 广告社会监督结果的无形权威性

广告主发布广告，向社会公众传递商品或服务信息，其目的在于使一般社会公众成为广告受众，使潜在的购买趋势发展成为现实的购买行为，即要让社会公众接受其广告，并进而购买其商品或使用其服务。但社会公众是否愿意接受其广告信息，是否愿意产生购买欲望和发生购买行为，主动权不在广告主一边，也不在广告公司一边，而是在广告受众一边。而广告信息是否属实，广告主的承诺是否可信，将直接影响广告受众对它的认可与否。因此以广告受众为主的广告社会监督主体对广告的监督结果，具有一种无形的权威性。社会监督结果的这种无形权威性，是广告主、广告公司进行广告创意、构思、设计、制作时所不能忽视的，任何对它的忽视或轻蔑，都将招致严重的后果。

11.6.3 广告社会监督的运行机制

简单地说，我国广告社会监督的运行分为三个层次，由上而下，逐层推进，构成一个有序的整体，并自成体系。这三个层次是：广告受众对广告的全方位监督；广告社会监督组织的中枢保障作用；新闻传媒、政府广告管理机关和人民法院对虚假、违法广告及其责任人的曝光、查禁和惩处。

1. 广告受众对广告的全方位监督

每一位能够接触到广告的社会成员，只要其生理和心理没有什么缺陷，都有权对广告进行监督。由于广告社会监督队伍庞大，其成员的性别、年龄、出身、兴趣、爱好各不相同，因而其对广告的要求也不尽一致：有人要求内容真实，有人要求蕴含深厚，有人要求风格朴实……这许许多多的各不相同和不尽一致，便构成了广告社会监督主体——广告受众对广告的全方位监督。广告中任何违法、虚假的成分都逃脱不了广告受众"雪亮"的眼睛。广告受众这种对广告的全方位监督，构成了广告社会监督的第一个层次，它是广告社会监督的基础。可以这么说，如果没有如此庞大的广告社会监督队伍，以及他们对广告的自觉监督，那么，仅凭数量有限的各级消费者协会工作人员，无论其怎样努力工作，都无法完成对纷繁复杂、数量众多的广告的监督。正因为有广告受众对广告全方位监督这样坚实的基础，广告社会监督才得以顺利进行。

2. 广告社会监督组织的中枢保障作用

广告社会监督组织在广告社会监督的运行机制中介于新闻传媒、广告管理机关、人民法院与广告受众之间，处于第二层次。对商品或服务进行社会监督，对消费者的合法权益进行保护，这是由消费者协会的性质所决定的两大任务。与此相应，广告社会监督组织也有两大任务：一是对商品或服务广告进行社会监督，二是保护广告受众接受真实广告信息的权利。为了完成这两大任务，一方面，广告社会监督组织要积极宣传，动员一切可以动员的力量，包括来自个人，或来自企业、事业单位、社会团体及其他组织的力量，对广告进行全方位的社会监督。另一方面，广告受众对虚假、违法广告的举报与投诉，广告社会监督组织有责任有义务向大众传播媒介进行通报，并让新闻传媒对其进行曝光；对情节严重并造成了严重后果的，广告社会监督组织还应向广告管理机关进行举报和向人民法院提起诉讼。因此，在广告社会监督的运行机制中，广告社会监督组织上接新闻传媒、广告管理机关、人民法院，下连广告受众，起着重要的中枢保障作用，并共同构成一个有机的整体。

3. 新闻传媒、政府广告管理机关、人民法院对虚假、违法广告及其责任人的曝光、查禁和惩处

由广告社会监督组织"官意民办"的特点所决定，其无法独立完成对商品或服务广告进行社会监督和保护广告受众接受真实信息的权利这两大任务。通常情况下，它不得不借助于新闻传媒、政府广告管理机关、人民法院对虚假、违法广告及其责任人的曝光、查禁和惩处。因此，新闻传媒、政府广告管理机关、人民法院对虚假、违法广告及其责任人的曝光、查禁和惩处，便构成了广告社会监督运行机制的第三层次，也是最高层次。在这个层次，对广告受众投诉举报的虚假、违法广告，最常见的做法是通过一定的社会监督组织，向新闻传媒进行发布，然后再由新闻传媒对其进行曝光，借助社会舆论的力量防止虚假、违法广告的出现或出现后的进一步蔓延。所以，新闻传媒对虚假、违法广告的曝光在广告社会监督中起着至关重要的作用，这种作用在一定程度上是不可替代的。可以这样说，广告社会监督的任务完成与否，在很大程度上取决于新闻传媒对虚假、违法广告的这种舆论监督作用是否发挥出来了。除此以外，政府广告管理机关、人民法院对情节严重并造成了重大伤害的虚假、违法广告的查禁和惩处，也是广告社会监督得以顺利实现的重要保证。当然，这已不是广告社会监督，而是属于广告行政管理的范畴了。

11.7 以"科学发展观"为指导，不断创新广告监管工作

当前我国的广告监管体制是以政府监管为主、行业自律为辅，政府在广告市场监管中起主导性作用。

11.7.1 我国广告监管目前存在的问题

我国广告监管工作虽然取得了相当的成绩，但目前还存在一些问题。

一是广告监管力量和技术手段亟待充实。全国专职广告监管干部只有 4000 余人，很多地、县工商局没有设立广告监管专职部门，被查处的违法广告所占违法广告的比例还很低，从客观上还难以做到违法必究。开展广告监测工作是及时发现违法广告的重要举措。面对庞大的广告媒介群体每天发布的大量广告，依靠传统的人力手工检查，是一种事倍功半的做法，很难做到及时发现违法广告。目前虽然有少部分省工商局建立了广告监测机构，配备了具有一定现代化水平的监测设备，但很多地方还是采用原始的方法，通过电视机、录像机等逐条检查广告。落后的广告监测手段，已难以适应广告监管工作的现实需要。

二是广告监管工作需要法律配套支持。广告法制建设严重滞后于广告市场的发展，现行《广告法》已不适应广告市场发展的需要，特别是加强对有关人民群众生活、身体健康的产品或服务的广告监管亟待法律支持。目前虚假、违法广告之所以屡禁不止，除了行业管理不规范、媒介审查把关不严、个别企业恶意竞争等原因外，还有一个原因就是现行《广告法》已不适应广告业发展和广告监管工作的需要。尽管工商行政管理机关在规范广告市场秩序中做了很多努力，也取得了一定效果，但从总体上看，依据《广告法》现有规定已不能有效地监管和规范广告市场秩序。因此，对现行《广告法》进行修改已是促进、保证广告业健康发展的当务之急。

11.7.2 "科学发展观"与科学监管观

科学发展观的内涵是十六届三中全会提出的"坚持以人为本，树立全面、协调、可持续的发展观，促进经济社会和人的全面发展"。牢固树立和全面落实科学发展观，对于政府充分履行广告监管职能，促进广告业健康发展，具有重要的现实意义。我国解决一切问题的关键在于发展。解决广告监管中的问题，其关键也在于发展，要达到这样的目标：广告应该反映先进生产力的发展状况，表现先进文化的前进方向，体现群众的根本利益。

（1）实现广告监管工作的目标，就要建设一个科学的广告监管体系，首要问题是确立科学监管观，这是工商系统树立和落实科学发展观的重要思想基础。工商管理机关作为市场监管的主体之一，重要的就是确立与职能相适应的科学监管观，依照市场监管的本质、目的、内涵建立起一个体系，解决为谁监管、怎样监管的问题。为谁监管是监管前提，也是监管的目的，这个前提和目的，是将以人为本作为最高

的价值取向，解决我们监管价值主体是谁的问题。怎样监管主要揭示的是客观规律，是建立适应发展的监管机制，这个机制也必须服务于社会，服务于经济的发展，服务于广大群众的根本利益，否则就违背了客观规律。还要建立一个完善的法律体系，使我们的监管工作，不仅科学，而且有法律保障，通过科学监管促进发展，通过发展解决监管中存在的问题。

（2）不断创新广告监管工作方法。广告市场竞争的日益国际化，广告经营运作的方式、方法也发生了重大变化，要求广告市场主体必须建立起适应市场经济竞争需要、符合国际惯例的经营体制和机制，以提高企业活力，增强竞争能力。广告监管的对象和内容将发生较大的变化，广告监管机关必将面临一些新问题和新挑战。这就要求我们在科学发展观的指导下，树立科学监管观，以全新的思维方式，加强对广告市场主体交易行为和竞争行为的监管。严把广告市场主体准入关，规范广告市场主体行为，就必须与时俱进，加强广告监管制度建设，不断创新广告监管方法，降低工作的随意性，提高工作的严谨性，有效提高监管工作水平。

（3）加强广告法制建设步伐，保障广告监管工作的深入开展。几年来，国家工商总局对修订《广告法》作了大量调查研究和前期准备工作。主要修订方向是：扩大《广告法》调整范围；增强法律规定的可操作性；对广告监管中出现的新情况、新问题予以规范；加大对违法广告和违法广告经营行为的处罚力度；强化广告监管机关的执法手段。

（4）加强与有关部门的协调配合，推进广告市场的齐抓共管工作。我国的广告监管体制和监管模式，要求我们正确认识和履行自身职责与加强协调配合的关系，发挥综合执法的整体功能，共同把我国广告市场监管工作做好，使之能够促进国民经济的发展，促进精神文明水平的提高，让人民群众满意。

【案例】深圳市科学监管广告

深圳市工商局认真贯彻落实国家工商总局关于广告监管工作的部署，大力推进广告监管方式、方法、手段的改革和创新，不断推动广告监管的科学、精细、长效，已初步建立起政府监管、行业自律、舆论监督、群众参与"四位一体"的长效综合防治体系，促进了广告监管职能到位和监管水平提升，实现了广告市场经营秩序的明显好转。其主要经验有四个方面：

一是落实广告监管联席会议制度，构建广告市场秩序综合治理机制。通过联席会议制度，加快了广告监管法制化、制度化、规范化进程，形成了多部门齐抓共管的工作局面。同时，在联席会议的推动下，违法广告公告制度得以推行，有效解决了违法广告社会监督缺失的问题。该局定期牵头召开广告监管联席会议，研究制定广告监管政策措施，协调推动各相关部门履行职责到位，共同解决广告市场中的热点、难点问题，形成了对广告市场秩序综合治理的长效机制。在联席会议的推动下，该局的广告监管工作解决了多项难题：违法广告公告制度得以推行，定期在当地主要媒体上公布典型虚假违法广告，在社会上引起强烈反响，广告社会监督缺失的问题得到解决；推行领导责任追究制度，要求各媒体查明广告监测发现的严重虚假违法广告的广告审查员、广告版面负责人、广告部门负责人及签发领导，并将相关责任人名单在规定时间内上报联席会议联络员办公室、市委宣传部及其主管、主办单位，由有关部门按照相关规定予以处理，在新闻媒体内部引起了强烈震动，有效解决了媒体广告审查把关不严的问题。

二是完善广告监测预警工作，推动广告监管的科学化、精细化。深圳市工商局成立了广告监测中心，开发应用了广告监测预警系统，高起点、高标准开展广告监测预警工作，打造起有效防范和打击虚假违法广告的全新平台。该局利用现代化信息技术手段，实现对媒体广告的全天候监测，为及时发现、精确打击虚假违法广告提供全面准确的依据。

三是推行行政指导模式，促进新闻媒体广告经营自律。运用告诫、警示、宣传、教育等多种手段，指导、督促媒体加强广告经营自律，自觉规范广告发布行为，从根本上、源头上遏止虚假、违法广告的产生。

四是理顺广告监管体制，提升广告监管效能。包括理顺全市户外广告管理体制，科学划分系统三级广告监管事权，转变市局广告处职能和工作方式等，推动了全系统广告监管整体工作水平提升。

本章小结

广告管理一般也表述为广告监督管理或广告监管。广告管理的对象是广告主、广告经营者、广告媒介。掌握我国广告管理的法规体系，广告行业自律的性质与特点，广告社会监督的运行机制。我国广告监管目前存在的问题。建设一个科学的广告监管体系。

思考题

1. 广告监管的内涵是什么？
2. 试述我国广告管理的法规体系。
3. 我国广告监管目前存在哪些问题？
4. 怎样建设一个科学的广告监管体系？

第**12**章 广告的法规监管

12.1 我国广告法规体系

纵观世界各国的广告监管法规体系，基本上为两种：一种是有专门的广告法，并以此为纲领性的基本法律，用其他相关单项法规作细化或补充，构成一个较为完整严密的广告法规体系，英国、日本和我国的广告监管法规体系是这种体系的典型代表，体现了以法为基础的行政主导的监管方式。一种是没有专门的广告法，广告的法律规范散见于其他法律法规之中，这一种以美国和法国为代表，西方大多数国家的广告法规体系都属于这一种，体现了以行业管理为主导的自律管理方式。

我国的广告监管活动始于20世纪20、30年代，当时少数开放的大城市如上海、广州、重庆等广告业比较发达，与之相应的广告管理有所开展。新中国的广告监管尤其全国性的广告监管则是改革开放以后的事。从20世纪80年代开始，我国加大了对广告活动的管理，制定了一系列的法规，形成了一套比较完整的广告法规体系。现行的与广告有关的法律法规有40多部，如果把有关广告的阶段性规定、通知等算进去则有百项之多 。

12.1.1 我国广告法规体系的组成

我国广告法规体系主要包括四个方面的层次。

1. 《中华人民共和国广告法》及其他涉及广告管理的法律

全国人大常委会通过的《广告法》（1995年2月1日起施行）是体现国家对广告活动的社会管理职能的一部行政管理法律，它是我国广告活动和广告内容的基本大法，其力度、涵盖面，是其他广告法规所不能比拟的。其主要内容有6章49条：立法的目的和原则；对广告活动和广告内容的基本要求；工商行政管理部门作为广告监督管理机关的相应的法律义务和责任；广告内容及某些特殊商品的广告准则；对广告活动主体资格的规范；对广告活动的具体规则的基本设定；设计、制作、代理、发布违法广告以及违反国家规定从事广告活动的法律责任等。

2. 《广告管理条例》及其他涉及广告管理的行政法规

国务院颁布的《广告管理条例》(1987年12月1日起施行)远早于《广告法》。在《广告法》颁布实施之前，它作为国家的一项法规起着规范广告的作用。《广告法》颁布实施后，它作为《广告法》的补充，依然存在并被执行，属于现行法规，在弥补《广告法》的不完善方面起着不可替代的作用。

《广告法》未将商业广告与非商业广告进行明确区分，所以，《广告管理条例》中的有关管理规定，对非商业广告是有效的，依据《条例》，可以解决对社会类、公共类广告的管理问题；依据《条例》，可以对某些违反行业规定的行为，施行必要的行政处罚，这一点，对规范广告市场行为，制止不正当竞争，有重要的实际意义。

3. 工商行政管理部门单独或会同有关部门发布的广告规章

国家工商行政管理总局和相关部委发布的行政规定、办法、标准、制度、通知等，如《广告管理条例施行细则》(修订稿2005年1月1日起施行，1998年12月3日施行稿同时废止)、《医疗广告管理办法》(修订稿2007年1月1日起实施)等20多项。这些行政规章，是依据《广告法》、《广告管理条例》的原则规定而制定的具体规定，有很强的针对性和操作性，在我国广告法规体系中发挥重大作用。这些行政规定处于边施行、边修改、边补充，不断充实完善的过程中，是我国法制体系中最活跃的组成部分。

4. 地方人大常委会和地方政府及主管部门发布的条例、办法、制度、通知等

如《浙江省广告管理条例》、《北京市网络广告管理暂行办法》、《安徽省户外广告监督管理办法》、《上海市工商行政管理局关于进一步规范医疗、药品和保健食品广告宣传的通知》等。在全国广告业发展不平衡、广告管理工作基础不尽一致的情况下，这些地方性的广告规章制度，有针对性地解决本地区的实际问题和处理群众反映较强烈的某些倾向性问题，是国家法律、法规和部门规章、规范性文件的重要补充，为将来完善国家的有关规定提供了实践经验。

12.1.2 我国广告法的特点

1. 广告法的历史

广告法主要是调整广告活动中广告主、广告经营者、广告发布者三者关系，以及三者与广告消费者之间关系法律规范的总称。广告法有广义和狭义之分。狭义的广告法就是指《广告法》，广义的广告法则是指与广告有关的法律法规。

从世界历史范围看，广告的立法并不算很早。美国于1911年颁布了《普令泰因克广告法案》。英国也比较早地制定了广告法规，主要有《广告法》、《医药治疗广告标准法典》、《销售促进法典》等。法国于1968年制定了《消费者价格表示法》、《防止不正当行为表示法》、《禁止附带赠品销售法》等有关法律，对广告活动中的有关内容作出了严格限制，使广告活动能在法律规定范围内进行。1963年国际商会通过了《国际商业广告从业准则》，此准则在丹麦、希腊、瑞士等国家作为法律依据而

执行。在我国台湾和香港地区，由于实行市场经济体制相对早一些，各类广告法规的制定也相对早一些。以台湾省为例，各种广告法规比较齐全，有 40 个以上。

我国大陆的广告法规起步较晚，广告法规的建立健全则是近十几年的事情。1982 年 2 月，国务院颁布《广告管理暂行条例》；1987 年 10 月 26 日，国务院正式颁布了《广告管理条例》，于 1987 年 12 月 1 日起施行。根据《广告管理条例》，1988 年 1 月 9 日国家工商行政管理局发布了《广告管理条例施行细则》，这个细则经过 1998 年 12 月、2000 年 12 月、2004 年 11 月三次修订，现行的《广告管理条例施行细则》是于 2005 年 1 月 1 日施行的。

中华人民共和国第八届全国人民代表大会第十次会议审议通过了《中华人民共和国广告法》，并于 1995 年 2 月 1 日起施行，从而使我国的广告业走上了法制化轨道。上述情况也使我们看到，从《广告管理条例》颁布到 2007 年已经 21 年了，《广告法》到 2007 年也已经 13 年，其间我国广告业的发展突飞猛进，新的广告媒介如互联网广告、手机广告、室内外视屏广告等涌现出来，广告发展中的新情况不断出现，这些都是《广告法》和《广告管理条例》内容涵盖不了的。《广告管理条例施行细则》虽经三次修订，但毕竟只是一些技术操作性的修订，无法规范整个广告业市场。这也就是为什么大家感到广告市场没有规矩的主要原因。

根据国家工商总局提供的消息，修订《广告法》的呼声很高，修订的调研工作已着手进行，相信不久我们就可以看到一部新的更权威、更全面的《广告法》。

2.《广告法》的立法目的

《广告法》属于广告市场的根本大法。《广告法》的出现，使我国广告业的发展真正实现了有法可依、有章可循，广告业逐渐纳入法制化的轨道，广告市场成为社会主义市场经济的组成部分。《广告法》与国家行政部门颁布的有关广告法规构成完整的广告法规管理体系。《广告法》的立法目的概括来讲有以下几个方面。

第一，促进广告业的健康发展。广告业属于知识密集、技术密集、智力密集、人才密集的高新技术产业。广告经济可以视作市场经济的号手和先锋，它的繁荣是可以促进市场经济发展的。

第二，保护消费者合法权益。在我国，消费者的合法权益受到法律的保护。按照《消费者权益保护法》的规定，消费者享有知情权，当消费者被虚假违法广告欺骗利益受到损害时，能够得到法律的保护和救济。

第三，维护社会主义市场经济秩序，发挥广告宣传品牌、推销商品、提供服务、倡导健康有益观念等积极作用。

概而言之，我国《广告法》立法的直接目的，就是依法保护正当广告活动，防止和打击虚假广告现象，充分发挥广告的积极作用，充分保护消费者的合法权益，促进我国广告业的健康发展。

3.《广告法》的调整对象

《广告法》作为一部独立的法律，有其特定的涉及范围和调整对象。我国现行的《广告法》的范围只限于商业广告，亦即与商品和服务有关的广告，对分类广告、公益广告、悬赏广告、国外常见的政治广告等均没有涉及。《广告法》的调整对象为：广告主即广告受益人、广告经营者即专业广告公司、广告发布者即广告媒体。这里看上去是三重关系，在广告实际经营中有时又表现为二重关系，如有的广告公司自己拥有户外广告媒体，经营人、发布人融为一体；如有的媒体自己直接经营广告，发布人经营人的角色融为一体。这也是我国广告代理业不发达的突出表征。

在《广告法》中，确定广告"是指商品经营者或者服务提供者承担费用，通过一定媒介和形式直接或者间接地介绍自己所推销的商品或者所提供的服务的商业广告"。确定"广告主，是指为推销商品或者提供服务，自行或者委托他人设计、制作、发布广告的法人、其他经济组织或者个人"。确定"广告经营者，是指受委托提供广告设计、制作、代理服务的法人、其他经济组织或者个人。"确定"广告发布者，是指为广告主或者广告主委托的广告经营者发布广告的法人或者其他经济组织"。明确广告主、广告经营者、广告发布者从事广告活动应当遵守法律、行政法规，遵循公平、诚实、信用的原则。广告应当真实、合法，符合社会主义精神文明建设的要求。广告不得含有虚假的内容，不得欺骗和误导消费者。

4. 《广告法》对广告的基本要求和基本准则

广告应当真实，符合社会主义精神文明建设的要求。广告不得含有虚假的内容，不得欺骗和误导消费者。广告主、广告经营者、广告发布者从事广告活动，应当遵守法律、行政法规，遵循公平、诚实、信用的原则。广告内容应当有利于人民的身心健康，促进商品和服务质量的提高，保护消费者的合法权益，遵守社会公德和职业道德，维护国家的尊严和利益。

广告必须遵循的基本准则主要有以下几个方面：

第一，广告不得有下列情形：

(1) 使用中华人民共和国国旗、国徽、国歌。

(2) 使用国家机关和国家机关工作人员的名义。

(3) 使用国家级、最高级、最佳等用语。

(4) 妨碍社会安定和危害人身、财产安全，损害社会公共利益。

(5) 妨碍社会公共秩序和违背社会善良习惯。

(6) 含有淫秽、迷信、恐怖、暴力、丑恶的内容。

(7) 含有民族、种族、宗教、性别歧视的内容。

(8) 妨碍环境和自然资源保护。

(9) 法律、行政法规规定禁止的其他情形。

第二，为了切实保护消费者的合法权益，防止利用广告对消费者进行欺骗和误导，《广告法》作出一系列的规定：广告对商品性能、产地、用途、质量、价格、生产者、有效期限允诺，或者服务的内容、形式、质量、价格、允诺有表示的，应当清楚明白。表明附带赠送礼品的，应当标明赠送的品种和数量。使用数据、统计资料、调查结果、文摘、引用语，应当真实、准确，并表明出处。涉及专利的应当标有专利号和专利种类；禁止使用专利申请和已经终止、撤销、无效的专利做广告。

第三，为了维护公平竞争秩序，《广告法》规定：广告不得贬低其他生产经营者的商品或者服务。

第四，在广告的表现上，《广告法》规定：广告应当具有可识别性，能够使消费者辨明其为广告。特别规定：大众传播媒介不得以新闻报道形式发布广告，通过大众传播媒介发布的广告应当有明显的广告标记与其他非广告信息相区别，不得使消费者产生误解。

第五，对于药品、食品、医疗器械、烟草、酒、化妆品等与人的健康密切相关的商品广告，以及农药、兽药等与人们的财产密切相关的商品广告，作了更为严格的限制和规定。

5. 对广告主、广告经营者、广告发布者的法律规定

（1）对广告主的法律规定

广告主自行或者委托他人设计、制作、发布广告时，应当具有和提供真实、合法、有效证明文件：1）营业执照以及其他生产、经营资格的证明文件；2）质量检验机构对广告中商品质量内容出具的证明文件；3）确认广告内容真实性的其他证明文件。除此之外，广告主发布广告需要经有关行政主管部门审查的，还应当提供有关批准文件。

广告主或者广告经营者在广告中使用他人的名义、形象的，应当事先取得他人的书面同意；使用无民事行为能力的人、限制民事行为能力的人的名义、形象的，应当事先取得其监护人的书面同意。

（2）对广告经营者、广告发布者的法律规定

从事广告经营的，应当具有必要的专业技术人员、制作设备，并依法办理公司或者广告经营登记，方可从事广告活动。广播电台、电视台、报刊出版单位的广告业务，应当由其专门从事广告业务的机构办理，并依法办理兼营广告的登记。

广告经营者、广告发布者依据法律、行政法规查验有关证明文件，核实广告内容。对内容不实或者证明文件不全的广告，广告经营者不得提供设计、制作、代理服务，广告发布者不得发布。

广告经营者、广告发布者按照国家有关规定，建立、健全广告业务的承接登记、审核、档案管理制度。

广告收费应当合理、公开，收费标准和收费办法应当向物价和工商行政管理部门备案。

广告经营者、广告发布者应当公布其收费标准和收费办法。

广告发布者向广告主、广告经营者提供的媒介覆盖率、收视率、发行量等资料应当真实。

法律、行政法规规定禁止生产、销售的商品或者提供的服务，以及禁止发布广告的商品或者服务，不得设计、制作、发布广告。

6. 广告违法行为的法律责任

法律责任是指行为人对其实施的违法行为及其所造成的危害而承担的法律规定

的后果。

广告违法行为的行政责任：

（1）广告行政处罚类型

1）停止发布广告。

2）责令公开更正。

3）通报批评。

4）没收非法所得。

5）罚款。

6）停业整顿。

7）吊销营业执照或广告经营许可证。

（2）广告行政处罚的具体规定

广告管理机关对于广告违法行为的行政处罚的具体标准，在《广告法》中作了明确规定，具体如下：

1）发布虚假广告。对于利用广告虚假宣传商品或服务的，责令广告主停止发布，并且以等额广告费用在相应范围内公开更正消除影响，同时处以广告费用1倍以上5倍以下的罚款；对负有责任的广告经营者、广告发布者没收其广告费用，并处以广告费用1倍以上5倍以下的罚款；对于情节严重者，依法停止其广告业务，已经给用户和消费者造成损害或利益损失的，责令补偿损害、赔偿损失。

2）发布违禁广告。责令负有责任的广告主、广告经营者、广告发布者停止发布、公开更正，没收广告费用，并处以广告费用1倍以上5倍以下的罚款；情节严重的，依法停止其广告业务。构成犯罪的，依法追究刑事责任。

3）发布不正当竞争的广告。责令负有责任的广告主、广告经营者、广告发布者停止发布、公开更正，没收广告费用，可以并处广告费用1倍以上5倍以下的罚款。

4）以新闻报道形式发布广告。由广告监督管理机关责令广告发布者改正，处以1000元以上1万元以下的罚款。

5）违法发布药品、医疗器械、农药、食品、酒类、化妆品广告或发布国家禁止生产销售的商品广告。广告监督管理机关责令负有责任的广告主、广告经营者、广告发布者改正或停止发布，没收广告费用，可以并处广告费用1倍以上5倍以下的罚款；情节严重的，依法停止其广告业务。

6）违法发布烟草广告。利用广播、电影、电视、报纸、期刊发布烟草广告，或者在公共场所设置烟草广告的，广告监督管理机关责令负有责任的广告主、广告经营者、广告发布者停止发布，没收广告费用，可以并处广告费用1倍以上5倍以下的罚款。

7）未经广告审查机关审查批准发布药品、医疗器械、农药、兽药等商品广告。广告监督管理机关责令负有责任的广告主、广告经营者、广告发布者停止发布，没收广告费用，并处以广告费用1倍以上5倍以下的罚款。

8）广告主提供虚假证明文件。由广告监督管理机关处以1万元以上10万元以下的罚款。伪造、变更或者转让广告审查文件的，由广告监督机关没收违法所得，并处以 1 万元以上 10 万元以下的罚款。

广告违法行为的民事责任：

广告违法行为的民事法律责任是指广告活动主体从事广告违法行为致使用户或消费者遭受损失或者有其他侵权行为应当承担的赔偿责任。

广告违法行为的民事法律责任的承担者，有时是一个行为人，有时也可以是一个以上的行为人。数个行为人的广告违法行为适用连带赔偿责任。

《广告法》规定，广告主、广告经营者、广告发布者出现下列侵权行为之一的，依法承担民事责任：1）在广告中损害未成年人或残疾人的身心健康的；2）假冒他人专利的；3）贬低其他生产经营者的商品或服务的；4）广告中未经同意使用他人名义、形象的；5）其他侵犯他人合法民事权益的。

根据广告管理法规，无论是一个还是数个广告违法行为的主体，只要造成他人损害的，当事人即可向人民法院起诉，请求人民法院处理、裁决，以赔偿损失。

广告违法行为的刑事责任：

广告违法行为的刑事责任是指广告活动主体从事的违法行为性质恶劣、后果严重、非法所得款项数额较大，已经构成了犯罪所应承担的责任。对于构成犯罪的，广告管理机关应及时移交司法部门追究其刑事责任。被追究刑事法律责任的主体只能是自然人。

《广告法》关于文化、教育、卫生广告的规定：

1）报刊出版发行广告，应当交验省、自治区、直辖市新闻出版机关核发的登记证。

2）图书出版发行广告，应当提交新闻出版机关批准成立出版社的证明。

3）各类文艺演出广告，应当提交所在县以上文化主管部门准许演出的证明。

4）大专院校招生广告，应当提交国家或省、自治区、直辖市教育行政部门同意刊播广告的证明；中等专业院校的招生广告，应当提交地（市）教育行政部门同意刊播广告的证明；外国来中国招生的广告，应当提交国家教育行政部门同意刊播广告的证明。

5）各类文化补习班或职业技术培训班招生广告、招工招聘广告应当提交县以上（含县）教育行政部门或劳动人事部门同意刊播广告的证明。（编者注：现在，招工招聘广告的刊播已无须劳动人事部门同意刊播广告的证明。）

6）个人行医广告，应当提交县以上（含县）卫生行政主管部门批准行医的证明和审查批准广告内容的证明。

12.1.3　《广告法》与其他有关广告的法律法规的关系

《广告法》是一部专门规范广告活动的法律，在市场经济法律体系中有不可替代的重要作用和地位。相对于规范整个市场活动而言，它是特别法；相对于规范广告活动而言，它是基本法。在《广告法》施行后，《广告管理条例》继续有效，其中有关商业广告规范部分，与《广告法》不符的，以《广告法》为准；非商业广告规范继续适用。广告管理单项规章及其他法律、法规中关于广告的规定与《广告法》的规定不符的，以《广告法》为准。

《民法通则》、《合同法》都与《广告法》有着重要渊源关系。在《产品质量法》、《反不正当竞争法》、《消费者权益保护法》、《药品管理法》、《食品卫生法》、《烟草专卖法》等法律中也有广告法律规范。所以，必须对《广告法》在我国整个法律体系中的地位有清晰的了解，必须认清各类法规中有关广告规范之间的关系，在法律适用时，必须考虑到各个法律之间的关系，必须全面准确地适用法律规范，只有这样才能更好地解决现实生活中的广告法律纠纷。

12.1.4 《广告法》的规范调节功能正在弱化

现行《广告法》从 1995 年施行至今，其对广告市场中发布秩序和经营秩序的规范调节功能正在弱化，主要表现为以下四点：

规范范围有限。目前违法广告发布的途径已经从报纸、广播等传统媒介扩展到互联网和移动通讯网络，而现行《广告法》却缺乏相对应的规范条款，使得广告监管部门行使监管职权时缺乏依据。

监管手段有限。对于虚假违法广告，特别是对可能导致消费者人身财产受到伤害的医疗、药品、保健品虚假违法广告，未规定行政强制措施。工商部门查处时，既不能扣押物品，又不能冻结账户，对广告主、广告发布者经常是"案子办完后处罚仍不能到位"。

罚则轻、惩戒力度小。违法广告，特别是医疗、药品、保健品虚假广告获利空间很大，而根据《广告法》的规定，对违法广告，由"工商部门责令停止发布并处广告费用一倍以上五倍以下的罚款"。这样的处罚与违法广告所产生的丰厚利润比，显得太轻，远未触动违法广告主、广告发布者和经营者的根本利益。

广告监管处罚授权不明。如《广告法》将违法广告处罚权授予工商行政管理部门，但同时并行的一些条例、规章又将广告的部分监督管理权授予了其他行政管理部门。比如药品广告的监测属于药品监督部门、户外广告的管理属于城管部门等，同时监管权限、范围、责任等方面又规定得不够明确具体，易出现"谁都有权管，但谁都不管"的情况。

我国现行的《广告法》对互联网广告还没有明确的相关规定，但互联网广告不能成为监管的"真空地带"。据悉，目前北京、浙江、上海等地已开始利用专门的网络广告监测设备和取证设备，加大对虚假违法互联网广告的监管和处罚力度。

12.2 广告法规对重点商品广告的规定

12.2.1 关于《食品广告发布暂行规定》

食品广告包括普通食品广告、保健食品广告、新资源食品广告和特殊营养食品广告。

发布食品广告应当具有或者提供的文件：

（1）营业执照；

（2）卫生许可证；

（3）保健食品广告，应当具有或者提供国务院卫生行政部门核发的《保健食品批准证书》、《进口保健食品批准证书》；

（4）新资源食品广告，应当具有或者提供国务院卫生行政部门的新资源食品试生产卫生审查批准文件或者新资源食品卫生审查批准文件；

（5）特殊营养食品广告，应当具有或者提供省级卫生行政部门核发的准许生产的批准文件；

（6）进口食品广告，应当具有或者提供输出国（地区）批准生产的证明文件，口岸进口食品卫生监督检验机构签发的卫生证书，中文标签；

（7）关于广告内容真实性的其他证明文件。

食品广告内容要求：

（1）食品广告不得含有"最新科技"、"最新技术"、"最先进加工工艺"等绝对化的语言或者表示；

（2）不得出现与药品相混淆的用语，不得直接或者间接地宣传治疗作用，也不得借助宣传某些成分的作用明示或者暗示该食品的治疗作用；

（3）不得明示或者暗示可以替代母乳，或使用哺乳妇女和婴儿的形象；

（4）不得使用医疗机构、医生名义或者形象。食品广告中涉及特定功效的，不得利用专家、消费者的名义或者形象作证明；

（5）保健食品的广告内容应当以国务院卫生行政部门批准的说明书和标签为准，不得任意扩大范围；

（6）保健食品不得与其他保健食品或者药品进行功效对比；

（7）保健食品、新资源食品、特殊营养食品的批准文号应当在其广告中同时发布；

（8）普通食品、新资源食品、特殊营养食品广告不得宣传保健功能，也不得借助宣传某些成分的作用明示或者暗示其保健作用；

（9）普通食品广告不得宣传该食品含有新资源食品中的成分或者特殊营养成分。

12.2.2 关于《保健食品广告审查暂行规定》（2005 年 7 月 1 日开始施行）

国产保健食品广告的发布申请，应当向保健食品批准证明文件持有者所在地的省、自治区、直辖市（食品）药品监督管理部门提出。

进口保健食品广告的发布申请，应当由该产品境外生产企业驻中国境内办事机构或者该企业委托的代理机构向其所在地省、自治区、直辖市（食品）药品监督管理部门提出。

保健食品广告不得出现下列情形和内容：

（1）含有表示产品功效的断言或者保证；

（2）含有使用该产品能够获得健康的表述；

（3）通过渲染、夸大某种健康状况或者疾病，或者通过描述某种疾病容易导致的身体危害，使公众对自身健康产生担忧、恐惧，误解不使用广告宣传的保健食品会患某种疾病或者导致身体健康状况恶化；

（4）用公众难以理解的专业化术语、神秘化语言、表示科技含量的语言等描述该产品的作用特征和机理；

（5）利用和出现国家机关及其事业单位、医疗机构、学术机构、行业组织的名义和形象，或者以专家、医务人员和消费者的名义和形象为产品功效作证明；

（6）含有无法证实的所谓"科学或研究发现"、"实验或数据证明"等方面的内容；

（7）夸大保健食品功效或扩大适宜人群范围，明示或者暗示适合所有症状及所有人群；

（8）含有与药品相混淆的用语，直接或者间接地宣传治疗作用，或者借助宣传某些成分的作用明示或者暗示该保健食品具有疾病治疗的作用；

（9）与其他保健食品或者药品、医疗器械等产品进行对比，贬低其他产品；

（10）利用封建迷信进行保健食品宣传的；

（11）宣称产品为祖传秘方；

（12）含有无效退款、保险公司保险等内容的；

（13）含有"安全"、"无毒副作用"、"无依赖"等承诺的；

（14）含有最新技术、最高科学、最先进制法等绝对化的用语和表述的；

（15）声称或者暗示保健食品为正常生活或者治疗病症所必需；

（16）含有有效率、治愈率、评比、获奖等综合评价内容的；

（17）直接或者间接怂恿任意、过量使用保健食品的。

12.2.3　关于《药品广告审查办法》及《药品广告审查标准》

凡利用各种媒介或者形式发布药品广告，包括药品生产、经营企业的产品宣传材料，均属于药品广告。

下列药品不得发布广告：

（1）麻醉药品、精神药品、毒性药品、放射性药品；

（2）治疗肿瘤、艾滋病，改善和治疗性功能障碍的药品，计划生育用药、防疫制品；

（3）《中华人民共和国药品管理法》规定的假药、劣药；

（4）戒毒药品以及国务院卫生行政部门认定的特殊药品；

（5）未经卫生行政部门批准生产的药品和试生产的药品；

（6）卫生行政部门明令禁止销售、使用的药品和医疗单位配制的制剂；

（7）除中药饮片外，未取得注册商标的药品。

药品广告的内容应符合下列要求：

（1）药品广告内容应当以国务院卫生行政部门或者省、自治区、直辖市卫生行政部门批准的说明书为准，不得任意扩大范围；

（2）药品广告中不得含有不科学的表示功效的断言或者保证。如"疗效最佳"、"药到病除"、"根治"、"安全预防"、"安全无副作用"等内容；

（3）药品广告不得贬低同类产品，不得与其他药品进行功效和安全性对比，不得进行药品使用前后的比较；

（4）药品广告中不得含有"最新技术"、"最高科学"、"最先进制法"、"药之王"、"国家级新药"等绝对化的语言和表示；不得含有违反科学规律，明示或者暗示包治百病，适合所有症状等内容；

（5）药品广告中不得含有治愈率、有效率及获奖内容；

（6）药品广告中不得含有利用医疗科研单位、学术机构、医疗机构或者专家、医生、患者的名义、形象作证明的内容；

（7）药品广告不得使用儿童的名义和形象，不得以儿童为广告诉求对象；

（8）药品广告不得含有直接显示疾病症状、病理和医疗诊断的画面，不得令人感到已患某种疾病，不得使人误解不使用该药品会患某种疾病或者加重病情，不得直接或者间接怂恿任意、过量使用药品；

（9）药品广告不得含有"无效退款"、"保险公司保险"等承诺；

（10）药品广告不得声称或者暗示服用该药能应付现代紧张生活需要，标明或者暗示能增强性功能；

（11）药品商品名称不得单独进行广告宣传。广告宣传需使用商品名称的，必须同时使用药品的通用名称；

（12）国家规定应当在医生指导下使用的治疗性药品的广告中，必须标明"按医生处方购买和使用"；

（13）药品广告审查批准文号和药品生产批准文号，应当列为广告内容同时发布。

申请发布药品广告应当提交的文件：

（1）《药品广告审查表》；

（2）申请人及生产者的营业执照副本；

（3）《药品生产企业许可证》或者《药品经营企业许可证》副本；

（4）该药品的生产批准文件、质量标准、说明书、包装；

（5）该药品的《商标注册证》或其他由国家工商行政管理局商标局出具的证明该商标注册的文件；

（6）有商品名称的药品，必须提交国务院卫生行政部门批准的该商品名称的批准材料；

（7）法律、法规规定的其他确认广告内容真实性的证明文件。

申请发布境外生产的药品的广告，应当填写《药品广告审查表》，并提交下列证明文件及相应的中文译本：

（1）申请人有生产者的营业执照副本；

（2）该药品的《进口药品注册证》；

（3）该药品的质量标准、说明书、包装；

（4）法律、法规规定的其他确认广告内容真实性的证明文件。

有下列情况之一的药品广告，原审查机关应当收回《药品广告审查表》，撤销药品广告审查批准文号：

（1）临床发现药品有新的不良反应的；

（2）《药品生产企业许可证》、《药品经营企业许可证》、《营业执照》被吊销的；

（3）药品被撤销生产批准文号的；

（4）药品广告内容超出药品广告审查机关审查批准的内容的；

（5）被国家列为淘汰药品品种的；

（6）药品广告复审不合格的；

（7）卫生行政部门认为不宜发布的；

（8）广告监督管理机关立案查处的。

12.2.4　关于《医疗广告管理办法》

医疗广告是指医疗机构通过一定的媒介或者形式，向社会或者公众宣传其运用科学技术诊疗疾病的活动。

医疗广告内容仅限于医疗机构名称、诊疗地点、从业医师姓名、技术职称、服务商标、诊疗时间、诊疗科目、诊疗方法、通信方式。

医疗广告中禁止出现的内容：

（1）有淫秽、迷信、荒诞语言文字、画面的；

（2）贬低他人的；

（3）保证治愈或者隐含保证治愈的；

（4）宣传治愈率、有效率等诊疗效果的；

（5）利用患者名义或者其他医学权威机构、人员和医生名义、形象或者使用其推荐语进行宣传的；

（6）冠以祖传秘方或者名医传授等内容的；

（7）单纯以一般通信方式诊疗疾病的；

（8）国家卫生行政部门规定的不宜进行广告宣传的诊疗方法；

（9）其他违反有关法律、法规的内容。

广告客户必须持有卫生行政部门出具的《医疗广告证明》，方可进行广告宣传。广告客户申请办理《医疗广告证明》，应当向当地卫生行政部门提交下列证明文件：

（1）医疗机构执业许可证；

（2）医疗广告的专业技术内容；

（3）有关卫生技术人员的证明材料；

（4）诊疗方法的技术资料；

（5）依照国家有关规定，必须进行营业登记的，应当提交营业执照。

12.2.5　关于《医疗器械广告审查标准》及《医疗器械广告审查办法》

什么是医疗器械广告？凡利用各种媒介或者形式发布有关用于人体疾病诊断、治疗、预防、调节人体生理功能或者替代人体器官的仪器、设备、器械、装置、器具、植入物、材料及其他相关物品的广告，包括医疗器械的产品介绍、样本等。

有下列情形之一的医疗器械不得发布广告：

（1）未经国家医药管理局或省、自治区、直辖市医药管理局（或同级医药行政监督管理部门）批准进入市场的医疗器械；

（2）未经生产者所在国（地区）政府批准进入市场的境外生产的医疗器械；

（3）应当取得生产许可证而未取得生产许可证的生产者生产的医疗器械；

（4）扩大临床试用、试生产阶段的医疗器械；

（5）治疗艾滋病，改善和治疗性功能障碍的医疗器械。

医疗器械广告内容应符合的要求：

（1）医疗器械广告应当与审查批准的产品市场准入说明书相符，不得任意扩大范围；

（2）医疗器械广告中不得含有表示功效的断言或者保证，如"疗效最佳"、"保证治愈"等；医疗器械广告不得贬低同类产品，不得与其他医疗器械进行功效和安全性对比；

（3）医疗器械广告中不得含有"最高技术"、"最先进科学"等绝对化语言和表示；

（4）医疗器械广告中不得含有治愈率、有效率及获奖内容；

（5）医疗器械广告中不得含有利用医疗科研单位、学术机构、医疗机构或者专家、医生、患者的名义、形象作证明的内容；

（6）医疗器械广告不得含有直接显示疾病症状和病理的画面，不得令人感到已患某种疾病，不得使人误解不使用该医疗器械会患某种疾病或者加重病情；

（7）医疗器械广告不得含有"无效退款"、"保险公司保险"等承诺；

（8）医疗器械广告不得利用消费者缺乏医疗器械专业、技术知识和经验的弱点，以专业术语或者无法证实的演示误导消费者；

（9）推荐给个人使用的医疗器械，应当标明"请在医生指导下使用"；

（10）医疗器械广告的批准文号应当列为广告内容同时发布。

申请审查境内生产的医疗器械产品广告应当提交的文件：

（1）《医疗器械广告审查表》；

（2）申请人及生产者的营业执照副本以及其他生产、经营资格的证明文件；

（3）产品注册证书或者产品批准书，实施生产许可证管理的产品，还应当提供生产许可证；

（4）产品使用说明书；

（5）法律、法规规定的及其他确认广告内容真实性的证明文件。

申请审查境外生产的医疗器械产品广告应当填写《医疗器械广告审查表》，并提交下列文件及相应的中文译本：

（1）申请人及生产者的营业执照副本以及其他生产、经营资格的证明文件；

（2）医疗器械生产企业所在国（地区）政府批准该产品进入市场的证明文件；

（3）产品标准；

（4）产品说明书；

（5）中国法律、法规规定的及其他确认广告内容真实性的证明文件。提供上述证明文件的复印件，需由原出证机关签章或者出具所在国（地区）公证机构的公证文件。

12.2.6　关于《化妆品广告管理办法》

化妆品是指以涂擦、喷洒或者其他类似的办法，散布于人体表面任何部位（皮肤、毛发、指甲、口唇等），以达到清洁、消除不良气味、护肤、美容和修饰目的的日用化学工业产品。《化妆品广告管理办法》中所称的特殊用途化妆品包括用于育发、烫发、染发、脱毛、美乳、健美、除臭、祛斑、防晒的化妆品。

申请发布化妆品广告应当持有下列证明材料：

（1）营业执照；

（2）《化妆品生产企业卫生许可证》；

（3）《化妆品生产许可证》；

（4）美容类化妆品，必须持有省级以上化妆品检测站（中心）或者卫生防疫站出具的检验合格的证明；

（5）特殊用途化妆品，必须持有国务院卫生行政部门核发的批准文号；

（6）化妆品如宣称为科技成果的，必须持有省级以上轻工行业主管部门颁发的科技成果鉴定书；

（7）广告管理法规、规章所要求的其他证明。

申请发布进口化妆品广告，应当持有以下证明文件：

（1）国务院卫生行政部门批准化妆品进口的有关批件；

（2）国家商检部门检验化妆品合格的证明；

（3）出口国（地区）批准生产该化妆品的证明文件（应附中文译本）。

化妆品广告中禁止出现的内容：

（1）化妆品名称、制法、成分、效用或者性能有虚假夸大的；

（2）使用他人名义保证或者以暗示方法使人误解其效用的；

（3）宣传医疗作用或者使用医疗术语的；

（4）有贬低同类产品内容的；

（5）使用最新创造、最新发明、纯天然制品、无副作用等绝对化语言的；

（6）有涉及化妆品性能或者功能、销量等方面数据的；

（7）其他违反法律、法规规定的内容。

有以下情形之一的，工商行政管理机关可以责令广告客户或者广告经营者停止发布化妆品广告：

（1）化妆品引起严重的皮肤过敏反应或者给消费者造成严重人身伤害等事故的；

（2）化妆品质量下降而未达到规定标准的；

（3）营业执照、《化妆品生产企业卫生许可证》或者《化妆品生产许可证》被吊销的。

12.2.7 关于《烟草广告管理暂行办法》

烟草广告是指烟草制品生产者或者经销者发布的，含有烟草企业名称、标识、烟草制品名称、商标、包装、装潢等内容的广告。

禁止发布烟草广告的媒介很多：

禁止利用广播、电影、电视、报纸、期刊发布烟草广告。禁止在各类等候室、影剧院、会议厅堂、体育比赛场馆等公共场所设置烟草广告。

禁止设置烟草广告的公共场所包括：

各类等候室（如候车室、候船室、候机室、候诊室）、影剧院、会议厅堂、体育比赛场馆（包括正式比赛场馆、练习馆及临时用于体育比赛的场馆）等。

烟草生产和经销企业以"志庆"形式在广播、电视、报纸、期刊上发布的广告是否属于烟草广告呢？烟草的生产和经销者，通过广播、电视、报纸、期刊等媒体，以企业、法定代表人、全体职工或部分职工名义"贺岁"、"节日祝贺"、"祝贺企业、职工获奖"或者以"栏目赞助"、"协办"、"联合举办"等形式发布的广告，虽未出现烟草产品的名称、商标、包装等，但与扩大烟草在社会公众中的影响，促进销售有内在、特定的联系，故属于发布烟草广告，必须遵从相关规定。

在国家禁止范围以外的媒介或者场所发布烟草广告，应当履行的手续：

必须经省级以上广告监督管理机关或者其授权的省辖市广告监督管理机关批准；烟草经营者或者其委托的人直接向商业、服务业的销售点和居民住所发送广告品，须经所在地县级以上广告监督管理机关批准。

烟草广告不得出现下列情形：

（1）吸烟形象；

（2）未成年人形象；

（3）鼓励、怂恿吸烟的；

（4）表示吸烟有利人体健康、解除疲劳、缓解精神紧张的；

（5）其他违反国家广告管理规定的。

烟草经营者不能利用音像制品发布烟草广告。因为卡拉 OK 带、VCD 光盘和录像带等音像制品的播放场所，主要是各类等候室、影剧院、会议厅堂、其他公共娱乐场所、家庭等。利用上述媒体在各类等候室、影剧院、会议厅堂发布烟草广告，属于《广告法》第十八条第 2 款禁止的范围。其他公共娱乐场所、家庭等虽不是

《广告法》禁止发布烟草广告的场所，但与青少年关系密切，如播放含有烟草广告内容的上述音像制品，对青少年影响极大，与《广告法》中有关烟草广告法律条款的立法宗旨相悖。根据《烟草广告管理暂行办法》的规定，广告监督管理机关对于利用卡拉OK带、VCD光盘和录像带等音像制品发布烟草广告，应予禁止。

对烟草广告的内容有特殊要求。烟草广告中必须标明"吸烟有害健康"的忠告语。并且忠告语必须清晰、易于辨认，所占面积不得少于全部广告面积的10％。

12.2.8 关于《酒类广告管理办法》

酒类广告是指含有酒类商品名称、商标、包装、制酒企业名称等内容的广告。发布酒类广告，应当具有或者提供的证明文件：

（1）营业执照以及其他生产、经营资格的证明文件；

（2）经国家规定或者认可的省辖市以上食品质量检验机构出具的该酒符合质量标准的检验证明；

（3）发布境外生产的酒类商品广告，应当有进口食品卫生监督检验机构批准核发的卫生证书；

（4）确认广告内容真实性的其他证明文件。

酒类广告中不得出现以下内容：

（1）鼓动、倡导、引诱人们饮酒或者宣传无节制饮酒；

（2）饮酒的动作；

（3）未成年人的形象；

（4）表现驾驶车、船、飞机等具有潜在危险的活动；

（5）诸如可以"消除紧张和焦虑"、"增加体力"等不科学的明示或者暗示；

（6）把个人、商业、社会、体育、性生活或者其他方而的成功归因于饮酒的明示或者暗示；

（7）关于酒类商品的各种评优、评奖、评名牌、推荐等评比结果；

（8）不符合社会主义精神文明建设的要求，违背社会良好风尚和不科学、不真实的其他内容。

对大众传播媒介发布酒类广告，在时间、数量上有限制性规定，大众传播媒介发布酒类广告，不得违反以下规定：

（1）电视：每套节目每日发布的酒类广告，在特殊时段（19：00～21：00）不超过2条，普通时段每日不超过10条；

（2）广播：每套节目每小时发布的酒类广告，不得超过2条；

（3）报纸、期刊：每期发布的酒类广告，不得超过2条，并不得在报纸第一版、期刊封面发布。

12.2.9 关于《农药广告审查办法》及《农药广告审查标准》

凡利用各种媒介或形式发布关于防治农、林、牧业病、虫、草、鼠害和其他有害生物（包括病媒害虫）以及调节植物、昆虫生长的农药广告，均属于农药广告。

农药广告内容应当符合以下要求：

（1）农药广告内容应当与《农药登记证》和《农药登记公告》的内容相符，不得任意扩大范围；

（2）农药广告中不得含有不科学地表示功效的断言或者保证，如"无害"、"无毒"、"无残留"、"保证高产"等；

（3）农药广告不得贬低同类产品，不得与其他农药进行功效和安全性对比；

（4）农药广告中不得含有有效率及获奖的内容；

（5）农药广告中不得含有以农药科研、植保单位、学术机构或者专家、用户的名义、形象作证明的内容；

（6）农药广告中不得使用直接或者暗示的方法，以及模棱两可、言过其实的用语，使人在产品的安全性、适用性或者政府批准等方面产生错觉；

（7）农药广告中不得滥用未经国家认可的研究成果或者不科学的词句、术语；

（8）农药广告中不得含有"无效退款"、"保险公司保险"等承诺；

（9）农药广告中不得出现违反农药安全使用规定的用语、画面。如在防护不符合要求情况下的操作，农药靠近食品、饲料、儿童等；

（10）农药广告的批准文号应当列为广告内容同时发布。

申请审查境内生产的农药的广告应当提交的证明文件：

（1）农药生产者和申请人的营业执照副本及其他生产、经营资格的证明文件；

（2）农药生产许可证或准产证；

（3）农药登记证、产品标准号、农药产品标签；

（4）法律、法规规定的及其他确认广告内容真实性的证明文件。

申请审查境外生产的农药的广告应当提交的证明文件及相应的中文译本：

（1）农药生产者和申请人的营业执照副本或其他生产、经营资格的证明文件；

（2）中华人民共和国农业行政主管部门颁发的农药登记证、农药产品标签；

（3）法律、法规规定的及其他确认广告内容真实性的证明文件。提供上述证明文件复印件，需由原出证机关签章或者出具所在国（地区）公证机关的证明文件。

12.2.10 关于《兽药广告审查标准》及《兽药广告审查办法》

凡利用各种媒介或者形式发布用于预防、治疗、诊断禽畜等动物疾病，有目的地调节其生理机能并规定作用、用途、用法、用量的物质（含饲料药物添加剂）的广告，包括企业产品介绍材料等，均属于兽药广告。

下列兽药不得发布广告：

（1）兽用麻醉药品、精神药品以及兽医医疗单位配制的兽药制剂；

（2）所含成分的种类、含量、名称与国家标准或者地方标准不符的兽药；

（3）临床应用发现超出规定毒副作用的兽药；

（4）国务院农牧行政管理部门明令禁止使用的，未取得兽药产品批准文号或者未取得《进口兽药登记许可证》的兽药。

兽药广告内容应符合下列要求：

（1）兽药广告中不得含有不科学的表示功效的断言或者保证。如"疗效最佳"、"药到病除"、"根治"、"安全预防"、"完全无副作用"等；

（2）兽药广告不得贬低同类产品，不得与其他兽药进行功效和安全性对比；

（3）兽药广告中不得含有"最高技术"、"最高科学"、"最进步制法"、"包治百病"等绝对化的表示；

（4）兽药广告中不得含有治愈率、有效率及获奖的内容；

（5）兽药广告中不得含有利用兽医医疗、科研单位、学术机构或者专家、兽医、用户的名义、形象作证明的内容；

（6）兽药广告不得含有直接显示疾病症状和病理的画面，也不得含有"无效退款"、"保险公司保险"等承诺；

（7）兽药广告中兽药的使用范围不得超出国家兽药标准的规定，不得出现违反兽药安全使用规定的用语和画面；

（8）兽药广告批准文号应当列为广告内容同时发布。

申请审查境内生产的兽药的广告应当提交的证明文件：

（1）生产者的营业执照副本以及其他生产、经营资格的证明文件；

（2）农牧行政管理机关核发的兽药产品批准文号文件；

（3）省级兽药监察所近期（3个月内）出具的产品检验报告单；

（4）经农牧行政管理机关批准、发布的兽药质量标准，产品说明书；

（5）法律、法规规定的及其他确认广告内容真实性的证明文件。

申请审查境外生产的兽药的广告应当提交下列证明文件及相应的中文译本：

（1）申请人及生产者的营业执照副本或者其他生产、经营资格的证明文件；

（2）《进口兽药登记许可证》；

（3）该兽药的产品说明书；

（4）境外兽药生产企业办理的兽药广告委托书；

（5）中国法律、法规规定的及其他确认广告内容真实性的证明文件。提供上述证明文件复印件，应由原出证机关签章或者出具所在国（地区）公证机构的公证文件。

12.2.11 关于《户外广告登记管理规定》

户外广告主要有以下几种形式：

（1）利用公共或者自有场地的建筑物、空间设置的路牌、霓虹灯、电子显示牌（屏）、灯箱、橱窗等广告；

（2）利用交通工具（包括各种水上漂浮物和空中飞行物）设置、绘制、张贴的广告；

（3）以其他形式在户外设置、悬挂、张贴的广告。

不是任何地方都可以设置户外广告。不得设置户外广告的情形：

（1）利用交通安全设施、交通标志的；

（2）影响市政公共设施、交通安全设施、交通标志使用的；

（3）妨碍生产或者人民生活，损害市容市貌的；

（4）国家机关、文物保护单位和名胜风景点的建筑控制地带；

（5）当地县级以上人民政府禁止设置户外广告的区域。

申请户外广告登记应当具备条件：

（1）依法取得与申请事项相符的经营资格；

（2）拥有相应户外广告媒体的所有权；

（3）广告发布地点、形式在国家许可的范围内，符合当地人民政府户外广告设置规划的要求；

（4）户外广告媒体一般不得发布各类非广告信息，有特殊需要的，应当符合国家有关规定。

办理户外广告登记应当提交的文件：

（1）《户外广告申请表》；

（2）营业执照；

（3）广告经营许可证；

（4）广告合同；

（5）场地使用协议；

（6）广告设置地点，依法律、法规需经政府有关部门批准的，应当提交有关部门出具的批准文件；

（7）政府有关部门对发布非广告信息的批准文件。

户外广告登记申请，应当在广告发布30日前提出。工商行政管理机关在证明、文件齐备后予以受理，在7日内作出批准或者不予批准的决定，并书面通知申请人。经审查符合规定的，核发《户外广告登记证》，并由登记机关建立户外广告登记档案。已经批准，但需要延长时间或者变更其他登记事项的，应当向原登记机关申请办理变更登记。文件和证明齐备后，登记机关应当在7日内作出准予变更登记或者不予变更登记的决定，并书面通知申请人。户外广告登记后，3个月内未发布的，应当向原登记机关申请办理注销登记。

个体工商户、城乡居民个人张贴广告应当遵守的规定：

（1）个体工商户、城乡居民个人张贴各类招贴广告，依照《户外广告登记管理规定》规定，应当在县（区）工商行政管理机关专门设置的公共广告栏内张贴，并到设置地工商行政管理所办理简易登记手续。

（2）个体工商户、城乡居民个人发布店堂牌匾广告，依照《店堂广告管理暂行办法》执行。

（3）个体工商户、城乡居民个人发布印刷品广告，依照《印刷品广告管理暂行办法》执行。

（4）除上述情况外，按照《户外广告登记管理规定》第五条及广告经营资格管理的有关规定，个体工商户、城乡居民个人不具备户外广告登记的条件，如擅自发布其他形式的户外广告，工商行政管理机关可依照《广告管理条例施行细则》第二十八条予以处罚。

12.3 我国广告法规体系的缺陷

我国现行的全国性的广告法律法规体系主要包括以下三个效力不同的层次：一是《广告法》以及《消费者权益保护法》等相关法律中有关广告的内容；二是《广告管理条例》、《广播电视管理条例》等相关行政法规中有关广告的内容；三是有关广告管理的行政规章。我国目前的广告监督管理机关主要是工商行政管理部门，另外，有关行政部门对相应的广告（如食品药品监督管理部门对药品食品广告、卫生行政部门对医疗广告、广电行政部门对广播电视播出广告、农业行政部门对种子广告等）都负有一定的管理职责。

目前的立法体系和执法机制还存在着一些问题。

12.3.1 法律与行政法规的协调问题

制定于 1994 年的《广告法》和制定于 1987 年的《广告管理条例》都是现行有效的法律和行政法规。但《广告法》的调整对象仅限于商业广告，《广告管理条例》则调整所有形式的广告，这就有个协调的问题。举例来说，《广告法》对酒类广告仅要求其内容必须符合卫生许可的事项，并不得使用医疗用语或与药品混淆的用语。但《广告管理条例》却规定只有获得国家级、部级、省级各类奖项的优质名酒，经工商行政管理机关批准后才可以做广告。此外，《广告管理条例》中关于标明获奖的商品广告应当在广告中注明颁奖部门的规定，以及标明优质产品称号的商品广告应当在广告中注明授予称号部门的规定等等，同《广告法》中关于广告不得使用国家机关名义的规定，都有一个协调的问题。

12.3.2 广告管理行政规章的效力问题

规章包括国务院部门规章和地方政府规章。这里仅讨论国务院部门规章的问题。从严格意义上讲，规章不属于法的范畴，但依法制定的规章却具有法的效力。依据《中华人民共和国立法法》（以下简称《立法法》）的规定，规章应当符合下列基本要求：规章的制定必须以法律、行政法规、国务院的决定或命令为依据；规章的内容不得超过本部门的权限范围；规章规定的事项应当属于执行法律、行政法规、国务院的决定或命令的事项；规章不得同宪法、法律、行政法规相抵触。规章的效力必须依据上述基本要求来确定。目前有关广告管理的规章并不完全符合上述要求。现就其无效的情形举例述之。

1. 没有法律依据的规章无效。《房地产广告暂行规定》第一条规定：发布房地产广告，应当遵守《广告法》、《中华人民共和国城市房地产管理法》、《中华人民共和国土地管理法》及国家有关广告监督管理和房地产管理的规定。该规定纯属画蛇添足，因为依法办事乃是不言之理、当然之义。而且，相关法律法规既未对房地产广告作出特别规定，也未授权工商行政管理部门制定房地产广告的管理规章。因此，该规定是无效的。

2. 规章内容超出部门权限范围的无效。《广告显示屏管理办法》规定：未经工商行政管理机关批准，任何单位不得设置广告显示屏。该规定显然是混淆了广告行为与广告媒介的概念。广告是一种行为或活动，而显示屏则是一种媒介或设施。工商行政管理机关只是广告监督管理机关，而不是广告媒介监督管理机关。广告显示屏在设置完成之前，其设置者与工商行政管理机关之间根本不存在广告监督管理关系。因此，规定广告显示屏的设置须经工商行政管理机关批准，显然超出了其权限范围。办法中第九条关于广告显示屏播放非广告信息（新闻、电影、电视剧等）的规定，也存在类似的情况。

3. 规章规定的事项应当属于执行事项，而不得创设新的行为规范。《药品广告审查标准》规定治疗肿瘤的药品不得发布广告；但广告、药品管理等方面的法律法规并没有此项禁止性规定。因此，禁止肿瘤药品作广告显然不属于执行事项，而是新的行为规范。该项规定不仅直接违反了《广告法》关于广告行为的禁止和广告内容的审查必须以法律、行政法规为依据的原则，同时，由规章来创设行为规范也不符合《立法法》的精神和行政法的原理，因为"依法行政作为依法治国基本方略的重要组成部分，反映了行政机关运作方式的基本特征"，也就是说，对行政机关而言，法未规定不可为，行政行为对个人权利的限制不得超出法律法规规定或授权的范围。

4. 与宪法、法律、行政法规相抵触的规章无效。关于户外广告问题，《广告法》明确规定：户外广告的设置规划和管理办法，由当地县级以上地方人民政府组织广告监督管理、城市建设、环境保护、公安等有关部门制定。《广告管理条例》也有类似的规定。由国家工商行政管理局单独发布《户外广告登记管理规定》，显然违反了上述规定。

据了解，国家工商行政管理总局已经从 2006 年年底开始组织广告法修改的专题调研，全国人大财政经济委员会也建议国务院有关部门，争取尽快启动广告法修订工作。

12.4　全国创新——《浙江省广告管理条例》

浙江省人大常委会首次通过了《浙江省广告管理条例》，2008 年 1 月 1 日施行。这在全国有创新性。

12.4.1　目前广告市场普遍存在的问题

浙江省广告业发展迅猛，2006 年全省广告经营额突破 100 亿元，名列全国第四位。但也有一些广告活动主体受利益驱使，发布虚假违法广告欺瞒消费者，严重扰乱社会经济秩序,造成了较大的社会负面影响。

广告存在的问题,主要包括六个方面:一是对药品、医疗器械、保健食品、医疗服务四类广告的监管制度不完善。目前对屡次发布上述违法广告的广告主体没有严厉的处罚措施,四类广告违法情况严重。二是对虚假广告的认定没有具体规定,实际执法工作难度较大,也影响了对虚假广告的依法打击。三是对违法广告行为的处罚偏轻,远远低于广告主发布违法广告获得的非法收益。违法成本过低,致使违法广告主无所顾忌,违法广告屡禁不止。四是现行法律法规没有规定广告监督管理机关具体的行政职权和必要的强制措施,执法手段欠缺,难以对违法广告进行严厉打击。五是对网络广告、短信广告、电子显示屏广告等一些新领域的广告违法问题没有有效的监管依据。六是现行法律法规尚未对广告行业自律组织——广告协会的地位、职权等作出规定,广告协会引导行业自律缺乏手段和办法,未能发挥应有的作用。

12.4.2 对虚假广告的创新性认定

《浙江省广告管理条例》针对近年来消费者投诉较多、反映较强烈的认定药品、医疗器械、保健食品、医疗服务、化妆品虚假广告作了规定,填补了《广告法》一大空白。

《浙江省广告管理条例》第十条:具有下列情形之一的广告,应当认定为虚假广告:

(一)广告中宣传的商品或者服务不存在的;

(二)广告中宣传的商品的生产者、质量、价格、制作成分、性能、用途、有效期限、产地或者服务的提供者、内容、形式、效用(效能)等信息与实际情况明显不符的;

(三)广告中与商品或者服务有关的允诺不兑现的;

(四)未经国家主管部门或者授权单位认证合格或者审查批准,谎称商品或者服务认证合格、获得荣誉称号等内容的;

(五)在广告中使用虚构、伪造的科研成果、统计资料、调查成果、文摘、引用语以及其他证明材料的;

(六)药品、医疗器械、保健食品广告中宣传的产品功效、适应症(功能主治)、适应范围或者适用人群超出食品药品监督管理部门批准范围的;

(七)医疗广告宣传诊疗效果、医疗技术、诊疗方法的,或者宣传的诊疗科目超出卫生行政部门批准范围的;

(八)特殊用途化妆品广告中宣传的产品效用或者性能超出国家卫生主管部门批准范围的;

(九)其他主要信息虚假的。

12.4.3 对发布虚假广告的处罚

只认定,不处罚,或者罚得少,罚不痛,都达不到惩治目的。为此,《浙江省广告管理条例》第三十九条首次明确规定，发布虚假广告的，对广告主处广告费用三倍以上五倍以下的罚款；对负有责任的广告经营者和广告发布者没收广告费用，并处广告费用三倍以上五倍以下的罚款；情节严重的，可以依法停止其部分或者全部广告业务。以往对虚假广告的处罚，只针对广告主和广告发布单位，并不需要个人承担责任，这对一些不法分子并不能起到足够的惩戒作用。《浙江省广告管理条例》第四十八条规定，广告发布者拒不执行广告监督管理机关依法作出的暂停发布涉嫌违法广告决定的，由广告监督管理机关处以每日五千元的罚款，对有关责任人员处以一千元以上一万元以下的罚款。

12.4.4 发布医、药、保健品广告须过四关

第一关，发布广告前置审查。《浙江省广告管理条例》第二十九条规定："药品、医疗、医疗器械、保健食品、农药、兽药广告必须按照国家规定，经广告审查机关审查批准，并按照批准内容发布。"即便是已经省外广告审查机关批准后再到本省发布的，广告主也必须在发布前报本省广告审查机关备案。第二关，专业刊物以外不准发。《浙江省广告管理条例》第十三条对医疗服务、药品等特殊服务和产品广告的发布媒介设定了三项禁止措施。一是禁止在除国家指定的医学、药学专业刊物以外的媒介上发布处方药品广告；二是禁止在除国家指定的医学、药学专业刊物以外的媒介上发布改善和治疗性功能障碍的非处方药品广告；三是禁止在除国家指定的医学、药学专业刊物以外的媒介上发布治疗艾滋病、改善和治疗性功能障碍的医疗器械广告。第三关，医疗广告只能发布八类内容。《浙江省广告管理条例》第十四条规定，医疗广告内容只能包含八个方面，这也是整部条例绝无仅有的。这八个方面包括医疗机构第一名称；医疗机构地址；所有制形式；医疗机构类别；诊疗科目；床位数；接诊时间；电话、电子邮件、网址等联系方式。第四关，医院、患者、专家一个都不许上。《浙江省广告管理条例》第二十一条第二款："任何单位和个人不得在广告中以科研机构、医疗机构或者消费者、患者、专家等名义和形象为药品、医疗、医疗器械、保健食品的功效作证明"。

对于已经发布了虚假广告的单位，《浙江省广告管理条例》还设置了严厉的处罚措施。《浙江省广告管理条例》规定，发布虚假的药品、医疗器械、保健食品广告，情节严重的，省食品药品监管部门将责令暂停该商品在本省的销售。发布虚假的特殊用途化妆品广告情节严重的，由省卫生行政部门责令暂停该商品在本省的销售。医疗机构发布虚假广告，规定"情节严重的，由卫生行政部门责令其停业整顿、吊销有关诊疗科目，直至依法吊销《医疗机构执业许可证》。

12.4.5 首次对涉农广告管理作出规定

《浙江省广告管理条例》第十六条规定，"推销化肥、农药、农用设备、种子、种苗、种畜、种禽、农用设备和技术的广告以及加工承揽广告，不得含有对该产品效用的分析、预测，不得含有对所生产的产品供求情况和经济效果的分析、预测，

不得含有欺骗性的向使用者表示包购生产产品的承诺等内容"。对涉农广告作出综合性规定的在我国地方立法中还是首次。

本章小结

世界各国的广告监管法规体系基本上为两种。我国广告法规体系主要包括四个方面的层次。了解《广告法》的基本内容及其缺陷。我国对重点商品广告发布程序、发布标准的规定。我国的《广告法》已不能完全适应当前的广告市场，但《广告法》的修订需要一定的程序和时间，为此，浙江省率先出台了《浙江省广告管理条例》。这个条例有不少新颖之处，因此专门介绍给大家。

思考题

1. 我国广告法规体系主要包括哪四个层次？
2. 简述《广告法》的基本内容。
3. 我国对哪些重点商品广告有特殊要求？
4. 《浙江省广告管理条例》新在什么地方？它对我国修订《广告法》有哪些方面的借鉴意义？

第**13**章 广告的行政监管

13.1 广告行政监管的含义

我国的广告监管大致有三个层次：一是行政监管，二是行业自律，三是社会监督。其中，大陆广告以行政监管为主导，而台湾、香港、澳门地区的广告监管则以行业自律为主导。

13.1.1 广告行政监管的含义

广告行政监管是指国家相关行政部门，具体实施广告法律法规，监督广告法律法规的执行情况，同时根据国家广告法律法规，制定发布本行业有关广告的办法、决定、通知并组织实施。广告行政监管的实现有两层含义，一是广义的，指涉及广告的所有行政部门，如工商管理、新闻出版、广播电视、卫生、医药、农业、信息等部门；一是狭义的，专指工商行政管理部门。我国目前实行的是以工商行政部门为主，其他行政部门配合的广告行政监管体制。

工商行政管理部门是我国广告行政监管的主体机关，她依据广告管理法律法规，对广告主、广告经营者、广告发布者及其所作的广告宣传、广告经营活动，进行监督、检查、控制、指导，从而保障广告市场的良好秩序，保护消费者的合法权益，促进广告业的健康发展。

13.1.2 广告行政监管的主体、对象、依据、目的

（1）广告行政监督管理的主体是国家授权的工商行政管理部门，具体是指县以上的工商行政管理机关，他们对全部广告活动履行监督管理的职责。工商行政管理机关是国家行政机关，由国家授权，其管理有强制性，这不同于其他社会组织；工商行政管理机关是经济监督管理机关，代表国家对商品生产经营者及市场经济活动主体进行监督管理，其管理活动以监督为中心；同时工商行政管理机关还是行政执

法机关，其活动方式主要是按照行政执法程序贯彻执行法律法规。

（2）广告行政监督管理的对象是广告主、广告经营者、广告发布者及其所进行的广告活动。对广告主、广告经营者、广告发布者的监督管理主要表现在：依法审查其必备的条件，以确立合法的经营资格或经营地位；对广告活动的监督管理内容比较多，如：广告发布前的自我审查制度、广告代理制度、广告证明制度等等，从而保证广告活动的公平、公正、合法、有序。

（3）广告行政监督管理的依据是《广告法》及相关法律法规。

（4）广告行政监督管理的目的是，保证广告市场的良好环境，保障社会经济秩序的良性循环，保护消费者的合法权益，促进广告业的健康发展。

各国广告监管，除了主要依靠法律监管外，也都有行政监管，政府一般都设有官方广告监管机构，如美国联邦贸易委员会、通讯委员会，日本的公正贸易委员会等。我国广告行政监管更有自己的特点：监管多，力度大。但行业自律，包括媒体、广告公司、广告主的自律力度则不足，甚至流于形式。

13.1.3 广告行政监管的形式

我国广告行政监管主要有三种形式：

（1）先行审查。如医疗广告，药品广告，保健品广告等均须在刊播前进行审查并取得批准证书。

（2）事后监管。除国家明确需要进行刊播前审查的广告类别，其余广告都是刊播后监管，对违法违规广告进行处罚，如国家广电总局明令停播广播电视某类商业广告，或对个别电台电视台予以限时停播广告的处罚；国家新闻出版总署对个别报刊社予以限时停止刊登广告的处罚。

（3）联合监管。这也是我国广告监管的一大特色，就是工商管理部门为主导与相关部门联合起来进行监管。如集中整治虚假违法广告行动，广告媒体主管部门与工商管理部门建立联席会议制度、联合颁发广告监管的办法、规定、通知等。

我国广告行政监管的不足，重点体现在儿童广告和妇女用品广告上。对儿童广告缺少足够的重视，儿童广告监管没有相应的部门，更没有相关专门法规。妇女用品广告及采用妇女形象广告，存在很多问题，贬低、侮辱妇女的广告屡见不鲜，除了妇女联合会组织曾经提出一些微弱的意见外，现在已经司空见惯，没有真正的有效的规范约束。

13.1.4 广告行政监管的特点

广告行政监管具有以下特点：

1. 广告行政监管的本质具有法制性

广告行政监管要运用广告法律法规和各种具有法律性质的社会行为规范来对整个广告业和广告活动进行监督、制约、调控，而各种法律法规是国家意志的体现，具有规范性、权威性、强制性。

2. 广告行政监管的内容具有广泛性

广告行政监管的内容随着广告业的发展不断拓宽，一方面广告业作为联系社会生产与社会生活的重要环节，随着社会主义市场经济的发展，在国民经济中发挥着越来越重要的作用，广告业的发展程度也已成为衡量一个国家或地区经济发展水平的重要标准。另一方面广告业的发展，使得广告业的结构、分工、活动范围和方式也在进行调整和变化。从广告业的发展趋势看，广告业的结构调整越来越趋向合理，广告活动的范围和方式从单一变得越来越复杂，为了适应广告业的这种发展变化，广告监管内容，也由单一变得越来越广泛。广告监管的内容不仅包括对从事广告活动的主体的资格进行的监管，如依法确立广告活动主体的经营资格地位，撤销从事违法广告活动主体的资格，而且还包括对广告活动主体的各种宣传活动、经营行为和发布行为进行监管。

3. 广告行政监管的对象具有特定性

广告行政监管是对广告活动的主体及其广告活动进行的监督管理。因此，从事广告活动的广告主、广告经营者、广告发布者及其广告活动，就成为广告监督管理的特定对象。不从事任何广告活动的工商企业、事业单位、社会团体和个人不属于广告监督管理的范畴。这一特定的管理对象就使得广告监督管理与其他的工商行政管理活动有所区别。

4. 广告行政监管的手段具有多样性

不同部门对广告活动采取不同的管理方法和手段。工商行政部门对广告主、广告经营者和广告发布者及其广告活动的监管具有行政执法的特点，即在监督管理活动中，通过教育与处罚、管理与服务，监督、检查、控制与指导等手段和方法，规范广告活动，维护社会经济秩序。

5. 广告行政监管的后果具有强制性

广告行政监管活动是国家意志的体现，用法律法规作为其依据和后盾，保证广告监督管理的权威性。因此，广告主、广告经营者、广告发布者及其所进行的广告活动，必须依法而行。对于弄虚作假、欺骗消费者的广告违法行为，广告监督管理机关有权依据法律根据其广告活动所造成后果的危害性大小做出行政处罚、经济处罚，对于情节严重，影响恶劣，构成犯罪的，将由司法机关追究当事人的刑事责任。

13.2　我国广告行政监管的突出特色

在我国，所有广告的行政监管，主要是由国家工商行政管理总局及其各级工商管理部门按照广告管理的法律、法规和有关政策规定来行使职权，这是我国现阶段广告行政监管的主要方式。同时，各种媒体的行政主管部门或广告内容的行政主管部门对广告也有行政监管的权力或广告内容审查的权力，例如，国家广电总局对广播电视广告，国家新闻出版署对报纸期刊广告，国家卫生部对医疗广告，国家食品药品监督局对药品、保健品、化妆品广告。这些部门都设有广告监管机构或明确广告监管机构。我国目前形成了以国家工商行政管理总局为主导，相关主管部门参与的广告监管体系，这是我国广告行政监管的突出特色。

国家工商总局设有广告监管司。广告监管司的职能是：研究拟定广告业务监督管理规章制度及具体措施办法；组织实施对广告发布及其他各类广告活动的监督管理；组织实施广告经营审批及依法查处虚假广告；指导广告审查机构和广告行业组织的工作。广告监管司设有广告管理处和广告监督处，他们都有明确的职能分工。

广告管理处，职能是：（1）研究拟定广告经营资质标准和规范广告市场交易行为的规章制度及具体措施、办法，并监督实施。（2）审批管辖范围内的广告经营单位、临时性广告经营活动。（3）拟订外商投资广告企业市场准入标准，审批外商投资广告企业项目。（4）组织、指导网络广告经营审批登记。（5）组织、指导固定形式印刷品广告等特殊广告媒体（形式）的登记监督管理，负责管理范围内特殊广告媒体（形式）的登记监督管理。（6）组织、指导广告经营资格检查工作。（7）指导查处涉及广告经营活动方面的违法案件；协助办理广告经营活动违法案件的行政复议。（8）对广告服务收费备案的指导管理。

广告监督处，职能是：（1）研究拟定广告发布标准及广告发布管理的规章制度及具体措施、办法，并监督实施。（2）指导广告审查机构的工作，建立完善广告审查员制度。（3）负责管辖范围内特殊广告内容的审批。（4）指导广告出证行为。（5）组织、指导广告发布活动监督和案件查处工作。（6）协助办理广告发布活动违法案件的行政复议。（7）组织、指导广告监测工作和广告法律咨询机构的业务工作。

地方各级工商管理部门均设有相应的处室和广告监察大队，专司广告监管工作。

13.3 广告行政主管机关的职能

我国广告主管机关是工商行政管理部门，主要行使以下职能。

13.3.1 负责广告立法和法规解释

广告管理法规是广告管理机关对广告实施管理的主要依据。国家工商行政管理总局作为国务院的直属机构，是全国广告管理的最高机构，其重要职能之一就是代国务院或国家立法机关起草广告管理的法律、法规文件，单独或会同国务院其他部门制定广告管理的单项规章，负责解释《广告法》、《广告管理条例》、《广告管理条例施行细则》及其他广告管理单项规章。各省、自治区、直辖市及有地方立法权的城市的广告管理机关可以代当地人民政府起草地方性的广告管理规章。其他广告管理机关有义务为上述有立法权省市的广告管理机关起草广告管理法律、法规进行专题调查研究和提供有关数据与情况。

13.3.2 对广告主和广告经营者的监督与指导

对广告主和广告经营者的广告活动全过程的合法性进行监督，保证广告活动在法律规定的范围内进行，这是各级广告管理机关，尤其是地方广告管理机关的一项日常性工作。目前我国各级工商行政管理机关都建立了广告监察大队，负责对所有广告和广告活动的监控。

13.3.3 对广告违法案件的查处和复议

查处广告违法案件，依法制裁广告违法行为，追究广告违法行为人的法律责任，是各级广告管理机关的重要工作职能。根据《广告管理条例》、《广告管理条例施行细则》和《广告法》的规定，对违反广告管理法规的广告主、广告经营者和广告发布者，由工商行政管理机关追究其法律责任，视其情节轻重给予不同的行政处罚，对构成犯罪的，要移送司法机关。广告违法案件的处罚决定作出后，其上一级广告管理机关还担负着行政复议的任务，依不同情况，维持、变更或撤销原处罚决定。

13.3.4 协调与服务

协调是各级广告管理机关日常工作中经常进行的工作，这项职能充分体现了广告管理所具有的综合性特点。这里的协调，一是指工商行政管理机关内部，广告管理部门与企业登记、经济合同管理等部门的协调；二是指广告管理机关内部由于各地、各级工作的不同而产生的横向的、纵向的协调；三是广告管理机关与政府其他有关职能部门的协调。目前，由于我国尚没有统一的广告行业主管部门，广告管理机关实际上代行行业管理的某些工作。因此，广告管理机关还有反映广告行业发展状况、代表广告业呼声、为广告业服务的职能。此外，广告管理机关还应做好对同级广告协会的指导工作。

13.4 我国的广告审查制度

13.4.1 广告审查制度的内涵

我国目前涉及人们生命财产安全的广告，刊播前都是要审查的，审查工作由相关的行政机关负责，如药品广告、医疗广告、医疗器械广告、保健食品广告等都要由相应的行政部门进行刊播前审查。因此，广告审查制度也是我国广告行政监管的重要组成部分。

为了保证广告的真实性、合法性，世界上大多数国家都相应地建立起不同形式和不同层次的广告审查制度，对防止虚假广告的泛滥，维护正常的广告经营秩序和广告市场秩序，发挥了积极的作用。进入新时期以后，我国也建立起了以广告经营者为主体的广告审查制度，并随着广告管理法规制度的不断健全和完善，正尝试着建立以独立的广告审查机构为主体的广告审查制度，工商行政管理部门还颁布了试行的《广告审查标准》，尽管这个标准没有被很好、很认真地执行。所有这些，都昭示着我国的广告行政监管正不断走向法制化、规范化、完善化。

所谓广告审查制度，是指广告审查机关在广告交付设计、制作、代理和发布前，对广告主主体资格、广告内容及其表现形式和有关证明文件或材料的审查，并出具与审查结果和审查意见相应的证明文件的一种广告管理制度。它是目前世界各国，当然也包括我国所普遍采用的保证广告真实性和合法性的一种重要的法律管理制度。

广告审查的内涵，除了相关行政管理机关的广告审查部门对广告进行审查以外，还包括广告主、广告经营者和广告发布者对广告的自审自查，即：广告主在委托广告经营者设计、制作和代理广告之前，对自身广告真实性与合法性的自我审查；广告经营者在承接广告业务时，对广告主主体资格、广告内容及有关证明文件或材料是否真实、合法的审查；广告发布者在播放或刊出广告之前，对广告内容的真实性、表现形式的合法性的审查。

13.4.2　广告审查的一般内容

广告审查包含两个方面的主要内容：

第一，对广告主主体资格的审查。广告审查机关在审查广告时，首先应该对广告主的主体资格进行审查，即要求广告主提交"营业执照以及生产、经营资格的证明文件"。只有当广告主出示经工商行政管理机关核准登记的拥有生产、经营某种商品或提供某项服务的营业执照，并提供要求刊播的广告与营业执照上核定的生产、经营范围相一致的证明后，广告审查机关对广告主主体资格的审查才算完成。

第二，对广告内容及其表现形式的审查。广告审查机关对广告内容及其表现形式的审查，即主要对广告真实性的审查包括：其一，对广告内容的真实性的审查。广告审查机关在审查广告内容时，主要是审查广告内容与客观事实是否相符，广告中有无隐瞒事实真相和随意虚构、夸大的成分，对一些涉及质量标准和一时难以证明广告内容真实性的商品广告，还要求广告主出示由质量检验机构对广告中有关商品质量内容出具的证明文件和确认广告内容真实性的其他证明文件。其二，对广告表现形式的真实性、合法性的审查。广告审查机关除了对广告内容的真实性进行审查外，还要对表现广告内容的语言文字、画面、声音等广告表现形式的真实性、合法性进行审查，使广告表现形式与广告内容一样真实、可信、合法，与事实相符。只有当广告内容和表现形式都真实、可信、合法，与事实相符时，广告真实性的审查才算完成。

13.5　我国现行广告行政规章

我国改革开放后广告市场恢复以来，国家有关行政部门发布了很多广告规章，作为《广告法》、《广告管理条例》条款的细化和补充，对广告市场的规范和监管起到了重要作用。有的规章颁布后，根据广告市场的实际情况，已进行了多次修订，内容不断充实。当然，也有一些规章已时过境迁明显不合时宜，亟待修订或重新制定。我们现将目前仍然有效的主要广告规章目录整理如下，以便读者了解把握。预计今后还会有不少规章要进行修订发布，相关行政部门也还会制定一些广告规章，希冀读者留意补充。

《药品广告审查办法》（国家工商总局、国家食品药品监管局发布，自2007年5月1日施行。国家工商行政管理局和卫生部1995年3月22日发布的《药品广告审查办法》废止）；

《药品广告审查标准》（国家工商总局和国家食品药品监管局发布，自2007年5月1日施行。1995年3月28日国家工商行政管理局令第27号发布的《药品广告审查标准》废止）；

《医疗广告管理办法》（国家工商行政管理总局、卫生部发布，修订本自2007年1月1日施行）；

《户外广告登记管理规定》（修订本，自2006年7月1日施行）；

《化妆品广告管理办法》（1993年10月1日发布，修订本自2005年9月28日施行）；

《酒类广告管理办法》（1995年11月17日发布，1999年12月30日国家工商行政管理局规定：自2000年1月1日起，对低度发酵酒（葡萄酒、水果酒、黄酒等）的广告不再实行发布数量、时间、版面的限制；修订本自2005年9月28日施行）；

《广告管理条例实施细则》（自2005年1月1日施行）；

《印刷品广告管理办法》（2000年1月13日发布，修订本自2005年1月1日施行）；

《农药广告审查办法》（1995年4月7日发布，修订本自1998年12月22日施行）；

《广告语言文字管理暂行规定》（1998年3月1日发布，修订本自1998年12月3日施行）；

《临时性广告经营管理办法》（1995年6月1日发布，1998年12月3日修订发布并施行）；

《房地产广告发布暂行规定》（1997年2月1日发布，修订本自1998年12月3日施行）；

《食品广告发布暂行规定》（1997年2月1日施行，修订本自1998年12月3日施行）；

《兽药广告审查办法》（1995年4月7日发布，修订本自1998年12月22日施行）；

《店堂广告管理暂行办法》（自1998年3月1日施行）；

《烟草广告管理暂行办法》（1995年12月20日发布，1996年12月30日修改：对违反办法规定的广告主、广告经营者、广告发布者可以处10000元以下的罚款）；

《兽药广告审查标准》（1995年3月28日发布施行）；

《农药广告审查标准》（1995年3月28日发布施行）；

《医疗器械广告审查办法》（1995年3月8日发布施行）；

《医疗器械广告审查标准》（1995年3月3日发布施行）；

《医疗器械广告管理办法》（1992年10月1日施行）；

《药品广告管理办法》（国家工商行政管理局和卫生部1992年6月1日发布施行。1985年8月20日发布施行的《药品广告管理办法》废止）。

13.6 广告行政监管的内容

对广告主的监管、对广告经营者的监管、对广告发布者的监管、对广告信息的监管等，构成广告行政监管的主要内容。

13.6.1 对广告主的监管

对广告主的监管是指广告管理机关依照广告管理的法律、法规和有关政策规定，对广告主参与广告活动的全过程进行的监督管理行为。广告主是广告活动的最初发起者，是广告及服务费用的实际支付者，故广告主对是否做广告，做多少广告，何时做广告，通过何种方式做广告，以及选择哪家广告代理商，选择哪家广告发布者设计、制作、代理、发布广告等，都有绝对的自主权。惟其如此，广告主的广告意识和广告行为将直接对广告活动产生决定性的影响。因此，对广告主进行切实有效的监管，实质上是对广告活动源头的管理。这无疑对保证广告的真实性与合法性，防止和杜绝虚假违法广告的产生，进而净化整个广告行业，具有十分重要的意义。

广告管理机关对广告主的监管主要表现在两个方面：其一，保护广告主依法从事广告活动的权利；其二，保证广告主的广告活动必须遵守国家广告管理法律、法规和有关政策规定，对违法广告行为，广告主应依法承担相应的法律责任，并接受广告管理机关的行政处罚。

根据《广告法》、《广告管理条例》、《广告管理条例施行细则》及其他广告管理法律、法规的有关规定，广告管理机关对广告主施行的内容主要包括：

（1）要求广告主提供主体资格证明文件。

（2）广告主的广告活动应在其经营范围或国家政策许可的范围内进行，不得超过其经营范围或者国家政策许可的范围从事广告宣传。

（3）广告主委托他人设计、制作、代理、发布广告，应委托具有合法经营资格的广告经营者、广告发布者进行。

（4）广告主必须提供保证广告内容真实性、合法性的真实、合法、有效的证明文件或者材料。

（5）广告主发布药品、医疗等广告应事先依法申请广告内容审查。

（6）广告主在广告中使用他人名义、形象的，应当事先取得他人的书面同意。使用无民事行为能力的人，限制民事行为能力人的名义、形象的，应当事先取得其监护人的书面同意。

（7）广告主发布烟、酒广告，必须经过广告管理机关批准。

（8）广告主设置户外广告应符合当地城市的整体规划，并在工商行政管理机关的批准监督下实施。

（9）广告主应合理编制广告预算，不得把广告费用挪作它用。

13.6.2 对广告经营者的监管

广告经营者是连接广告主和广告发布者的中间桥梁，它是广告活动的主体，因而其广告行为是否规范，对广告活动的影响至关重要。所以，加强对广告经营者的监管，是广告行政监管中最为重要的内容。对广告经营者的管理主要包括：对广告经营者的工商登记管理、广告审查员持证上岗制度、广告合同制度、广告业务档案制度和广告经营者的工商营业执照年检制度。

1. 对广告经营者的工商登记管理

我国过去一直实行广告经营资格许可制度，广告经营者只有在获准登记、注册，取得广告经营资格后，才能从事广告经营活动。2004 年 7 月 1 日，《中华人民共和国行政许可法》（以下简称《行政许可法》）正式实施，根据《行政许可法》，广告经营资格专项审批制度取消，广告的经营登记被纳入企业登记中进行。设立广告企业按照企业注册登记管辖权限由企业注册登记部门直接核准登记，领取营业执照后即可按核准的广告经营范围开展广告业务。但事业单位广告经营资格仍需审批，取得《广告经营许可证》。

2. 《行政许可法》实施后有关广告行政许可保留的项目

《行政许可法》于 2004 年 7 月 1 日正式实施后，为了贯彻《行政许可法》，规范广告行政许可行为，广告主管部门对广告经营、广告的行政许可作了较大幅度的调整，主要内容是：

（1）广告行政许可项目

1）事业单位经营资格审批（依据《广告管理条例》）；

2）烟草广告审批；

3）户外广告登记；

4）固定形式印刷品广告登记；

5）外商投资广告企业审批；

6）外商投资广告企业分支机构审批。

其中第 2）～6）项由国务院第 412 号令决定同意保留，也就是说上述项目仍然需要行政审批。

（2）广告行政许可项目的执行权限

1）事业单位广告经营资格审批

事业单位经营广告业务，向所在地设区市、县（市）工商行政管理局申请，报设区市工商行政管理局核准，由所在地设区市、县（市）工商行政管理局发给《广告经营许可证》；驻省的中央、外省、市及本省省属事业单位经营广告业务，向省工商行政管理局申请。

2）烟草广告审批

跨设区市申请发布烟草广告，由省工商行政管理局负责审批；其他申请发布烟草广告的，由所在地设区市工商局审批。

烟草广告直接关系人身健康，涉及社会公共利益，烟草广告审批应当避免烟草广告可能产生的不良影响，在烟草广告发布规模、区域、画面及广告词等方面把关，尤其是对青少年容易产生明显影响的烟草广告，不予审批。

3）户外广告登记

由广告经营者按照拟发布的户外广告所处的行政区域，向当地设区市、县（市）工商局申请户外广告登记。

4）固定形式印刷品广告登记

在本省境内发布固定形式印刷品广告，由省工商局负责登记；跨省发布固定形式印刷品广告，由省工商局初审后报国家工商总局登记。

5）外商投资广告企业及其分支机构审批登记

外商投资广告企业及其分支机构的审批登记按照国家工商总局、商务部第8号令（2004年3月2日发布）《外商投资广告企业登记规定》办理（国家工商行政管理局、对外贸易经济合作部印发的《关于设立外商投资广告企业的若干规定》（工商广字〔1994〕第304号）同时废止）。

3. 广告审查员持证上岗制度

在广告经营单位设立广告审查人员持证上岗制度，是广告市场准入资格管理、规范广告活动行为和广告发布内容的一项重要措施。广告审查员须持证上岗，未获得《广告审查员证》的人员不得从事广告审查员工作。广告主、广告经营者、广告发布者应当建立广告审查员制度，配备广告审查人员，明确广告审查员岗位职责，严格广告审查程序，规范广告经营行为，提高广告设计、制作、代理发布水平。对所设计、制作、代理发布的广告，须经本单位广告审查员的审查，并征得广告审查员的同意。对未经广告审查员审查同意发布违法广告的，工商行政管理机关将依法从重处罚。

根据《广告审查员管理办法》，广告审查员按照下列程序审查广告：

（1）查验各类广告证明文件的真实性、合法性、有效性，对证明文件不全的，提出补充收取证明文件的意见；

（2）核实广告内容的真实性、合法性；

（3）检查广告形式是否符合有关规定；

（4）审查广告整体效果，确认其不致引起消费者的误解；

（5）检查广告是否符合社会主义精神文明建设的要求。

广告审查员实行年度审验（简称年审）制度。广告审查员无特殊原因逾期6个月不参加年审的，由工商行政管理机关注销其《广告审查员证》。广告审查员失职，致使本单位因广告违法受到处罚达3次者，为年审不合格。

4. 广告合同制度

所谓广告合同制度，是指参与广告活动的各方，包括广告主、广告经营者和广告发布者，在广告活动前为了明确相互的权利和义务，必须依法签订协议的一种制度，以保护参与广告活动的各方的正当权益不受侵害。

广告合同一经依法订立，就具有法律效力，合同各方都应认真履行。订立经济合同，必须遵守法律、行政法规，必须遵循平等互利、协商一致的原则。

广告合同纠纷是参与订立广告合同的各方当事人在依法订立广告合同后，对合同履行情况和违约责任承担等所产生的争议。它包括广告合同履行情况争议和违约责任承担问题争议两方面的内容。

广告合同属于经济合同的范畴，解决经济合同纠纷的主要办法有协商、调解、仲裁和诉讼四种。

5. 广告业务档案制度

所谓广告业务档案制度，是指广告经营者（包括广告发布者）对广告主所提供的关于主体资格和广告内容的各种证明文件、材料以及在承办广告业务活动中涉及的承接登记、广告审查、广告设计制作、广告发布等情况的原始记录材料，进行整理、保存，并建立业务档案，以备随时查验的制度。

广告业务档案是在广告业务活动的过程中建立起来的，它是广告经营者（包括广告发布者）从承接登记，到收取和查验各种广告证明、材料，再到广告设计、制作、代理、发布等情况和结果的总汇，是广告业务活动的正式记录。因此，建立广告业务档案的作用主要有两个：一是业务参考作用，二是法律凭证作用。

6. 广告经营单位工商执照年检制度

我国取消广告经营专项许可制度后，广告经营单位在工商营业执照经营范围中应标明广告经营。对工商营业执照，要按工商行政部门的要求进行年检。无故不年检的，工商行政部门将按有关规定进行处罚直至吊销工商营业执照。

13.6.3　对广告发布者的监管

对广告发布者的监管，又叫广告媒介物监管或者广告媒介监管，是指广告管理机关依照国家广告管理法律、法规的有关规定，对以广告发布者为主体的广告 发布活动的全过程实施的监督管理行为。换言之，广告发布者监管是广告管理机关依法对发布广告的报纸、期刊、电台、电视台、网站、出版社和拥有广告媒介的媒体公司监管，以及对户外广告物的规划、设置、维护等实施的监管。

广告管理机关依法对广告发布者实施监管的主要内容包括：

1. 对广告发布者经营资格的管理

以广播电台、电视台、报纸、网站、期刊和出版社等为主体的广告发布者（或广告媒介），其主要职责是宣传党的路线、方针、政策，发布信息，传播新闻，同时兼营广告发布业务，传播经济信息。而广告发布者以收费的形式，兼营广告发布业务，传播经济信息，属于一种广告经营行为，所以，广告管理机关必须对其实行专门管理。要求广告发布者在发布广告前，必须到当地县级以上工商行政管理局办理兼营广告业务的登记手续，并由其审查是否具备直接发布广告的条件。对符合条件的广告发布者，广告管理机关依法予以登记，并发给广告经营者资格证明。广告发布者只有办理了兼营广告业务的登记手续，并取得广告经营资格证明后，才能经营广告发布业务，否则，即为非法经营。

2. 对广告发布者提供的媒介覆盖率的管理

媒介覆盖率是媒介覆盖范围和覆盖人数的总称，它随媒介的不同而有不同的名称。其中有广播电台的覆盖范围与收听率，电视台的覆盖范围与收视率，报纸、期刊等印刷媒介的发布范围与发行量，以及户外场所的位置和人流量等。真实的媒介覆盖率是广告主、广告经营者实施广告战略和广告发布者确定收费标准的重要依据。因此，广告管理机关应该加强对广告发布者提供的媒介覆盖率的真实性进行管理，这对维护广告发布者的声誉，树立媒介自身形象，拓宽广告发布业务来源和保护广告主、广告经营者的合法权益，有着积极重要的作用。

3. 对广告发布者利用媒介时间、版面和篇幅的管理

广告发布者虽然拥有对媒介的使用权，但是并不能无限制地扩展广告刊播的时间、版面和篇幅。国家行政管理机关往往利用其行政职能，对媒介刊播广告的时间、版面和篇幅作出限制性的规定和控制，以确保媒介履行更为重要的社会职责。如新闻出版部门对报刊广告占版面比例的要求，广电部门对广播电视广告播出时间的规定等。

13.6.4 对广告信息的监管

广告信息包括广告信息内容及其表现，它以广告作品的形式，经媒介的发布完成传播。对广告信息的监管是世界各国广告管理中尤为重要的内容。

1. 广告内容的监管

广告内容的监管，集中到一点，即对广告内容的真实性、合法性进行的监管，以确保广告内容的真实、合法与健康。

《广告管理条例》第三条规定："广告内容必须真实、健康、清晰、明白，不得以任何形式欺骗消费者。"《广告法》第七条规定："广告内容应当有利于人民的身心健康，促进商品服务质量的提高，保护消费者的合法权益，遵守社会公德和职业道德，维护国家尊严和利益。"《广告法》第七条对广告中不得出现的内容，《广告法》第十四条、第十七条对药品、医疗器械和农药广告中不得出现的内容都作了明确规定。此外，对药品、医疗器械、化妆品、食品、保健品、酒类广告以及体育、融资、奖券广告，单项法规对相应的广告内容监管都作出了明确规定。

2. 广告表现形式的监管

广告作为一种"劝说"的艺术，必须借助一定的表现方法和形式，才能将商品或服务的信息传达给广告受众，并尽可能使其留下深刻的印象，以促进购买行为的实现。广告的表现方法和形式就是广告表现。

由于广告表现是针对社会公众所开展的宣传活动，又是为了追求赢利目标所采

取的宣传手段，所以它必须受到广告管理的法律、法规和道德的约束，必须符合一定的社会规范。广告表现监管的内容主要包括：对广告表现真实性的监管，对广告表现合法性的监管，对广告表现道德性的监管，对广告表现公益性的监管，对广告表现独创性的监管，对广告表现可识别性的监管等等。

13.7　创新广告行政监管的方式方法

我国目前广告监管主要依赖行政监管，这是广告监管的一大特色。行政监管体系比较健全，但方式方法比较老套。在新的形势下，作为广告行政监管的主要部门——工商行政管理部门，应该不断创新广告监管的方式方法。

一是深入开展虚假违法广告专项整治工作，继续把药品、医疗、保健食品、化妆品、美容服务等广告作为整治重点。应积极履行广告专项整治联席会议的牵头职责，落实广告执法办案协调工作的指导意见，建立案件查办落实情况通报制度，落实媒体广告发布的各项管理制度，进一步加强和完善广告监测工作，对重点区域和问题多发媒体加大监测力度。

二是推进广告监管长效机制的建立。要认真落实违法广告联合公告制度、广告审查员制度和广告活动主体市场退出机制，完善广告监测制度和部门联席会议制度，研究并提出加强和完善媒体广告发布管理的措施。要加强广告监管信息化制度建设，充分利用广告监管网络系统资源，提高广告监管效能。

三是完善广告监管的法律体系。积极做好修订《广告法》的有关准备工作，深入开展调查研究，适时提出《广告法》修订草案。抓紧完成药品、医疗器械、保健食品、烟草等广告管理规章的修订和制订工作。开展公益广告、网络广告监管等专题调研，研究制订公益广告管理规范。

四是加强对广告业的指导。尽快出台促进广告业发展的指导意见。加强和完善广告行业组织建设，明确广告行业自律的法律地位，支持和指导广告行业组织开展行业自律工作。组织、支持、指导以倡导和树立社会主义荣辱观、构建社会主义和谐社会为核心内容的各种形式的公益广告活动，发挥公益广告在构建社会主义和谐社会中的积极作用。

13.8　港台地区的广告监管

我国港台地区的广告业非常发达，香港、台湾人均广告费排在世界的前列。这一方面是因为两地的经济发达，为广告的发展提供了良好的基础；另一方面则是当地广告管理制度十分健全，保证了广告业的健康发展。现在两地基本形成了以行业自律为主，当地政府管理为辅的良性广告管理体制。

13.8.1　香港广告业现状

20 世纪 50 年代到 60 年代初期，香港经济开始加速，广告业也迎来了许多发展机遇，这时的广告业务基本上是制作型和媒介代理型。60 年代后期到 70 年代香港经济快速发展，带动了广告业更加繁荣，各种类型的广告公司相继成立，但专业化水平并不高。80 年代初期，许多国际广告公司先后在香港设立办事处，以此拓展它们在亚太地区的业务。1981 年时各类广告公司已有 1000 家左右，从业人员 6000 多人，广告费用总额达到 12.15 亿元，人均广告费为 238 元，在亚洲仅次于日本，居第二位，在东南亚居第一位。90 年代中期，香港的广告公司已达千家以上，分工很细，专业化程度也大大提高，不过能为企业提供全面代理服务的大型广告公司仅有 30 家左右，而其营业额占全港广告总量大约 3/4。在 1985 ~ 1995 年 10 年之间，香港广告业发展迅速，其人均广告收入从全球排名第 20 位攀升至第 3 位。到 2000 年，香港人均广告费居世界第一。据 AC 尼尔森统计，2002 年，香港的广告营业额已达 360 亿港元，人均广告支出名列世界前茅。

香港经济近年强劲复苏，除了特区政府和全港市民共同努力外，很大一个决定性因素是来自祖国的助力。2003 年 6 月 29 日，《内地与香港关于建立更紧密经贸关系的安排》(CEPA) 在香港正式签署，更为香港与内地广告业的进一步交流与合作提供了良好的平台和契机。CEPA 签订和"自由行"的实施，为香港经济注入了新的动力和元素，也为香港广告业的持续增长带来了活力。2006 年上半年香港广告营业额为 234 亿港元，比上年同期增加 9.5%，占最大比重的是免费电视及报纸，分别有 1.49% 及 8.15% 增长。近年发展迅速的户外、电视广告比上年同期增长 4 倍，营业额达 69 亿元。同时，增长空间巨大的内地广告市场被香港广告巨头们一致看好。从 20 世纪 80 年代后期开始，香港广告企业纷纷进军内地市场，通过开设办事处或与内地企业成立合资广告公司参与内地广告市场的开拓，大都取得了不错的发展。而许多国际广告大鳄进入中国内地广告市场的方式也往往是通过香港的分公司打头阵，运用其资本、人才、技术、品牌等方面的优势，成为内地企业客户的合作伙伴。

香港地区的广告公司如果从所属关系或实力区分，大体有四种类型：第一类是大的跨国公司，有 20 多家，像李奥贝纳、幸运集团、奥美、华美、威雅、达彼思等，年营业额都在 1000 万元以上。这类公司全年营业额总和占香港广告总额的 80%。他们的服务对象多是外国厂商和香港较大的客户。第二类是华资广告公司，共有 30 多家，都是华人在香港开办的企业，如远东、大东、华联等。这类广告公司的营业规模和技术手段居中等水平。第三类属于内地在港开办的广告公司，如中国广告公司、新丰广告公司、经贸广告公司等。第四类是一些小型的广告代理商，业务比较专一。

13.8.2　香港广告法规

香港现时并没有一套综合性的法例监管林林总总的广告及其内容，但涉及广告管理方面的法律、法规很多，大多散见于各专业法律、法规中。广告管理体制比较完备，目前已经形成政府部门法规行政管理和广告行业自律有机结合的良好体系。

香港广告法律、法规可分为三种类型：(1) 一般性条例。(2) 对特定产品的条例。(3) 对特定的对象的条例。政府能根据实际情况不断地修改管理条例。

《电视条例》、《广播条例》、《广播事务管理局条例》、《商标条例》、《版权条例》、《公众娱乐场所条例》、《公众卫生及市政条例》、《药剂及毒药条例》、《诊疗所条例》、《吸烟条例》、《不良医药广告条例》、《淫亵及不雅物品管理条例》、《防止儿童色情物品条例》、《建筑物条例》、《商品说明条例》等,以及《电视通用业务守则——广告标准》、《电台业务守则——广告标准》、《香烟及烟草广告标准》、《物业广告标准》、《医药广告标准》、《广告与儿童标准》、《戏院广告标准》等。同时消费者委员会制定的涉及广告的规章有:《良好企业社会责任指引》、《良好企业社会责任指引二——实施细则》《美容业自律新里程》、《消费者权力和责任指引》等。

关于广告的真实性问题,《电视通用业务守则——广告标准》及《电台业务守则——广告标准》,规定广告不得作出与事实不符的描述、声称或说明;或以误导手法声称或暗示所宣传的产品或服务有某些无法证明的特性。就印刷媒体而言,在香港印刷、制作或出版的书刊必须根据《书刊注册条例》的规定注册,在淫亵及不雅内容方面,刊物须受《淫亵及不雅物品管制条例》规管。就整体广告而言,不同条例或守则,规管传媒(包括印刷媒体)不得发布失实或虚假广告,例如《非本地高等及专业教育(规管)条例》、《教育条例》、《公司条例》、《证券及期货条例》、《保障投资者条例》、《证券条例》、《银行业条例》等均就相关范畴的广告作出规管,禁止广告作失实陈述、刊登虚假、具误导性或欺骗性的广告等。《商品说明条例》亦有就产品宣传品中有关条例定义的商品说明(包括制造方法;成分;测试结果;用途的适用性和强度等)作出规范,禁止虚假的声称。至于守则方面,香港广告商会制定了一套标准实务守则,规管该会会员制作的广告。该套守则规定广告必须合法、健康、诚实及真确。消费者委员会(消委会)亦分别于 2005 年及 2006 年推出两套《良好企业社会责任指引》,当中包括提醒企业要确保其推广资料及广告内容的真实、公平和合理,不应有误导成分,并须符合有关法例或细则的规定,使消费者获足够的资料以作出购买的决定。另外,消委会协助美容业界制定的《美容业营商实务守则》,亦有就业界刊播的广告提出了多项建议,鼓励业界自律,刊播内容合法、健康、忠实和真确的广告。

《电视通用业务守则——广告标准》是广播事务管理局(广管局)根据《广播条例》(第 562 章)第 3 条而制定的,广管局有权对违反本守则规定的持牌人(编者注:大致相当于内地的领有营业执照的企业法人)施加适当的处分。

广播事务管理局(广管局)在 2007 年 4 月 21 日的会议上批准了业务守则委员会有关修订《电视通用业务守则——广告标准》及《电台业务守则——广告标准》的建议。容许电视及电台根据最新修订的《博彩税(修订)条例 2006》(第 108 章)播放赛马博彩广告,但条件和时间限制均与现时适用于六合彩及足球博彩广告的规定相同。修订的条文在 2007 年 5 月 4 日刊登宪报后生效。

现行《不良医药广告条例》共 7 条和 2 个附表,禁止发布的广告附表内罗列清楚。香港特区政府卫生署署长声明指出,制定《不良医药广告条例》的目的,在于

保障市民免被广告误导，不会因使用声称可以预防或治疗条例附表所列疾病或病理情况的药物、外科器具或疗法而延误向医生寻求适当诊治。

13.8.3 香港广告法规的实施

香港政府的广告监管机构主要是影视及娱乐事务管理处，负责有效监察广播、电视和报刊。卫生署负责对《不良医药广告条例》的监管；政府其他相关部门依照相关法律条例，进行相应的广告监管。同时，半官方组织广播电视管理局对广播电视广告也进行监管。广管局设有投诉委员会和业务守则委员会，负责投诉的处理和广播电视守则标准的制定。香港法例没有订明发布广告的批核机制，主要是事后监管。利用消费者对广告实行监督，是香港广告管理的另一个重要内容。1974年4月香港成立了消费者委员会，对工商业的不法买卖行为和欺骗性广告宣传进行监督揭露，并指导消费者如何选购商品，维持消费者的经济利益。

1997年，香港广告费对GDP比率，世界排行第三。香港一直锐意发展为亚洲区内的产品推广及广告中心，但现行监管不良广告的机制，尤其是在非广播媒介方面，无论在法例或自律的层面上，却远远落后于其他发达国家和地区，这与香港在亚洲广告市场所占的领导地位并不相称。再者，广播媒介与非广播媒介广告的监管亦出现双重标准，这种情况不利于香港发展为亚洲区内广告中心。消委会因此希望急切研究如何改善现行的监察机制。消费者认为政府应检讨现行广告监管机制，特别是对非广播媒介广告的监管。

消费者委员会认为，目前的监管制度有待改善，主要的理由是：

(1) 现行有关误导性广告的法例是分割（piece meal）处理，例如：

《商品说明条例》未涵盖服务、物业或价格方面的误导性资料。

《不良医药广告条例》未涵盖包装盒内附的说明资料和声称。

《公众卫生及市政条例》并无规例规限健康食品及减肥食品的广告宣传。

诱饵式广告传播并无法律规管。

(2) 现行并没有一个执法部门负责监督及防止刊于非广播媒介之误导性广告。

(3) 现行业内的自律机制有所不足。

13.8.4 香港广告行业组织及自律规范

广告行业组织，是政府与广告经营单位联系的中间环节。一方面政府利用这些组织贯彻广告管理标准，引导成员公司遵守政府法律；另一方面它又代表成员公司向政府反映广告业的意见和要求，帮助公司搞好经营、维护广告业的利益。香港各广告行业组织都有业务守则或自律条文，加强对自身的管理。

香港广告行业组织主要有：

(1) 香港广告商会（简称HK4As）又叫"4A"广告协会。它成立于1957年，会员是机构设置健全、能够提供全面性服务、年经营额在1000万元以上的广告公司，现有全面会员22家，多是跨国广告企业在香港的分支，掌握了全港广告开支的

80%。包括李奥贝纳、达彼思、华美、恒美、智威汤逊、精英、达美、电通、电通扬雅、环球加达、灵智、FCB 现代、幸运、天高、励富、M&C、麦肯 – 光明、奥美、恒威 – 阳狮、盛世、Carat Media Services Asia Pacific Ltd.、峰域、幸运、传立、浩腾媒体、星传媒体、The Agency Ltd 等。

HK4As 的宗旨在于制订及维持广告专业操守，执行业务守则，出任广告公司的纠纷仲裁人及为广告公司和广告从业者提供交流意见的机会等。商会还担起推动香港创意工业的使命，提升香港在创意领域的突破和竞争力。

HK4As 以行政事务委员会为领导核心，委员为会员公司的管理层代表选出。下设小组委员会，为会员及广告业在各方面争取更多福利。

HK4As 制定了一套标准实务守则，规管该会会员制作的广告。该套守则规定"广告必须合法、健康、诚实及真确"，并且指明"广告之描述、声明或说明不得直接或暗示性地误导所推广之产品或服务"。任何会员如违反该套广告标准守则的规定，将会依照香港广告商会有关的规则受到处分。香港广告商会制定的香港广告标准守则（The Hong Kong Code of Advertising Standards）规定：会员在履行其职务及经营之同时须能够保障公众利益及维持该行业、本会及本会会员之尊严及权益。会员在广告客户向其声明已聘用使其满意之广告代理商后不应继续强行要求交易。会员不应借延长赊账期作为诱因以维持或获取业务。会员不应将彼等之姓名或简称或符号（如为联名会员）或公司或其任何会员之名称或简称或符号包括在为广告客户制作或处理之广告内，该广告应以服务该广告客户为本。

（2）香港广告业联会。香港广告业联会是以爱国人士为主的广告从业人员组织，实质仅是广告同业俱乐部，逢年过节组织一些联欢活动，会员资格不限，以个人为多，人员与其他联合组织有穿插，参加活动的会员曾达 500 多人。香港广告业联会创办 30 年来，高举爱国爱港的旗帜，本着"促进同业联系，建立内外交流，提高专业水平，维护业界权益"之宗旨，积极开展会务活动，取得了丰硕成果。

（3）香港广告客户协会（The Hong Kong Advertisers Association），简称香港 2As。由超过 100 名市场推广的专业人士组成。2As 创立于 1961 年 9 月，服务宗旨是致力提升香港广告业专业水平及操守。现有 7 个委员，是来自不同公司的市场推广部的负责人。该会成员大都以公司名义作会员，会员任职遍布在电讯、银行、航空公司及保险等行业。例如有新的政策要出台，涉及市场推广及广告宣传的，当政府要听取不同业界的意见，就可以代表业界发表意见。会员主要是国际性工商企业在港的子公司，如万国宝通银行、太平洋行、飞利浦、蜜丝佛陀、柯达等香港有限公司。该会主要任务在于协调保护广告主利益的行动。

（4）香港广告牌制作协会。香港广告牌制作协会成立于 1992 年 5 月，当时有 18 家公司代表参加。这个协会是一个户外广告的社会组织，活动比较频繁。香港所有装饰公司都设有安装店铺招牌业务，所以他们都合乎及具有入会资格。协会目前任务包括：1）与政府部门磋商广告牌制作公司发牌制；2）培训广告牌各类技术员工；3）协调政府与广告商之间因广告牌管制而引起及影响香港广告牌继续享有世界美誉之矛盾；4）协助会员解决行业现在面对之工程保险问题；5）香港政府对广告牌征收差饷问题；6）向政府申请行业借贷问题。曾成功游说立法局取消香港禁止闪动光管条例，使香港近年来之夜景更加灿烂，对香港经济有莫大帮助。

由于香港现在没有一个全面的广告法例作为有效管理该行业自律制的法律依据，香港消费者委员会建议政府制订新法例，成立一个具法定地位的广告业自律组织（例如广告标准委员会），协助业内人士建立机制以推行全面性的自律。电子传媒广告的监察仍然是广管局的专责范围，但新设立广告业全面自律组织将与广管局紧密合作。

13.8.5　台湾省广告业现状

台湾省的现代广告事业是比较发达的。1987年台湾地区在世界广告额排序中即进入前20名，1989年为第14名。1999年，台湾地区广告量曾达到新台币1163.7亿元。然而，近几年经济衰退严重影响了台湾的广告业。2006年，台湾500大服务业营收近5.1兆新台币，较上年萎缩约650亿新台币，是5年来总营收首次出现负增长，企业获利能力也原地踏步，平均获利率维持在上年的4.1%。以出口为导向、布局全球的资讯服务业、海运等行业挑起服务业成长大梁，而锁定岛内市场的行业，大多只能黯然退居舞台角落，其中又以广告、汽车销售、百货批发零售三大内需支柱的营收衰退幅度最大。

尼尔森公司一项媒体广告量调查显示，2006年台湾地区五大媒体广告量为新台币453亿元，较2005年下滑近8%。五大媒体包括无线电视、有线电视、报纸、杂志及电台。台湾广告经营额已连续下跌多年。近年来，台湾广告业正面临空前而巨大的转变，不但总额提升不易，毛利率也每况愈下。

从2006年的情况看，有线电视、报纸仍是台湾广告量最大的两大类别。但2006年有线电视广告量下滑幅度也近二成，而户外媒体逆势成长29%，网络广告增长迅速，估算2006年台湾网络广告规模为37.48亿新台币，较上年增长21.7%。预计2007年会再增长30.6%，总规模达48.96亿新台币，有机会挑战50亿新台币。前十大广告产业方面，建筑业广告量连续三年居首；其次，服务类、食品类广告增长率为11%，电话事务类的广告小幅增长4%。交通工具类、化妆保养品类、金融财经类等传统广告量大的产业，受经济不景气影响，出现两位数的衰退；其中，以金融财经类广告减少幅度最大，为34%。

尼尔森公司最新的媒体广告量调查显示，2007年上半年台湾五大媒体广告量达新台币221.77亿新台币，较2006年上半年227.59亿新台币减少了2.6%，其中以无线电视下滑幅度最大，高达19.5%，其次则是首度呈现下滑的户外媒体，降幅达7.2%。若相较于2006年下半年，2007年上半年广告量萎缩幅度更是剧烈，下滑比例高达11.4%，其中以有线电视所受到的影响最明显，衰退幅度高达16.7%，其次为户外媒体的16.6%的负成长次之。近两年台湾地区广告市场持续萎缩。尼尔森公司指出，2007 年上半年房地产交易虽然持续热络，并在最新的广告量前十大商品中，建筑类仍以 36.8 亿新台币拔得头筹，成为台湾 2007 年上半年广告量第一大产业，较上年同期成长了 13%，但若相较于 2006 年下半年则微幅减少了 4%。交通工具类虽然仍维持其第二大广告量产业的宝座，但却较上年同期下滑了 15%，减少了 3.06 亿新台币。

以往广告主九成预算交到广告代理商手中，现在这部分预算可能只剩四成，许多预算流向非大众媒体广告。还有一个导致台湾广告量缩减的主因，就是世界级大企业在台湾缩减广告量。

13.8.6　台湾省的广告监管

随着广告的快速发展，台湾广告管理也随之一步步得到加强。台湾目前没有专门的广告法，只有针对某一方面颁布的单项广告管理法规，及相关法律法规中涉及的广告管理的内容，有 40 多个。

1. 广播、电视、卫星广播电视、电影广告相关法令

广播、电视、卫星广播电视、电影广告相关法令主要有：《广播电视法》、《广播电视法施行细则》、《广播电视节目供应事业管理规则》、《广播电视广告内容审查标准》、《节目广告化或广告节目化认定原则》、《电视广告送审注意事项》、《有线广播电视法》、《广播广告制作规范》、《电视广告制播规范》、《无线电视公益广告审查要点》、《有线广播电视法施行细则》、《有线广播电视广告制作标准》、《制播有线广播电视广告注意事项》、《卫星广播电视法》、《卫星广播电视广告制播标准》、《制播卫星广播电视广告注意事项》等。

2. 食品、烟、酒、药物、化妆品广告相关法令

食品、烟、酒、药物、化妆品广告相关法令有：《公平交易法》、《公平交易法施行细则》、《食品卫生管理法》、《食品卫生管理法施行细则》、《健康食品管理法》、《化妆品卫生管理条例》、《化妆品卫生管理条例施行细则》、《消费者保护法》、《消费者保护法施行细则》、《著作权法》、《商标标示法》、《医疗法》、《药事法》、《药事法施行细则》、《烟酒管理法》、《烟酒管理法施行细则》、《烟害防制法》等。

3. 涉及户外广告的相关法令

涉及户外广告的相关法令主要有：《户外物管理办法》、《台北市广告物暂行管理规则》、《台北市广告物管理细则》、《台北市街道家具广告物设置准则》等。

《广播电视法》是台湾地区现行的广播电视事业基本法，其中第四章广告管理对广播电视广告活动作出了全面具体的规定。

《广播电视法》对电视广告的规范主要有：广告不得超过播送时间的 15%；节目中间在半小时以内者，广告应于前后；超过半小时以上者，以每 15 分钟在节目内播送一次为原则，广告量应平均分配播出。广告与节目应明显分开。每一件送播的广告应按规定送至"新闻局"审查，并核发准演执照才能播出。如其内容涉及药物、食品、化妆品、医疗器材及其技术业务者，尚须先送卫生主管机关核准，取得证明

文件后再送审。

不过，关于广告播出时间的限制将会改变。2007年9月，台湾通讯传播委员会（NCC）正在起草《通讯传播管理法草案》，拟将广播电视法（无线）、有线广播电视法及卫星广播电视法等三法（简称广电三法）与电信法进行综合统一。据台湾《中国时报》报道，《通讯传播管理法草案》是第一部规范台湾广电媒体的法规草案。现行广播电视法、有线广播电视法、卫星广播电视法等广播电视产业之相关法律，系以媒体属性作纵向分类，分别依无线电波频率、有线线缆或卫星频率等传输形态，采取个别立法体例而制定之立法意旨虽皆明确，然其因制定时期先后不同，致有管理规定宽严不一之情形。

《通讯传播管理法草案》中拟取消现行广告时段限制，每晚黄金时段维持现行规定外，在一日广告总量240分钟内，频道事业可自行安排广告时段及时间，不再受节目播送时间六分之一的门槛规定，预期将大幅提升广告产值。

现行无线电视台、卫星频道在有线电视系统播出的节目广告时间，必须依各节目播出时间而定，无论播出的时段为何，每个节目可播出的广告时间，皆被限缩为该节目播出时间的六分之一内，例如节目时间1小时，广告播出10分钟。

NCC官员表示，为保障消费者权益，并兼顾业者合理经营，新法中调整广告时间计算基准，即每日广告时间总量不变，仍维持240分钟，未来除了"黄金时段"，其他时段播出广告时间不受节目时间限制，业者可在下午播出20、30分钟，甚至1小时都可。"黄金时段"时间尚在研议中，但应该是在晚间时段，从傍晚5:00、6:00开始，至9:00、10:00、11:00或12:00结束。

NCC官员说，这次大修法，取消节目时间限制，主要是促使业者可以弹性安排广告播出，迎合分众化市场趋势，带动近来一直负成长的媒体广告产值。

根据台湾尼尔森媒体调查公司调查，2006年五大媒体广告量达477.9亿新台币，较上年衰退2.5%，其中以卫星及有线电视下滑幅度最大，高达10.6%，其次是无线电视的5.2%，分居衰退最高一二名。2006年卫星及有线电视的广告产值为149亿新台币，无线电视为41亿新台币。

《公平交易法》第21条规定：事业不得在商品或其广告上，或以其他使公众得知之方法，对于商品之价格、数量、品质、内容、制造方法、制造日期、有效期限、使用方法、用途、原产地、制造者、制造地、加工者、加工地等，为虚伪不实或引人错误之表示或表征。

事业对于载有前项虚伪不实或引人错误表示之商品，不得贩卖、运送、输出或输入。

前二项规定于事业之服务准用之。

广告代理业在明知或可得知情形下，仍制作或设计有引人错误之广告，与广告主负连带损害赔偿责任。广告媒体业在明知或可得知其所传播或刊载之广告有引人错误之虞，仍予传播或刊载，亦与广告主负连带损害赔偿责任。

《消费者保护法》第22条规定：企业经营者应确保广告内容之真实，其对消费者所负义务，不得低于广告之内容。

针对广播电视广告管理的问题，早在 1970 年 6 月，台湾就邀请有关方面对净化广告的问题进行研讨，后来渐渐形成了系统的法规。《电视广告规范》共分为总则、制作及播映三部分，以提高电视广告之制作水准，并将有关广告之各项管理法令详加搜集，列为附录。

《广播电视节目供应事业管理规则》是一部专门规定从事节目或节目制作审批的规章。规定了从事广播、电视广告策划、制作的公司总裁或其他法人组织应当具备的条件，包括设备、人员、资金、场地等，以及审批程序。

《电视广告制播规范》中"电视广告制作一般原则"第九条列举电视比较广告之制作要求：比较广告应正确及适当引用经过实证之数据和事实，但不得以直接或影射之方法中伤、诽谤或排斥其他商品。比较广告，应明确指出被比较之商品、品牌、名称及型号。比较广告之说明应适当、明确及完整；比较广告之说明，其用字遣词及表达方式，若以"最"高级表现者，如"第一"、"最好"、"唯一"等，应由公正、独立之机关团体以专门、客观之方法验证提出证明。

《户外物管理办法》是专门规定户外广告活动的管理规章。内容主要包括：户外广告类型——张贴广告、招牌广告、树立广告、游动广告。户外广告管理机关。不得设置广告物的处所——（1）高冈处所或公园、绿地、名胜、古迹等内部处所；（2）妨碍公共安全或交通安全处所；（3）妨碍市容、风景或观瞻处所；（4）妨碍都市计划或建筑工程认为不适当之处所。地方政府为整顿市容，得统一规定辖区内某一地段或街道之招牌形式及悬挂规格。树立广告应申请许可，并应树立地所有人同意。游动广告应遵守下列规定：不得妨碍交通。不得妨碍公共安宁。不得表演、舞蹈、杂技或放映电影。不得没门或随车售卖货品。不得于通行要道上或车辆行驶中散发宣传单。

4. 关于食品、药品、化妆品的广告管理

在《食品卫生管理法》、《化妆品卫生管理条例》、《药物药商管理法》、《医疗法》、《药事法》等法中都有专门章节或条款阐述。其基本规定主要有以下几点：

（1）食品、药品、化妆品广告必须经过卫生主管机关的批准后方可发布。如《药事法》第 66 条规定：药商刊播药物广告时，应于刊播前将所有文字图画、言词申请卫生主管机关核准，并向传播业者核准文件。传播业者不准刊播未经卫生主管机关核准之药物广告。《医疗法》中也规定利用广播电视之医疗广告应先经所在地市或县卫生主管机关核准。

（2）不得制作发布虚假、夸大、有伤风化，或容易使人误解的广告；严格禁止新闻式广告或广告式新闻。

（3）不得出现有关法律、法规中禁止出现的内容表示，如化妆品不得宣传疗效；药品广告不得夸张药品安全性、效能、效力、药物制法、保证药物效能等的图文言词等。

《化妆品卫生管理条例》部分条文修正草案也在研议当中。拟将广告"事前审查"机制改为"事后追踪",这是因为大型、知名的业者重视形象,送审广告都不会有问题,会发生问题的业者都不会送案审查;但卫生署却要花费大批人力与时间审查不会有问题的案件,浪费资源。此外,罚款也提高 4 倍,由现行最高 5 万元增加至 20 万元。也有人主张重罚,罚款最高可能达到 120 万元。

总体上看,台湾广告方面的法规制定得比较详细、具体,同时根据情况的发展不断修订。广告业制订的自律规范均比较原则。

13.8.7 台湾省广告行业自律

台湾的广告行业自律非常活跃。1958 年台北市广告商业同业公会正式成立,到了 1975 年依业务性质不同,改组成广告工程、广告代理、视听制作等三个同业公会。1975 年独立成立台北市广告代理商业同业公会之后,广告代理业者陆续成立各种同业团体。1987 年 9 月 8 日,台湾 20 家综合广告公司联合组成"综合广告商代理经营者联谊会"(The association of accredited agents of Taiwan 简称 4A),成立当天还正式提出经全会会员认可的执业标准,并编订《广告公司标准作业手册》,内容阐述广告公司的服务范围,如何运用及选择广告公司,广告标准法及制定收费、比稿价格等,作为广告业界共同遵循的准则。

台湾广告行业主要的自律规则有:《新闻事业广告规约》、《新闻记者信条》、《广告人自律纲要》、《报业道德规范》、《无线电广播道德规范》、《电视广告规范》、《电视道德规范》、《会员承揽广告协约》等。《报业道德规范》共分八个部分,第七部分为广告共 7 条。这些规范就广告而言,有一个共同点就是,广告必须真实,广告必须负责,新闻人员不得从事广告业务。

《新闻事业广告规约》分总则、分类、附则三个部分。分类部分则将广告分为政治事务类、声明启事类、人事类、服务类、药品食品化妆品与医疗类、买卖类、宗教类七大类,对每类广告都作了简略的规定。

台北市广告代理商同业公会为促进电视广告的净化,曾多次举行座谈会,呼吁全体成员共同遵守"净化电视广告规范,提高电视广告制作水平"。从总体上看,广告业制订的自律规范均比较合理,这些规则主要是要求组织成员遵守有关广告方面的法律、规章,坚持广告的真实性原则,新闻与广告不得混淆等。这些自律组织和规范在促进广告的管理,引导广告健康发展上起着巨大作用。

本章小结

理解广告行政监管的含义。了解广告行政监管的主体、对象、依据和目的。体会我国广告行政监管的特色。掌握我国广告行政监管的主要内容和特点。把握我国现行的广告行政监管规章。同时,对我国香港、台湾地区广告业的现状、广告法律法规、广告监管的部门及其实施、广告行业组织及其自律等有关情况,也应有所了解。

思考题

1. 广告行政监管的必要性，试结合现实加以阐述。
2. 我国广告行政监管的特色？
3. 香港广告法律法规的类型？举例说明之。
4. 试述台湾省对电视广告的监管。

第**14**章 外国的广告监管

14.1 外国广告业概说

广告与经济相联系，或者说广告本身就是经济的一个组成部分。经济发展快，广告发展也快，经济规模大，广告规模也大。世界目前主要经济大国，经济发展起步早，经济规模和经济总量大，与之相应，广告发展也很早，规模也很大。他们的广告监管经过长期探索，形成了比较完备的监管法规体系和行政监管体系，值得我国学习、借鉴。

从经济规模看，我们将2006年度世界各国GDP总量超过2万亿美元的国家列出，共6个国家（根据国际货币基金组织数据），依次为：

(1) 美国132446亿美元；

(2) 日本43675亿美元；

(3) 德国28970亿美元；

(4) 中国26452亿美元；

(5) 英国23737亿美元；

(6) 法国22316亿美元。

而2006年度世界各国广告经营总额前6位的国家与这个排名大体一致。2006年全球广告市场总体规模为4334.5亿美元，较2005年增长6%，其中：

(1) 美国2835亿美元，增长4.6%；

(2) 日本59954亿日元，增长0.6%；

(3) 英国160亿英镑（约合288亿美元），略有下降；

(4) 德国201亿欧元（约合262亿美元），增长5.1%；

(5) 中国1573亿元人民币，增长11.1%；

(6) 法国121亿欧元，增长3.1%。

广告经营数据统计是一件非常困难的事，各国莫不如此。这个数据是根据各种资料整理出来的，虽未必十分准确，但基本反映了当前世界广告大国的经营现状及排序。美国、日本、英国、德国、中国、法国是目前世界上广告最发达的国家，每年广告费合计就占到全世界广告费的 70% ~ 80%。美国居于绝对领先地位，广告量占据全球 60% 的份额，是当之无愧的"广告王国"。日本的广告业也很不错，它的广告量大约占全球 10% 的份额。因此，本章主要介绍我国之外的其他 5 个广告大国的广告经营和广告监管情况。

14.2 美国广告业经营现状及其监管

14.2.1 美国广告业经营现状

美国是当今世界上广告业最发达的国家，被公认为是世界广告的中心。而纽约又是广告中心的中心，目前最大、最具权威性的国际广告行业组织——国际广告协会总部设在纽约。纽约著名的麦迪逊大街是美国广告的象征，它也几乎成了世界广告中心的代名词。目前世界上营业额最大的十大广告公司中，美国公司就占了大半，扬·罗比肯公司、麦肯公司、奥美公司、汤姆森公司、天高公司、李奥贝纳公司、恒美公司等都是世界上最著名的广告公司。美国是世界广告投资额、广告营业额、广告费用占国内生产总值（GDP）的比例及人均广告费都居世界首位的国家，其广告费大约占世界广告费的 50% ~ 60%。

一个国家的广告市场规模占 GDP 的比重能反映出该国的广告市场发达程度。一般发达国家的比例为 2% 左右，不发达国家的比例往往低于 1%。美国作为一个广告市场高度成熟的国家，广告市场规模与 GDP 的比例多年稳定在 2% 以上，这从艾瑞咨询发布的数据中可以看出（表 14 – 1）。

2000 ~ 2006 年美国广告市场规模占 GDP 比重　　　　表 14 – 1

年份	广告市场规模（亿美元）	年增长率	GDP（万亿美元）	年增长率	广告规模占GDP比例
2000	2475	—	9.79	—	2.5%
2001	2313	-6.5%	10.13	3.5%	2.3%
2002	2369	2.4%	10.47	3.4%	2.3%
2003	2455	3.6%	10.97	4.8%	2.2%
2004	2638	7.4%	11.73	6.9%	2.2%
2005	2711	2.8%	12.48	6.4%	2.2%
2006	2835	4.6%	12.89	3.3%	2.2%

美国的广告媒体十分发达，除了传统的四大媒体不断变革并且继续在信息传播中起主导作用外，新兴的广告媒体也在不断地被开发出来。最突出的表现是通信卫星、计算机等电子传播技术的运用，不仅加速了媒体的发展，而且使广告的容量和

质量都大大提高。

媒体的广告收入相当丰厚，广告收入是其主要的经费来源。美国报纸一般均有60％～70％的版面用于刊登广告，如美国三大报纸《纽约时报》、《华盛顿邮报》、《洛杉矶时报》的广告版面均占70％左右。有人形容美国报纸的广告像一座大山，而报纸新闻就像穿行于大山峡谷中的涓涓溪流。美国的电视广告已成为人们生活的组成部分，三大广播电视网美国广播公司（ABC）、全国广播公司（NBC）、哥伦比亚广播公司（CBC）控制着全国的广播电视网络，大量的广告每天从早到晚充斥于各类节目中。

广告公司已有100多年历史的美国，是大广告公司最多的国家，并且大广告公司多为跨国公司，广告活动遍及全球。其中扬·罗比肯公司是美国最大的广告公司。美国是世界上真正完全、全面地实行广告代理制的国家，广告公司拥有为广告客户提供全面策划和服务的能力，因此广告公司在美国广告业中的地位显赫、作用巨大。美国广告协会将广告公司定义为："一个能创造性地致力于广告获得成功的行家组织"。可以说美国的广告活动基本上是以广告公司为核心来展开的。美国的广告公司一般都是广告客户的广告代理商。它经营成功的关键是在于能够创造性地采用新技术并以最高的质量满足广告客户的要求。今日的美国广告公司成了"创造优质产品的无烟工厂"。在广告业中处于核心地位的广告公司，精心地为广告客户和广告媒体提供双向服务，在广告经营手段上更加专业、注重创新的同时，还为广告客户进行全面的市场推广策划，解决客户多方面的营销难题和服务支持需要。到了20世纪的90年代，各大广告公司基本上都实施了国际性的广告经营战略，广告公司兼并成风，往集团化、跨国化方向迅猛发展。总之，美国的广告经营，为了自身盈利和在激烈的广告市场竞争中求得生存与发展，采用最新广告传播技术、最新广告设计制作技术和现代化的经营管理技术，积极为客户拓展国内外市场，实现着全面服务。

14.2.2 美国广告监管体制

美国政府监管广告的机构很多，有9个负责监管广告的联邦机构。机构虽多，但分工明确，依法监管，严格有效。联邦贸易委员会（FTC）是官方广告监管最权威的机构，FTC是根据《联邦贸易委员会法》建立的，依法对欺骗性广告进行认定和处罚。除FTC外，美国重要的官方广告监管机构还有：负责电视和电台广告监管的联邦通讯委员会（FCC）；负责食品、药品、化妆品、医疗器械方面广告监管的食品药物管理局；负责烟酒广告监管的财政部烟酒枪械管理局；负责种子广告监管的粮食局；负责证券广告监管的证券和交易委员会；负责航空运输广告监管的民航局；负责涉及商标广告监管的专利局；负责涉及版权方面广告监管的国会图书馆。同时，司法部近年来也从广告执法的角度不断加大介入虚假违法广告监管的力度。

1. 美国联邦贸易委员会（Federal Trade Commission，简称FTC）

美国国会于1914年9月26日通过《联邦贸易委员会法》（Federal Trade Commission Act of 1914），并据此建立了联邦贸易委员会。该委员会包括 5 名成员，由总统提名参议院批准，任期 7 年。《联邦贸易委员会法》第 12 条规定："任何人、合伙人、公司传播或导致传播虚假广告，是非法的"。联邦贸易委员会据此在广告监管方面的主要职责是：制定广告管理规章并负责监督实施；调查处理消费者对广告的控告，召开听证会；处理虚假不实不公平的广告等。1938 年 6 月 24 日，美国国会又通过了《惠勒 – 利法（The Wheeler – Lea Act）修正案》即《联邦食品、药物和化妆品法》，赋予了联邦贸易委员会新的职能，即不真实的和欺骗性的广告宣传均属非法，进一步扩大了 FTC 的权限，并确立了 FTC 管理广告的权威地位。FTC 享有制止不正当竞争、保护消费者的广泛权力，也是美国最具权威的综合广告监管部门。

FTC 的权限主要有以下几个方面：

（1）FTC 可以向联邦地方法院申请颁布停止不正当竞争的限制令。这种限制令一经申请就自动具有法律约束力。

（2）FTC 对宣传食品、药物、化妆品、治疗方法的虚假广告，具有特定的审判权。

（3）当有迹象表明某则食品、药物或化妆品可能属于危害消费者健康的虚假广告后，FTC 可在进行审查的同时，通过联邦地方法院发布禁令，阻止有问题的广告继续刊播。

FTC 对于虚假不实广告的认定：

FTC 将不法商业广告予以规格化，其形式共包含下列 9 项：（1）不实及欺诈性广告；（2）不正当广告；（3）吹嘘广告；（4）诱饵广告；（5）虚假不实的推荐或证言广告；（6）保证广告；（7）电视模型试验广告；（8）香烟广告；（9）信用消费广告。

FTC 给不实广告下的定义是：任何具有误解、省略或其他可能误导大批理性消费者使其受到伤害的行为的广告。无须任何证据证明消费者受到欺骗，广告表现也可以是明确的或暗含的，关键在于广告是否传达了虚假印象——即使文字上无可挑剔。

依照 FTC 的原则，有些广告虽然不具欺骗性，但也会被认定为不正当。不正当广告意味着对消费者的"不正当的伤害"或"对公共规则（例如其他政府法令）的违背"。换句话说，不正当广告的产生是由于缺乏"完整的信息"或广告的其他一些外部特性，例如，事先未经证实的声明，利用弱势群体（如老人、儿童）的声明，以及消费者因广告主隐瞒了产品或广告中提及的竞争对手产品的重要信息而无法作出真正的选择，上述行为均属不正当行为。

FTC 管制广告的方法：

（1）广告凭据（Substantiation）

从 1971 年起，FTC 开始采用要求广告主出具证书的方案。这个方案的核心就是"变事后要求虚假广告的广告主出具证明，为事先要求所有的广告主备好凭据"。方案实施后，首先受到影响的是汽车和空调机行业。例如，勃格 – 活纳（Borg-Warner）公司的空调机广告中声称能释放出"清洁、健康的空气"，火石（Firestone）公司在广告中声称自己的轮胎"刹车比别的轮胎快25%"，发达（Fedder）公司储存型制冷系统广告为"独一无二"等，都被FTC视为证据不足而责令停播。

（2）明确告示（Affirmativedisclosure）

FTC要求某些与安全和健康相关的产品在广告时，既要准确地展现产品的特点，又必须披露它的不足与局限性，即不但要宣传产品能够做什么，也要说明它不能做什么。

（3）停止不正当竞争的命令（Cease-and-desistorder）

《惠勒－利法修正案》授予FTC的特权之一，就是在有足够的证据判决某广告属于欺骗或误导性时，FTC可以发布"停止不正当竞争的命令"。一旦FTC向法院提出发布此令的申请，命令就自动生效。广告主只能按要求签字，承认广告违法。

（4）停止涉嫌广告令（Consent order）

为了弥补从案例诉讼到调查结果真正掌握证据需要很长时间的缺陷，尽早停止食品、药品、化妆品等与人们身心健康有关的虚假广告的刊播，FTC在必要时可以颁布《停止涉嫌判决令》，这种判决，不写明问题广告究竟属于什么性质，广告主也可以在不正式认错的情况下在命令上签字，同意停止涉嫌广告刊播。如果广告主签字后又继续刊播广告，每犯一次罚1万美元。

（5）更正广告（Correctiveadvertising）

自20世纪70年代起，FTC对某些在消费者心目中造成深刻印象的误导性广告提出更正广告的要求，即要求做了假广告的企业在将来广告中作出声明，旨在矫正由假广告所产生误导性后果，以达到消除消费者错误印象的目的。

2. 美国其他广告监管的重要机构

（1）美国联邦通讯委员会（The Federal Communications Commisson，简称FCC）

它是美国另一管理广告的政府机构，有权管理广播电视广告的数量及播出时间。它有一支庞大的审查队伍，对广播电视广告进行全面审查。对电视广告，哪些内容可以播放哪些不可以播放，也都有具体规定。有权对违规严重的任何电视台吊销执照。有权要求经营者停止播放违法广告并对其处以罚款，并要求经营者作更正广告，将事实告诉消费者。

（2）美国食品与药品管理局（Food and Drug Admistraton 简称FDA）

美国食品与药品管理局隶属于美国卫生教育福利部，负责督察食品、药品、化妆品、医疗服务及某些对消费者有潜在危险产品的营销和广告活动。执法依据是国会1938年6月通过的《联邦食品、药物和化妆品法》，这个法案将食品、药品和化妆品广告管理权由联邦贸易委员会移交给FDA。FDA药品局（也称药品评价和研究中心）设有药品上市和广告科。虽然现在联邦贸易委员会对食品、药品、化妆品、医疗服务广告也有管理权限，但食品、药品和化妆品广告管理仍以FDA为主。

（3）美国司法部（Department of Justice）及州总检察长

美国司法部的职责之一就是保护商业正常竞争，其中包括广告。司法部和各州总检察长近年来对广告的监管有强化的趋势。比较典型的案例，是 2007 年 12 月 19 日美国司法部表示，微软、雅虎及谷歌已就涉嫌在各自网络广告中展示非法博彩广告与司法部达成了调解协议，三家公司答应就此总共支付 3150 万美元罚金。美国司法部称，微软等三家公司在各自网络广告中展示网络博彩业的广告，此种行为违反了《联邦在线博彩法》（Federal Wire Wager Act）、联邦博彩特许权税法，以及各州、市的相关禁赌法律。

美国各州的总检察长也会根据州消费者保护法对虚假广告行为进行起诉。最近几年来，各州对此类案件越来越热心，经常和联邦贸易委员会联合行动。例如，2007 年 8 月，美国 30 个州的总检察长呼吁联邦政府严厉治理生产含酒精和咖啡因能量饮料的生产商，指责这些厂商利用"误导性"广告宣传对健康和安全构成威胁的产品，敦促酒、烟税务和贸易局采取行动，阻止饮料公司的这一类误导性广告。

14.2.3　美国广告监管法规

美国的广告监管严而有法、严而有序，主要分为三个体系：完备严密的法律法规体系，依法进行的严格的行政监管体系，健全完善的行业自律体系。

美国广告方面的法律法规很多，也很完善。全国性的广告法规制定得比较原则，而州立法律法规则较详细具体。

美国早在 1911 年就颁布了《印刷物广告法案》，这是美国也是世界上最早的广告法规，1945 年修改后，被美国 27 个州确定为广告法，并为另 17 个州部分采用。该法案的主要内容为：

"凡个人、商店、公司、社会欲直接或间接出卖或用其他方法处理其商品、证券、劳务或任何物品，或者欲增加这些物品的消费量，或用任何方法，诱使公众，就这些事物缔结契约、取得利益、或发生利益关系而制成广告，直接或间接刊载于本州各种报纸或其他刊物上，或作书籍、通告、传单、招贴、小册子、书信等分发的，如其中陈述的事实，有不确、欺诈或使人误信者，治以轻罪。"

这部法案目前被 37 个州作为法律采用。

随后又颁布了《联邦贸易委员会法》、《惠勒－利法修正案》、《克莱顿法案》第二条修正案《罗宾逊－帕特曼法》、《侵权行为法（第二次）重述》、《统一欺骗性贸易活动法令》、《正当包装与商标法》、《消费者信贷保护法》、《控制辐射确保健康法与安全法》、《家禽制品批发法》、《玩具安全法》、《商标法》、《联邦食品、药物和化妆品法》、《公共卫生吸烟法案》、《邮政法》、《订正广告法案》、《商标法修订案》等重要的法律法规。其中最重要的是《联邦贸易委员会法》，该法规定了虚假广告的含义、法律责任和虚假广告的管理机关等。而 1938 年 6 月 24 日颁布的《惠勒－利法修正案》（The Wheeler-Lea Act）即《食品、药物和化妆品法》（Food, Drug, and Cosmetic Act），赋予了联邦贸易委员会的新职能，即禁止不真实的和欺骗性的广告宣传，宣布"不正当或欺骗性行为和做法"均属非法。

1914 年 1 月 1 日颁布并于同日实施的《联邦贸易委员会法》，是美国联邦贸易委员会监管广告的基本法律。该法的基本精神是：

（1）任何个人、合伙人、公司传播或导致传播虚假广告，是非法的。

（2）联邦贸易委员会对虚假广告提出诉讼，在诉状被复审法院驳回或撤销之前，或委员会的停止令最终有效之前，只要委员会确信禁止该虚假广告具有重要的公众利益，委员会将指定其律师在美国区法院或准州法院提起诉讼，以要求停止传播或引导传播虚假广告。只要依据充足，可发布暂时禁止令或限制令。

美国联邦《商标法》也涉及广告，其内容主要是，虚假广告的受害者既包括消费者也包括广告商品的竞争对手。对虚假广告，消费者可以向法院起诉，广告商品的竞争对手也可以起诉，这种规定在世界各国中是很少见的。竞争者或者其他具有"相关利益"的人可以根据该法起诉广告发布者。根据这个法令起诉同行的案例不少，多数起诉者不在乎赔偿金，主要是为了让法庭下令对方立即停止虚假广告的发布。

美国联邦通讯委员对广播电视广告进行监管，监管的主要内容是：广告播出时间的限制；对电视广告哪些内容可以播放，哪些不可以播放都有具体规定。对医药用品的电视广告的规定尤其严格。药品广告关系到观众的健康，播放时必须慎之又慎。在播放医药广告中，不得使用"安全可靠"、"毫无危险"、"无副作用"等夸大医疗效用的词句。在播放药物广告时，必须详细说明该药物的副作用。

美国对虚假广告的法律处罚是非常严厉的。虚假不实广告的广告客户、广告公司在承担民事责任后，并不能免除其行政责任和刑事责任。根据 FTC 法，对于违反该法第十二项的规定，制作发布不实广告的行为，要处 6 个月以下有期徒刑，单处或并处 5000 美元以下罚金；再犯者则可处一年以下有期徒刑，单处或并处 10000 美元以下罚金。FTC、FCC 有权要求经营者停止播放违法广告并处以政府的罚款，有权要求经营者做更正广告，将事实告诉消费者。

14.2.4 美国广告自律和规范

美国广告业的行业管理组织十分健全，自我管理很完善，很有成效。行业组织的自律成了美国广告管理的重要组成部分。

美国的大众传播媒体率先提出了对广告进行自律的观念。

早在 1865 年，《纽约先驱报》就发表了拒绝刊登不可靠药品广告的宣言。

1911 年，《印刷者油墨》杂志刊登旨在抑制骗人广告的规则——普令泰因克法令（Printing Ink Model Statute，印刷油墨示范章程），这标志着美国广告自律体系的开端。

美国广播事业协会 1975 年制定的《美国电视广告规范》，是美国广告行业自律的一个样板。美国的传播媒体在广告自律中具有特殊地位，它们可以拒绝刊播一些被认为不适宜刊播的广告，而无须说明理由。除了媒体行业、媒体自身的自律规范，美国的广告公司也成立了多种行业协会组织，制定会员行为规范，对会员广告进行审查。美国的全国广告审查委员会及其下属的全国广告部是美国最重要的广告自我管理组织，其主要任务是对有关广告投诉进行调查，对政府制定法律提出建议，对不实广告进行审理并督促修正。

美国广告行业自律守则十分完备、严肃。国会和政府制定的法律、法规没有具体涉及的部分，多数的行业自律守则、条例、制度都作了更为具体的规定，对行业管理起到很好的规范作用。如著名的《广播电视准则》，虽然已经于1982年被撤销，但因其规范具体又严肃，仍被绝大多数的广播电视广告经营者自觉遵守着。

除了政府、法律、行业管理外，美国的广告公司、广告媒体单位、广告主也都十分注重自我约束，有着很完善的自律守则。大企业一般都设有专门的法律部门或配有法律顾问，对自己的广告先进行自审，然后再委托广告公司办理；广告媒体单位、广告公司一般也都设有法律部门或是法律顾问，对承接的广告及其内容进行严格审查，其中以电视广告的审查最为严格。

美国广告自律和规范做得比较好，主要得力于广告行业组织。我们对一些主要的广告行业组织进行简单的介绍。

1. 美国广告联合会（AAF）

美国最重要的行业自我管理机构。1905年组建，前身为世界联合广告俱乐部，是历史最悠久的全国广告行业协会，1911年就提出了"广告就是真实"的口号。AAF是代表其国内广告商、广告客户、广告媒体的联合组织，包括广告公司联合会、广告主联合会、广播电视联合会、报纸杂志联合会等，下设有全国广告审查委员会、广告工作局和儿童广告审查委员会。该组织有广告客户、广告公司和媒体等法人团体130多个，加盟者有5万多名，引领各行业的品牌与合作。网络覆盖全国210多个广告俱乐部，210个学术部门给予理论研究支持。AAF的总部设于华盛顿哥伦比亚特区。

AAF不但对本行业的广告进行监督管理，而且还对国家的广告活动提出意见，对政府制定的有关广告的法律法规做出反应。由于有了这样的一个机构，美国广告中的不真实问题和其他违背消费者利益的广告，绝大多数在广告行业内部就得到了解决。

AAF制定的美国商业广告原则是：

（1）真实性原则：广告必须揭示实情，并且揭示重要事实，对此隐瞒将误导大众。

（2）确凿原则：在未作出广告声明之前，广告主和广告公司应对该广告公司、应对广告声明有充分的把握和证据。

（3）比较原则：广告应避免对竞争对手及其产品或服务作虚假的、误导性的或未经证实的说明或声明。

（4）非诱饵广告原则：广告不得进行产品或服务的减价宣传，除非该广告确实是想推销广告所宣传的产品或服务而不是将消费者引向其他商品或服务的诱饵。

（5）保证原则：宣传担保和保证的广告必须明确、详实。向消费者讲明主要条件和限制，如果时间或版面不够，无法进行此类陈述，广告主必须清楚表明消费者在购买前在何处可以看到担保或保证的全部内容。

（6）价格声明原则：广告应当避免作不实或误导性的价格声明，或为无法保证的储蓄作储蓄声明。

（7）证言原则：广告的证言只能由那些真正能反映出真实观点和经验的诚实证人来做，只有他们才有这种能力。

（8）趣味与庄重原则：广告应避免与优良趣味或风俗相对立的令人不快的陈述、图片或暗示。

2. 美国广告代理商协会

美国广告代理商协会即美国 4A 协会。4A 是美国广告代理业中最权威的广告团体，由专业广告公司组成，自我管理相当有成效。为了获得媒体承认，凡美国境内的广告代理商都必须申请加入该协会，但事先要经过各种审查和投票决定，并遵守自律守则。美国 4A 成立于 1917 年，是全世界最早的广告代理商协会。有 6 个国外委员会和 45 个国内委员会。会址：纽约市。4A 包括：Ogilvy&Mather（奥美），J·Walter Thompson（智威汤逊，JWT），McCann（麦肯光明），Leo Burnett（李奥贝纳），BBDO（天联）等著名广告公司，有 500 个成员，加上这些成员的分公司，共 1200 个会员。全美有广告公司近 4000 家，4A 会员占近三分之一，从业人员占 52%。但成员承担着全美 70%~80% 的广告业务量。在美国排名前 100 位的广告公司，4A 协会成员占 92 席。4A 协会有十分严格的行规、标准、指标及自律约定，对申请加入的新会员要进行全面而严格的审查，只有达到符合标准的各项指标者，才有资格加入。

目前进入中国的国际广告公司多为该协会会员，一般称为 4A 公司。

3. 美国互动广告局

美国互动广告局（IAB，Interactive Advertising Bureau） 1996 年成立。这是针对互联网广告的新型行业组织。该局积极引导参与及支持互联网广告行销。其 200 多会员垄断了美国 86% 的在线广告。IAB 代表其会员评估和推介行业标准和行业行为。

4. 美国全国广告客户协会

美国全国广告客户协会（ANA） 是一个全国性的广告客户组织，是广告业历史悠久的贸易协会，创建于 1910 年。包括销售委员会和媒介委员会共 15 个委员会。ANA 专门致力于为广告客户服务。成员包括 400 家公司（代表 2000 子公司，部门和经营单位），有 9000 个品牌，营销传播和广告花费超过 1000 亿美元。ANA 运用智力资本，涵盖各个方面的沟通过程中，包括品牌建设，整合营销传播，营销问责制和营销组织。ANA 对垫款营销决策、发展和传播有独特的见解。ANA 为促进新思维、发展新思路，提供专业培训，并促进全行业联网。ANA 代表业界，解决立法和监管问题，促进工业发展的政策和做法，加强市场营销供应链，并对准营销市场解决社会关注的问题。

5. 美国户外广告协会

美国户外广告协会（OAAA） 是户外广告业中处主导地位的贸易协会。它于 1891 年成立，一直致力于美国户外广告业利益的保护、发展和促进。它拥有 1100 个会员公司，代表了广告业 90％以上的税收利益。会员包括了五大类：美国户外广告牌媒介公司；出售户外广告展示空间的媒介公司；为户外广告业提供服务或产品的任何公司或个人，包括供应商、财政机构、代理商等合作伙伴；利用户外媒介或支持户外广告业发展目标的任何公司或个人，包括广告主、广告机构、媒介购买服务系统及其他贸易组织和集团；美国以外的任何从事户外广告并对美国户外广告协会感兴趣的公司或个人。

美国户外广告协会的战略焦点包括与政府关系、市场运作、交流合作关系以及会员关系。总部设在华盛顿。该协会制定有：《美国户外广告协会规范准则》（对于未成年人）；《美国户外广告协会广告业规范准则》。

美国商务信誉联盟（Better Business Bureau，简称 BBB） BBB 的中文名字有较多的说法，如"商业促进局"、"优良企业联盟"、"商誉促进局"、"商务改善局"等等，还有的仿照我国的叫法，直接称其为"消费者保护机构"、"消费者协会"，其实比较合理的叫法应当是"商务信誉联盟"或"商业信用局"。

BBB 是由当地的商业社区合作组成的一个独立民间非盈利机构。在美国已经有超过 300000 个本地的商务成员加盟。而 CBBB（Central Better Business Bureau——BBB 中央机构）则有近 300 家跨国集团加盟，超过 150 个分支机构。自 1912 年第一个 BBB 机构创立以来，现在，BBB 系统已经覆盖了美国各地，甚至走出了美国，几乎覆盖了北美。连英国也有了 BBB。

BBB 的核心服务包括：商务信誉报告、争议仲裁、广告真实内涵、消费者及商务教育和慈善募集。

你若是遭遇了不公平的待遇，可以向 BBB 投诉，BBB 会协助调解一些顾客与商家间经正当途径而不能解决的投诉。如果谈判失败，BBB 可为双方作安排正规的仲裁服务。如果一家商家对投诉不加理会，BBB 并没有权力命令去合作，但 BBB 会将不理会顾客投诉的商家名字公布出来，使大众有所警惕。而且 BBB 很多时候得到传媒的合作，对不负责任商家的广告拒绝刊登或广播，直到情况有所改善。

BBB 的影响力非凡，连政府机构都推荐他给大众，成了事实上的官方信誉机构。

美国广播事业协会 1975 年制定的《美国电视广告规范》，从广告的基本标准、广告的播放、医药用品广告、赠奖和广告时间等方面作了严格规定，并对广告客户和广告人的广告活动作了较为详细的规定。

14.3 日本广告业经营现状及其监管

14.3.1 日本广告业经营现状

日本的广告业高度发达，是仅次于美国的世界第二大广告市场。东京是仅次于纽约的世界三大广告中心之一。在全球排名 100 位的大型广告代理商中，日本占了五分之一多。著名的电通公司是日本最大的广告公司，也是世界上最大的广告公司之一。"博报堂"、"大广"、"东急"等大广告公司也很著名。

日本近代广告是随着"明治维新"而兴起的。1880 年，日本第一家广告代理商"空气堂租"在东京开业，这标志着日本广告代理业的开始。1940 年，政府制订《日本广告律令》，开始对广告实行管理。

日本广告业的真正崛起是 20 世纪 60 年代以后的事。60 年代，政府推行了 10 年消费倍增计划，为广告业的大发展创造了有利条件。70 年代，日本经济开始迅速腾飞，广告业进入快速平稳发展时期，但竞争渐趋激烈。80 年代，日本广告业走向世界，向着跨国的方向发展。90 年代以后，有人把日本称为商品之国、广告之国，进入世界广告大国之列。现今在国际广告行业中实行的 AE 制度，就是由日本广告公司于 1956 年最先提出的。AE 制度的建立，推动了日本广告行业及广告公司的发展，也对国际 4A 公司的发展起到了相当大的促进作用。

日本广告业也实行广告代理制，最早的广告代理商出现于 1880 年。日本广告代理制与美国广告代理制最大的不同是，美国的广告代理是较为全面的客户代理，而日本的广告代理侧重于媒介代理。

日本的广告公司、广告媒体之间分工很明确。组织健全，分工明确，专业化现代化程度高是日本广告公司的主要特点。广告公司的宗旨就是一切为客户服务。广告公司内一般都设有策划局，为客户推销商品、开拓市场，不惜花巨金进行社会调查，收集包括消费心理和市场状况等方面的资料信息。

日本的广告媒体很发达，广告容量大，形式多样。新技术不断运用到媒体传播上，新媒体不断地涌现，新媒体广告经营发展很快，但目前仍以传统四大媒体为主。四大媒体中电视是最受欢迎的广告媒体。利用电视广告最多的行业是食品、饮料行业，其次是化妆品、洗涤剂、药品、服务行业、娱乐、家庭用品、电器等；而利用报纸广告最多的行业是出版、服务、娱乐、房地产等；此外还有大量的政治广告。广播广告主要针对家庭妇女传播生活用品信息，向司机传播有关商品信息。报纸、电台、电视台的广告版面或时间段均由广告公司承包，所有媒体不与广告客户直接发生业务关系。商业街区的户外广告很多，显得很繁荣，有些户外广告很有创意和特色，但非商业区包括高速公路户外广告则不多。

日本战后经济经过 10 多年恢复以后实现了 30 多年的稳定增长，广告业与经济发展相互促进，1957 年广告营业额占国内生产总值就达到 1.12%。

新世纪以来，日本广告业有起有伏，呈现出传统广告日渐衰落，新媒体广告异军突起的特点。这个特点几乎成了世界广告业的发展趋势。日本 2004 年广告经营额为 5.857 万亿日元，扭转了连续 3 年下滑的颓势，2005 年进一步巩固了成绩，广告市场总额达到 5.962 万亿日元，增长了 1.8%。2006 年广告总额 5.995 万亿日元，增长 0.6%，占 GDP 份额的 1.18%。虽然 2004、2005、2006 年广告市场总额占GDP 份额的 1.18%，但比值还没有恢复到 2001 年的 1.22% 的水平（表 14-2）。

1985~2006 年日本广告总额占 GDP 比重（单位：亿日元）　　表 14-2

年份	广告市场规模	年增长率	GDP	年增长率	广告占 GDP 比重
1985	35049	—	3235412	7.50%	1.08%
1986	36478	4.10%	3386740	4.70%	1.08%
1987	39448	8.10%	3525400	4.10%	1.12%
1988	44175	12.00%	3792504	7.60%	1.16%
1989	50715	14.80%	4085347	7.70%	1.24%
1990	55648	9.70%	4404248	7.70%	1.26%
1991	57261	2.90%	4682344	6.40%	1.22%
1992	54611	-4.60%	4804921	2.60%	1.14%
1993	51273	-6.10%	4842338	0.80%	1.06%
1994	51682	0.80%	4865263	0.50%	1.06%
1995	54263	5.00%	4932717	1.40%	1.10%
1996	57715	6.40%	5026089	1.90%	1.15%
1997	59961	3.90%	5122489	1.90%	1.17%
1998	57711	-3.80%	5029728	-1.80%	1.15%
1999	56996	-1.20%	4952269	-1.50%	1.15%
2000	61102	7.20%	5010681	1.20%	1.22%
2001	60580	-0.09%	4967768	-0.09%	1.22%
2002	57032	-5.90%	4896184	1.40%	1.16%
2003	56841	-0.03%	4905435	0.20%	1.16%
2004	58571	3.00%	4960503	0.10%	1.18%
2005	59625	1.80%	5031879	0.40%	1.18%
2006	59954	0.6%	5075597	0.9%	1.18%

　　日本传统四大媒体广告近几年发展情况有细微差别，杂志与广播广告逐年下滑；报纸与电视广告曲折中徘徊。数据表明，传统四大媒体广告市场江河日下的格局短期内难以改变。互联网广告市场却出现了飞跃式的发展，在各类广告成分比纷纷下降的情况下，互联网广告却节节攀升，2004 年比上一年增长 53.3%，2005 年比 2004 年增长 54.8%；2003 年至 2005 年在广告总额中的比重分别为 2.1%、3.1%、4.7%，在只有 1.8% 增长的整体市场环境里，占据市场成分比为 4.7% 的互联网广告市场，保持 50% 以上的速度增长，互联网广告市场几乎占去了全部的增加份额，从这个角度来说互联网是日本广告市场的增长点、发动机。

　　由于宽带网在日本普及，信息容量大的动画广告大量增加，表现手法也多种多样，大型网站广告量大幅增加。日本专业研究机构电通总研发表的报告显示，今后 5 年日本通过电脑和手机等发布的网络广告总额可能会翻番。2011 年，日本网络广告总额有可能在 2006 年 3630 亿日元（1 美元约合 119 日元）的基础上实现翻番，增长到 7558 亿日元。5 年间的平均增长率约为 15.8%，其中，2007 年会增长 24.9%，之后增长率会逐年下降，到 2011 年为 9.6%。电通总研认为，在互联网领域，显示于网页和电子邮箱的固定广告仍将是今后的增长主力，这方面的广告总额有望从 2006 年的 2310 亿日元增长到 2011 年的 4009 亿日元，而同期面向手机的移动广告将增长 3 倍，从 390 亿日元增长到 1284 亿日元。

推动互联网迅速发展的技术原因：一是 ADSL 技术可利用现在的电话线路；二是接入费用的低廉。随着高速互联网在日本的迅速发展，日本的宽带发展速度超过韩国，成为仅次于美国的世界第二宽带大国。这样一种新媒体，对传统媒体的广告市场冲击最大，也对促销类广告市场形成挤压。促销类广告在日本广告总额中的成分比徘徊不前，传统媒体广告每年流失的市场份额基本上都流入了互联网。

日本在日益完善的互联网灼灼逼人气势之下，传统四大媒体广告市场份额在不断流失。化妆品广告需要图文并茂的展示，汽车产业的广告需要立体的动态感，饮料、香烟广告需要时尚、有创意，零售、发行广告需要分散和专业化。集多种媒体表现形式于一身的互联网具有传统媒体无法超越的优势。由于互联网在不断地专业化，就连传统四大媒体支柱性广告金融、银行、保险业等广告市场，其份额也在慢慢流向网络。这些消长在不断地牵动着日本广告市场的格局。

以 i-mode 为技术支持的日本手机广告费非常高，从 2002 年到 2003 年，日本每年通过手机做广告的费用就已经超过 100 亿日元。他们手机广告的形式也很多样化，将手机广告和游戏结合起来，玩游戏时又可顺便看到广告等。

14.3.2 日本广告监管法规

日本政府管理广告主要是通过法律规范广告行为、调节广告活动所产生的各种社会关系。日本广告监管法规内容虽然散见于各种法律法规，但比较完备。各种广告立法密切配合国家的产业发展。广告法律一般由国会制定，政府也制定大量法规。

日本涉及广告规范的法规主要有：《日本广告律令》、《广告取缔法》、《广播法》、《放送法》、《有线电视法》、《不当赠品以及不当表示防止法》、《食品卫生法》、《消费者基本法》、《药事法》、《医疗法》、《医师法》、《户外广告物法》、《景观法》、《烟草事业法》、《家庭用品质量表示法》、《建筑基准法》、《房地产交易业法》、《有关房地产表述的公正竞争规约》、《都市计划法》、《文物保护法》、《森林法》等。

无形财产法类中如《商标法》、《专利法》、《图案设计（专利）法》、《新产品专利法》、《版权法》等，都对有关广告活动作出规定和限制。

日本对广告的规范体现在公法中的主要有：

《宪法》第 22 条、第 29 条规定，在不违反公共秩序和良好的风俗，不违反消费者的利益，不违反各种法制条件下，保障广告表现自由的内容。

《民法》第 529 条至 532 条规定了广告主、广告公司和媒体之间的权利和义务，为调节这三者之间的关系确立了基本法律规范。

《不当赠品及不当表示防止法》，是专为防止在商品和劳务交易中用不正当的赠品及表示引诱顾客的行为，确保公正的竞争，保护消费者的一般利益而制定的，其中"不当表示"即包括"事业者对自己提供的商品或劳务的内容、交易条件或其他有关交易的事项所做的广告及其他表示"。

《不正当竞争防止法》从制止经济活动中不正当竞争行为角度规定了禁止的广告。

《消费者保护基本法》2004年改称为《消费者基本法》，对消费者在广告方面的权利及其权利的保护作出了规定。日本很早就根据《消费者保护基本法》设立了"日本国民生活中心"，每年对市场上的商品进行抽样检测，通过对商品的性能、安全性、经济性和适用性进行测验比较，向消费者提供准确的购物信息，防止虚假广告。

日本对广告的规范大量的内容还是体现在专门法规中，如：

《室外广告物法》规定了户外广告的基本原则和限制，对设置户外广告作出了具体规定：在商业区域，设置在建筑物上层的广告允许达到建筑物高度的三分之二，壁面广告允许占建筑物墙壁总面积20%，地上广告的高度必须在10米以下。

《药事法》第8章对有关医药品等的广告作出如下规定："任何人都不得对医药品、相关保健食品、化妆品以及医疗器械等的名称、制造方法、效能、效果或性能进行或明或暗的虚伪或夸大的广告宣传和传播"；"不得进行可能使受众误解医药品、相关保健食品、化妆品及医疗器械的效能、效果或性能已经得到医生或其他医药专业人员保证的广告宣传和传播"。该法还规定，对于政府认定的"癌症等特定疾病"，相关医药品一般应由政府指定，其广告宣传应限制在有关的医药专业人员范围之内，政府部门还可采用其他必要措施限制相关医药品对普通人的广告宣传，以保证医药品的正确、安全使用。如果违反上述规定，将依法给予最高3年拘役或300万日元以下罚款的处罚。

其他如《药品法》、《食品卫生法》、《家庭用品质量表示法》等，分别对药品、食品、家庭用品等具体的商品或事项的广告传播做出了明确规定。

14.3.3　日本广告业的自律体系

日本政府对广告管理并没有投入太多人力和经费，主要依靠行业自律管理。

政府机构涉及广告管理的并不多，主要有日本公正交易委员会和经济产业省。公正交易委员会是防止私人垄断及不公正交易、促进公正自由竞争的机构，根据1947年制定的《禁止垄断法》而设立，它隶属于首相，是内阁之外的政府行政机关，独立行使职权，不受他人干预。在实施《禁止垄断法》、《不当赠品及不当表示防止法》等法规过程中，具有准立法和司法机关的性质。公正交易委员会从反不正当竞争的角度，对虚假广告、不正当表示、比较广告进行监管。经济产业省是广告的行业管理机关，其日常监管工作授权给日本广告联合会实施。其他如财务省对烟草广告进行管理。

日本对广告的审查主要采取事后监管的方式，也由政府授权给行业组织实施。

在日本，广告业主要靠行业自律来维持行业秩序。广告业内自发组织很多与广告有关的团体协会，由这些协会来具体执行各种管理和调控的职能。

日本广告行业组织体系发达而严密，其特点是行业组织团体多，自律规则条文严整。主要的行业组织有：

广告业：日本广告业协会；

广告主：日本广告主协会；

媒体：日本新闻协会，日本民间放送协会，日本杂志协会，日本屋外广告业团体联合会（各都道府县的屋外广告协会），日本杂志广告协会；

广告主、广告业和媒体联合团体：全日本广告联盟，IAA 日本国际广告协会，日本 ABC 协会，日本广告审查机构，公共广告机构，全日本电视广告放送联盟。

这些协会大都采用会员制，由协会的会员（主要是广告公司、广告主和媒体）缴纳一定的会费，作为协会的活动经费，会员同时享受相应的服务，如参与制定行业规范、监测广告的效果和媒体的收视率或发行量、参加行业内的交流活动、裁判行业内的各种争端，以及参加行业内的各种培训等。各个协会都尽力使行业内的各种问题在协会得到解决，以避免政府部门的行政干预或法律裁决。因为一旦采用上述两种解决方法，就会大大影响该协会及协会成员的声誉。

日本广告行业组织主要通过行业伦理纲要一类的规则来进行约束。全日本广告联盟的《广告伦理纲领》是日本广告界必须遵守的最高准则。此外，广告业界伦理纲领有：全日本商业广告协会制定的《商业广告伦理纲领》，日本商工会议所（日商）推出的《提高广告的指南》。其他行业如日本化妆品工业联合会的《关于化妆品、牙具（牙膏、牙刷）广告的自律原则》、日本卫生材料工业会的《卫生用棉类广告自律要领》、日本电机工业会的《关于宣传、广告的公约》、日本照相机业界的《关于照相机业界宣传、广告的公约》等。

日本媒体业界广告伦理纲领有：报纸方面，主要有《新闻（报纸）广告伦理纲领》，明确广告拒绝刊登和保留的标准。《朝日新闻》、《日本经济新闻》等报社和5家以代理报纸广告为主的广告代理公司，共同出资建立了审查报纸广告的机构——报纸广告审查会，每天对各报社送来的广告进行审查，审查结果分成 ABCDE 五个等级，列入 DE 级则拒绝刊载。日本新闻协会则有《报纸夹页广告标准和细则》。杂志方面，日本杂志广告协会制定有《杂志广告伦理纲领》、《杂志广告刊登标准》等。

日本还通过广告审查机构（JARO），"日本国民生活中心"（NCAC）和地方"消费生活中心"的工作，进一步加强广告的自主监管体系。

对广告客户进行管理的是日本广告审查机构，其主要任务是提供咨询和处理、审查有关广告的意见，协调消费者团体与政府主管机关之间的关系，在广告客户、媒体、广告业各自律团体间起着联系沟通的作用，同时，对广告内容进行审查，如果发现问题立即与有关广告客户联系，责令整改等。

日本广告审查机构以美国为蓝本，组成包括广告主，广告代理业和广告媒体三方成员在内的组织。机构中立，负责审查广告内容和实际商品或服务内容的一致性，受理对广告的任何投诉。有权停止某广告的继续发布，或者要求其刊载"更正广告"、"道歉广告"等。

"国民生活中心"是一个特殊法人团体，主要站在消费者的立场，对消费者和企业之间的纠纷进行调解，同时指导地方"消费生活中心"对难以处理的事项进行磋商。

1. 日本广告审查机构（Japan Advertising Review Organization 缩写 JARO）它是日本广告监管体系的重要组成部分。日本广告监管以自律为中心，十分重视发挥第三方审查机构的作用。日本广告中的第三方审查机构主要有日本广告审查机构、报纸广告审查协会等。从过程上看，广告监管分为事前监管和事后监管。报纸广告审查协会就是日本著名的对广告进行事前监管的机构；JARO 就是日本最负盛名的以事后监督为主的广告自律机构。

JARO 成立于 1974 年，它是日本广告监管发展的标志性事件，也是日本广告监管体系臻于完善的最重要的成果之一。JARO 是日本内阁总理府（公正交易委员会）及经济产业省认可的社团法人机构，由广告主、媒体、广告公司、广告制作公司等广告关联企业以会员制形式组成。

JARO 的主要工作包括：有关广告、表示的咨询和处理；对广告、表示的审查和指导；制订有关广告、表示的标准；与广告主、媒体、广告业等的自律的联系和协调；与消费者团体、行政机关等的联系和协调；对企业和消费者的教育和 PR 活动；发挥情报中心的资料收集和整理的作用等。

为了迅速、有效地解决纠纷和投诉，从作业流程上看，JARO 采用的是类似法院的审理制度。一般专项委员会能够解决和回答的，当即给予回答和解释。专项委员会不能解决和回答的，将照会被投诉企业，并将企业的回答告知投诉者。投诉者如不满意企业的回答，可向专项委员会再次提出处理申请，专项委员会将把投诉者的申请转给业务委员会，进入审查程序。业务委员会是由 JARO 的理事、有关会员单位派出的委员构成，相当于第二审部门。负责审议投诉和有关企业提交的回答书，审议结论将通知投诉者。审查委员会，相当于法院的终审。业务委员会不能作出结论或投诉者不服业务委员会结论的，提交审查委员会审理。审查委员会是由会员企业以外的 7 名专家组成。审查委员会判定广告存在问题时，将向广告主提出修正意见。必要时，会与关联机构联系，或者要求媒体会社停止刊播。

经过 30 年的努力。JARO 在日本社会的知名度和美誉度越来越高，企业自愿接受 JARO 的指导，媒体主动地为其免费做广告，消费者将其视为维权的可靠的申诉对象。鉴于 JARO 在日本广告界的作用和影响力，时至今日，有相当多的日本民众仍把 JARO 这样一家民间自律机构当成一个政府机构。或许，他们更愿意这样来认识和理解 JARO！

2. 日本国民生活中心（NCAC）是依据《消费者保护基本法》，于 1970 年 10 月成立的特殊法人。其目的是"为了对国民生活的安定和提高作出贡献，从综合性角度进行与国民生活有关的信息提供和调查研究"。在工作上接受内阁府的监督指导,向消费者团体和各地消费生活中心提供信息,同时收集消费者的反馈意见,供政府部门参考,以推动消费者保护的发展和完善。

NCAC 的主要任务为,搜集整理消费者保护政策和消费者投诉信息,综合调查、研究国民生活状况与消费动向,提供国民生活改善信息;开展商品比较实验,提供合理选购商品的信息与商品危害信息;对全国各地消费者行政职员、消费者组织的工作人员、企业的消费生活咨询服务人员进行系统的消费者保护培训。

日本国民生活中心与全国各地的 450 个消费生活中心是一个系统,其关系是业务指导关系,而非上下级关系。

自 1984 年国民生活中心与全国各地的消费生活中心实行计算机联网以来,消费者投诉和咨询案例,每一件都存入计算机,随时可查询分析。1991 年 10 月该中心开通了自己的网站(www. kokusen. go. jp),向消费者公开消费信息。

3. 全日本广告联盟(JAF) 日本全国性的自律机构,1953 年成立,全国共有 37 个地区的广告协会为其会员,是由广告主、广告媒体、广告公司构成的全日本最大的综合广告组织。该联盟透过广告方面相关法规的研究与广告信息资料收集,通过各种讨论会、讲演会等形式,提升广告健全发展。

该联盟于 1954 年制定的《广告伦理纲领》是日本广告界必须遵守的最高准则。1975 年联盟对《广告伦理纲领》进行全面修改,最后命名为《全日本广告联盟广告伦理纲领》。1974 年联盟还制定了《新广告概念》,沿用至今。

《全日本广告联盟广告伦理纲领》对广告的基本要求是:

所有广告,均应根据社会道德及有关法规,给予一般社会大众福利及方便;

广告应表示商品及服务的事实,将实况正确地告知社会,而且正确考虑可能的反应,以获取一般大众的信赖;

广告不得有虚伪、夸大的表示,而有使消费者迷惑或失望之虑;

广告不得中伤他人,或对自己作过大的评价;

广告不得利用一般大众迷信或无知;

广告应严戒盗用模仿他人之理念及表现方法固不待言,也应严戒盗用模仿商品名称、包装、设计等,而应该发挥自己独有的个性。

其他如日本新闻协会、日本广告主协会、日本民间广告联盟、日本国际广告协会等各类专业自律机构也十分健全,遍及日本广告行业的各个角落和部门,形成一个完整的多层次的行业组织。这些行业广告团体都有各自的纲领和守则。如日本新闻协会《新闻伦理纲领》、日本民间广播联盟《放送基准》、日本民间放送联盟与日本放送协会共同制定的《放送伦理基本纲领》等。行业自律规则都是本行业广告活动应该遵守的。各行业广告团体主要执行行业自律规则和担负行业管理任务,并为广告行业的发展作出具体规划。

4. 日本民间放送联盟(The National Association of Commercial Broadcasters in Japan,简称 NAB 或民放联) 1951 年 7 月由当时 16 家取得筹备建设许可的民营广

播电台以任意团体形式成立。1952 年向政府申请公益法人资格，同年 4 月获准成立"社团法人日本民间放送联盟"。

NAB 为日本目前最主要且最有体制的民营、商营广播、电视组织。其宗旨是：处理民营电台共同问题，提升播送水准，增进公共福祉。至 2005 年 8 月，计有 202 家民营电台为其会员。下设会员协议会，每年举行 4 次以上会议，由各会员台代表出席讨论有关营运的基本事务。

NAB 曾于 1996 年 9 月制定颁布了《放送伦理基本纲领》。《放送伦理基本纲领》的内容广泛详尽，有 18 章 144 条，涵盖了广播电视的方方面面，其中涉及广告的内容有：广告的责任、广告的处理、广告的表现、医疗医药品化妆品广告、金融及不动产广告、广告的播出时间等，并附《关于面向儿童的广告的注意事项》。《放送伦理基本纲领》第十三章至第十八章亦即第 86 条至 144 条均为有关广告规范，其中内容有：广告不得过度引发儿童的侥幸心理和购买欲；面向学校的教育节目的广告不得妨碍学校教育；不得采用医师、药剂师、美容师等推荐的医药品、医疗器具、化妆品等。

日本民间放送联盟成立后，随即在 1951 年 10 月制定《日本民间放送联盟广播播放标准》，后经多次修改。1958 年 1 月又制定《日本民间放送联盟电视播放标准》，后又把两个标准合并成现行的《日本民间放送联盟播放标准》（1993 年修订），规定在一周的播放时间里，商业广告时间不能超过 18%。关于"医疗、医药、化妆品的广告"条中规定："不制作、播放有可能违反《药事法》、《医师法》、《医疗法》的医疗、医药、医疗器械、化妆品及保健食品的广告"；"在用试验者或使用者宣传时慎重处理"；"在表现功用和效果时不许超过法律认可的范围"；"不得使用'最有效'、'最安全'等表现形式"；"不得以医师、药剂师、美容师等推荐的形式做广告"；"不得以与医药品的疗效相同的表现形式做保健食品的广告"等等。

日本还存在一些与广播电视业务或服务相关的民间法人社团，如由 NAB 和 NHK 共同设立的以处理广告纠纷、提升广告质量为诉求的社团法人"全日本广告广播联盟"（ACC）等，也都在一定程度上发挥着行业管理的职能。

5. 日本广告业协会（JAAA）成立于 1950 年，目前成员有 151 个广告公司，会员广告费约占日本总广告费的 80%。组织机构有：事业委员会、教育研讨（SEMINAR）委员会、创意委员会、运营委员会、取引合理化委员会、放送确认问题特别委员会（福冈、北陆和静冈电视台）、悬赏论文委员会、海外交流委员会、PR 委员会、会报编辑委员会、广告问题研究委员会（提供广告问题的咨询服务：比如国外广告公司的进入与国内广告公司的国际化）、环境广告部会等。

JAAA 的主要职能是组织旨在于提高广告业运营效率的调查和研究，推进广告交易方法的现代化，开展广告伦理的推广活动，主持广告新技术的调查研究，与和广告协会有关的各种团体的合作和沟通，收集和广告有关的各种相关信息等。除了执行广告协会的一般职能外，日本广告业协会还有一个重要的职能就是帮助民众更好地理解广告。为此广告协会自己也在各种媒体的合作下在媒体上作自我宣传，从而提高协会的社会声誉，也促进了民众对广告的理解。

在日本，最早推进广告自律的是"日本广告会"，成员包括广告主、广告媒体、广告公司等几个方面。1947 年成立后，就致力于广告的净化和道德活动。在此基础上，于 1953 年 10 月成立了"全日本广告联盟"（JAAA），成为日本广告业界的全国性组织，全国共有 37 地区的广告协会为其会员，是广告企业主、媒体公司、广告公司、广告专业公司构成的全日本最大的综合广告组织。透过广告方面相关法规的研究与广告信息资料收集，提供各种讨论会、讲演会，提升广告健全的发展。在其促进下，修订了《广告伦理纲领》并制定了《广告伦理实践要领》等，为广告自我管理奠定了基础。全日本广告联盟 1975 年对本联盟的广告纲要进行全面修改，最后命名为《全日本广告联盟广告纲要》，1974 年还制定了《新广告概念》，沿用至今。

6. 日本广告主协会（JAA） 1957 年成立，由占日本广告费约 70% 的广告主企业所组成，现有会员 300 余家。JAA 一方面代表日本的广告主来协调与媒体和广告公司及其他相关组织的利益关系，另一方面也对行业内部的各种行为进行规范和监管。JAA 从事的主要活动包括：与广告主活动有关的调查研究；进一步加强广告主的职业伦理；广告交易合理化的推进；改善广告主的广告活动，推进事业的合理化；其他和协会目的相一致的活动。JAA 同时刊行很多出版物，并举办各种与广告有关的活动，其中比较有特点的就是由消费者评出的广告奖。该奖项一般在每年的 9 月举行，由日本各行各业普通消费者组成评委，选出上一年度他们心中的好广告。这个活动大大激发了普通民众的广告参与热情，同时也给那些广告和市场人员提供了很好的参考资料。

14.4 英国广告业经营现状及其监管

14.4.1 英国广告业经营现状

英国广告业过去几年整体不太景气，几于停滞，近年来景气度有所上升。英国《观察家报》说，英国广告市场今后 10 多年有望保持增长，与 2006 年的 160 亿英镑（约合 320 亿美元）相比，到 2018 年英国广告市场规模有望达到 220 亿英镑（约合 440 亿美元）。目前英国广告业的一大亮点，是网络广告发展异常迅猛，世界独秀。

1. 互联网广告世界领先

英国的网络广告市场目前正呈现"爆炸式"增长。网络广告占整个广告业份额的 14% 以上。尽管美国网络广告支出与英国相当，但英国的增长率略高于美国。英国媒体中介机构协会最新公布的数据显示，英国的网上广告业务正以每年 40% 的速度激增，2006 年的网络广告业务量占整个广告行业的 14%，远远高于全球 5.8% 的平均水平，这一比例也比美国高出 1 倍多，且为全世界最高。据英国互联网广告局（Internet Advertising Bureau）发布的报告，英国企业通过互联网做广告的数量增长迅速，2007 年上半年增长 41.3%，共支出 13.3 亿英镑，占英国广告总支出 15%，超过报刊广告，预计到 2010 年将超过电视广告。业界预计 2007 年，英国互联网广告将以广告总支出 16.6% 的份额成为世界网络广告份额最大的国家，2009 年这个比例将达到 22.6%。

2. 报业广告持续下滑

每周一期的《库兰特报》（the Courante）是英国现代意义上的第一张报纸，出现于 1621 年 9 月 24 日。经过近 400 年的发展，目前的英国报业市场主要由全国性报纸、地区性报纸和免费报纸组成。英国报业广告从 2001 年以来普遍处境不佳，昔日庞大的读者群和巨额广告收入逐渐萎缩。同 2000 年广告收入上升 12% 的纪录相比，2001 年下降 2%，2002 年继续下降 3%，2006 年比 2005 年又下降了 4%。2007 年下半年开始，报业广告有复苏的迹象。英国报业集团 Trinity Mirror 表示，2007 年业绩将会达到预期，虽然集团在前 10 个月的广告收入增长很低，但现在有复苏的迹象。该集团说："虽然广告环境仍然不稳定，但我们还是要为现在出现的趋势感到鼓舞。"集团前 10 个月的广告收入增长了 0.1%，这里面包括了上半年下降的 1.5%，和 7 月至 10 月增长的 2.7%。地方报纸前 10 个月的广告收入持平，而上半年是下降了 1%；全国报纸前 10 个月的广告收入则增长了 0.9%，而上半年是下降了 2.3%。这种迹象能延续多长时间还难下结论。

据英国全国读者状况调查显示，从 1990 年以来，报纸读者已经减少 1/5。越来越多的人喜欢从网上、电视和电台获得信息。在上网的 50% 的家庭中，各类网站成为仅次于电视和电台而成为第三消息来源渠道，超过了报纸。青年人已经不像老一辈人那样喜欢阅读报纸。现在 24 岁以下的青年人买报阅读的人数比 1990 年的时候减少了 24%。《每日电讯报》的读者中 65 岁以上的老人占 29%，这种趋势在《独立报》、《泰晤士报》和《镜报》中都在不断增加。由于发行量日趋减少，英国现在有近 12 家报纸在艰难度日，难以为继。

14.4.2　英国广告监管体系

英国的广告监管体系，无论是法规体系、行政监管体系还是行业自律体系，都是十分完备的，值得其他国家效法和学习。

1. 英国主要广告法律法规

1907 年颁布《广告法》（Advertisement Regulation Act）。它起初是规范户外广告的法律，目的是禁止广告妨碍娱乐场所、公园、风景地带的自然美；1925 年修订后扩大了规范的范围，凡影响交通、乡村风景、公共场所和有历史价值的建筑物及场所，均禁止设置广告。

《英国广告、促销和直销规范》（British Code of Advertising, Sales Promotion and Direct Marketing）是英国非广播电视广告的重要规范。1961 年，广告业建立了自我规范系统，颁布了第一部广告规范——《英国广告职业行为规范》（Brish Code of Advertising Practice），1974 年又进一步补充了销售促进规范。1995 年两部规范合一。现在的规范是第十一版本，被称为《英国广告、促销和直销规范》（CAP Code），2003 年 3 月 4 日实施。这是英国广告的基本规范。

原独立广播局制定的《独立广播局广告标准和实务法》（1973 年）主要管理广播电视广告，具有法律效力，非常严格。

《医药（广告）规章 1994》（The Medicines（Advertising）Regulations 1994）、《食品商标规章 1984》（The Food Labelling Regulations 1984）、《1988 年误导广告管理规章》（The Control of Misleading Advertisements Regulations 1988）及 2003 修正案、《儿童及青少年法》、《消费者保护法》、《公平贸易法》、《食品和药物法》、《商品供应法》等法规，都比较突出地规定了广告方面的内容。

1968 年颁布的《医疗条例》和 1975 年实施的《香烟法规》，对医疗、药物和香烟等商品广告的表现和发布作出规定。

此外，建筑法、公共卫生法、医药法中对广告还有专门规定。

2. 英国广告行政监管机构

英国广告行政管理方面主要依靠公平交易局（Office of Fair Trading OFT）。公平交易局根据《1988 年管制误导广告规例》，对误导公众的广告有权作出停止发布的决定。

英国广告标准局（Advertising Standards Authority）是由英国广告业自行成立的独立组织，是负责就违反广告守则的投诉进行调查的机构。任何广告商拒绝遵守该局作出的裁定，该局可将有关投诉转交公平交易局，以根据《1988 年管制误导广告规例》进行调查。若投诉理由充分，公平交易局可向法院申请禁止令，禁止发表有关广告。

3. 英国广告行业自律体系

英国广告行业自律体系是目前世界上最为完善的，对美国和日本的行业自律都有较大影响。

英国广告行业自律体系主要通过四个方面：18 个签约专业广告组织的管理；广告行业委员会的指导；独立的广告标准局的监督；广告主、广告公司和媒体单位的自我约束。形成了一个涉及全部广告活动的严密的自我管理体系。

英国 1926 年成立了广告协会（AA），1962 年设立广告标准局（Advertising Standards Authority ASA），这是英国自我管理体系的最高机构。

20 世纪 60 年代初，英国广告业参照国际商会的《国际广告实践法规》制定了《英国广告职业行为准则》（Brish Code of Advertising Practice）。随后广告业协会成立了广告行业委员会（Code of Advertising Practice Committee，CAPC），负责制定、修改和实施国内非广播广告和促销法的规范和监管。1962 年，广告界又出资成立了广告标准局（ASA）。ASA 主要是对广播电视广告以外的其他媒介广告进行管理，其职责是代表公众的利益，仲裁和处理所有的广告申诉；与政府机构和其他组织保持联系，并负责广告界自律活动等。

目前英国广告行业自律由两个组织实施，一是传播办公室，一是广告标准局。

（1）英国传播办公室（Office of Communications，OFCOM）

在英国，过去电视和广播广告都受独立电视委员会（Independent Tele - vision

Commission，简称 ITC）的管理。ITC 前身最早是 1954 年 8 月成立的独立电视公司（Independent Television Authority，简称 ITA），负责管理根据《1954 年电视法》而开办的商业电视台。1972 年议会通过设立地方商业广播电台的法案后，该公司改名为独立广播局（Independent Broadcasting Authority），管理、监督商业广播电台、电视台。1990 年广播法实施后，独立广播局撤销，成立独立电视委员会和无线广播局，分管商业电视和商业广播。独立电视委员会除监督、管理全部地面商业电视业务外，也负责对卫星和有线电视的管理，委员会的职责是发放商业电视经营许可证，审查节目和广告等。

英国通过的 2003 年通讯法案（2003 Communication Act）催生了一个新的管理机构英国传播办公室（Office of Communications，OFCOM），OFCOM 于 2003 年 12 月 29 日正式挂牌营运，原隶属于广播标准委员会、独立电视委员会、无线广播局（the Radio Authority）以及广播通讯处的相关业务都转到了 OFCOM 之下。因此，目前英国电视广播广告的管理统归传播办公室（OFCOM）。而原来的那些部门分别取消或只进行商业运作。这样，传播办公室便成为英国广播电视广告的法定监管机构，负责建立相应的关于广告监管的法律法规。传播办公室监管职权范围包括广播、电视和通信服务。传播办公室向电视台颁发营业执照，其前提条件之一就是广播电视台确保所有播出的广告遵守英国传播办公室相关的法律法规，并建立了相应的程序。假如广播电视台没有建立相应的遵守法律法规的程序来事先审查播出的广告，传播办公室可以实施包括罚款甚至缩短和最终取消电视台营业执照在内的处罚。

OFCOM 不隶属于政府，而是对国会、用户、消费大众负责。

虚假广告是英国电视广播广告监管的重点。如果有观众发现违规广告，就会到传播办公室投诉，传播办公室会出面调查。传播办公室有权对违规严重的任何电视台吊销执照。对于制作、发布虚假广告的经营者，传播办公室还有权要求经营者停止播放违法广告并对其处以罚款，并要求经营者做更正广告，将事实告诉消费者。

目前传播办公室将调查和裁决广播电视广告投诉的职责，授权给英国广告行业自律机构——广告标准局（Advertising Standards Authority，ASA）。

（2）英国广告标准局（ASA）

英国广告标准局（Advertising Standards Authority）由广告业于 1962 年建立，但独立于政府和广告业，负责监督广告系统和运用 CAP 规范使公众免于被广告误导或侵犯，主要依据 CAP 规范对非广播广告、促销和直销进行管理和制定规则。ASA 的自律制度来源于它的独立性和广告行业委员会的支持，通过广告行业委员会制定的广告代码标准，保护消费者和广告的公平竞争。

所有非广播电视媒体广告和促销活动都受到《英国广告、促销和直销规范》的约束，并接受广告标准局的管制，包括：出版物、室外广告、直邮广告、互联网广告以及其他电子媒体，包括电脑游戏广告等。

英国广告标准局原只监督所有非广播电视类媒体广告，广播电视广告监管机构传播办公室将广播电视广告交给他们调查和裁决后，ASA 实际上成为英国最重要的广告行业自律监管机构。

ASA 共有工作人员 70 名，局长是独立于广告界的人士，他有权指定 12 人组成广告标准局理事会。12 人中的半数来自广告界之外，与广告界毫无关系。这样就保证了执法的客观性。ASA 不属于政府机构，不纳入政府编制，但有一定的执法权，所有广告商、代理商、传媒公司都要受 ASA 的管理。政府财政不拨款，其经费来源由广告商提供。

ASA 的主要制裁措施是：

1）拒绝提供下一个广告空间。要求出版商和媒体拥有者不要提供更多的空间给该广告，直到广告有所变动。部分出版商基于条件和商业环境，不会刊登违背 CAP 规范的广告，大多数出版商也不想因为刊登有误导和欺骗性的广告而疏远他们和读者之间的关系。

2）敌对性地公示。在广告标准委员会的网址上，每隔 1 周，广告标准委员会发布由广告标准委员会理事会作出的裁定结果。媒体、政府部门和广告业，以及消费者团体将阅读这些裁定。广告标准委员会的决定经常是媒体兴趣的焦点，特别是当申诉发生在知名公司广告的时候。这一新闻覆盖不仅告知公众该广告违背规范，而且阻止其他广告客户误导民众，或引导民众强烈抨击他们的广告。

3）收回贸易特权。对于那些没能遵守广告标准协会决定的广告客户，将会取消他们的贸易特权、资金折扣和其他通过某个广告贸易团体成员获得的激励措施。

4）法律诉讼。对于那些顽固且有准备的案例，广告标准委员会将把广告客户、代理或出版商提交公平贸易局，公平贸易局通过法庭获得禁令以防止同样或类似情形发生于未来广告。

4. 英国广播电视广告审查中心

英国原广播局（RA）负责制定和执行《广播局广告和赞助准则》，但不介入审查广告稿的工作，广告稿的审查由广播广告审查中心（RACC）负责。原独立电视委员会也不介入审查广告稿的工作，电视广告稿或电视广告样本的审查则由电视广告审查中心（BACC）负责。

为履行取得电视台营业执照的义务，更好地为广告主和广告公司提供服务，绝大多数英国电视台共同出资建立了电视广告审查中心（Broadcast Advertising Clearance Centre，BACC）。英国电视广告审查中心（BACC）是由电视播出机构对广告播出实施自我监管的行业自律组织，负责对通过英国无线和卫星电视播放的全国性商业广告在播放前的审查和批准。

BACC 主要有两个基本功能：一是对制作前广告方案（pre-product，ionscripts）的检查；二是对播出前最终广告（finished television advertisements）的审查。

除少数可以由电视台自己审查的地方性广告，所有在 BACC 成员电视台播放的广告在播出前必须得到 BACC 的审查和批准。尽管对制作前广告方案的送审不是必须的，但绝大多数广告公司还是使用这样的服务。从审查的结果来看，很少有广告被否决，只有少数被要求在播出前作一定的修改。

14.4.3 英国电视广告监管最严格

电视是英国境内最普遍的大众媒体。据统计，3/5 以上的英国家庭拥有两部电视机，1/6 以上的家庭甚至拥有 3 部电视机。电视广告自然也成为了商界们宣传产品最重要的前沿阵地。为了保证消费者的利益，英国在商业电视的广告管理上执行着严格的规则。英国商业电视广告受独立机构——传播办公室的管理。英国对商业电视节目中插播的广告有着严格细致的规定和审查制度。

什么样的商品广告可以在电视上播出，在英国有严格的限定。英国负责电视广告监管的独立电视委员会不仅对各类商品是否可以做电视广告有明确的规定。例如，有关烈性酒、色情诱惑、易对青少年造成身体伤害的运动广告被排斥在电视广告之外。为减少肥胖，英国政府 2006 年酝酿推出一项新政策，禁止各家电视频道在晚上 9 点之前播放任何"垃圾食品"广告。首先，广告规定明确表明：酒类广告绝对不能够起到引诱青少年饮酒或者酗酒的内容，将酒与性联系在一起的广告必须绝对废除。粗暴无礼、仗势欺人、惹是生非的画面不允许出现，那种暗示喝酒可以促进性欲的语言和动作也要消除。虽然将酒与浪漫气氛连在一起还可以打擦边球，但是这样的广告也只能限于绅士般的对话，而且异性距离至少 6 英寸，面部表情或者那些暗示性的身体动作都是不允许的。甚至在电视广告上开酒者给在场的所有人添上一杯的画面也是被禁止的。

此外，金融、药品类的广告必须经过英国独立电视委员会下属的广告监管委员会的逐条批准核对。对画面字幕上的内容有严格的法律规定，就连银行政策中的利息和汇率都要注明是税前还是税后纯利息，这与英国电视人谨慎的文化习惯不无关系。

14.4.4 英国对医疗药品广告监管很细致

在英国，负责电视广告监管的原独立电视委员会对医药广告文字的规定有 36 条 50 多款，涵盖医药、治疗、保健、营养和食品添加剂五大类。值得一提的是，其具体规定除了与广告行业委员会的法规大体一致外，还规定医药广告中不准出现社会名人，包括体育和娱乐界名人对产品的褒奖，更不允许对这些名人直接做药品广告；不准在 16 岁以下少儿节目中或节目前后刊播医药广告；无须获得医药许可证的边缘产品的广告中不得出现有关医疗作用的用词。该委员会有关治疗、保健和美容的法规明确规定：对产品的介绍必须准确；任何药品不得声称等同或超过其他同类药品的疗效；广告中不得有导致患者自我误诊的言辞；广告不得对患者发出治疗忠告或提供诊断；不得鼓励广告受体过量使用广告产品；广告中可以说缓解老年症状，但是诸如"治疗"和"恢复精力"之类不实之词一般不许出现；对矫正轻微毒瘾和恶习的产品，广告词必须言明意志力量至关重要；广告商不得利用人们的担心与焦虑推销药品；广告不准宣传药品没有副作用，夸大药效等等。

英国电视台第三频道广告部负责人凯特·怀特女士说，他们刊登广告之前，首先会根据法律检查希望刊播广告的产品是否已获得医药监管局颁发的许可证，其次还要检查它的合法性。不符合规定的坚决摒弃，而且绝对不允许医生参与广告。

投诉制度是监督广告的最后一道防线，如果受广告诱导使用药品导致有害后果，或发现广告违反了某项法规，可以通过任何途径直接向该局的信访部门投诉。但据说，由于各个环节都有严格的监督手段，真正有重大问题的投诉不是很多。

14.5 德国广告业经营现状及其监管

14.5.1 德国广告业经营现状

德国的广告业十分发达。广告收入排名首位的媒介是报纸期刊等印刷媒介类，其次电视，第三是广播，然后是户外广告等其他媒体形式。从广告类别来看，德国的广告发布仍然以传统的方式进行，电视广告占44%；报纸占25%；杂志占22%；广播占6%；户外占3%。随着现代信息产业的迅猛发展，网络广告正在异军突起，尽管绝对额还不大，但其增长幅度每年都在50%以上。

德国广告业1998~2001年期间，以平均每年5.8%的速度递增，销售额从136亿欧元增长到300亿欧元。然而广告销售量的增长率比GDP的增长率要低一些，只是它的94%。2000年，德国的广告收入占国民生产总值的1.63%。

2002年以后德国广告业一直处于下滑态势，近年下滑幅度有所减弱。

根据德国广告联合会（ZAW，一个由涉及广告、媒介广告组织和市场调查等41个组织构成的机构）公布的数据，2002年广告业的总收入（包括广告费、佣金、生产成本和媒介费用）为300亿欧元，同比下降了5.7%。2003年同比下降了2.6%，为289.1欧元。2004年和2006年有所增长，但这只是在连续多年下降的情况下的恢复性增长，增长率仍然是欧洲最低的。

德国广告业的下滑主要是传统媒介的广告收入持续下降，2001年，媒体的广告净销售额（net sales）为216.8亿欧元；2002年下降了7%，为203.8亿欧元；2003年继续下降4.3%，跌到192.8亿欧元。传统媒介（印刷媒介和广播）广告收入大幅下降直接源自报纸广告的崩溃。2003年传统媒介的广告下降了4%，报纸广告的下降是造成这一局面的主要原因。日报的广告收入2003年继续走低，同比下降9.8%，为45亿欧元。日报广告已经连续3年下跌，这个挫折使得广告公司需要多年才能恢复过来。

德国的广告产业是一个非常分散的行业，共有3000多家企业，却没有一个中心的业务协会或组织，所以，也就没有一个单独的数据能反映德国广告业的现状；而且，大多广告公司的业务也不仅仅只是做广告，广告的延伸服务、公共关系和传播服务日益增长，使数据就有一定程度的扭曲。我们很难对德国广告业的经营额进行比较准确的估计。

iResearch 艾瑞市场咨询从 Nielsen Media Research（尼尔森媒体研究公司）得到的资料：2006 年德国传统广告市场规模增长了 5.1%，达到 201 亿欧元（约等于 262 亿美元）。电视广告依然占据各细分广告市场规模中的最大份额，有 83 亿欧元的市场规模。报纸与电台广告市场都超过电视广告的增长，其中报纸广告市场增长了 6.3%，电台广告市场增长了 4.5%，分别达到 53 亿与 12 亿的市场规模。还有 53 亿的市场份额被户外广告和杂志广告瓜分。

14.5.2　德国广告法规

德国有关广告的法律主要有：

《反不正当竞争法》和《反限制竞争法》 什么广告可以做，什么广告不允许做，其法律依据就是《反限制竞争法》（Gesetz gegen Wettbewerbsbeschraenkungen，简称"卡特尔法"Kartellgesetz）和《反不正当竞争法》（Gesetz gegen den unlauteren Wettbewerb，缩写 UWG）。这两个法与其他法不同的是，它们都不作任何具体规定，而只有抽象的原则。

《广播电视法》 德国电视广告主要由《广播电视法》和民间的广告委员会来规范，德国国立电视台在周一到周六的全天内，只可以播放总共 20 分钟的广告。《广播电视法》还规定，晚上 8:00 之后、周日、法定假日期间国立电视台不允许播放任何广告。对以广告费为主要收入渠道的私营电视台，德国《广播电视法》则网开一面，没有任何广告播放时间段的限制。《广播电视法》并没有对广告纠纷规定任何惩罚措施。任何个人和组织如果认为德国电视台播出的广告内容不妥，都可以向广告委员会提出申诉。如果广告委员会认为观众的投诉合情合理，会要求投放广告的企业和组织撤销这则广告。一旦该企业拒不执行广告委员会的要求，委员会将选择在媒体上对该企业进行公开批评的做法。

《医疗广告法》 德国于 1994 年修订颁布的《医疗广告法》，对医院、药品及医药设备等的广告作出严格规定。有关医院的广告规定是：

第一，医院只能做"形象广告"，只能在报纸、杂志、路牌、橱窗、网络等上出现；

第二，广告内容必须与营业许可证中核定的内容相符，不能介绍未经临床验证的诊疗方法等；

第三，广告语上不能出现"特色"、"领"等"表扬词语"。此外，不能出现"专家"等非医学专业技术职称用语，做广告的名人必须是此产品的直接使用者和受益者，如有虚假成分，消费者可据此索赔。

14.6　法国广告业经营现状及其监管

14.6.1 法国广告业经营现状

法国是世界经济发达的国家之一，其广告事业也很发达。法国有 1000 多家广告公司，专职广告人员约 3 万多人，此外还有经常为广告业提供各种特别服务的专业人员 4000 多人，如摄影家、画家、化妆师等。在经过 2001 年后多年的疲软，法国广告市场近年重现生机。2005 年，法国广告投放达到 230 亿美元，较上年增长 5.9%；2006 年广告增长达 9%；2007 年除网络广告外，包括电视、电台、报刊等传统媒体的广告增长放缓，大约增长 2%。从投放的媒体看，电视是法国广告投放的主渠道。由于法国电视广告受国家控制，全国三家电视台只允许两家发布广告，而每天的广告时段不能超过 20 分钟，电视节目中不能插播广告。在这样的情况下，报纸、期刊则成为最活跃的广告媒体，广告发布量占全国发布总量的 70%。目前法国纸质媒体广告市场仍处于困境，真正的复兴时刻尚未到来。

法国广告最值得称道的是网络广告发展迅猛。几年前，法国互联网行业的发展在发达国家中并不处于领先地位，然而，近几年来随着全球互联网行业发展迅猛，网络营销的价值逐渐凸显，法国网络广告市场也逐渐升温。据 iResearch 艾瑞市场咨询整理 eMarketer 最新的统计数据，2006 年法国网络广告市场规模已经达到 15.6 亿美元，跻身欧洲网络广告市场第三位（前两位分别是英国和德国），并继续以较快的速度增长；2007 年法国网络广告市场规模约达到 22.7 亿美元，增长率达到 45.6%；预计 2011 年法国网络广告市场规模有望突破 40 亿美元。目前网络广告占法国广告市场份额不断增加。

1. 互联网广告一枝独秀

法国网络广告起步晚于英美，在发达国家中并不处于领先地位，网络广告作为一种区别于传统媒体广告的新型广告形式对法国广告主的吸引力一直较小。然而，随着近几年来全球互联网行业发展迅猛，网络营销的价值逐渐凸显，法国网络广告市场也逐渐升温，发展异常迅速。我们从 iResearch 艾瑞市场咨询根据 eMarketer 资料整理的数据中看到，法国目前已经发展成为欧洲市场中除英国、德国外的第三大网络广告市场。数据显示，法国网络广告投放费用近年来持续稳定并快速增长，2007 年法国网络广告投放费用预计将有 34.7% 的增长，达 16.7 亿欧元，预计 2011 年将突破 30 亿欧元。

2. 报业广告危机四伏

19 世纪 30 年代，巴黎就出现了广告代理商店。第二次世界大战以后，法国报刊广告业得到了发展。20 世纪 60 年代，法国广告业发展一度较为缓慢。80 年代以后，广告业已达到相当发达的程度，对法国经济发展起到了巨大的推动作用。在国际广告协会公布的 1989 年全球 50 家大广告代理商中，法国就有 5 家。然而，进入新世纪以后，包括法国在内的发达国家报纸广告业均出现了持续的下滑。

受互联网的影响，报纸发行量持续下滑。法国付费报刊发行监督部门发布的数字，12 种主要全国性报纸中有 8 种报纸的发行量持续下降。地方性报纸的发行量也在持续下降。近 10 年来，法国日报的读者减少了 64.1 万人，减幅为 7%。法国全国性日报 67% 的读者年龄大于 35 岁，也就是说读者年龄趋于老龄化。除体育类和经济类报纸外，普通报纸从 20 世纪 90 年代开始发行量一路下滑。

报纸发行的下滑紧接着就是广告的滑坡。整个法国报业广告收入普遍低迷。法国一家地区报纸的总编抱怨说，如果欧盟立法机构真要废止法国的广告特许条例（根据这一条例，超级市场、出版商与电影发行界都被禁止在电视上做广告），整个报业广告利润将跌落为零。

同时法国的付费报纸又受到免费报纸的冲击。自 2002 年 2 月 18 日在巴黎和马塞分别发行首份免费报纸《地铁报》和《马塞更好日报》以来，法国的免费报纸越来越多。还会有更多的付费报纸加入到免费报纸的竞争中，如索克出版集团的付费报纸《前进日报》出版了免费报纸《里昂更好日报》等。在法国，免费报纸已经争取到了大量读者。统计数据显示，5 个 15～34 岁的法国人中有 1 个人在看免费报纸。免费报纸的主要读者是城里的年轻人，他们大多是受过高等教育的专业人员。

免费报纸的运营主要靠广告收入，在创办免费报纸之初是亏损的，但一般在两三年后开始盈利。报业之所以看好免费报纸，原因在于免费报纸的广告收入很是可观。与传统付费报纸相比，免费报纸的最大优势是读者不需付费，在地铁口报纸就唾手可得并能快速阅读。它们的广告效应比其他的地铁广告要好。免费报纸的另一个优势在于其易于接触到潜在的读者，并被他们所接受，把这些潜在的读者变成定期的读者，从而开辟新的广告市场。

14.6.2 法国广告监管的法规体系

法国同许多西方国家一样，没有颁布专门的综合管理广告的广告法，而仅把广告作为市场营销活动中的一个环节，在规范市场行为的法规中涉及广告管理。长期以来，由于其规范市场行为的法规体系十分完备、严密，且其管理广告的时间较长，故其围绕广告管理建立起来的法律法规制度相当健全和完备。

法国没有一部集中、完整的广告法律。规范广告经营行为的法律包括在多个经济与市场的法律之中。但统观之，法国的广告法律还是非常完善，配套规章非常齐全的。

法国有关广告的法规主要有：《防止不正当竞争行为法》、《消费品价格法》、《不正当广告禁止法》、《彩票禁止法》、《禁止带有赠品的销售法》、《利用诱惑物销售及欺骗广告的限制法》、《商业、手工业引导法》、《城市建筑法》、《关于欺诈及假冒产品或服务法》、《关于防止在商品销售中欺骗和防止食品、农副产品质量下降法》、《国家新闻法》等 10 多部法律。

在一系列的法律当中，凡涉及广告的都有明确的是非界定标准和处罚办法。如《城市建筑法》中规定：在建筑物上设置广告，必须与建筑物同时设计出位置与结构，并与建筑物同时施工。未经事先设计、施工，在已竣工的建筑物上禁止做户外广告，否则，依毁坏建筑物论处，除恢复原貌外，按毁坏面积、程度的大小多少予以制裁。在《国家新闻法》中规定：文化体育等名人做广告，所宣传的商品必须给代言人真实使用，其使用效果与所宣传的效果相一致并取得公证认可。否则，以误导或商业欺诈论处，处以代言人酬金 5 倍至 10 倍罚款，造成消费者损失的由生产厂家及代言人共同赔偿。

法国政府多年来采取了多项措施对各媒体、特别是影视媒体实施监督，以避免虚假广告误导消费者。法国政府 1992 年颁布的第 92—280 号政令规定，播发虚假广告是被法律所禁止的，其主要表现形式是通过音频或视频方式对某种商品的功效、服务、品牌、生产商等要素进行不符合实际的宣传。法国视听委员会负责对此类行为进行监督。

法国规定电视广告必须真实、体面，尊重消费者的利益，禁止任何误导消费者的陈述、文字出现，并且不允许那些定期在有关电视新闻节目中露面的人用其形象或声音做广告。体育明星不能代言与运动精神相违背的广告，比如酒精类产品等。电视节目主持人达尼埃尔·吉尔贝因 1991 年秋在电视上为一种戒指做虚假广告而锒铛入狱，其罪名是夸大产品的功效。

法国视听委员会在认定某媒体播发虚假广告的事实后，可根据情况采取以下三种措施：一是向该媒体发出警告，使其今后不再播发虚假广告；二是通过法律手段强行终止某则虚假广告的播出；三是如果情节严重，对传播媒体实施经济处罚。法国法律并没有对虚假广告的处罚金额作出明确规定。电视台等媒体对虚假广告的播出负主要责任，但如果遭到处罚的媒体认为播出虚假广告的责任不在自己一方，可向司法机构起诉广告代言人或厂商。

14.6.3 法国对药品广告的监管

法国对人用药品推销广告管理之严可是出了名的。

法国药品广告管理机构原先是法国药品管理局，1998 年 7 月法国成立了国家卫生制品安全局（L'Agence Fran&ccedilaise de Sécurité sanitaire des produits de santé，简称 AFSSAPS），是法国卫生部所属的医药产品管理机构，1999 年 3 月正式替代法国药品管理局，全权负责对全国药品生产、广告、销售全过程的监督管理工作，范围扩大到与人体健康有关的所有制品，管理手段也比从前大有改进。主要工作包括四个方面：对健康制品进行科学、临床和经济分析；管理健康制品的研制和广告活动；监督网络上有关健康制品的销售和广告；向专业人士及公众通告有关健康制品的信息和决定。法国政府在医药监管方面赋予该局充分的权力。一经发现某种产品对公众健康造成威胁或可能造成威胁，该局可直接以政府名义作出停止生产和销售等决定，在必要情况下还可要求国家海关、国家打假办公室和地方政府的有关部门协作，对产品研制及上市过程进行调查。

国家卫生制品安全局在药品广告的监督管理上有很大权力，做法非常严格。企业未经允许，没有资格任意介绍药品的疗效，不少药厂甚至抱怨没有广告宣传的自由。AFSSAPS 内设 9 个委员会，其中负责广告的有两个委员会：药品广告传播监管委员会；与健康有关的物品、器具和方式方法广告监管委员会。AFSSAPS 就是通过这两个委员会管理各种药品广告，包括面向广大公众的和面向医药专业人士的广告。

在法国，药品广告是指那些刊登在报纸、宣传册、科学或者医学出版物、邮寄品、招贴广告等，以及电视上的，或者上门推销、上门调查的，以药品销售和药品消费为目的的，针对一般公众或者专业医务人员的各种药品信息宣传形式。这些药品广告虽然形式各异，但都受到监管。

药品广告事先必须经过药品广告监管委员会审查批准。

法国国家卫生制品安全局对专业广告和大众广告都有一系列的具体要求，甚至从字体到字迹都有明确的要求和标准。如在对专业广告的要求中，该局特别提到对组成某种药品名称的所有单词必须采取统一标准处理，即无论是字迹、字体、还是颜色都应该完全一样，以避免为突出广告效益而损害该药品名称的整体性。为防止公众利益受到侵害，该局要求对尚未获得上市批准的药品不得先期进行广告宣传；为避免夸大药效，该局规定绝不允许在药品广告中使用"特别安全"、"绝对可靠"、"效果最令人满意"、"绝对广泛适用"等吹嘘药品安全和疗效的过激字样；为避免出现不公平竞争，该局规定，不能在广告中出现"第一"、"最好"等绝对字样。此外，在"新"字的运用上，该局还规定，任何药品在投放市场一年后，不能再继续标榜为"新药"。为防止公众陷入类似误区，该局规定，在针对大众的广告中，绝对不能因为是纯天然药品就将其说成是安全有效的，不能将药品与食品类比，也不能因为药品上市时间已经较长就说其有效，因为药品有效与否只有通过科学实验才能得到验证；更不能在广告中称某种药品的功效与另外某种药品或治疗方法的效果一样，或更好。此外，除疫苗、帮助戒烟药物及一些预防性药物的广告外，其他任何治疗性药物的广告中都不能使用"健康人服用后身体状况能有所改善"，或"健康人不服用身体就会受到影响"之类的语句，以避免出现公众滥服药物的现象。

在严格管理下，法国几乎很少有可能获准向公众作人用药品广告，除非是那些不需要处方就能够在药店买到的产品。尽管如此，这类药品的广告如果希望能够出现在报刊、电台、电影、橱窗、商品陈列架，或者广告栏上，也必须事先获得 AFSSAPS 药品广告监管委员会的批准。

14.6.4 法国广告行业自律体系

法国广告行业自律机构是国家广告联盟所属的法国广告业监督管理局（Bureau de Vérification à Paris 简称 BVP）。由法国各类广告协会倡议成立的 BVP 对各类广告进行审核，不通过该办公室核发的证书，广告不得随意刊登或播放。设立这个机构的目的主要是增强消费者购买的信心，不被虚假广告所误导。

法国实行广告事先审查制度。未经审查机构批准，任何媒介不得发布广告。法国广告审查监督机构原由两个系统承担：一是电视广播广告审查机构 RFP；一是国家广告联盟所属的 BVP。现在广告审查几乎全由 BVP 负责。

1. 电视广播广告审查机构（RFP REGIE FRANCAISE DE PUBLICITE）

RFP 是由政府和三家国营电视台、法国消费者协会、广告公司等单位组成，是一个半官方组织，主要负责审查全国所有广播电视广告内容，以保障广告的真实性，防止利用广告进行欺骗。为在资金上保证 RFP 正常运转，政府补贴 50％的经费，其他构成单位从广告收入中按不同比例集资。对所有申请审查广告的客户免费服务。审查机构办事公开，程序严格。广告代理公司承接广告主委托的广告脚本，凡在广告中表述企业荣誉、名气、产品等级、质量与性能的都要将真凭实据同广告脚本一并报审。通过审查后才能制作版带，版带制成后再送审查机构复查，以查验是否与通过的广告内容相一致。审查机构每年要审查 7500 余条电视广告，通过调查核验，近三成广告都有违忌之处及纰漏。审查机构在 7 日内作出许可发布、重新修正或不许发布的决定。该审查机构的工作人员都是具有高等学历、经过专业训练、择优聘用的，具有从事广告审查专业的必备素质。

法国广播电视监管机构是法国最高视听委员会（Conseil Supérieur de l'Audiovisuel），成立于 1989 年，属于法国国家机构编制，但是根据法国行政法院和法国宪法委员会的规定，视听委员会又是一个独立的机构。最高视听委员会的职责之一是监督传媒节目是否遵守相关的法令，其中包括广告。视听委员会可根据涉案媒体的经济实力以及虚假广告造成的社会负面影响对该媒体实施一定金额的处罚。法国著名私营电视台"M6"2002 年就曾因播放一则广告，夸大某一度假村的居住质量而遭到 15 万欧元的罚款。

法国的视听广告一直是政府的"最高视听委员会"来检查的，1991 年以后，这项工作逐步移交给 BVP。为避免虚假广告，法国视听委员会建议各媒体在播放广告前，必须将该广告内容提交行业组织——BVP 进行审查，这一措施已成为法国广告界的"行规"。

2. 国家广告联盟所属的 BVP

BVP 是消费者协会和主要广告经营者组织起来的民间广告审查组织，是一个协会。它的主席是独立于广告业之外的一个人，这样可以最大限度地保证审查的公平性。BVP 工作人员中 50％以上有律师背景。他们工作的内容是：制定行业的一些道德内容，制定一些条款规则；在广告发布之前帮助咨询审查，协助广告主在发布广告时不违法。在法国，往往很多行业自律条款比法律更有意义，因为这些行业自律完全是保护整个社会利益的。

BVP 虽属行业自律组织，但它具有一定的权威。原因有两方面：一是法律授权；二是掌握信用信息中枢。BVP 有权对违法的广告公司或媒体进行告诫、警示、"曝光"，直至从行业组织中除名。违法的广告经营人、发布人，凡有劣迹的均由信用信息中枢记录在案。政府有关部门、行业有关组织都可以通过互联网共享信息。失信者在以后的日子里会经常碰卡、受限，以至破产。广告不经事先审查或经过审查后广告商又擅自篡改内容，发布后招致公众舆论谴责或导致消费者权益受到侵害的，BVP 将案件移交各级法院，由法院判决其应承担的责任。

本章小结

美国和日本是目前世界上两个广告大国，这与它们的经济地位也是相称的，同时也充分说明，广告是经济发展的前奏曲，广告的发达又会促进经济的发展。美国和日本的广告法规体系、广告监管体系、广告业自律体系，也是目前世界上最为健全的，而英国广告行业自律监管体系被认为最为完善，法国对药品广告的监管世界著名。本章对上述内容作了比较详细的介绍。一般认为，我国目前年广告总额大致与德国相当。本章内容对大家思考如何完善我国的广告法规体系、广告监管体系、广告业自律体系是大有裨益的。

思考题

1. 试述美国联邦贸易委员会广告监管的职能。
2. 简述日本广告业的自律体系。
3. 试述英国广告的监管体系。
4. 简谈法国药品广告监管对我国的借鉴价值。

第**15**章 广告行业自律与社会监督

15.1 广告的行业自律

15.1.1 广告行业自律的含义

任何国家，广告管理的法律法规再完善，总有疏漏之处；政府管理广告再有力，也有其管理职能无法到达的领域。所以在市场经济比较发达的国家，除了政府制定广告法律法规、设立专门的或兼职的广告管理机构对广告进行管理外，广告行业自我管理亦即我们通常所说的广告行业自律也很完善。广告行业自律是广告监管体系的重要组成部分，是政府监管广告工作的必要补充。

广告行业自律，又叫广告行业自我管理。它是指广告主、广告经营者和广告发布者通过一定的组织形式，自行制定自律章程、公约和会员守则，对自身从事广告活动进行自我约束、自我限制、自我协调和自我管理，使其行为符合国家的法律法规和职业道德、社会公德的要求。广告行业自律的主体是广告行业组织成员：广告公司、媒体广告部门和企业广告部门。广告行业自律的规则是广告行业组织自订的章程、规定和广告行业共同订立的公约、准则等。这些章程、规定、公约、准则构成了广告行业自律的体系。广告行业自律的监督执行机构是广告行业组织——广告协会。

15.1.2 广告行业自律的发展

广告行业自律是目前世界上广告行业通行的一种行之有效的管理方式，并逐渐发展成为广告行业自我管理的一种制度。在很多国家，广告监管主要依靠广告行业组织进行和完成。

早在19世纪80年代，被称为现代广告之父的约翰·鲍威尔斯曾呼吁美国广告界制止虚假广告，并提倡广告语言要真实可靠和简洁生动，这是最早来自广告业内的对广告自律的要求。1903年，约翰·亚当斯·塞耶成为公开强烈反对欺骗性广告的第一个广告人。两年后，一些广告经理组成美国广告联合俱乐部，并发起一场广告诚实化运动。同年，在广告联合俱乐部基础上成立了世界广告联合会，接受了"广告诚实化"的口号，在全美各地建立了管理广告的"警示委员会"，并通过《印刷者油墨》杂志，发起一场宣告不诚实广告为犯罪行为的州立法宣传促进运动。可见，广告诚实问题，早已引起广告界的普遍关注。第二次世界大战以后，世界广告联合会正式更名为国际广告协会，并吸引了大约 50 个国家加入。20 世纪 60 年代国际广告协会发表了《广告自律白皮书》。它的发表，对世界广告业的发展影响巨大而深远，成为世界各国制定本国广告行业自律规则的主要参考文献。此后，世界上许多国家都制定、出台了相应的适合本国国情的广告行业自律规则。此外，各国广告行业内的广告主、广告经营者和广告发布者还分别制定出十分具体且操作性极强的广告自律规则。如由美国广告联盟等组织草拟、经国际报业广告首脑会议通过的《美国工商界广告信条》，美国《纽约时报》制定的《广告规约》和美国广播事业协会制定的《电视广告公约》等。这些规则的诞生，无疑为广告行业的正常运行和健康发展，提供了共同遵循的职业道德规范。

在此以前的 1956 年 5 月，总部设在巴黎的国际商会（The International-Chamber of Commerce，简称 ICC）所属的广告委员会，通过了《广告活动标准纲领》和《广告业务准则》，其宗旨是防止滥用广告，加强广告主对消费者的责任，规定了对消费者的伦理准则、广告主间的伦理准则和广告代理业及媒体业的伦理准则。在国际广告协会和国际商会所属广告委员会的共同倡导下，世界上许多国家都相应地建立起了广告行业自律组织及有关的广告自律准则。这样，在全世界范围内，可以说有了一个大的广告行业自律的框架，有利于世界各国的经济业和广告业健康发展。

我国的广告行业组织建立也比较早。1927 年，上海"耀南"、"维罗"等 6 家广告公司成立了"中华广告公会"，这是我国最早的广告业行业组织。改革开放广告业恢复以后，全国和地方广告行业组织陆续成立。中国广告协会于 1990 年制定《广告行业自律规则》，对广告应当遵循的基本原则及广告主、广告经营者、广告媒介所应体现的道德水准，作出了相应的规定。目前我国主要有中国广告协会及其专委会，地方各层次广告协会，中国商务广告协会，中国 4A 广告协会，中国广告主协会，国际广告协会中国分会等等。

15.1.3　广告行业自律的内容和特点

1. 广告行业自律的内容

（1）承诺经营遵纪守法。行业自律规则一般把承诺遵纪守法放在第一位，在法律的指导和约束下实行行业自律。行业自律规则比法律的规定更加严格和具体，否则就失去了行业自律的意义。

（2）承诺广告真实可信。广告经营者应明确承诺广告的内容真实、准确，如实反映商品性能，不以任何形式误导消费者。

（3）承诺广告遵守公认的道德准则。思想性是广告的灵魂，广告的表现形式和广告的内容积极、健康，遵守广告法规的规定和社会公认的道德准则。

（4）行业成员之间互相监督。对成员违反自律规则的行为，要有处罚机制，否则行业自律就会流于形式。

（5）行业成员之间信息共享。组织内一般通过会刊或网络平台发布行业公共信息、成员个体信息，以使成员共享。

（6）行业成员之间交流经验。行业组织通过年会、论坛、研讨会等形式，成员之间互相交流经验，目的是使广告业的整体素质不断提高。

2. 广告行业自律的特点

广告行业自律的形式有三种：建立行业协会、制定自律章程，进行行业指导及自检互检并公开承诺。

广告行业规范和行业自律规约作为广告业者遵循的规章制度，主要有以下特点：

第一，自愿性。广告行业自律是广告主、广告经营者、广告发布者及其行业组织的自愿行为。它由广告业者及其组织主动提出，并主动自觉遵守，不带有强迫性。广告业的自律公约和规则，主要依靠广告业者的道德信念、规则信念以及社会和行业同仁的舆论作用来维护。对违反者，也主要依靠舆论的谴责来予以惩戒。

第二，广泛性。广告行业自律调整的范围要比法律、法规调整的范围广得多。由于广告活动涉及的方面很多，而且处于不断发展变化中，法律不可能把广告活动的方方面面都规定下来，而自律公约和规则不仅在法律涉及的范围内起作用，而且在法律未涉及的地方也起作用。同时，对许多法律不加干预的领域，自律也发挥其约束、调整作用。

第三，灵活性。法律的制定、修改和废止，必须经过严格的法定程序，一经颁布实施，必须保持其相对稳定性，不得随意更改，而自律公约或规则，可以根据情况的变化，及时地加以修改和补充，不需要像制定、修改法律那样需经过复杂的程序。

15.1.4　广告行业自律的措施

1. 广告经营者自觉遵守行业自律规范

广告经营者自觉遵守行业规范是搞好行业自律的基础。具体而言，广告经营者要从主体资格、广告内容、广告发布三方面自我约束。

首先，广告经营者应自觉遵守《广告法》及其他相关法规。广告主积极配合工商行政管理部门核准市场准入资格的工作；广告经营者、发布者要对广告主查验其资格和相关证明文件，审查广告内容，防止虚假广告出现。

其次，应当保证广告内容的真实、合法、科学、健康。具体而言，广告主制作或委托制作的广告能够真实客观地传播有关商品或者服务的信息，对其功能、价值、特点、效果不吹嘘夸大，不弄虚作假；广告的内容、形式，必须符合国家法律、法规的规定；广告中所涉及的观点、方法、结论应具有科学依据；内容和表现形式要积极健康，有利于社会主义文明建设。

　　再次，广告经营者在广告发布过程中，应力争做到：第一，在广告活动中不得进行任何形式的不正当竞争，损害其他广告活动主体的权益，扰乱广告市场秩序的行为；第二，广告主自行或者委托他人设计、制作、发布广告，所推销的商品或提供的服务应当符合广告主的经营范围，并在国家许可的范围内进行；第三，广告主、广告经营者在广告活动中应当具有并提供真实、合法、有效的相关证明文件；第四，广告主在广告活动中使用他人名义和形象的，应当事先取得他人的书面同意。使用无民事行为能力或限制民事行为能力人的名义和形象，应当事先取得其监护人的书面同意。第五，广告发布者还必须依照有关规定，建立健全广告经营管理制度，具体是：承接登记制度、内容审查制度、档案管理制度。广告发布者向广告主、广告经营者提供的媒介覆盖率、收视率、发行量等数据应当真实。对于法律、法规、规定禁止生产、销售的商品或提供的服务，以及禁止发布广告的商品或服务，广告发布者坚决不予发布，广告发布者不得利用自身的优势排斥其他广告活动的主体。

　　2. 强化广告协会的自身建设，充分发挥广告协会的作用

　　广告协会是广告行业的社会管理组织，在政府管理机关与广告行业之间架起了桥梁，发挥协调作用。为了更好地服务于经济和社会发展，协会必须在更广阔的范围内自立自强地开展工作。首先，要强化协会自身建设。一方面，组成一支由专职人员和专家为骨干的工作队伍，规范工作程序和行为，以保证协会各项工作的正常运转，真正履行广告行业自律的职能；另一方面，扩大会员队伍，不断提高广告从业人员的文化水平和专业素质，采用新技术，积极开展国内国际行业交流。其次，各级广告协会要加强对行业经营行为及行业管理深层次问题的研讨，着手建立行业自律约束机制和解决行业自律的手段，使行业自律日趋成熟。再次，各级广告协会要充分发挥"指导、协调、服务、监督"职能作用，在协助政府进行行业管理的同时，为协会注入新的生机，增加新内容，充分发挥广告业知识密集、技术密集、人才密集的优势，积极开展各项活动，增强协会自身的"造血"功能，努力为会员单位办实事，办好事，增加行业的向心力、凝聚力，使行业自律成为各个会员的自觉行动。

　　3. 政府的指导和支持

　　政府的指导与支持对于搞好行业自律工作至关重要。政府有关部门应该做好以下工作：第一，对行业自律的指导。制定一套既有目标又有具体内容的指导方案，定期对行业自律工作开展指导、检查、总结，并帮助行业组织按照"以政府为主导，引导企业自律"的工作方针，正常地开展工作。第二，划分行政管理与行业管理之间的职能，比如，广告从业人员的专业技术培训、职称评审、广告经营单位申请登记和广告发布前的审查、广告作品评选、广告理论研讨会等各项工作，应该在政府部门指导下由行业组织机构实施。这样做，既减弱了广告协会的行政依附性，发挥了广告行业组织的积极性，又促进了政府部门精兵简政，使政府部门能够集中力量搞好广告行政监督管理，有力地打击查处虚假违法广告案件。

　　4. 建立保障广告行业自律的法律规范

为了强化广告行业自律的力度，必须确立广告协会和广告行业自律的法律地位，因此，迫切需要把行业自律纳入法制化、规范化的轨道，实现广告行业依法自律。也就是说应在《广告法》或有关法规中增加行业自律的条文，以法律形式确定广告协会的地位和作用，使其具有相对独立性和社会权威性。

15.2 广告业自律与行政管理的关系

广告行业自律和政府对广告行业的管理都是对广告业实施调整，二者之间既有密切联系，又有根本的不同。广告管理的依据是广告法规，它主要从外在方面对广告管理者的职责行为进行了规定；广告自律的原则是广告道德，它主要从内在方面划定出广告行业的职业道德规范。它们之间的关系包括：

第一，行业自律必须在法律、法规允许的范围内进行，违反法律的，将要被取消。政府管理是行政执法行为，行业自律不能与政府管理相抵触。

第二，行业自律与政府管理的基本目的是一致的，都是为了广告行业的健康发展，但是层次又有所不同，行业自律的直接作用目的是维护广告行业在社会经济生活中的地位，维护同业者的合法权益。而政府对广告业的管理其直接作用是建立与整个社会经济生活相协调的秩序，它更侧重于广告业对社会秩序所产生的影响。

第三，行业自律的形式和途径是建立自律规则和行业规范，调整的范围只限于自愿加入行业组织或规约者；而政府的管理是通过立法和执法来实现，调整的范围是社会的全体公民或组织。

第四，行业自律的组织者是民间行业组织，它可以利用行规和舆论来制裁违约者，使违约者失去良好的信誉，但它没有行政和司法权；而国家行政管理则是以强制力为保证，违法者要承担法律责任。

15.3 我国广告行业自律现状和行业组织发展趋势

15.3.1 我国广告行业自律现状

当前我国广告行业自律较弱，广告行业组织的作用没有充分发挥，行业规则缺乏约束力，不能对广告业者以有效的制约。我国各级广告协会初期是在行政管理层次上构成自上而下的行业组织体系。行业组织行政化是普遍存在的现实，并产生了强烈的行政依附性，缺乏经营观念和产业精神，行业自我约束、自我监督和自我管理的作用尚未体现出来。

广告业自律意识较差。一方面表现在我国广告业自律状况与发达国家的广告业自律水平还有一些差距，尤其是在行业道德自律方面我国广告业存有许多漏洞，难免出现行业不正之风，从而助长了不道德广告行为的滋生。另一方面表现在广告业信誉观念不强。一些广告公司在商业利益驱动下，对有损自身形象的不道德广告行为听之任之，甚至自身就投机取巧，进行违纪违法的广告活动，大大降低了广告业在社会公众中的信誉。

广告业职业道德意识不强。这突出地表现在部分广告人缺乏职业道德，只重个人利益，缺乏社会责任心。反映在广告活动中，一些广告主不关心产品质量，而是挖空心思做虚假广告，搞不正当竞争。有些广告经营者则违背消费者的利益，片面迎合广告主不道德的做法。有的广告发布者也见利忘义，违背职业道德，随意发布一些虚假广告、低劣广告。

我国同样设有广告行业管理组织和行业自律守则，但行业管理的实际效果却与市场经济发达国家有一定差距。我们认为，差别不在于管理模式上的不同，也不在于文化与意识形态的不同，差别存在于我国广告行业自律的内在机制的不完善。行业管理本应是居于政府与广告业者之间的第三种力量，它能够在政府与广告从业者之间起到沟通与纽带的作用，对行政管理起到补充作用，行业管理应管理行政管不到的部分。但在我国的行业管理实践中，自律机构是政府主导下的设置，实质上还是一个政府部门，并未形成一股独立的力量。行业管理的独立性的缺失带来的直接后果是广告行业的管理手段实际上是单一的，即法律规定和行政管理。在法律法规和行政管理无法触及的道德领域以及其他领域，则形成了管理的真空。在我国市场经济的条件下，日新月异的广告实践发展使得政府管理手段常常滞后于市场现实的变化，广告领域的管理空白比比皆是。在某种程度上说，法律法规和行政管理不应成为广告管理的最高形式，恰恰相反，它应该是广告管理的最基本手段与方式。单单依赖法律监管和行政管理会严重制约广告行业的健康发展。法律监管是一种由外向内的管理手段，强调的是广告行为规范；而行业自律则是一种由内向外的管理手段，强调的是广告的内在价值导向。这种价值导向有经济价值（促进销售的）、审美价值（和谐的、令人愉快的）、专业价值（创新的）、逻辑价值（一致的、正当的）、道德价值（诚实守信的）以及其他更广泛的社会文化价值。广告行业自律应对上述行业价值的实现负责。一旦行业管理仅仅依赖法律监管，广告行业的上述内在价值必然会被束之高阁或暂告阙如。因此，对行业管理独立性的强调是十分必要的，明确广告协会的法律地位，以充分发挥广告行业组织的作用。

因此，在我国应当充分发挥广告行业组织各级广告协会的作用，使其在治理虚假违法广告的活动中起到应有的作用。

首先，各级广告协会应担负起对广告活动主体的自我约束、自我管理的任务，以加强行业自律来治理虚假违法广告，从建立正常的广告活动秩序出发，制定广告业的职业道德和从业准则，将禁止虚假违法广告贯穿其中，明确在行业内形成对违反这些行为规范的会员，由协会给予相应处分，直至取消其会员资格，这样就能在行业内形成对广告欺诈等违法活动的强大压力。

其次，有条件的地方的广告协会可以牵头成立广告审查委员会，委员会可由广告管理人员、广告行业组织、广告业者和政府有关部门联合组成，日常工作由广告协会负责实施。把广告的事后监督管理变为广告发布的事前、事中、事后全过程的监督管理，这将有效地净化广告环境，杜绝欺诈性广告的发布。

再次，各级广告协会还必须加强对下级广告协会及广告主、广告经营者、广告发布者的培训，不断提高他们依法经营的自觉性和提高广告人员的业务素质，使他们在承揽、审查、发布广告过程中及时杜绝欺诈性广告出笼。

15.3.2 我国广告行业组织发展趋势

我国广告行业组织未来发展有很多机遇，其基本趋势是：

（1）信息业作为第三产业的发展重点，为广告业带来了更加广阔的发展前景，广告协会也因此获得前所未遇的成长机遇。

（2）行业组织产业化、社会化已成为今后的发展方向。

（3）行业管理在保持基本职能的基础上，打破地区、部门、行业的所有制界限，朝经营型和集团化方向发展。

（4）以产业化和社会化为前提，广告协会将在继续接受同级工商行政管理机关指导的前提下，逐步改变人财物的依附关系，成为相对独立的社会经济实体。行业自律是监管的基础。

我国广告业应从自身做起，改革协会机制，拓展服务领域；加强行业自律和协会自身建设，更好地发挥行业组织的作用。行业自律在治理诚信缺失和建立业内信用体系方面具有举足轻重的地位。行业自律是规范广告经营行为的重要环节，有着政府、法律所不可替代的作用：一是引导行业建立自律机制，加强行业内部信用管理，遵守行业自律规则；二是引导行业组织建立行业内部的惩治失信，将诚信建设纳入制度建设的轨道，以行业组织的名义定期公布广告经营单位的信用评估情况，使守信者道路畅通，失信者寸步难行。只有建立行业的自律机制，才能有效地发挥行业组织的作用，才能更好地解决当前广告业存在的许多矛盾和问题，才能有效控制失信行为，建立良好的广告经营市场秩序，更好地发挥广告业在国民经济中的作用，使广告行业自律的建设与广告事业的发展成为互动的良性循环。提高广告活动主体的自律水准，媒体的示范作用不容忽视。

15.4 我国的广告行业组织

15.4.1 中国广告协会

中国广告协会（CHINA ADVERTISING ASSOCIATION，缩写：CAA），成立于1983年12月27日，是经民政部批准登记的具有社团法人资格的全国性广告行业组织，其办事机构是国家工商行政管理局的直属事业单位。前身为1981年成立的"中国广告艺术协会筹备委员会"。协会会员分团体会员、荣誉会员和个人会员。

中国广告协会的职能是：在国家工商行政管理总局的领导下，承担着抓自律、促发展，指导、协凋、服务、监督。

中国广告协会的主要任务是：制定行业自律规定，规范经营行为，开展争创文明先进单位活动，促进广告市场健康有序的发展；开展企业资质评审活动，扶植优势企业发展，促进产业结构的优化调整；抓好行业培训工作，确保从业人员的上岗资质，努力提高从业人员的业务素质，与教育部门联合共同进行广告专业大专班、本科班、研究生班的招生教学工作；加强广告学术理论研究，积极开展中外广告学术理论交流，促进和引导中国广告思想理论的发展；开展国际交流与合作，与世界各国广告协会建立联系，代表中国广告界参加世界广告组织和活动，组织中国广告界参加国际性的广告赛事；开展广告发布前咨询工作，为广告主、广告公司、媒介广告部提供法律援助，开发信息资源，建立信息网络，为行业提供信息服务；举办好中国广告节等会展活动，评选创意制作精良、广告效果好的优秀广告作品，推举新人，树立广告界的良好形象，促进广告业的发展；积极参与广告业的立法立规工作，向政府有关部门反映会员单位的意见和要求，提出合理建议；办好现代广告杂志，及时传递行业管理信息，发布行业统计数据，促进广告思想理论的发展和经营秩序的规范。

中国广告协会自 1994 年以来，先后颁布了《中国广告协会自律规则》等一系列自律性文件，为维护广告行业秩序和促进广告业发展起到了积极作用。但是，随着我国广告市场的日益活跃，原有规范已不适应新形势的要求。2008 年 1 月，中国广告协会第五次会员代表大会审议通过了《中国广告行业自律规则》。

新的《中国广告行业自律规则》规定了广告制作、发布时应遵守的一般原则和限制性要求，禁止虚假和误导广告，提出广告应当尊重他人的知识产权，尊重妇女和有利于儿童身心健康，尊重良好道德传统。新的自律规则对于广告行为也进行了规定和限制，禁止以商业贿赂、诋毁他人声誉和其他不正当手段达成交易，禁止以不正当的广告投放为手段干扰媒体节目、栏目等内容的安排。对于涉嫌违反行业自律规则的广告内容和行为，新的自律规则明确，任何单位和个人都可以向中国广告协会及地方各级广告协会投诉和举报；经查证后，将采取自律劝诫、通报批评、取消会员资格等自律措施，直至报请政府有关部门处理。

中国广告协会目前有 14 个专业委员会：报纸委员会、广播委员会、电视委员会、广告公司委员会、铁路委员会、公交委员会、学术委员会、电力委员会、民航委员会、烟草委员会、法律咨询委员会、户外委员会、霓虹灯委员会、互动网络委员会。所有专委会均按协会章程的有关规定，在本专业系统范围内开展活动。

15.4.2 中国商务广告协会

中国商务广告协会（CHINA BUSINESS ADVERTISEMEN TASSOCIATION）即原中国对外经济贸易广告协会。中国对外经济贸易广告协会是 1981 年 8 月 21 日经国务院批准，民政部核准成立的第一个全国性的中国广告业的行业组织。由全国对外经济贸易系统的专业广告公司和报刊出版社等兼营广告单位，以及专业进出口总公司和工贸进出口公司的广告部门联合组成。2005 年 9 月经民政部核批更名。

中国商务广告协会核心的工作是"团结内外贸领域的广告企业，促进广告业的交流和发展"。本土自主品牌建设，是商务部的重要战略任务。商务广告协会将在不断学习国际成熟的经验，总结国内先进企业的成果和教训中，协助企业树立长期的扎实、可行、有效的品牌战略，为企业的持续发展、创造市场服务。本土广告市场已逐步国际化的形势下，执行技术的发展、媒体的创新、消费者水平的提高，都对广告业提出新的要求。这些都急迫要求我国广告业进行研究、对策和规划，并要在服务、创新、实力、诚信四方面植根本土市场，吸取国际先进理念，打造规模化的高水平的全面代理性广告公司（中国4A）。

15.4.3 中国商务广告协会综合代理专业委员会

中国商务广告协会综合代理专业委员会（**The Association of Accredited Advertising Agencies of China**）亦称中国4A。2005年12月在北京正式成立。这家由高端会员组成的同业组织的出现，预示着中国广告业向国际惯例的广告代理制迈进了一大步。中国4A协会是综合性广告公司的高端联合体，是中国（含港、澳、台地区）综合性广告公司（包括国有、民营、合资及外资等）以及相关研究机构组成的自律性、非赢利性组织。目前有30家会员加入。中国4A广告代理商会员资格均经过中国商务广告协会严格评估、筛选，是国内最具实力、最专业、最优秀的综合性广告代理商。

15.4.4 中国广告主协会

中国广告主协会（**China Association of National Advertisers**，缩写**CANA**）成立于2005年11月27日，是全国性协会，是我国在世界广告主联合会的唯一合法成员。现有理事98人，常务理事59人，单位会员76家。中国广告主协会以"维权、自律、服务"为宗旨，是广告主之家，是广大广告主权益的维护和服务者。中国广告主协会自成立之日起，就以引领和推动广告主企业走向世界，构建和谐社会为己任。

中国广告主协会主要工作职能：以"面向广告主、为广告主服务"为宗旨，以为广告主"维权、自律、服务"为基本职能。协会将积极发挥政府与企业间的桥梁和纽带作用，维护企业在营销传播中的合法权益，促进广告投资的科学化、规范化，不断提升广告主的市场竞争能力。协会致力于推动建立有利于广告投资的社会环境和相关法律法规的完善；加强行业自律，反对不正当竞争，逐步建立广告主、媒体、广告商三方合作制约机制。为会员提供相关信息法律咨询和营销策划、业务培训等服务，推动营销传播服务行业的发展，促进企业间的沟通、交流与合作，为会员走向国际市场提供服务。

中国广告主协会办事机构：综合管理部，负责协会的内部事务、日常工作运转及财务资产管理；事业发展部，负责会员的联系和发展，为广告主提供营销策划和相关法律咨询服务，组织会员培训、推动学术研究，致力于建立广告主、媒体、广告商三方沟通协作机制，促进广告主营销传播行为的自律；海外联络部，负责海外会员的联系、发展与国际间的合作，外事接待与国际联络工作；专家咨询委员会，完成协会委托的学术咨询和相关课题研究，由协会直接管理。

15.4.5　国际广告协会中国分会

国际广告协会中国分会（IAA） 设在中国广告协会。国际广告协会创立于 1938 年，总部设在美国纽约。国际广告协会是广告主、广告公司、媒体、学术机构以及营销传播界唯一的全球性广告组织，也是全世界唯一在 96 个国家和地区拥有会员、涉及品牌创建和营销传播领域的全球性行业协会。国际广告协会的会员遍及世界 96 个国家和地区。

国际广告协会的使命是：宣传广告为推动经济健康发展和促进社会开放的重要作用和意义；保护和促进商业言论自由和消费者自由选择的权利；鼓励广告自律的广泛实施和认可；通过对未来广告营销传播行业从业人员的教育和培训，引领行业向高水准方向发展；组织论坛，探讨不断出现的广告营销传播业的专业问题以及这些问题在飞速变化的世界环境中所引发的结果。

国际广告协会中国分会是 1987 年 5 月在北京正式成立的。这标志着中国的广告界与国际广告组织正式建立了联系；意味着中国的广告业开始向国际广告业靠拢与接轨。31 名中国广告界人士成为中国分会会员。

15.4.6　亚洲广告协会联盟中国国家委员会

亚洲广告协会简称亚广联，成立于 1978 年，是由亚洲地区的广告公司协会、与广告有关的贸易协会和国际广告协会在亚洲各国、各地区的分会等联合组成的洲际广告行业组织，每两年召开一次广告会议。它是一个松散型的组织。我国于 1987 年 6 月 15 日以"亚洲广告联盟中国国家委员会（AFAA）"的名义加入亚广联。亚洲广告协会联盟中国国家委员会与国际广告协会中国分会同时成立的。"亚广联"没有个人会员。全是以"国家委员会"作为其会员主体。所以，中国加入时的"亚广联"，只有 12 个会员，即亚洲（含澳大利亚）12 个国家的广告组织，均称为各自的"国家委员会"。亚洲各国的"亚广联"国家委员会，与国际广告协会的各国分会，其实都是一套班子，也就是本国的广告协会。由于我国带有"中国"字头的全国性广告行业组织有两个，即中国广告协会和当年的中国对外经济贸易广告协会。为此，两个协会经协商达成了如下协议：国际广告协会中国分会的会长，由中广协的会长田树千担任，副会长由外广协的副会长于黎光担任；而"亚广联"中国国家委员会主席，由外广协的会长徐信担任，副主席则由中广协的副会长（兼秘书长）金瑰琪担任。

15.4.7　广州 4A 协会

广州 4A 协会（The Association of Accredited Advertising Agencies of Guangzhou） 简称：广州 4A。1996 年 11 月 1 日广州市广告行业协会综合性广告代理公司委员会正式成立，是国内最早成立的 4A 组织。该协会由广州市广告行业协会的高端会员组成，是广州综合性广告代理公司（包括国有、民营、合资及外资等）以及相关研究机构组成的自律性、非赢利性的专业委员会。该专业委员会宗旨为"让广告更专业"，加强行业自律，促进广州广告事业的健康发展，并促进广州广告业逐步向符合国际惯例的广告代理制迈进。

15.5　各国广告行业自律系统

广告业自律是保证广告的真实性，防止欺诈性广告，维护消费者的合法权益，建立良好的职业道德的有效手段。很多国家都有广告自律组织及自律规定。

15.5.1　国际广告协会及国际广告从业准则

国际广告协会（International Advertising Association，IAA） 创立于 1938 年，当时称出口广告协会，是由美国人托马斯·阿斯威尔召集另外 12 名美国做出口广告的人发起成立的。1954 年改为现名，总部设在美国纽约。国际广告协会是广告主、广告公司、媒体、学术机构以及营销传播界唯一的全球性广告组织，也是全世界唯一在 70 多个国家和地区拥有会员、涉及品牌创建和营销传播领域的全球性行业协会，目前有 4000 多名个人会员，56 个公司会员，57 个派驻机构和 27 个组织的成员。

国际广告协会为保护消费者利益，制定了相应的《国际广告从业准则》。

15.5.2　国际广告客户联合会及国际电视广告准则

《国际电视广告准则》是一种国际电视广告业的约定，最初系由"国际广告客户联合会"于 1963 年会中所提出、通过。比利时、丹麦、法国、美国、意大利、荷兰、挪威、瑞典、瑞士及联邦德国诸国曾派代表出席该会。

依据国际商会《广告从业准则》之规定，所有电视广告制作之内容除真实外，应具有高尚风格。此外，且须符合在广告发行当地国家之法令及同业之不成文法。因电视往往为电视观众一家人共同观赏，故电视广告应特别注意其是否具有高尚道德水准，不触犯观众的尊严。

15.5.3　国际商会及国际广告行为准则

国际商会（International Chamber of Commerce，ICC） 是工商企业、工商界人士及其团体组成的，具有重要影响的世界性民间商业组织。由 1919 年在美国新泽西州举行的国际贸易会议发起，于 1920 年 6 月在法国巴黎成立。国际商会会员分为团体会员和赞助会员两种，前者为各国工商业联合会，后者为工商企业家。国际商会总部设在巴黎，并在纽约、伦敦、日内瓦、曼谷设有联络处。

国际商会会员分布在世界 130 多个国家和地区，在 60 多个国家设有国家委员会。我国于 1994 年 11 月加入国际商会，并于 1995 年 1 月 1 日正式成立了国际商会中国家委员会。

国际商会现下属 24 个专业委员会及工作机构，其中包括市场营销和广告委员会。该委员会是国际性的广告自律组织。它于 1937 年制定的《国际广告行为准则》（1949、1955、1966、1973、1987、1997 年修改），是欧洲很多国家通用的自律准则。

1998 年 4 月 2 日，国际商会颁布《Internet 广告准则》，制订了在 Internet 上从事广告和市场活动的公司应遵循的道德行为标准，保护消费者的个人隐私。

15.5.4　欧洲广告标准联盟（European Advertising Standards Alliance EASA）

一个非营利性组织，成立于 1992 年，设在布鲁塞尔。当时欧盟竞争政策委员会（EU Competition Policy）的委员 Leon Brittan 先生提出，在欧盟统一市场上，应该通过协作来解决广告事件，而不是通过制定更加细致严密的法律。为了回应他的这种看法，EASA 宣告成立。在欧洲，EASA 将各国全国性的广告自律组织（SROs Self-Regulatng Organisations）与广告业组织联合起来，它是代表欧洲广告业的唯一关于广告自律的权威声音，通过广告自律的种种办法，提高广告中的伦理道德标准，同时也能顾及到各种文化、法律和商业操作实务上的差异。EASA 自律规范条例——《欧洲广告标准》第四版，已经在 2005 年发布。

15.5.5　美国广告业自律系统

美国广告管理法制化是世界所公认的，它的广告界的自律化也是世界各国公认的。

1971 年，在美国营业质量促进委员会与美国广告公司协会、美国广告业联合会、全国广告主协会的协同努力下，广告业建立了"全国广告审查理事会"（National Advertising Review Council），其宗旨是促进真实、准确、健康的广告发展，促进广告界的社会责任和道德感。理事会下设两个广告管制部门：一个是全国广告部（National Advertising Division，简称 NAD），另一个是全国广告审查委员会（National Advertising Review Board，简称 NARB）。

在美国除 NAD 和 NARB 外，还存在美国地方广告业自律、行业协会自律和广告主自律机构。美国广告自主限制的主要机构是由各地的商务改善局（BBB）组成的商务改善局协议会（CBBB）。拥有 10 万个会员公司，由广告主、广告经营者和媒体的代表组成，负责各自行业的广告管理。它受理消费者及其他广告主的投诉，对广告实施管制。美国广告主协会也有一个广告道德规范。这些广告自律的规范使得广告主比较注重公众的利益，约束自己的广告活动。

15.5.6　英国广告业自律系统

20 世纪 60 年代初，英国广告业参照国际商会的《国际广告实践法规》制定了

《英国广告实践法规》（Brish Code of Advertising Practice）。随后广告业协会成立了"广告实践法规委员会"（Code of Advertising Practice Committee，简称CAPC）。1962年，广告界又出资成立了广告标准局（Advertising Standard Authority，简称ASA）。ASA制定有《英国广告职业行为准则》（针对印刷与电影广告），对电视广告以外的其他媒介广告进行管理，其职责是代表公众利益，仲裁和处理所有的广告申诉；与政府机构和其他组织保持联系，并负责广告界自律活动等。英国电视广告和广播广告都受独立广播局（Independent Broadcasting Authority，简称IBA）的管理，制定有《IBA广告标准与实务准则》（针对电视广播广告）。

15.6 广告的社会监督

15.6.1 广告社会监督的内涵

广告的社会监督是现代广告管理的重要标志之一，也是我国广告监管的一大特色。《中华人民共和国消费者权益保护法》第六条规定：

"保护消费者的合法权益是全社会的共同责任。

国家鼓励、支持一切组织和个人对损害消费者合法权益的行为进行社会监督。

大众传播媒介应当做好维护消费者合法权益的宣传，对损害消费者合法权益的行为进行舆论监督。"

广告的社会监督又叫消费者监督或舆论监督，是广大消费者和新闻舆论对各种虚假违法广告的监督，属于社会大众的监督。广告的社会监督主要由消费者及消费者组织实施，新闻媒体和其他社会大众也参与监督，如公众对不良广告的检举，新闻媒体或政府广告管理机关通过新闻媒体对虚假违法广告的曝光、批评等。

实施广告社会监督，是规范广告经营、保证广告市场健康有序发展的必要手段。实施广告社会监督，是对广告经营、广告市场法规监督、行政监督的必要补充。正是由于有了广大消费者监督参与，政府对广告管理才更加富有层次，广告的行政管理才更加有效、更加有力。实施广告社会监督的最关键功能是有效遏制广告欺诈行为。

广告的社会监督不是防止广告欺诈行为的唯一手段。为了有效地反广告欺诈，必须把广告的法规监督、行政监督、行业自律、社会监督以及其他手段综合运用，才可能有效遏制广告欺诈行为，减少虚假违法广告的产生。

15.6.2 广告社会监督的价值及主要形式

在我国，广告社会监督还有着很强的现实意义：

（1）作为法律法规监管的重要补充，解决法律法规不完善或法律法规滞后于现实的问题。

（2）作为广告监管覆盖面最广的群众性网络，解决行政监管触及不到的地方。

（3）作为群众性自发参与的活动，解决我们国家大、广告多、行政监管无法监管到每一个广告的问题。

广告社会监督主要有两种形式：一是消费者和消费者组织，一是新闻舆论媒体。依照国家广告管理的法律法规，对广告进行日常监督，对虚假违法广告向政府广告管理机关进行举报与投诉，并向政府立法机关提出立法请求与建议，或者通过新闻舆论媒体的披露，迫使虚假违法广告有所收敛。其目的在于制止或限制虚假违法广告对消费者权益的侵害，以维护广告消费者的正当权益，尽可能减少虚假违法广告、不良广告的社会影响，确保广告市场健康有序发展。

15.6.3　广告社会监督的特点

广告社会监督有其自身特点。

1. 广告社会监督主体的广泛性

广告主的商品或服务必须通过一定的媒介发布出来成为广告信息，才能为广大社会公众所接受，从而产生消费意愿和消费行为；与此同时，一则广告信息一旦发布出来，即意味着已落入社会公众的"汪洋大海"之中，要受到广告受众全方位的监督。这些广告受众即构成广告社会监督的主体，其每一个成员都可以对广告的真实性、合法性进行监督，并向各级广告社会监督组织反馈其监督结果，从而构成一支庞大的广告社会监督大军。因此广告社会监督主体具有广泛性的特点。

2. 广告社会监督组织的"官意民办"性

在西方国家，广告社会监督组织即各种消费者权益保护组织，都是自发成立的，完全代表消费者利益，几乎不带任何官方色彩，在社会上扮演着"消费者斗士"的角色。我国的各级消费者协会则更多地带有"官意民办"的性质。这种"官意民办"性质决定了广告社会监督组织具有双重使命：既要在一定程度上体现政府的意志，又要保护广大消费者的合法权益。当然，我国政府是人民政府，政府的利益与人民的利益是一致的，二者并不矛盾。消费者权益保护组织的这种性质使得它更能够切实履行好保护广大消费者利益的职责。

3. 广告社会监督行为的自发性

广告消费者依法对广告进行监督并非广告管理机关和广告社会监督组织的指令行为，而完全是一种自发的和自愿的行动，在此过程中，几乎不存在任何的行政命令和行政干预。广告消费者这种自发行为主要来自：其一，广告消费者对自己接受真实广告信息权利的认识的强化；其二，广告消费者对保护自身合法权益的意识的提高。而这一切皆取决于人的素质的提高和广告消费者自我保护意识的加强。因此，社会越发展，社会文明程度越高，人的素质越高，广告消费者的自我保护意识越强，那么广告消费者对广告监督的行为也就越自觉和坚定。

4. 广告社会监督结果的权威性

广告主发布广告，向社会公众传递商品或服务信息，其目的在于使一般社会公众成为广告消费者，使潜在的购买趋势发展成为现实的购买行为。即要让社会公众接受其广告，并进而购买其商品或使用其服务。但社会公众是否愿意接受其广告信息，是否愿意产生购买欲望和发生购买行为，主动权不在广告主一边，也不在广告公司一边，而是在广告消费者一边。而广告信息是否属实，广告主的承诺是否可信，将直接影响广告消费者对它的认可与否。因此以广告消费者为主的广告社会监督主体对广告的监督结果，具有一种社会的权威性。社会监督结果的这种权威性，是广告主、广告公司进行广告创意、构思、设计、制作时所不容忽视的，任何对它的忽视或轻蔑，都将招致严重的后果。

15.6.4　广告社会监督组织

　　广告社会监督组织主要指消费者权益保护组织。消费者权益保护最早可追溯到消费者运动——它是消费者权益保护组织的先驱，产生于发达资本主义垄断阶段，而后波及世界各国成为全球性运动。1891 年，世界上第一个旨在保护消费者利益的消费者组织——纽约消费者协会成立；1898 年美国成立了世界上第一个全球性消费者联盟。1960 年国际消费者组织联盟（简称 IOCU）成立，它是由世界各国、各地区消费者组织参加的国际消费者问题议事中心，是一个独立的、非盈利的、非政治性组织，其宗旨为在全世界范围内做好消费者权益的一系列保护工作。

　　我国广告社会监督组织主要指中国消费者协会和各地的消费者协会（有的地方称消费者权益保护委员会、消费者联合会、消费者委员会）。

　　我国消费者权益保护运动起步较晚，组织机构的建立是 20 世纪 80 年代以后的事。1983 年国际消费者组织联盟将每年的 3 月 15 日确定为"国际消费者权益日"。1983 年 3 月 21 日河北省新乐县维护消费者利益委员会成立，1983 年 5 月 21 日正式定名为"新乐县消费者协会"，这是我国第一个消费者组织。1984 年 8 月，广州正式成立广州市消费者委员会。1985 年 1 月 12 日，国务院正式发文批复同意成立中国消费者协会。之后，各省市县相继成立各级消费者协会。消费者组织的成立和发展，为我国保护消费者运动的发展奠定了组织基础。

　　中国消费者协会于 1987 年 9 月被国际消费者组织联盟接纳为正式会员。加入 WTO 之后，消费者权益保护在我国有更长足的发展。上海市 2004 年初率先将消费者协会更名为"消费者权益保护委员会"，更好地体现消费者权益保护运动的趋势，彰显其本质和职能，从形式上更加贴近消费者。随着消费者权益保护组织的发展和"3·15"宣传活动的深入，消费者权益保护意识和能力日益增强。

　　我国目前县级以上消费者协会已超过 2400 个，同时街道、乡镇、大中型企业中建立的各种形式的保护消费者的社会监督网络 3 万多个。

　　我国消费者协会基本上是由工商行政管理、技术监督、进出口检验、物价、卫生等部门及工会、妇联、共青团等组织共同发起，经同级人民政府批准建立和民政部门核准登记，具有社会团体法人资格，挂靠在同级工商行政管理部门的"官意民办"的消费者组织。

　　我国消费者协会是由国家法律授权，承担社会公共事务管理与服务职能的组织。1993 年 10 月 31 日第八届全国人大常委会第四次会议通过的《中华人民共和国消费者权益保护法》，定向授予消费者协会 7 项职能，充分体现了国家对消费者协会的重视、肯定和支持。同时,《消费者权益保护法》还特别规定:各级人民政府对消费者协会履行职能应当予以支持。这是《消费者权益保护法》对各级人民政府规定的法定职责和义务,也是消费者协会做好工作的重要保证。

《消费者权益保护法》是维护消费者利益、保护消费者合法权益的基本法律,是国家对基于消费者弱势地位而给予的特别保护,是维护真正的公平交易市场秩序的法律。不过广义的消费者权益保护法是指涉及消费者保护的各种法律规范所组成的有机整体,即消费者保护基本法,其他专门的消费者权益保护的单行法律法规,其他法律法规中消费者权益保护的条款。广义的消费者权益保护法包括《广告法》、《价格法》、《食品卫生法》、《产品质量法》等等诸多有关消费者权益保护的法律法规。

《消费者权益保护法》涉及广告的是第三十九条:消费者因经营者利用虚假广告提供商品或者服务,其合法权益受到损害的,可以向经营者要求赔偿。广告的经营者发布虚假广告的,消费者可以请求行政主管部门予以惩处。广告的经营者不能提供经营者的真实名称、地址的,应当承担赔偿责任。

各级消费者组织正是依据这一规定来监管广告的。

15.6.5 现行诉讼制度不利于广告消费者维权

目前,违法广告的诉讼实行单个诉讼制度。这种诉讼制度具有很大的局限性:(1) 如果由每个受害人分别提起诉讼,就会出现当事人在各地法院分别立案,法院对同一或同类事实可能会作出相互矛盾的判决的现象;(2) 不同的法官分别审理同一种案件,必然造成人力、物力、财力的浪费,使本来稀缺的司法资源更加贫乏;(3) 受害人大都是分散的无组织的个人,其专业知识、法律知识有限,又受时间、精力、财力、场合等限制,因此,他们一般会默认倒霉,而无力主张和实现自己的合法权益;(4) 同一案件分散在不同诉讼程序中审理,使案件的终结旷日持久,违法行为得不到及时制裁,被破坏的市场秩序不能得以迅速恢复;(5) 如果每个受害人分别提起诉讼,由各地法院分别立案,违法者也会受诉讼之累,难以招架。因此,广告消费者受侵害案很难得到司法救济。

针对上述状况,学界建议在违法广告的民事诉讼和虚假广告罪的刑事诉讼中引入西方实行的集体诉讼制度。集体诉讼(case action)又称"代表人诉讼",是共同诉讼的一种特殊形式。指当事人一方人数众多,其诉讼标的是同一种类,由其中一人或数人代表全体相同权益人进行诉讼,法院判决效力及于全体相同权益人的诉讼。

集体诉讼制度起源于 17 世纪末至 18 世纪初的英国衡平法院,是为了解决英国工业革命经济活动中同一或同类违法事实引起的众多当事人利益受损的纠纷而创立的代理人诉讼制度。集体诉讼制度完善于美国,尤其是 20 世纪 50 年代至 60 年代美国民权运动和六七十年代保护消费者运动大大推进了集体诉讼制度的发展。

1938 年,美国制订的《联邦民事诉讼法》第 23 条特别规定了集体诉讼程序,从此奠定了美国集体诉讼的法律基础。1966 年《联邦民事诉讼法》第 23 条被修正,现代法律意义上的集体诉讼程序日臻完善。美国《联邦民事诉讼法》第 23 条（a）规定了启动集体诉讼所应具备的四项前提条件：（1）一方当事人人数之多使得集合所有当事人不能成为现实；（2）集团成员之间具有共同的法律问题或者事实问题；（3）集团代表提出的请求具有代表性；（4）集团代表能够公正而充分地保护集团利益。

我国 1991 年颁布的《民事诉讼法》第 55 条规定："诉讼标的是同一种类、当事人一方人数众多在起诉时人数尚未确定的，人民法院可以发出公告，说明案件情况和诉讼请求，通知权利人在一定时间内向人民法院登记。"但是司法实践中由于认识上的原因仍无一例集体诉讼。

虚假违法广告的受害人往往以千万计，建立集体诉讼制度，既能够使被代表的大多数虚假违法广告的受害者不必亲自参加诉讼就可以行使自己的诉讼权利，又能够使被告人免去众多受害人轮番诉讼之累，其诉讼的高效经济是显而易见的。

集体诉讼主要采取以下方式进行：

（1）由违法广告的全体受害人推选 3~5 名诉讼代表人，也可由人民法院与参加登记的权利人商定，代表人的诉讼行为对全体被代表者发生效力。

（2）人民法院审理集团诉讼案件，应根据实际情况和需要，发布公告，公告应说明引起损害发生的事件或行为发生的时间、地点以及可能造成的后果，通知可能受到损害的人在公告期限内到人民法院登记。这主要是提醒有利害关系的个人或组织到法院去登记，以防遗漏与本案有利害关系的当事人。当事人只有在法院公告规定的期限内到法院登记的，方可成为该诉讼集团成员；如果没有登记，即使是本案利害关系人，应视为对该项诉权的放弃。

（3）法院的判决不仅对参加诉讼的代表人有拘束力，而且对那些没有参加诉讼的集团成员也具有法律效力。

15.7 国外消费者组织与广告

15.7.1 美国消费者与广告

美国所讲的虚假广告含义与我们所讲的略有不同。他们所谓虚假广告是指广告内容误导了消费者，或消费者产生了认知错误，而不管广告本身是否真假。这也说明美国是从消费者的角度来定义虚假广告，虚假广告的外延更宽，广告主更应该小心才是。而我们从广告主的角度判别广告的真假，往往很难讲清楚，很多广告恐怕只属于误导。

美国消费者可以根据各州的消费者保护法向本州的总检察官办公室起诉虚假广告发布者。美国人的诉讼意识很强，消费者受到虚假不实、不公平广告侵害后，常常通过法院来解决。法院对虚假广告、不实广告和不公平广告的认定最具权威性。消费者可通过法院获得赔偿。现实中，虚假不实广告对单一消费者的损害可能很微小，不过遭受同样损失的消费者可能成千上万，所以从整体上看，一个虚假不实广告可能造成重大损失。由于消费者很少有人愿意通过诉讼来获得数额只有几十元几百元的赔偿，于是美国规定了集体诉讼制度。法律规定，受到损害的消费者并不需要每个人都去起诉，只要其中有一个人赢了官司，这个判决就适用于所有同类人。这个机制对发布虚假广告者杀伤力越来越大，输掉一场官司往往意味着有成千上万类似起诉随之而来。近年来，美国一些州进一步放宽了消费者提起集体诉讼的条件，比如消费者无须证明他是根据该虚假广告作出的消费。这些规定有力地震慑了有不轨意图的商家。

15.7.2 英国消费者与广告

如果按照人均投诉率来计算，英国消费者的投诉率是中国消费者的 30 倍。英国消费者投诉数量比我国多，并不是因为他们的产品和服务质量不如中国，真正原因是英国政府鼓励消费者投诉，消费者在投诉的过程中不仅仅是帮助自己维权，也在帮助他人维权，也在维护市场经济秩序。英国人会投诉当然包括对虚假广告的投诉。不妨看几个例子。

3 名消费者向英国广告标准局投诉说，肯德基在"香辣鸡腿"促销海报中用极小字体解释促销适用消费者群的条款不够清楚。肯德基的广告说，一份"香辣鸡腿"售价 50 便士（约合 0.98 美元），但没有向消费者说明，这一价格只适用于购买套餐的消费者。广告标准局支持 3 人的投诉，命令肯德基公司今后选择更加清楚的方式发布广告条款和条件。

肯德基曾推出咔啦沙拉，广告画面中，呼叫中心工作人员塞着满嘴的沙拉哼着歌曲。英国广告标准管理部门（ASA）共接到对这则电视广告的投诉达 1671 件。大部分投诉者指出，呼叫中心工作人员在广告中的这一形象给孩子们树立了坏榜样。也有人觉得，广告是在讥笑那些说话有障碍的人。还有人认为，广告破坏了呼叫中心工作人员的形象。尽管肯德基的这则广告惹怒许多人投诉，但由于广告本身并没有违反广告法的任何规定，因此广告标准管理部门也只能对投诉置之不理。

肯德基这则广告的被投诉量是 2004 年投诉量最多的广告的两倍。另一个被投诉最多的是一则口香糖的广告。广告画面中，一名醉酒后醒过来的男子看起来就像是一条正在呕吐的狗。

根据广告标准管理部门的年度报告，2005 年，英国人对商业广告的投诉率上升了 16%；不过，同 2004 年被投诉的广告相比，数量却相对减少。2005 年，共有 11865 则商业广告被投诉，而 2004 年为 12450 则。2005 年，广告标准管理部门已责令撤销或禁止 2241 则被投诉的广告播放。

英国社会中，消费者对广告的关注和监督于此可见。

15.7.3 法国消费者与广告

法国消费者协会呼吁欧洲议会制定法律，禁止在儿童电视节目中插播多油、多盐、多糖食品的广告，控制肥胖儿童日益增多的趋势。法国消协公布了一项调查结果，这项以法国家长和儿童为对象的调查显示，法国儿童在挑选食品时更喜欢选择广告推荐的食品和品牌，而40％接受调查的家长表示很难拒绝孩子的要求，80％的家长表示经常向孩子让步。消协主席巴佐指出，适量食用广告中的食品是正常的，但在儿童节目之间大量插播这类食品的广告，使孩子长期置身在这些食品的广告宣传中，任由这些广告影响他们的饮食取向，这是不能让人接受的。他表示，不能只埋怨家长不让孩子运动和允许孩子长时间坐在电视机前，食品生产商和广告商也应该承担起社会责任。他呼吁法国乃至欧洲的消费者一起行动，促使欧洲议员们尽快作出决定。根据法国消协提供的数字，2006年在法国5岁至12岁的儿童中，肥胖儿童的比例为10％～12.5％，其中8岁儿童的肥胖比例最高，达到19％。

15.7.4 德国消费者与广告

以消费者权益为首要保护对象的德国《反不正当竞争法》，2004年7月7日公布并立即生效。此次立法不是对旧法的局部修订，而是重起炉灶，致使整部法律发生了基本改变。

新法对消费者的保护最明显的是，按照第7条的规定，"垃圾广告"是违法的，如：不得通过传真、电话、电子邮件及手机发送接受人不希望收到的广告信息。

新法规定，从事不正当竞争行为的商家，此行为中的获利上缴联邦国库。例如：一个广告发送人向大量消费者发送了广告，并且说明参加此项活动有获奖的机会，如果消费者有兴趣可拨打热线电话了解具体信息，此类电话是要收费的，广告发送人可从电话费中分得一部分利润。事实上获奖却是不可能的。此案中，虽然单个消费者损失极低，电话费大概在十几欧元左右，但消费者数量是巨大，广告发送人的获利就相当可观了。在实际生活中，这种广告发送人很难被调查出来，因为调查要花费大量经费与精力，消费者显然不值得去调查。所以一般都是消费者保护协会或工商协会出面调查，按照新法的规定，在扣除调查经费之后的剩余获利就上缴联邦国库。

德国联邦消费者中心协会为广告打官司的事也很有趣。

协会曾起诉两家烟草公司，称他们吸引青年人吸烟，使人误认吸烟引起疾病的危险性并不大，从而违反了烟草广告法。

日本烟草国际公司生产的骆驼牌卷烟的一个广告海报上，一名懒洋洋地躺在沙发上悠闲地吸烟的女郎，这个广告违反了烟草广告条例，因为这个女郎看起来不到30岁。1966年与烟草公司签订的协议规定，卷烟广告中的人物至少应该有30岁，而且，至关重要的是，让14岁至21岁的青少年看到的广告中的人物，看起来必须在30岁以上。反烟活动家Johannes Spatz在对4000名14岁到21岁的青少年进行调查，询问他们广告上的女郎对他们而言有多大之后，绝大多数人估计这个女郎的年龄不足30岁。因此他敦促德国联邦消费者中心协会提出诉讼。协会主席Edda Mueller教授在一份宣布对生产骆驼牌卷烟的日本烟草国际公司采取法律行动的声明中说："为了保护年轻人的利益，我们希望有关广告被法院禁止。"

另一家被起诉的是英美烟草德国公司，该协会说，这个公司印刷广告暗示，吸一点烟，就像吃一点木屑一样无害。

15.7.5 日本消费者与广告

日本 2007 年 6 月实施"消费者团体诉讼制度"，以保护消费者权益，避免恶意商业行为使受害者范围进一步扩大。

该制度规定，允许由国家认可的消费者团体代替消费者个人要求商家停止其不当或恶意商业行为，避免使受害者范围进一步扩大。消费者团体可凭借受害者提供的信息与商家进行交涉，要求其停止不法行为，若商家不予配合则可向法院提起诉讼。

该制度主要针对那些采取诱骗等方式欺骗消费者的不法商业行为，如商家广告中以"绝对能赚钱"、"肯定能升值"为诱饵向消费者推销一些连资本金都无法保证收回的金融商品等。

日本《消费者合同法》已把这项制度作为一款列入其中。此前，《消费者合同法》规定，受害者个人可通过诉讼程序要求商家给予赔偿，但在现实中无法得到妥善解决的案例很多，消费者的权益得不到有效的保护。

日本内阁府从即日起开始接受消费者团体资格申请，预计日本全国约有 10 个民间非盈利团体将申请这一资格。

日本很早就根据《消费者保护基本法》设立了"日本国民生活中心"，每年对市场上的商品进行抽样检测，通过对商品的性能、安全性、经济性和适用性进行测验比较，向消费者提供准确的购物信息，防止虚假广告。

本章小结

广告行业自律是政府监管广告工作的必要补充。广告行业自律的成熟程度充分体现了一个国家广告业和广告市场发展水平。广告行业自律的规则是广告行业组织自订的章程、规定和广告行业共同订立的公约、准则等。广告行业自律的监督执行机构是广告行业组织——广告协会。我国广告行业组织机构较健全，但自律程度较弱，强化广告行业自律首先是要提高广告行业协会的法律地位。随着我国市场经济体系的不断完善，广告行业组织一定会得到较大发展。以广大消费者及其权益保护组织为主体的广告社会监督，是广告经营、广告市场监督体系的重要组成部分；消费者及其组织、新闻媒体、广告管理机关、司法机关形成了广告社会监督的不同层次；我国消费者组织的性质，它在广告社会监督中的作用和特点；消费者受虚假违法广告侵害案法律诉讼的改进建议；了解其他国家消费者组织如何在广告社会监督中发挥作用。

思考题

1. 什么是广告行业自律?
2. 广告行业自律的措施。
3. 我国目前广告行业自律的组织状况。
4. 我国消费者协会的性质及其作用。
5. 其他国家消费者组织实施广告社会监督对我国的启示。

第**16**章 集中整治虚假违法广告

16.1 集中整治虚假违法广告概说

从 2005 年 4 月开始，我国开展了一场大规模的集中整治虚假违法广告行动，整治重点是医疗服务、药品、保健品、化妆美容广告。

这个行动原计划一年时间，然而目前仍在继续进行当中。这是因为：第一，虚假违法广告容易反弹，整治需要一个较长时期；第二，整治工作中建立的几项制度，尤其是 11 部委联席会制度、违法广告公示制度、违法广告责任追究制度，在实践中效果不错，应该长期坚持；第三，在我国广告法律法规、广告监管体系短时间很难完备的情况下，这种救急措施治标之策也应当存在一段时间。

为什么要集中重点整治医疗服务、药品、保健品、化妆美容广告呢？一是这些类广告虚假违法情况相当严重，触目皆是。二是这些类广告所占份额大，影响面广，消费者意见集中。据尼尔森公司调查，2006 年，药品、化妆品、卫生用品和零售服务类广告费用占了全国广告总额的一半。三是消费者上当受害事件屡有发生。

对某些类广告虚假违法泛滥严重的现象开展集中整治，也是我国广告监管的一大特色。我国幅员辽阔，广告众多，而政府广告监管部门人手太少，监管难度很大，政府相关部门一个时期联合集中整治虚假违法广告是必要的。联合集中整治历经几年，声势大、力度大、时间长、整治面广，取得了预期效果，而且在整治中国家有关部门结合现状出台了很多广告监管政策。因此我们单列一章予以介绍，也是本书广告监管内容的自然延伸。

一说到虚假违法广告泛滥，学界不少人就认为主要原因是广告法律法规不健全、政府监管力度弱。其实这并不全面。我国广告法律法规比较健全，当然有的法规年代较久许多条文已不适应当下的广告市场，需要修订，但这并不是虚假违法广告泛滥的最主要原因，甚至不是重要原因。我们认为，虚假违法广告久治不愈的根本原因有两个：一是广告主与广告媒体商业利益的一致化。通俗地说合伙作案，有人要发虚假广告，有人帮忙发布，一拍即合，尤其广告媒体难辞其咎，各类广告最终是通过各类媒体传达到消费者的。在中国消费者协会进行的网络调查中，超过四成网民认为广告发布媒体最应承担虚假违法广告发布责任。二是我国目前复杂的广告行政监管体制导致的。不要说各种广告行业组织发育不良，缺乏监管权威，即便广告主管部门工商行政部门也很难有大的作为。我国广告管理牵涉很多部门，尤其广告内容管理与广告媒体行业管理是分离的，如一部分报纸归党委宣传部管，一部分报纸、杂志归新闻出版部门管；广播、电视归广电部门管；街道、公共场所归市容城管部门管，马路边归交警部门管；现在新出现的电梯、卖场视屏广告、网络广告等，好像没有人管了。这次国家集中整治虚假违法广告有 11 个部门联合参战就很能说明问题。在目前这种行政监管体制尚无法根本改变的情况下，联合集中整治不失为一个有效举措，尽管未必能解决根本问题。

16.2 集中整治虚假违法广告的背景

16.2.1 虚假违法广告触目惊心

全国药品广告每年超过 200 亿元，医疗服务广告每年超过 100 亿元。在这 300 亿元背后，夹杂着多少虚假广告？这是全国人大代表、政协委员的质询。

根据国家工商总局广告监督司的统计，全国范围内 2005 年上半年发布的广告中，医疗服务广告违法率达 40.8%，医疗器械广告违法率达 63.5%，医药类广告违法率高达 80%。再看国家工商总局 2005 年 12 月发布的对全国部分文摘类报纸、期刊广告发布情况的检查公告，违法（包括涉嫌违法）率 42%，医疗服务广告违法尤为明显，达 75.5%；电视媒体呢？2005 年全国电视广告中医药广告违法率 62%。医疗、药品广告中虚假违法问题成为广告市场一大顽疾，引起全国消费者的愤慨。

中国消费者协会和搜狐财经频道于 2006 年 6~8 月共同举办了"广告公信度"网上问卷调查，得到 12927 位网民的响应。调查结果为：超过 2/3 的网民对商业广告不信任。回答"很不信任"和"较不信任"的比例分别为 46.4%、21.2%。医疗、保健食品和药品成为虚假违法广告重灾区。2/3 的网民受到过虚假违法广告的伤害。

因此，药品、医疗、保健食品、化妆品、美容服务虚假违法广告成为整治的重点。

从全国情况看，经过一年多的整治，2006 年全国工商机关共查处广告违法案件 6.18 万件，其中虚假广告案件 1.66 万件，仍占 26.8%。情况有所好转，问题依然存在。

2006 年 10 月，新闻出版总署、国家工商总局联合发布《关于禁止报刊刊载部分类型广告的通知》以后，报纸违法广告数量总体上大幅度减少，违法率明显下降。但自 2007 年 6 月以后又有抬头之势。国家工商总局在对 35 种都市类报纸和 19 种文摘类报纸发布的药品、医疗、保健食品、化妆品及美容服务广告进行重点监测抽查时发现，报纸刊载违法广告现象仍然严重，个别报纸抽查当日或当期的广告违法率甚至高达100%。共监测抽查都市类报纸广告284条，发现违法广告126条，药品、医疗、保健食品、化妆品、美容服务广告违法率分别为53.62%、52.69%、53.49%、27.27%、17.39%。在19种文摘类报纸中，共监测广告300条，发现违法广告230条。其中，9家文摘类报纸的广告违法率高达100%。

上述数字足以使我们警醒：虚假违法广告不集中整治不行！整治一二次也不行！

16.2.2　虚假违法广告祸国殃民

在近年查处的虚假违法广告中，欧典地板广告应该算是最有影响的了，不仅它本来就在中央电视台做广告，而且还上了央视的"3·15"特别节目。

"地板，2008元1平方米，全球同步上市！"从2004年7月开始，写有这样内容的绿色巨幅地板广告牌，出现在全国许多大中城市，几乎每个装修过住房的人都听说过"欧典"这个名字。欧典敢卖2008元1平方米的价格，除了德国制造、选材苛刻外，最吸引人的就是德国品牌。然而这个"号称行销全球80多个国家，源自德国，著名品牌地板"的欧典在德国根本不存在。

北京市工商部门经过调查认定欧典公司属"夸大企业形象对外宣传"，违反《广告法》和《反不正当竞争法》，对其处以747万元的罚款。

欧典属于被广告催熟的品牌。2000年，欧典先期投入几百万元在国内做了大量的广告，造势比较成功。

欧典事件，不仅牵扯到企业造假，更让广告监督以及政府其他监管部门和消协组织在消费者心目中的形象大打折扣。消费者质问：一家本来就名不副实的企业，竟然在国都里注册办厂，策划广告，营销宣传，即使被投诉也能堂而皇之地躲掉法律的制裁，继续坚持不懈地忽悠全国的消费者，这到底是什么原因？那么多部门同时失位，还能让广大消费者相信谁呢？

欧典事件的发生，恐怕不能单单用遗憾和痛心来形容。它真正是一个由广告引发的社会悲剧——信誉危机。

由此看来，广告的真假并不是一个可以忽视的小问题。

我们再来看看宝洁广告为何碰到了麻烦？

2005年，一向在中国市场顺风顺水的化妆品巨头宝洁公司碰到了麻烦。3月7日，南昌一位普通女性消费者吕萍以涉嫌虚假广告宣传等理由将它推上了法庭。她以相信SK-Ⅱ"神仙水"的广告语"连续使用28天细纹及皱纹明显减少47%"，结果以使用后却出现皮肤搔痒和部分灼痛为理由，向法院提起诉讼。

无论宝洁还是其他国际品牌化妆品，常常在广告中大量出现严重违反《化妆品广告管理办法》的言语。宝洁广告的最大缺陷，不是缺乏创意，而是缺乏对消费者的真诚。

16.2.3　不能让虚假违法广告毁了广告业

一段时间以来，医疗、药品、保健食品广告违法率居高不下，人民群众很不满意。这种民意的表达到了 2005 年的全国"两会"达到高潮，虚假违法广告成了人大代表、政协委员的热议话题。由此引发了国家对虚假违法广告的严厉整治。整治是从医疗、药品广告开始扩展的。商业广告量那么大，发展速度那么快，对老百姓影响那么大，而问题又那么多，违法虚假问题又那么严重，消费者忍耐已到了极限，再不及时采取措施予以解决，让其发展下去，将会彻底毁掉商业广告，将会彻底毁掉做此广告的媒体和名人，将会引起消费者与他们的严重对立，将会引起社会的不安定、不和谐，此事切不可等闲视之。

2005 年 6 月，中国广告协会法律咨询委员会在京召开了第三次会议暨国际广告管理制度研讨会，希望通过这类形式的交流、调研和实践，促进中国的广告法治环境、广告市场秩序和广告经营活动更加健康、完善和有序地发展，维护广大消费者和经营者的合法权益，共同营造法制化的和谐社会。

会议特别邀请了法国广告审查署总裁狄斯安先生、美国全国广告审查署总监莱文女士和日本广告审查机构审查科科长宫本和洋先生。三位演讲嘉宾围绕着研讨会的主题——化妆品和医疗广告管理，从本国或地区的法律制度、管理框架、审查原则、判定标准和裁量方式等方面，结合广告例证进行了全面细致的介绍。

16.3　集中整治虚假违法广告的措施

2005 年 3 月 30 日，也就是全国"两会"刚散会，国务院办公厅发出关于开展打击商业欺诈专项行动的通知。通知强调，要针对关系群众切身利益、社会危害严重的商业欺诈行为，集中整治。重点是整治虚假违法广告。通知明确五个严禁：

严禁以新闻报道形式发布广告；

严禁未经审批擅自发布和篡改审批内容发布保健食品、药品广告；

在保健食品、药品、化妆品和医疗服务广告中，严禁使用任何人包括社会公众人物的形象，以消费者、患者、专家的名义作证明；

严禁在保健食品广告中宣传疗效和在药品、化妆品、美容服务广告中夸大功能，以及在医疗服务广告中宣传保证治愈；

严禁在互联网上发布虚假广告和不实信息。

集中整治虚假违法广告由此肇端。

这项工作由国家工商总局牵头，会同中宣部、公安部、监察部、国务院纠风办、信息产业部、卫生部、广电总局、新闻出版总署、食品药品监管局、中医药管理局等 11 部委（局），建立了整治虚假违法广告联席会议协调机制，协调有关部门，统一行动。联席会议成员单位依据各自职能，密切配合，形成合力，全力以赴整顿和规范广告市场秩序。

这么多部门联合专项整治虚假违法广告，是中国历史上没有的，这是创新综合治理虚假违法广告的新模式。

4月21日，国家11个部委联合下发《虚假违法广告专项整治工作方案》，以惩治虚假违法广告为重点，严厉打击欺骗和误导消费者的商业欺诈行为，特别是保健食品、药品、医疗、化妆品、美容服务虚假违法广告，以及利用互联网发布的虚假违法广告。重点查处6类虚假违法广告行为：

（1）以新闻报道形式发布的广告。一是在广告版面不标明"广告"标记，而使用"专版"、"专题"、"企业形象"等非广告标记；二是以消息、访谈等形式发布广告；三是在新闻报道中标明企事业单位的详细地址、电话等联系方式。

（2）在保健食品、药品、化妆品和医疗广告中使用消费者、患者、专家的名义和形象作证明，向受众推荐商品服务或者介绍商品服务的优点、特点、性能、效果等。

（3）保健食品广告宣传治疗作用或者夸大功能。包括在广告中把保健食品混同为药品，宣传治疗作用或者使用易与药品相混淆的用语等。

（4）药品广告夸大功能、保证疗效。包括未经审批擅自发布和篡改审批内容发布药品广告，在广告中对药品的适应症或者功能主治、治疗效果进行夸大宣传或者作出承诺。

（5）医疗广告夸大功能，宣传保证治愈。

（6）化妆品和美容服务广告夸大功能，虚假宣传。包括对化妆品的效用或者性能等作虚假宣传，使用他人名义保证或者以暗示方法使人误解其效用的宣传等。

在联合整治中，中央国家11个部门明确分工：

工商总局负责组织专项检查以及与有关部门的协调工作，依法查处虚假违法广告；对未经审批发布广告的媒体，依法停止其广告发布业务；对发布虚假违法广告、造成恶劣社会影响、情节严重的媒体，依法停止其广告发布业务，直至取消广告发布资格；会同有关部门建立广告监管公告制度，建立广告活动主体市场退出机制。

新闻出版总署和广电总局加强对报刊出版单位和广播电视等新闻媒体刊登、发布广告行为的管理，建立领导责任追究制。

食品药品监管局依法做好对保健食品、药品广告的审查；对篡改审批内容或者发布虚假广告情节严重的，撤销广告批准文号，并在一年内不受理其广告审查申请。

卫生部、中医药管理局做好对化妆品标签、标识宣传内容的监管，配合工商总局整治医疗机构非法发布医疗广告的行为。

信息产业部配合工商总局对发布虚假广告的互联网信息和电信服务提供者依法进行处理。

集中整治虚假违法广告，重点采取了5项措施：

（1）建立11个部门的联席会议制度。

（2）建立新闻媒体单位领导责任追究制。

（3）建立违法广告公告制。对工商行政管理部门查办的虚假违法及不良广告典型案件，根据具体情况，由工商行政管理机关会同广播影视、新闻出版、卫生等部门联合发布公告，及时向社会发布"广告监管公告"。

（4）建立广告市场信用监管体系。对诚实信用、守法经营的广告主、广告经营者给予通报表彰；对把关不严、违法违规现象突出的广告主、广告经营者，降低其信用等级并向社会公布。

（5）建立广告活动主体退出广告市场机制。对发布虚假违法广告造成恶劣社会影响的广告主，可在一定时期内暂停其发布广告；对负有责任的广告公司，限制直至取消其广告经营资格；对负有责任的媒体单位，可暂停其部分类别商品或者服务广告的发布业务，直至取消其广告经营资格。

集中整治进入 2006 年度分两个阶段按专项内容进行。上半年集中整治虚假违法医疗广告，下半年集中整治违法药品、保健食品广告。

国家工商管理总局在 2006 年继续深入开展整治虚假违法广告工作通知中明确：采取有效措施，实现对广告市场全方位、全过程动态监管。

一是强化对广告主的监管，从源头上治理虚假违法广告。把发布虚假违法广告的广告主作为打击重点。对屡次发布违法广告的广告主依法停止其广告发布。

二是强化对广告公司的监管，规范广告经营行为。督促广告公司建立和落实广告管理制度，依法经营，规范操作，自觉拒绝设计制作和代理虚假违法广告。对设计制作代理虚假违法广告，甚至为谋取经济利益帮助广告主弄虚作假的，严厉惩处。对不具备资质条件、扰乱广告经营秩序的广告公司，清除出广告市场。

三是加强对广告媒介单位的监管，构筑虚假违法广告的防范体系。会同宣传、广电、新闻出版等部门，进一步落实广告媒介单位发布违法广告责任追究制，对发布违法广告的责任人一查到底。对发布违法广告问题严重的广告媒介单位，依法停止或限制其广告发布资格，或责令其停业整顿。

关于整治虚假违法医疗广告，国家工商管理总局明确严厉查处下列行为：

发布虚假医疗广告的行为；

以新闻形式发布医疗广告，误导消费者的行为；

广告中利用患者或者专家和医生的名义作证明的行为；

广告中夸大疗效，宣传保证治愈，尤其是广告中保证或者变相保证治愈各种疑难疾病的行为；

利用健康专题节（栏）目发布违法医疗广告的行为。

关于整治虚假违法药品、保健食品广告，国家工商管理总局明确严厉查处下列行为：

发布虚假药品、保健食品广告的行为；

以新闻形式发布虚假药品、保健食品广告，误导消费者的行为；

药品、保健食品广告使用患者、消费者、专家的名义和形象作证明，尤其是社会公众人物以患者、消费者、专家的名义和形象作证明行为；

药品广告夸大功能，保证疗效的行为；

保健食品广告宣传治疗作用的行为；

药品广告不明显标注通用名称的行为。

在对虚假违法药品、保健食品广告的行政处罚中，对负有责任的严重虚假违法广告的广告主、广告经营者、广告发布者，依法停止其广告业务。

集中整治进入 2007 年度，11 部委整治虚假违法广告专项行动部际联席会议共同研究制定了《2007 年广告专项整治工作要点》，要求继续把药品、医疗、保健食品、化妆品、美容服务等广告作为整治重点，对虚假违法广告问题突出的地区实施重点监测、重点治理，重点加强对广告发布环节的监管。国家工商总局局长周伯华表示，要把联席会议制度形成的良好机制作为建立广告监管长效机制的重要内容，固定下来、坚持下去，使联席会议发挥更大的作用。

16.4 集中整治虚假违法广告的效果

集中整治虚假违法广告的效果如何呢？据工商部门统计，2005 年当年，保健食品、药品、医疗、美容、化妆品几大类广告的平均违法率从第一季度的 17.8% 下降到第四季度的 3.05%，下降了 14.7 个百分点。

2005 年全国共查处广告违法案件 67676 件，比上年增长 9.6%。其中，查处虚假广告案件 16483 件，增长 45.67%，占广告违法案件的 24.36%，比上年增加 6 个百分点；查处虚假药品违法广告案件 4313 件，比上年同期增长 84.7%，占虚假广告案件总数的 26.2%；查处虚假保健食品违法广告案件 1704 件，增长 25.2%，占 10.3%；查处虚假化妆品违法广告案件 517 件，增长 22.8%；查处虚假医疗服务违法广告案件 1762 件，增长 20.3%。

在广告媒介中，查处印刷品广告违法案件 4400 件，比上年同期增长 22.4%，占虚假广告违法案件总数的 26.7%；查处户外广告违法案件 3869 件，增长 60.2%，占 23.5%；查处报纸广告违法案件 2193 件，增长 12.9%，占 13.3%；查处电视广告违法案件 1772 件，增长 65.6%，占 10.7%；查处网络广告违法案件 765 件，增长 2.12 倍；查处期刊广告违法案件 157 件，增长 82.5%；查处广播广告违法案件 332 件，增长 8.1%。

在广告主体中，查处广告主虚假广告违法案件 10337 件，比上年同期增长 53.8%，占虚假广告案件总数的 62.7%；查处广告经营者虚假广告违法案件 2061 件，增长 43.3%，占 12.5%；查处广告发布者虚假广告违法案件 2732 件，增长 28.9%，占 16.5%。

从上述数据中看出，查处虚假违法广告案明显增多，最多的是虚假药品违法广告。广告媒介中户外和电视广告违法案件增长最多，广告主体中广告主的违法案件增长最多。

根据国家工商总局 2006 年工作总结，集中开展虚假违法广告专项整治，广告市场秩序整体有所好转，严重违法广告得到有效遏制，虚假违法广告蔓延的势头得到控制。2006 年共查处广告违法案件 6.18 万件，其中虚假广告案件 1.66 万件，责令改正 3611 件，责令停止发布 1.96 万件。

根据国家工商总局的信息：2007 年上半年虚假违法广告得到有效遏制，广告市场秩序趋于好转。全国共查处广告违法案件 21934 件，比上年同期减少 1934 件，下降 8.1%；其中，查处虚假广告 6104 件，非法经营广告 4732 件，其他广告违法案件 11098 件。

从违法主体看，广告主虚假广告违法案件 4148 件，占虚假广告案件总数的 67.9%；广告发布者虚假广告违法案件 800 件，占 13.1%；广告经营者虚假广告违法案件 712 件，占 11.6%；

从违法媒介看，查处的虚假广告主要为户外广告、印刷品广告、电视广告和报纸广告。查处户外广告违法案件 1254 件，占案件总数的 20.5%；印刷品广告违法案件 1150 件，占 18.8%；电视广告违法案件 1007 件，占 16.5%；报纸广告违法案件 825 件，占 13.5%。

从违法类别看，主要是药品广告、保健食品广告、医疗服务广告。共查处虚假药品广告违法案件 1337 件，占虚假广告案件总数的 21.92%；虚假保健食品广告违法案件 645 件，占 10.5%；虚假医疗服务广告违法案件 548 件，占 9%。

如果我们把 2007 年上半年的数字与 2005 年相对照，就会发现集中整治效果还是非常明显的。

16.5　集中整治期间出台的广告政策

在集中整治虚假违法广告过程中，国家有关部门出台了不少广告政策，这也是这次集中整治的重要成果。这些政策有着非常强的现实性和可操作性。我们按时间顺序进行了整理并作简要介绍，期限为 2005 年 1 月至 2007 年 12 月，以便广告界的读者把握这些最新政策。

2005 年 1 月
国家工商行政管理总局发布《广告经营许可证管理办法》
从 2005 年 1 月 1 日起施行。主要内容有：
第二条　从事广告业务的下列单位，应依照本办法的规定向广告监督管理机关申请，领取《广告经营许可证》后，方可从事相应的广告经营活动：
（一）广播电台、电视台、报刊出版单位；
（二）事业单位；
（三）法律、行政法规规定应进行广告经营审批登记的单位。
第五条　在《广告经营许可证》中，广告经营范围按下列用语核定：
（一）广播电台：设计、制作广播广告，利用自有广播电台发布国内外广告。
（二）电视台：设计、制作电视广告，利用自有电视台发布国内外广告。

（三）报社：设计、制作印刷品广告，利用自有《××报》发布国内外广告。

（四）期刊杂志社：设计和制作印刷品广告，利用自有《××》杂志发布广告。

（五）兼营广告经营的其他单位：利用自有媒介（场地）发布××广告，设计、制作××广告。

第七条　申请《广告经营许可证》应当具备以下条件：

（一）具有直接发布广告的媒介或手段；

（二）设有专门的广告经营机构；

（三）有广告经营设备和经营场所；

（四）有广告专业人员和熟悉广告法规的广告审查员。

2005 年 1 月

国家工商行政管理总局和信息产业部发出《关于禁止发布含有不良内容声讯、短信息等电信信息服务广告的通知》

"声讯、短信息等电信信息服务"，是指通过固定网和移动网等公众通信网络向用户提供的语音信息服务或者在线信息和数据检索等信息服务，含声讯、短信息、彩信、彩铃、WAP 等。

通知就规范声讯、短信息等电信信息服务广告的有关问题作出规定。禁止利用电视、广播、报纸、期刊、互联网、印刷品等各种媒介或者形式，发布含有淫秽色情、封建迷信等不良内容的声讯、短信息等电信信息服务广告。

广告经营者、广告发布者在设计、制作、代理、发布声讯、短信息等电信信息服务广告时，应当查验证明文件，核实广告内容。对含有不良内容的广告、不能提供信息服务业务经营许可证的广告，不得设计、制作、代理、发布。对违反本通知规定，由工商行政管理机关对负有责任的广告主、广告经营者、广告发布者予以处罚：对发布含有淫秽色情、封建迷信等不良内容声讯、短信息等电信信息服务广告的，按照违反《广告法》第七条第二款规定予以处罚；对利用声讯、短信息等电信信息服务提供淫秽色情、封建迷信等不良内容信息的电信信息服务业务经营者，依据《电信条例》及国家有关规定，由电信主管部门、公安机关和国家安全机关依法予以处理。

2005 年 5 月

国家工商行政管理总局会同中央宣传部、公安部、监察部、国务院纠风办、信息产业部、卫生部、国家广播电影电视总局、新闻出版总署、国家食品药品监督管理局、国家中医药管理局等部门发布《关于严厉打击虚假违法广告的通告》，决定自 2005 年 5 月开始，用一年左右的时间，开展虚假违法广告专项整治工作。通告的主要内容：

一、此次整治工作，以惩治虚假违法广告为重点，特别是保健食品、药品、医疗、化妆品、美容服务虚假违法广告，以及利用互联网发布的虚假广告。严厉查处以下内容的虚假违法广告：

    1. 新闻报道形式发布广告；

    2. 消费者、患者、专家的名义和形象作证明的保健食品、药品、医疗、化妆品广告；

    3. 宣传治疗作用或夸大功能的保健食品广告；

    4. 夸大功能、保证疗效的药品广告；

    5. 夸大功能、保证治愈的医疗广告；

    6. 夸大功能、虚假宣传的化妆品及美容服务广告。

    二、广告主、广告经营者、广告发布者在本通告发布后，仍然继续从事虚假违法广告宣传的，工商行政管理机关将依法从重处理：

    1. 对虚假违法广告问题严重的广告主、广告经营者，依法停止（或限制）其广告宣传，或要求其停业整顿，从重处罚。

    2. 对虚假违法广告问题严重的广告发布者，依法予以从重罚款、停止（或限制）广告发布、停业整顿、缴销《广告经营许可证》。

    对发布虚假违法广告的媒介单位相关责任人，同时由有关部门予以党纪、政纪处分。凡利用广告对商品或服务作假宣传，涉嫌构成犯罪的，依法移送公安机关，由司法机关追究违法行为人的刑事责任。

2005 年 7 月

国家食品药品监督管理局发布的《保健食品广告审查暂行规定》开始施行。

2006 年 2 月

国家工商行政管理总局发出《关于开展医疗广告专项整治工作的通知》。

通知强调：

    1. 强化对医疗机构广告发布行为的监管，从源头上治理虚假违法医疗广告。各地要把发布虚假违法广告的医疗机构作为整治重点，对屡次发布虚假违法广告的医疗机构要依法停止其广告发布，根据具体情节，采取警示、加大日常巡查、分类监管等措施，同时积极协助卫生、中医药行政管理等部门加强行业管理，从源头上治理虚假违法广告。

    2. 强化对广告经营者的监管，规范医疗广告设计、制作和代理行为。各地要督促广告经营者健全和落实广告管理制度，依法经营，自觉遵守法律、法规规定，拒绝设计制作和代理虚假违法医疗广告。工商行政管理机关对设计、制作和代理虚假违法医疗广告的广告经营者，要严厉查处，直至清除出广告市场。

    3. 强化对广告媒介单位的监管，构筑虚假违法医疗广告的防范体系。要加强广告发布环节的监管，督促媒体健全广告审查制度，落实广告媒介单位发布违法广告责任追究制，对发布违法医疗广告问题严重的广告媒介单位，要依法停止或限制其广告发布资格，或责令其停业整顿。各地要加强利用广播、电视健康专题栏（节）

目发布医疗广告内容的监管，凡含有广告内容的此类栏（节）目，要求明示"本栏（节）目中含有广告内容"的忠告语。

2006 年 5 月

国家工商行政管理总局发布《户外广告登记管理规定》

新修订的《户外广告登记管理规定》自 2006 年 7 月 1 日施行，内容见本书附录。1995 年 12 月发布、1998 年 12 月修订的《户外广告登记管理规定》同时废止。

2006 年 7 月

国家广播电影电视总局、国家工商行政管理总局发出《关于整顿广播电视医疗资讯服务和电视购物节目内容的通知》

通知主要内容有：

一、医疗资讯服务节目应侧重介绍疾病预防、控制和治疗的科学知识。以医生、药师、专家等专业人士作为特约嘉宾进行健康讲座的，不得在此类节目中宣传治愈率、有效率；不得宣传未经医疗界普遍认定和采用的医疗方法；不得播出专家或医生与患者或家属现场或热线沟通、交流的内容。

二、自 8 月 1 日起，所有广播电视播出机构暂停播出介绍药品、医疗器械、丰胸、减肥、增高产品的电视购物节目，待有新通知后按照新规定执行。

三、对节目内容审查不严，并造成严重后果的播出机构，由广播电视行政部门依照国家有关法律、法规给予相应行政处罚，同时追究其主要负责人和直接责任人的责任。

2006 年 10 月

新闻出版总署、国家工商总局发出《关于禁止报刊刊载部分类型广告的通知》

通知规定，自 2006 年 11 月 1 日起，所有报刊暂停发布以下广告：

治疗尖锐湿疣、梅毒、淋病、软下疳等性病及牛皮癣（银屑病）、艾滋病、癌症（恶性肿瘤）、癫痫、乙型肝炎、白癜风、红斑狼疮等疾病和无痛人工流产内容的医疗广告，待修订后的《医疗广告管理办法》施行后，按照新的规定执行。

禁止刊载含有淫秽、迷信、色情内容或格调低下的广告；

禁止刊载传播不健康内容的声讯台广告；

禁止刊载介绍赌博技术的广告；

禁止刊载介绍汽车解码器、万能钥匙、麻醉专用药等各种可用于犯罪技术的广告。

药品、保健食品、消毒及其他生活用品的广告，不得出现表示提高、增强性生活能力及性生理器官的内容。

禁止以军队单位或军队人员的名义、形象或者利用军队装备、设施等从事药品、医疗广告宣传；

禁止对军队特需药品、军队医疗机构配制的制剂进行广告宣传。

2006 年 11 月

国家工商总局、卫生部发布《医疗广告管理办法》

新修订的《医疗广告管理办法》自 2007 年 1 月 1 日施行，内容见本书附录。

2006 年 11 月

国家工商行政管理总局等 11 部门发布《违法广告公告制度》

违法广告公告内容包括：典型虚假违法广告案例曝光、违法广告提示、违法广告案例点评、涉嫌严重违法广告监测公告等。

违法广告公告应在新闻媒体上广泛刊播。部门联合公告有关宣传报道的内容和口径经整治虚假违法广告部际联席会议确定后，可由新华社播发通稿，或由国家工商行政管理总局向有关新闻媒体提供。

2006 年 11 月

国家工商行政管理局发出《停止广告主、广告经营者、广告发布者广告业务实施意见》

停止广告主、广告经营者、广告发布者广告业务包括：

（一）暂停广告主部分商品、服务的广告发布。

（二）暂停广告经营者部分或者全部商品、服务的广告设计、制作、代理业务；取消广告经营者的广告经营资格。

（三）暂停广告发布者部分或者全部商品、服务的广告发布业务；取消广告发布者的广告发布资格。

广告主、广告经营者、广告发布者有下列情形之一的，工商行政管理机关可依照《广告法》第三十七条、第三十九条、第四十一条规定停止其广告业务：

（一）利用广告对商品或者服务作虚假宣传，违法所得数额在五万元以上的；

（二）利用广告对商品或者服务作虚假宣传，给消费者造成的直接经济损失数额在二十万元以上的；

（三）利用广告对商品或者服务作虚假宣传，造成人身伤害或者财产损失等严重后果的；

（四）利用广告对商品或者服务作虚假宣传，造成严重损害社会公共利益、或者严重扰乱市场竞争秩序等严重后果的；

（五）违反《广告法》第七条第二款规定发布广告，造成严重损害社会公共利益或者严重扰乱社会公共秩序或市场竞争秩序等严重后果的；

（六）违反《广告法》第十四条至第十七条、第十九条规定发布广告，造成人身伤害或者财产损失等严重后果的；

（七）违反同一法律款项被依照《广告法》第三十七条、第三十九条、第四十一条规定处罚后，在一年内又实施违反同一法律款项的违法行为的。

停止广播电台、电视台、报刊出版单位及事业单位的广告业务，停止固定形式印刷品广告业务的处罚决定，分别由核发《广告经营许可证》、《固定形式印刷品广告登记证》的工商行政管理机关作出。停止其他广告经营者、广告发布者广告业务的处罚决定，由核发企业营业执照的工商行政管理机关作出。办案机关与上述机关不是同一机关的，处罚决定按有关规定作出。

暂停广告业务期限不超过 6 个月。停止广告业务的具体起止时间应当在处罚决定书中载明。

2007 年 2 月

国家工商行政管理总局、新闻出版总署发出《关于加强固定形式印刷品广告监督管理工作的通知》

固定形式印刷品广告有以下情形之一并经新闻出版行政机关鉴定属非法出版物的，依照出版管理法律法规规定查处：

（一）含有新闻报道、新闻评论、社会批评、散文、小说、报告文学等内容的；

（二）具有图书、期刊、报纸等出版物特征的；

（三）新闻出版部门认为涉嫌非法出版活动的。

2007 年 3 月

国家工商行政管理总局发出《关于进一步规范固定形式印刷品广告经营发布行为的通知》

通知主要内容：

取得《固定形式印刷品广告登记证》的广告经营者应当依法自行经营、发布固定形式印刷品广告，根据需要，也可以委托其具有相应广告经营范围的分支机构代理开展固定形式印刷品广告经营活动，但不得将固定形式印刷品广告交由其他单位经营。委托分支机构从事固定形式印刷品广告经营业务的，应当在固定形式印刷品广告首页标明发布单位名称和代理经营的分支机构名称。分支机构对其代理经营行为依法承担广告经营者的法律责任，委托单位依法承担固定形式印刷品广告发布者的法律责任。

在登记地以外发布的固定形式印刷品广告，发布单位和代理单位应当按照发布地省、自治区、直辖市及计划单列市工商行政管理局的要求，及时报送双方登记证明、委托代理合同、固定形式印刷品广告样本等材料。不按要求报送的，可以认定其违反《印刷品广告管理办法》第十六条第一款规定，依照第十九条规定予以处罚。

利用固定形式印刷品广告发布的各类广告，其形式和内容应当符合《广告法》、《印刷品广告管理办法》等法律法规规定，并在每页的外侧上角逐页标注"广告"字样。所标注的"广告"字样，字体和颜色应当清晰易于辨认。未逐页标注"广告"字样、消费者不能辨明其为广告的固定形式印刷品广告，依照《广告法》第四十条处罚；涉嫌利用固定形式印刷品广告从事非法出版活动的，移送新闻出版行政机关依法处理。

2007 年 3 月

国家食品药品监督管理局、国家工商行政管理总局发布修订的《药品广告审查办法》、《药品广告审查发布标准》

新版《药品广告审查办法》、《药品广告审查发布标准》自 2007 年 5 月 1 日施行，内容见本书附录。1995 年 3 月 22 日国家工商行政管理局、卫生部发布的《药品广告审查办法》同时废止。1995 年 3 月 28 日国家工商行政管理局令第 27 号发布的《药品广告审查标准》同时废止。

2007 年 6 月

国家广电总局发出《广电总局关于对宁夏电视台综合频道和甘肃电视台综合频道给予暂停播放广告处罚的通报》

总局决定责令宁夏电视台综合频道和甘肃电视台综合频道自 6 月 18 日零时起暂停播放所有商业广告，并对存在的问题作出深刻检查，提出切实整改措施。

2007 年 7 月

国家广电总局发出《广电总局关于进一步加强广播电视广告播放管理工作的通知》

通知要求各级广播电视播出机构，要严格依法、依规播放广告，凡属虚假违法、内容不良、格调低下的医疗、药品、性保健品广告和各类性暗示广告一律不得播出。要采取切实措施，坚决纠正播放影视剧时违规超时、超次插播广告，违规播放游动字幕广告、挂角广告及不良短信和声讯服务广告，转播节目时违规遮盖、覆盖和替换他台的广告等突出问题。

2007 年 7 月

国家工商总局、中国银监会、国家广电总局、新闻出版总署发出《关于处置非法集资活动中加强广告审查和监管工作有关问题的通知》

通知的主要内容：

未经国家有关部门批准，以吸收存款、发行股票、债券、彩票、投资基金或者其他债权凭证的形式，向社会公众募集资金的活动，不得以任何方式发布广告。禁止发布含有或者涉及下列活动内容的广告：

（一）未经国家有关部门批准的非金融单位和个人以支付或变相支付利息、红利或者给予定期分配实物等融资活动；

（二）房地产、产权式商铺的售后包租、返租销售活动；

（三）内部职工股、原始股、投资基金以及其他未经过证监会核准，公开或者变相公开发行证券的活动；

（四）未经批准，非法经营证券业务的活动；

（五）地方政府直接向公众发行债券的活动；

（六）除国家有关部门批准发行的福利彩票、体育彩票之外的彩票发行活动；

（七）以购买商品或者发展会员为名义获利的活动；

（八）其他未经国家有关部门批准的社会集资活动。

商品营销、生产经营活动的广告不得出现保本、保证无风险等内容。房地产销售、造林、种养殖、加工承揽、项目开发等招商广告，不得涉及投资回报、收益、集资或者变相集资等内容。

在涉及集资内容的广告中，不得使用国家机关或者国家机关工作人员的名义，包括在职的和已离职的，健在的和已去世的中央、地方党政领导人的题词、照片等。

2007 年 9 月

国家广电总局通报批评四川人民广播电台和成都市人民广播电台严重违规，制作播出肆意渲染性生活、性经验、性体会、性器官和吹嘘性药功能等淫秽不堪的节目

《通报》严格禁止各级广播电视播出机构策划、制作、播出涉及性生活、性经验、性体会、性器官和性药功能的低俗、下流节目栏目。

《通报》明确要求，各级广播电视播出机构不得以任何理由和名目策划、制作和播出违背伦理道德、亵渎科学文明的节目栏目。凡涉及性生活、性经验、性体会、性器官和性药功能等的节目栏目，一律不得策划、制作、播出，正在制作、播出的必须立即停止。

2007 年 9 月

国家广电总局再次严令禁播八类涉性药品、医疗、保健品广告及有关医疗资讯、电视购物节目

主要内容有：

证照不全和擅自篡改审批内容的；

以医患、专家、名人作证明的；

所有保证疗效、宣传治愈率的；

有关治疗性疾病、生殖系统疾病的；

性药品、性保健品和其他内容低俗、画面不雅的成人用品广告；

以性药品、性保健品、治疗生殖系统疾病的药品和医疗机构作为栏目、剧场冠名的；

由药品、保健品生产、经销企业和医疗机构制作或提供的各类医疗、健康类的资讯服务节目；

含有性暗示、性挑逗等不良语言和画面的女性丰胸、塑身内衣广告。

2007 年 9 月

国家工商行政管理总局、国家邮政局《关于加强集邮票品广告管理有关问题的通知》

通知主要内容有：

集邮品广告不得使用"经国家邮政局审批"、"经国家邮政部门批准"或"国家邮政主管部门限量发行"等国家机关名义做宣传。

禁止发布下列集邮票品的广告：

1. 伪造、变造的邮资凭证；

2. 国家禁止流通的集邮票品；

3. 1949 年 10 月 1 日以后发行的带有"中华民国"字样的集邮票品；

4. 未经国家邮政主管部门审批的仿印仿制邮票图案制品；

5. 属于走私进口的其他国家（地区）发行的邮票及其制品。

2007 年 9 月

国家工商总局、国家食品药品监督局、卫生部发出《关于集中整治药品、保健食品、医疗广告的通知》

通知主要内容：

三部门决定今年年底前集中整治药品、保健食品、医疗广告。

药品、保健食品、医疗广告整治的重点和目标是：

严厉查处发布虚假药品、保健食品、医疗广告的行为；

严厉查处药品、保健食品、医疗广告中使用患者、公众人物、专家名义作疗效证明的行为；

严厉查处药品广告夸大功能、保证疗效和保健食品广告宣传疗效以及医疗广告保证治愈的行为；

严厉查处未经审查擅自发布药品、保健食品、医疗广告的行为；

严厉查处以新闻形式发布药品、保健食品、医疗广告，误导消费者的行为。

通过集中整治，禁止并取缔以患者、公众人物、专家名义作疗效证明的药品、保健食品、医疗广告。

坚决制止"打擦边球"的现象。在同一版面既宣传医疗、健康科普知识的内容，又介绍具体医疗机构的诊疗技术、医师或者出现医疗机构地址、联系方式，可认定为利用新闻形式、医疗资讯服务类专题节（栏）目发布或变相发布医疗广告。

2007 年 10 月

国家食品药品监督管理局发出《关于做好药品和保健食品广告集中整治工作的通知》

内容主要有：严格审查含有公众人物作代言的药品、保健食品广告。在药品、保健食品广告中，公众人物不得以患者、专家学者的形象或名义为产品的功效作证明；公众人物在介绍或推荐产品的过程中，不得使用绝对化的语言对功效进行肯定和承诺。

2007 年 10 月

国家食品药品监督管理局发布《药品、医疗器械、保健食品广告发布企业信用管理办法》

办法自 2008 年 1 月 1 日起施行。主要内容有：

药品、医疗械器、保健食品广告发布企业的信用等级分为三级：守信、失信和严重失信。信用等级的认定周期为一年。

严重失信，是指企业本年度内发布的药品、医疗器械、保健食品广告违法情节严重，广告中含有以下内容：

（一）任意更改经批准的产品适应症、功能主治或适应范围以及保健功能等内容进行虚假宣传的；

（二）含有不科学地表示功效的断言或者保证、含有利用医药科研单位、学术机构、医疗机构或者专家、医生、患者、消费者等的名义和形象为产品功效作证明的；

（三）违反有关广告法律法规的规定，含有其他严重欺骗和误导消费者进行虚假宣传的。

2007 年 11 月

国家工商行政管理总局、中央宣传部、国务院新闻办公室等 12 部门发出《关于进一步治理整顿非法"性药品"广告和性病治疗广告的通知》

治理整顿工作的重点及措施是：

（一）凡未取得《医疗机构执业许可证》在网上发布治疗性病广告及信息的，由卫生部门、中医药部门一律按非法行医查处；未取得《医疗广告审查证明》或擅自篡改其内容发布治疗性病广告的医疗机构，由卫生部门、中医药部门责令改正，给予警告或责令其停业整顿、吊销有关诊疗科目，并移交工商部门依法查处。

（二）凡未经药监部门审批，在网上发布含有性生活、性暗示等低俗内容的违法药品、保健食品广告及信息的，由药监部门依法对相关的药品采取行政强制措施，同时向卫生部门通报相关保健食品名单，由卫生部门依法暂停该产品的销售。对含有上述低俗内容的消毒产品广告及信息，由工商部门对广告进行查处，同时通报卫生部门，由卫生部门依法对产品进行查处。

（三）凡设计、制作、代理、发布网上非法"性药品"广告和性病治疗广告的，由工商部门依照广告管理法律法规予以查处；情节严重的，暂停广告业务，直至取消广告经营、发布资格。

（四）凡未取得营业执照从事网络广告发布、网络交易及其他经营活动的，由工商部门及有关部门依法查处取缔。取得广告发布资格的互联网信息服务提供者未查验药监部门、卫生部门、中医药部门审批证明，违法发布"性药品"广告和性病治疗广告的，由工商部门从严从重查处，暂停其药品、医疗服务等广告发布业务。情节严重的，取消其广告发布资格。

（五）凡被工商部门、药监部门、卫生部门、中医药部门认定为非法涉性广告及信息、违法行为人拒不改正的，由相关监管部门通知通信管理部门对其网站予以关闭。

（六）凡未经药监部门、卫生部门、中医药部门审批，各网站发布的非法"性药品"广告和性病治疗广告，要坚决按照国务院新闻办《关于迅速删除网上违法性药广告的通知》，立即予以删除。

（七）凡严重违反网络文化管理规定发布不良广告的，由网络文化行业主管部门取消其该项业务许可，通信管理部门取消其相应许可项目，工商部门依法办理变更登记或注销登记。

（八）党政机关、事业单位、社会团体主管的媒体单位网站，要在治理整顿中起带头作用，坚决抵制和拒绝非法"性药品"广告和性病治疗广告。

16.6 其他国家对医药广告的监管

16.6.1 美国

美国食品和药物管理局（FDA）负责对处方药的说明、广告和营销进行管理。非处方药的监管工作主要由联邦贸易委员会（FTC）承担。主要相关法律是《食品、药物和化妆品法案》。美国对药品广告的要求是信息必须"真实、均衡和传播准确"，强调要全面说明药物的疗效和风险，认为从药品安全角度来说，"有关药品的信息与药品质量本身一样重要"。美国药品监管部门在打击虚假药品广告方面采取了许多有力手段，对药品广告的管理条文非常详细，还制定了严厉的处罚条款，任何虚假的医疗广告都将受到比其他虚假广告数额更大的罚款，甚至被罚得倾家荡产。监管范围除传统媒体外，还对电子公告牌和网站上的药品广告等进行监管；在审查广告之外，FDA 的人还出席各种专业医学会议，巡视展会上各制药公司的展台，多种渠道收集宣传材料进行审查。联邦贸易委员会设立了专门的电话热线和网上站点，近年来多次组织大规模的网上群众打假活动，让消费者上网去寻找并揭穿各种虚假药品和医疗广告，以此来对付网络时代的造假新趋势。

美国法律严格规定：一看广告文字及图片有无欺骗顾客的内容；二看广告中表述的内容和没有表述的内容，即药品的性能可能引发的副作用及对人体的伤害。如果药品广告陈述的内容与产品大相径庭，误导消费者购买并由此产生严重后果，被视为虚假广告。由于法律严谨和执法严格，企业在发布药品广告时对广告内容和表述方式都小心翼翼，希望广告管理部门能够在其广告发布前"予以审查"。

16.6.2 英国

英国为了规范医药广告管理，杜绝虚假广告的出笼，从法律法规的制定到监管机构的设置和监督实施，从规范媒体广告承接到消费者投诉受理，从药品生产、商业推销到患者用药等，已经形成了一整套严格制度，任何一个环节都有章可循、有法可依，并成立了专门负责制定、修改和实施国内广告和促销法的机构。"广告行为委员会"针对非广播性广告，"独立电视委员会"针对电视广告进行监管。"独立电视委员会"对医药广告文字的规定有 36 条 50 多款，涵盖医药、治疗、保健、营养和食品添加剂五大类。值得一提的是，其具体规定除了与广告行为委员会的法规大体一致外，还规定广告中不准出现社会名人、包括体育和娱乐界名人对产品的褒奖，更不允许这些名人直接做广告；不准在 16 岁以下少儿节目中或节目前后刊播广告。媒体在刊登药品广告之前，必须首先根据法律检查希望刊播广告的产品是否已获得医药监管局颁发的许可证，其次还要检查它的合法性。

16.6.3 法国

法国于 1998 年 7 月成立了国家卫生制品安全局统一负责对药品市场及其广告的管理，并于 1999 年 3 月正式替代法国药品管理局负责对全国药品的监督管理工作，范围扩大到与人体健康有关的所有制品。

16.6.4 德国

德国法律对药品广告加以重重严格限制。1994 年修订颁布的《医疗广告法》对包括药品及医疗设备等所有医疗范畴内的商品广告都给予了严格规定。《医疗广告法》规定，处方药只允许在专业药店中出售，也只允许在专业杂志上做广告。法律对非处方药广告的描述方式也作了严格的限制。此外，法律还规定所有医药广告都必须清楚注明药品副作用及服用方法等所有相关要素，否则制药商和广告商就将受到严厉处罚。

16.6.5 俄罗斯

俄罗斯《广告法》中有专门条款对药品广告作出规定，明确要求药品广告不得出现以下内容：反映某药针对某症具体治疗效果的内容，某自然人因使用某药而生出的感谢或个人评价，医务人员推介药品的镜头。还明确规定，广告中必须出现"请遵医嘱使用"的提示性语言；违法药品广告将受到重罚。

为提高地方执法部门执法的积极性，俄罗斯联邦规定，违法药品广告罚款金额的 60％归地方政府，其余上缴联邦财政。

16.6.6 韩国

韩国实行药品广告"事前审议制度"，即在药品广告发布前需经食品药品安全厅下辖的医药品广告事前审议委员会的审查许可。为了表达自律和诚信意志，韩国制药企业于 1989 年 2 月引进"业内自律审查制度"，即在广告提交给审议委员会前，先由业内组织的广告自律审议委员会审查评定。

【案例】 国家工商行政管理总局公布

2007 年第一季度违法广告名单

一、"通脉强肾酒"药品广告，发布于 2007 年 2 月 28 日的《羊城晚报》。广告中有关药品适应症、功能主治的宣传超出该药品广告审查批准的内容，使用大量消费者和患者名义为药品功效作证明，严重违反了药品广告的法律、法规规定。

二、"虫草双参酒"药品广告，发布于 2007 年 3 月 16 日的《成都晚报》。该药品广告未经药品监督管理部门审批擅自发布，广告中含有不科学地表示药品功效的内容，使用消费者和患者名义作证明，严重违反了药品广告的法律、法规规定。

三、"快邦片"保健食品广告，发布于 2007 年 3 月 16 日的《南昌晚报》。广告中有关该产品能增强性功能的宣传，超出国家有关部门批准的保健功能范围，使用消费者的形象为产品功效作证明，严重违反了食品广告的法律、法规规定。

四、南京京华医院医疗广告，发布于 2007 年 2 月 28 日的《扬子晚报》。该广告属于以新闻报道形式变相发布的医疗广告，在"治疗耳鼻咽喉疾病的新突破"宣传中，介绍低温等离子消融术等医疗专业技术，出现医疗机构名称、地址和联系电话，严重违反了医疗广告的法律、法规规定。

五、北京同仁长虹医院医疗广告，发布于 2007 年 3 月 16 日的《今晚报》。该医疗广告未经卫生行政部门审查擅自发布，宣传治疗癫痫的诊疗方法以及医疗技术，隐含保证治愈，严重违反了医疗广告的法律、法规规定。

六、"非瘦不可除脂蛋白冲剂"食品广告，发布于 2007 年 3 月 27 日的宁夏卫视频道。该广告夸大食品功效，不科学地表示食品减肥效果，使用消费者形象和名义作保证，误导消费者，严重违反了食品广告的法律、法规规定。

七、"木菲抗粉刺精华液"化妆品广告，发布于 2007 年 3 月 27 日的甘肃卫视频道。广告中"1 天全面消除粉刺，3 天彻底消灭痤疮，5 天永久祛痘"等内容，夸大产品性能，使用消费者名义保证使用效果，使人误解其效用，严重违反了化妆品广告的法律、法规规定。

八、"金败毒泌尿宁胶囊"药品广告，发布于 2007 年 2 月 28 日的贵州电视台时尚生活频道。该广告在宣传药品的功能主治、药理作用等内容中，不科学地表示药品功效，使用患者名义作证明，严重违反了药品广告的法律、法规规定。

九、青岛维康医院医疗广告，发布于 2007 年 2 月 27 日的青岛电视台生活服务频道。该医疗广告未经卫生行政部门审查擅自发布，宣传治疗肾病的诊疗方法以及医疗技术，使用患者名义为诊疗效果作证明，严重违反了医疗广告的法律、法规规定。

十、"傲搏胶囊"食品广告，发布于 2007 年 2 月 28 日的内蒙古电视台经济生活频道。该广告以"男性健康"讲座形式宣传的"增大增粗男性生殖器官，让男人更自信更具魅力"等内容，夸大产品功效；使用消费者名义和形象证明产品提高夫妻生活质量等内容，低级庸俗，违背社会良好风尚，有悖于社会主义精神文明建设，严重违反了《广告法》的有关规定。

2007 年第二季度违法广告名单

一、"胰岛活力素"药品广告，发布于 2007 年 6 月 28 日的《文摘报》。该广告超出药品广告审查批准的范围，在宣传药品的功能主治、药理作用等内容中，不科学地表示药品功效，严重违反了药品广告的法律、法规规定。

二、"清脑平压丸"药品广告，发布于 2007 年 6 月 22～28 日的《特区文摘报》。该药品广告未经药品监督管理部门审批擅自发布，广告中含有不科学地表示药品功效的内容，使用患者名义作证明，严重违反了药品广告的法律、法规规定。

三、上海海滨（91150 部队）医院医疗广告，发布于 2007 年 6 月 25 日的《书刊报》。该广告属于以新闻形式变相发布的医疗广告，在"一部古医书成就一代肿瘤名医"宣传中，介绍部队医疗机构治疗肿瘤的诊疗方法，使用患者名义作证明，严重违反了医疗广告的法律、法规规定。

四、北京国医阁疑难病研究院医疗广告，发布于 2007 年 6 月 25 日的《老年文摘》。该医疗广告未经卫生行政部门审查擅自发布，宣传治疗肿瘤的中药诊疗方法，利用专家、患者名义作证明，保证治愈，严重违反了医疗广告的法律、法规规定。

五、"果茶抽油瘦"食品广告，发布于 2007 年 6 月 8 日的《兰州晨报》。该广告夸大产品的功能，不科学地宣传全身排油、彻底排油的减肥功效，使用消费者名义作证明，误导消费者，严重违反了食品广告的法律、法规规定。

六、"T120 排毒清基胶囊"食品广告，发布于 2007 年 6 月 8 日的《南国都市报》。该广告夸大食品功效，宣传治疗泌尿疾病、妇科病、前列腺炎的作用，使用消费者形象和名义作证明，严重违反了食品广告的法律、法规规定。

七、"维康宁"保健用品广告，发布于 2007 年 6 月 8 日的《贵州都市报》。该广告不科学地表示产品功效，宣传保健用品具有治疗妇科疾病的作用，严重违反了药品广告的法律、法规规定。

八、"黄精胶囊"食品广告，发布于 2007 年 6 月 20 日的山东教育电视台。该广告宣传的"补肾、壮阳、生精、延时、助勃"等内容夸大产品功效，广告中有关消费者服用后提高夫妻生活质量等画面、语言，违背社会良好风尚，有悖于社会主义精神文明建设要求，严重违反了《广告法》的有关规定。

2007 年第三季度违法广告名单

一、"都邦胶囊"保健食品广告，发布在 2007 年 9 月 15 日《贵阳晚报》。该广告有关开发性潜能、增强性功能的宣传，超出国家有关部门批准的保健功能范围，并使用消费者名义作功效证明，严重违反了食品广告的法律、法规规定。

二、"沉香十七味丸"药品广告，发布在 2007 年 9 月 13 日《长沙晚报》。该广告属于禁止在大众媒介发布的处方药广告，含有不科学地表示药品功效、使用患者名义作证明的内容，严重违反了药品广告的法律、法规规定。

三、"活根草"保健食品广告，发布在 2007 年 9 月 13 日《南宁晚报》。该广告有关激活性腺、补充荷尔蒙、增强性功能的宣传，超出国家有关部门批准的保健功能范围，并使用消费者的形象作功效证明，严重违反了食品广告的法律、法规规定。

四、八六五二部队医院医疗广告，发布在 2007 年 9 月 13 日《山西广播电视报》。该广告以部队名义发布，宣传"穴位免疫排毒疗法"诊疗技术，保证治愈病毒疣，严重违反了医疗广告的法律、法规规定。

五、益脑维压康药品广告，发布在 2007 年 9 月 16 日《江西广播电视报》。该药品广告未经药品监督管理部门审批擅自发布，在宣传药品功能主治、药理作用等内容中，不科学地表示药品功效，严重违反了药品广告的法律、法规规定。

六、中华中医学会首都骨病研究中心医疗广告，发布在 2007 年 9 月 12 日《江苏广播电视报》。该医疗广告未经卫生行政部门审查擅自发布，宣传治疗强直性脊柱炎的药品，使用患者名义作证明，严重违反了医疗和药品广告的法律、法规规定。

七、冠心七味片药品广告，发布在 2007 年 9 月 10 日《青海广播电视报》。该广告属于禁止在大众媒介发布的处方药广告，含有不科学地表示药品功效、使用患者名义作证明的内容，严重违反了药品广告的法律、法规规定。

八、肝毒净颗粒药品广告，发布在 2007 年 9 月 27 日内蒙古电视台卫视频道。该广告在以电视购物方式宣传药品功效中，利用专家、患者的名义证明功效，保证治愈肝病，误导患者，严重违反了药品广告的法律、法规规定。

本章小结

集中整治虚假违法广告，是我国广告监管在完善法制化监管过程中的特殊手段，是日常广告监管工作的延伸；中央国家相关部门联席会议制度，是建立广告监管长效机制的重要内容，符合我国目前广告管理工作的实际，开创了我国广告监管的新模式；集中整治过程中出台的法规政策，既规范当前的广告市场，又对完善我国广告法规体系乃至修订《广告法》奠定了基础。

思考题

1. 我国集中整治虚假违法广告的市场背景是什么？
2. 为什么虚假违法医疗服务、药品、保健品、化妆品广告久治不愈？
3. 应建立怎样的科学有效的广告法规体系和监管体系？
4. 掌握集中整治中出台的广告法规、政策、规定的主要内容。

附录　广告法规

中华人民共和国广告法
广告管理条例
广告管理条例施行细则
医疗广告管理办法
药品广告审查办法
药品广告审查发布标准
医疗器械广告审查办法
医疗器械广告审查标准
印刷品广告管理办法
户外广告登记管理规定
广播电视广告播放管理暂行办法
国家工商行政管理局广告审查标准

中华人民共和国广告法

第一章 总 则

第一条 为了规范广告活动，促进广告业的健康发展，保护消费者的合法权益，维护社会经济秩序，发挥广告在社会主义市场经济中的积极作用，制定本法。

第二条 广告主、广告经营者、广告发布者在中华人民共和国境内从事广告活动，应当遵守本法。

本法所称广告，是指商品经营者或者服务提供者承担费用，通过一定媒介和形式直接或者间接地介绍自己所推销的商品或者所提供的服务的商业广告。

本法所称广告主，是指为推销商品或者提供服务，自行或者委托他人设计、制作、发布广告的法人、其他经济组织或者个人。

本法所称广告经营者，是指受委托提供广告设计、制作、代理服务的法人、其他经济组织或者个人。

本法所称广告发布者，是指为广告主或者广告主委托的广告经营者发布广告的法人或者其他经济组织。

第三条 广告应当真实、合法，符合社会主义精神文明建设的要求。

第四条 广告不得含有虚假的内容，不得欺骗和误导消费者。

第五条 广告主、广告经营者、广告发布者从事广告活动，应当遵守法律、行政法规，遵循公平、诚实信用的原则。

第六条 县级以上人民政府工商行政管理部门是广告监督管理机关。

第二章 广告准则

第七条 广告内容应当有利于人民的身心健康，促进商品和服务质量的提高，保护消费者的合法权益，遵守社会公德和职业道德，维护国家的尊严和利益。

广告不得有下列情形：

（一）使用中华人民共和国国旗、国徽、国歌；

（二）使用国家机关和国家机关工作人员的名义；

（三）使用国家级、最高级、最佳等用语；

（四）妨碍社会安定和危害人身、财产安全，损害社会公共利益；

（五）妨碍社会公共秩序和违背社会良好风尚；

（六）含有淫秽、迷信、恐怖、暴力、丑恶的内容；

（七）含有民族、种族、宗教、性别歧视的内容；

（八）妨碍环境和自然资源保护；

（九）法律、行政法规规定禁止的其他情形。

第八条 广告不得损害未成年人和残疾人的身心健康。

第九条 广告中对商品的性能、产地、用途、质量、价格、生产者、有效期限、允诺或者对服务的内容、形式、质量、价格、允诺有表示的，应当清楚、明白。

广告中表明推销商品、提供服务附带赠送礼品的，应当标明赠送的品种和数量。

第十条 广告使用数据、统计资料、调查结果、文摘、引用语，应当真实、准确，并表明出处。

第十一条 广告中涉及专利产品或者专利方法的，应当标明专利号和专利种类。

未取得专利权的，不得在广告中谎称取得专利权。

禁止使用未授予专利权的专利申请和已经终止、撤销、无效的专利做广告。

第十二条 广告不得贬低其他生产经营者的商品或者服务。

第十三条 广告应当具有可识别性，能够使消费者辨明其为广告。

大众传播媒介不得以新闻报道形式发布广告。通过大众传播媒介发布的广告应当有广告标记，与其他非广告信息相区别，不得使消费者产生误解。

第十四条 药品、医疗器械广告不得有下列内容：

（一）含有不科学的表示功效的断言或者保证的；

（二）说明治愈率或者有效率的；

（三）与其他药品、医疗器械的功效和安全性比较的；

（四）利用医药科研单位、学术机构、医疗机构或者专家、医生、患者的名义和形象作证明的；

（五）法律、行政法规规定禁止的其他内容。

第十五条 药品广告的内容必须以国务院卫生行政部门或者省、自治区、直辖市卫生行政部门批准的说明书为准。

国家规定的应当在医生指导下使用的治疗性药品广告中，必须注明"按医生处方购买和使用"。

第十六条 麻醉药品、精神药品、毒性药品、放射性药品等特殊药品，不得做广告。

第十七条 农药广告不得有下列内容：

（一）使用无毒、无害等表明安全性的绝对化断言的；

（二）含有不科学的表示功效的断言或者保证的；

（三）含有违反农药安全使用规程的文字、语言或者画面的；

（四）法律、行政法规规定禁止的其他内容。

第十八条 禁止利用广播、电影、电视、报纸、期刊发布烟草广告。

禁止在各类等候室、影剧院、会议厅堂、体育比赛场馆等公共场所设置烟草广告。

烟草广告中必须标明"吸烟有害健康"。

第十九条　食品、酒类、化妆品广告的内容必须符合卫生许可的事项，并不得使用医疗用语或者易与药品混淆的用语。

第三章　广告活动

第二十条　广告主、广告经营者、广告发布者之间在广告活动中应当依法订立书面合同，明确各方的权利和义务。

第二十一条　广告主、广告经营者、广告发布者不得在广告活动中进行任何形式的不正当竞争。

第二十二条　广告主自行或者委托他人设计、制作、发布广告，所推销的商品或者所提供的服务应当符合广告主的经营范围。

第二十三条　广告主委托设计、制作、发布广告，应当委托具有合法经营资格的广告经营者、广告发布者。

第二十四条　广告主自行或者委托他人设计、制作、发布广告，应当具有或者提供真实、合法、有效的下列证明文件：

（一）营业执照以及其他生产、经营资格的证明文件；

（二）质量检验机构对广告中有关商品质量内容出具的证明文件；

（三）确认广告内容真实性的其他证明文件。

依照本法第三十四条的规定，发布广告需要经有关行政主管部门审查的，还应当提供有关批准文件。

第二十五条　广告主或者广告经营者在广告中使用他人名义、形象的，应当事先取得他人的书面同意；使用无民事行为能力人、限制民事行为能力人的名义、形象的，应当事先取得其监护人的书面同意。

第二十六条　从事广告经营的，应当具有必要的专业技术人员、制作设备，并依法办理公司或者广告经营登记，方可从事广告活动。

广播电台、电视台、报刊出版单位的广告业务，应当由其专门从事广告业务的机构办理，并依法办理兼营广告的登记。

第二十七条　广告经营者、广告发布者依据法律、行政法规查验有关证明文件，核实广告内容。对内容不实或者证明文件不全的广告，广告经营者不得提供设计、制作、代理服务，广告发布者不得发布。

第二十八条　广告经营者、广告发布者按照国家有关规定，建立、健全广告业务的承接登记、审核、档案管理制度。

第二十九条　广告收费应当合理、公开，收费标准和收费办法应当向物价和工商行政管理部门备案。

广告经营者、广告发布者应当公布其收费标准和收费办法。

第三十条　广告发布者向广告主、广告经营者提供的媒介覆盖率、收视率、发行量等资料应当真实。

第三十一条　法律、行政法规规定禁止生产、销售的商品或者提供的服务，以及禁止发布广告的商品或者服务，不得设计、制作、发布广告。

第三十二条　有下列情形之一的，不得设置户外广告：

（一）利用交通安全设施、交通标志的；

（二）影响市政公共设施、交通安全设施、交通标志使用的；

（三）妨碍生产或者人民生活，损害市容市貌的；

（四）国家机关、文物保护单位和名胜风景点的建筑控制地带；

（五）当地县级以上地方人民政府禁止设置户外广告的区域。

第三十三条　户外广告的设置规划和管理办法，由当地县级以上地方人民政府组织广告监督管理、城市建设、环境保护、公安等有关部门制定。

第四章　广告的审查

第三十四条　利用广播、电影、电视、报纸、期刊以及其他媒介发布药品、医疗器械、农药、兽药等商品的广告和法律、行政法规规定应当进行审查的其他广告，必须在发布前依照有关法律、行政法规由有关行政主管部门（以下简称广告审查机关）对广告内容进行审查；未经审查，不得发布。

第三十五条　广告主申请广告审查，应当依照法律、行政法规向广告审查机关提交有关证明文件。广告审查机关应当依照法律、行政法规作出审查决定。

第三十六条　任何单位和个人不得伪造、变造或者转让广告审查决定文件。

第五章　法律责任

第三十七条　违反本法规定，利用广告对商品或者服务作虚假宣传的，由广告监督管理机关责令广告主停止发布、并以等额广告费用在相应范围内公开更正消除影响，并处广告费用一倍以上五倍以下的罚款；对负有责任的广告经营者、广告发布者没收广告费用，并处广告费用一倍以上五倍以下的罚款；情节严重的，依法停止其广告业务。构成犯罪的，依法追究刑事责任。

第三十八条　违反本法规定，发布虚假广告，欺骗和误导消费者，使购买商品或者接受服务的消费者的合法权益受到损害的，由广告主依法承担民事责任；广告经营者、广告发布者明知或者应知广告虚假仍设计、制作、发布的，应当依法承担连带责任。

广告经营者、广告发布者不能提供广告主的真实名称、地址的，应当承担全部民事责任。

社会团体或者其他组织，在虚假广告中向消费者推荐商品或者服务，使消费者的合法权益受到损害的，应当依法承担连带责任。

第三十九条　发布广告违反本法第七条第二款规定的，由广告监督管理机关责令负有责任的广告主、广告经营者、广告发布者停止发布、公开更正，没收广告费用，并处广告费用一倍以上五倍以下的罚款；情节严重的，依法停止其广告业务。构成犯罪的，依法追究刑事责任。

第四十条　发布广告违反本法第九条至第十二条规定的，由广告监督管理机关责令负有责任的广告主、广告经营者、广告发布者停止发布、公开更正，没收广告费用，可以并处广告费用一倍以上五倍以下的罚款。

发布广告违反本法第十三条规定的，由广告监督管理机关责令广告发布者改正，处以一千元以上一万元以下的罚款。

第四十一条　违反本法第十四条至第十七条、第十九条规定，发布药品、医疗器械、农药、食品、酒类、化妆品广告的，或者违反本法第三十一条规定发布广告的，由广告监督管理机关责令负有责任的广告主、广告经营者、广告发布者改正或者停止发布，没收广告费用，可以并处广告费用一倍以上五倍以下的罚款；情节严重的，依法停止其广告业务。

第四十二条　违反本法第十八条的规定，利用广播、电影、电视、报纸、期刊发布烟草广告，或者在公共场所设置烟草广告的，由广告监督管理机关责令负有责任的广告主、广告经营者、广告发布者停止发布，没收广告费用，可以并处广告费用一倍以上五倍以下的罚款。

第四十三条　违反本法第三十四条的规定，未经广告审查机关审查批准，发布广告的，由广告监督管理机关责令负有责任的广告主、广告经营者、广告发布者停止发布，没收广告费用，并处广告费用一倍以上五倍以下的罚款。

第四十四条　广告主提供虚假证明文件的，由广告监督管理机关处以一万元以上十万元以下的罚款。

伪造、变造或者转让广告审查决定文件的，由广告监督管理机关没收违法所得，并处一万元以上十万元以下的罚款。构成犯罪的，依法追究刑事责任。

第四十五条　广告审查机关对违法的广告内容作出审查批准决定的，对直接负责的主管人员和其他直接责任人员，由其所在单位、上级机关、行政监察部门依法给予行政处分。

第四十六条　广告监督管理机关和广告审查机关的工作人员玩忽职守、滥用职权、徇私舞弊的，给予行政处分。构成犯罪的，依法追究刑事责任。

第四十七条　广告主、广告经营者、广告发布者违反本法规定，有下列侵权行为之一的，依法承担民事责任：

（一）在广告中损害未成年人或者残疾人的身心健康的；

（二）假冒他人专利的；

（三）贬低其他生产经营者的商品或者服务的；

（四）广告中未经同意使用他人名义、形象的；

（五）其他侵犯他人合法民事权益的。

第四十八条　当事人对行政处罚决定不服的，可以在接到处罚通知之日起十五日内向作出处罚决定的机关的上一级机关申请复议；当事人也可以在接到处罚通知之日起十五日内直接向人民法院起诉。

复议机关应当在接到复议申请之日起六十日内作出复议决定。当事人对复议决定不服的，可以在接到复议决定之日起十五日内向人民法院起诉。复议机关逾期作出复议决定的，当事人可以在复议期满之日起十五日内向人民法院起诉。

当事人逾期不申请复议也不向人民法院起诉，又不履行处罚决定的，作出处罚决定的机关可以申请人民法院强制执行。

第六章　附　则

第四十九条　本法自 1995 年 2 月 1 日起施行。本法施行前制定的其他有关广告的法律、法规的内容与本法不符的，以本法为准。

广告管理条例

第一条　为了加强广告管理，推动广告事业的发展，有效地利用广告媒介为社会主义建设服务，制定本条例。

第二条　凡通过报刊、广播、电视、电影、路牌、橱窗、印刷品、霓虹灯等媒介或者形式，在中华人民共和国境内刊播、设置、张贴广告，均属本条例管理范围。

第三条　广告内容必须真实、健康、清晰、明白，不得以任何形式欺骗用户和消费者。

第四条　在广告经营活动中，禁止垄断和不正当竞争行为。

第五条　广告的管理机关是国家工商行政管理机关和地方各级工商行政管理机关。

第六条　经营广告业务的单位和个体工商户（以下简称广告经营者），应当按照本条例和有关法规的规定，向工商行政管理机关申请，分别情况办理审批登记手续：

（一）专营广告业务的企业，发给《企业法人营业执照》；

（二）兼营广告业务的事业单位，发给《广告经营许可证》；

（三）具备经营广告业务能力的个体商户，发给《营业执照》；

（四）兼营广告业务的企业，应当办理经营范围变更登记。

第七条　广告客户申请刊播、设置、张贴的广告，其内容就当在广告客户的经营范围或者国家许可的范围内。

第八条　广告有下列内容之一的，不得刊播、设置、张贴：

（一）违反我国法律、法规的；

（二）损害我国民族尊严的；

（三）有中国旗、国徽、国歌标志、国歌音响的；

（四）有反动、淫秽、迷信、荒诞内容的；

（五）弄虚作假的；

（六）贬低同类产品的。

第九条　新闻单位刊播广告，应当有明确的标志。新闻单位不得以新闻报道形式刊播广告，收取费用；新闻记者不得借采访名义招揽广告。

第十条　禁止利用广播、电视、报刊为卷烟做广告。

获得国家级、部级、省级各类奖的优质名酒，经工商行政管理机关批准，可以作广告。

第十一条　申请刊播、设置、张贴下列广告，应当提交有关证明：

（一）标明质量标准的商品广告，应当提交省辖市以上标准化管理部门或者经计量认证合格的质量检验机构的证明；

（二）标明获奖的商品广告，就当提交本届、本年度或者数届、数年度连续获奖的证书，并在广告中注明获奖级别和颁奖部门；

（三）标明优质产品称号的商品广告，应当提交专利证书；

（四）标明专利权的商品广告，应当提交专利证书；

（五）标明注册商标的商品广告，应当提交商标注册证；

（六）实施生产许可证的产品广告，应当提交生产许可证；

（七）文化、教育、卫生广告，应当提交上级行政主管部门的证明；

（八）其他各类广告，需要提交证明的，应当提交政府有关部门或者授权单位的证明。

第十二条　广告经营者承办或者代理广告业务，应当查验证明，审查广告内容。对违反本条例规定的广告，不得刊播、设置、张贴。

第十三条　户外广告的设置、张贴，由当地人民政府组织工商行政管理、城建、环保、公安等有关部门制订规划，工商行政管理机关负责监督实施。

在政府机关和文物保护单位周围的建筑控制地带以及当地人民政府禁止设置、张贴广告的区域，不得设置、张贴广告。

第十四条　广告收费标准，由广告经营者制订，报当地工商行政管理机关和物价管理机关备案。

第十五条　广告业务代理费标准，由国家工商行政管理机关会同国家物价管理机关制定。

户外广告场地费、建筑费占用费的收费标准，由当地工商行政管理机关会同物价、城建部门协商制订，报当地人民政府批准。

第十六条　广告经营者必须按照国家规定设置广告会计账簿，依法纳税，并接受财政、审计、工商行政管理部门的监督检查。

第十七条　广告经营者承办或者代理广告业务，应当与客户或者被代理人签订书面合同，明确各方的责任。

第十八条　广告客户或者广告经营者违反本条例规定，由工商行政管理机关根据情节轻重，分别给予下列处罚：

（一）停止发布广告；

（二）责令公开更正；

（三）通报批评；

（四）没收非法所得；

（五）罚款；

（六）停业整顿；

（七）吊销营业执照或者广告经营许可证。

违反本条例规定，情节严重，构成犯罪的，由司法机关依法追究刑事责任。

第十九条　广告客户和广告经营者对工商行政管理机关处罚决定不服的，可以在收到处罚通知之日起十五日内，向上一级工商行政管理机关申请复议。对复议决定仍不服的，可以在收到复议决定之日起三十日内，向人民法院起诉。

第二十条 广告客户和广告经营者违反本条例规定，使用户和消费者蒙受损失，或者有其他侵权行为的，应当承担赔偿责任。损害赔偿，受害人可以请求县以上工商行政管理机关处理。当事人对工商行政管理机关处理不服的，可以向人民法院起诉。受害人也可以直接向人民法院起诉。

第二十一条 本条例由国家工商行政管理局负责解释；施行细则由国家工商行政管理局制定。

第二十二条 本条例自一九八七年十二月一日起施行。一九八二年二月六日国务院发布的《广告管理暂行条例》同时废止。

广告管理条例施行细则

第一条 根据《广告管理条例》（以下简称《条例》）第二十一条的规定，制定本细则。

第二条 《条例》第二条规定的管理范围包括：

（一）利用报纸、期刊、图书、名录等刊登广告。

（二）利用广播、电视、电影、录像、幻灯等播映广告。

（三）利用街道、广场、机场、车站、码头等的建筑物或空间设置路牌、霓虹灯、电子显示牌、橱窗、灯箱、墙壁等广告。

（四）利用影剧院、体育场（馆）、文化馆、展览馆、宾馆、饭店、游乐场、商场等场所内外设置、张贴广告。

（五）利用车、船、飞机等交通工具设置、绘制、张贴广告。

（六）通过邮局邮寄各类广告宣传品。

（七）利用馈赠实物进行广告宣传。

（八）利用其他媒介和形式刊播、设置、张贴广告。

第三条 申请经营广告业务的企业，除符合企业登记等条件外，还应具备下列条件：

（一）有负责市场调查的机构和专业人员。

（二）有熟悉广告管理法规的管理人员及广告设计、制作、编审人员。

（三）有专职的财会人员。

（四）申请承接或代理外商来华广告，应当具备经营外商来华广告的能力。

第四条 广播电台、电视台、报刊出版单位，事业单位以及法律、行政法规规定的其他单位办理广告经营许可登记，应当具备下列条件：

（一）具有直接发布广告的媒介或手段。

（二）设有专门的广告经营机构。

（三）有广告经营设备和经营场所。

（四）有广告专业人员和熟悉广告法规的广告审查员。

第五条 中外合资经营企业、中外合作经营企业以及外资企业申请经营广告业务，按照《外商投资广告企业管理规定》，参照《条例》、本细则和其他有关规定办理。

第六条 申请经营广告业务的个体工商户，除应具备《城乡个体工商户管理暂行条例》规定的条件外，本人还应具有广告专业技能，熟悉广告管理法规。

第七条 根据《条例》第六条的规定，按照下列程序办理广告经营者登记手续：

（一）设立经营广告业务的企业，向具有管辖权的工商行政管理局申请办理企业登记，发给营业执照。

（二）广播电台、电视台、报刊出版单位，事业单位以及其他法律、行政法规规定申请兼营广告业务应当办理广告经营许可登记的单位，向省、自治区、直辖市、计划单列市或其授权的县级以上工商行政管理局申请登记，发给《广告经营许可证》。

（三）经营广告业务的个体工商户，向所在地工商行政管理局申请，经所在地工商行政管理局依法登记，发给营业执照。

第八条 广告客户申请利用广播、电视、报刊以外的媒介为卷烟做广告，须经省、自治区、直辖市工商行政管理局或其授权的省辖市工商行政管理局批准。

第九条 根据《条例》第七条的规定，广告客户申请发布广告，应当出具相应的证明：

（一）企业和个体工商户应当交验营业执照。

（二）机关、团体、事业单位提交本单位的证明。

（三）个人提交乡、镇人民政府、街道办事处或所在单位的证明。

（四）外国企业常驻代表机构，应当交验国家工商行政管理总局颁发的《外国企业在中国常驻代表机构登记证》。

第十条 根据《条例》第十一条第（一）项的规定，申请发布商品广告，应当交验符合国家标准、部标准（专业标准）、企业标准的质量证明。

第十一条 根据《条例》第十一条第（七）项的规定，申请发布下列广告应当提交有关证明：

（一）报刊出版发行广告，应当交验省、自治区、直辖市新闻出版机关核发的登记证。

（二）图书出版发行广告，应当提交新闻出版机关批准成立出版社的证明。

（三）各类文艺演出广告，应当按照有关规定提交证明文件。

第十二条 根据《条例》第十一条第（八）项的规定，申请刊播下列内容的广告，应当提交有关证明：

（一）各类展销会、订货会、交易会等广告，应当提交主办单位主管部门批准的证明。

（二）个人启事、声明等广告，应当提交所在单位、乡（镇）人民政府或街道办事处出具的证明。

第十三条 广告客户申请刊播、设置、张贴广告，应当提交各类证明的原件或有效复制件。

第十四条 广告代理收费标准为广告费的15％。

第十五条 国内企业在境外发布广告，外国企业（组织）、外籍人员在境内承揽和发布广告，应当委托在中国注册的具有广告经营资格的企业代理。违反规定者，处以违法所得额三倍以下的罚款，但最高不超过三万元，没有违法所得的，处以一万元以下的罚款。

第十六条　根据《条例》第十二条的规定，代理和发布广告，代理者和发布者均应负责审查广告内容，查验有关证明，并有权要求广告客户提交其他必要的证明文件。对于无合法证明、证明不全或内容不实的广告，不得代理、发布。

广告经营者必须建立广告的承接登记、复审和业务档案制度。广告业务档案保存的时间不得少于一年。

第十七条　广告客户违反《条例》第三条、第八条第（五）项规定，利用广告弄虚作假欺骗用户和消费者的，责令其在相应的范围内发布更正广告，并视其情节予以通报批评、处以违法所得额三倍以下的罚款，但最高不超过三万元，没有违法所得的，处以一万元以下的罚款；给用户和消费者造成损害的，承担赔偿责任。

广告经营者帮助广告客户弄虚作假的，视其情节予以通报批评、没收非法所得、处以违法所得额三倍以下的罚款，但最高不超过三万元，没有违法所得的，处以一万元以下的罚款；情节严重的，可责令停业整顿，吊销营业执照或者《广告经营许可证》；给用户和消费者造成损害的，负连带赔偿责任。

发布更正广告的费用分别由广告客户和广告经营者承担。

第十八条　违反《条例》第四条、第八条第（六）项规定的，视其情节予以通报批评、没收非法所得、处五千元以下罚款或责令停业整顿。

第十九条　广告经营者违反《条例》第六条规定，无证照经营广告业务的，按照《无照经营查处取缔办法》有关规定予以处罚；超越经营范围经营广告业务的，按照企业登记管理法规有关规定予以处罚。

第二十条　广告客户违反《条例》第七条规定的，视其情节予以通报批评、处五千元以下罚款。

第二十一条　违反《条例》第八条第（一）（二）（三）（四）项规定的，对广告经营者予以通报批评、没收非法所得、处一万元以下罚款；对广告客户视其情节予以通报批评、处一万元以下罚款。

第二十二条　新闻单位违反《条例》第九条规定的，视其情节予以通报批评、没收非法所得、处一万元以下罚款。

第二十三条　广告经营者违反《条例》第十条规定的，视其情节予以通报批评、没收非法所得、处一万元以下罚款。

第二十四条　广告客户违反《条例》第十一条规定，伪造、涂改、盗用或者非法复制广告证明的，予以通报批评、处五千元以下罚款。

广告经营者违反《条例》第十一条第（三）项规定的，处一千元以下罚款。

为广告客户出具非法或虚假证明的，予以通报批评、处五千元以下罚款，并负连带责任。

第二十五条　广告经营者违反《条例》第十二条规定的，视其情节予以通报批评、没收非法所得、处三千元以下罚款；由此造成虚假广告的，必须负责发布更正广告，给用户和消费者造成损害的，负连带赔偿责任。

第二十六条 违反《条例》第十三条规定，非法设置、张贴广告的，没收非法所得、处五千元以下罚款，并限期拆除。逾期不拆除的，强制拆除，其费用由设置、张贴者承担。

第二十七条 违反《条例》第十四条、第十五条规定的，视其情节予以通报批评、责令限期改正、没收非法所得、处五千元以下罚款。

第二十八条 本细则自 2005 年 1 月 1 日起施行。

医疗广告管理办法

第一条 为加强医疗广告管理，保障人民身体健康，根据《广告法》、《医疗机构管理条例》、《中医药条例》等法律法规的规定，制定本办法。

第二条 本办法所称医疗广告，是指利用各种媒介或者形式直接或间接介绍医疗机构或医疗服务的广告。

第三条 医疗机构发布医疗广告，应当在发布前申请医疗广告审查。未取得《医疗广告审查证明》，不得发布医疗广告。

第四条 工商行政管理机关负责医疗广告的监督管理。

卫生行政部门、中医药管理部门负责医疗广告的审查，并对医疗机构进行监督管理。

第五条 非医疗机构不得发布医疗广告，医疗机构不得以内部科室名义发布医疗广告。

第六条 医疗广告内容仅限于以下项目：

（一）医疗机构第一名称；

（二）医疗机构地址；

（三）所有制形式；

（四）医疗机构类别；

（五）诊疗科目；

（六）床位数；

（七）接诊时间；

（八）联系电话。

（一）至（六）项发布的内容必须与卫生行政部门、中医药管理部门核发的《医疗机构执业许可证》或其副本载明的内容一致。

第七条 医疗广告的表现形式不得含有以下情形：

（一）涉及医疗技术、诊疗方法、疾病名称、药物的；

（二）保证治愈或者隐含保证治愈的；

（三）宣传治愈率、有效率等诊疗效果的；

（四）淫秽、迷信、荒诞的；

（五）贬低他人的；

（六）利用患者、卫生技术人员、医学教育科研机构及人员以及其他社会社团、组织的名义、形象作证明的；

（七）使用解放军和武警部队名义的；

（八）法律、行政法规规定禁止的其他情形。

第八条　医疗机构发布医疗广告，应当向其所在地省级卫生行政部门申请，并提交以下材料：

（一）《医疗广告审查申请表》；

（二）《医疗机构执业许可证》副本原件和复印件，复印件应当加盖核发其《医疗机构执业许可证》的卫生行政部门公章；

（三）医疗广告成品样件。电视、广播广告可以先提交镜头脚本和广播文稿。

中医、中西医结合、民族医医疗机构发布医疗广告，应当向其所在地省级中医药管理部门申请。

第九条　省级卫生行政部门、中医药管理部门应当自受理之日起20日内对医疗广告成品样件内容进行审查。卫生行政部门、中医药管理部门需要请有关专家进行审查的，可延长10日。

对审查合格的医疗广告，省级卫生行政部门、中医药管理部门发给《医疗广告审查证明》，并将通过审查的医疗广告样件和核发的《医疗广告审查证明》予以公示；对审查不合格的医疗广告，应当书面通知医疗机构并告知理由。

第十条　省级卫生行政部门、中医药管理部门应对已审查的医疗广告成品样件和审查意见予以备案保存，保存时间自《医疗广告审查证明》生效之日起至少两年。

第十一条　《医疗广告审查申请表》、《医疗广告审查证明》的格式由卫生部、国家中医药管理局规定。

第十二条　省级卫生行政部门、中医药管理部门应在核发《医疗广告审查证明》之日起五个工作日内，将《医疗广告审查证明》抄送本地同级工商行政管理机关。

第十三条　《医疗广告审查证明》的有效期为一年。到期后仍需继续发布医疗广告的，应重新提出审查申请。

第十四条　发布医疗广告应当标注医疗机构第一名称和《医疗广告审查证明》文号。

第十五条　医疗机构发布户外医疗广告，应在取得《医疗广告审查证明》后，按照《户外广告登记管理规定》办理登记。

医疗机构在其法定控制地带标示仅含有医疗机构名称的户外广告，无需申请医疗广告审查和户外广告登记。

第十六条　禁止利用新闻形式、医疗资讯服务类专题节（栏）目发布或变相发布医疗广告。

有关医疗机构的人物专访、专题报道等宣传内容，可以出现医疗机构名称，但不得出现有关医疗机构的地址、联系方式等医疗广告内容；不得在同一媒介的同一时间段或者版面发布该医疗机构的广告。

第十七条　医疗机构应当按照《医疗广告审查证明》核准的广告成品样件内容与媒体类别发布医疗广告。

医疗广告内容需要改动或者医疗机构的执业情况发生变化，与经审查的医疗广告成品样件内容不符的，医疗机构应当重新提出审查申请。

第十八条　广告经营者、广告发布者发布医疗广告，应当由其广告审查员查验《医疗广告审查证明》，核实广告内容。

第十九条　有下列情况之一的，省级卫生行政部门、中医药管理部门应当收回《医疗广告审查证明》，并告知有关医疗机构：

（一）医疗机构受到停业整顿、吊销《医疗机构执业许可证》的；

（二）医疗机构停业、歇业或被注销的；

（三）其他应当收回《医疗广告审查证明》的情形。

第二十条　医疗机构违反本办法规定发布医疗广告，县级以上地方卫生行政部门、中医药管理部门应责令其限期改正，给予警告；情节严重的，核发《医疗机构执业许可证》的卫生行政部门、中医药管理部门可以责令其停业整顿、吊销有关诊疗科目，直至吊销《医疗机构执业许可证》。

未取得《医疗机构执业许可证》发布医疗广告的，按非法行医处罚。

第二十一条　医疗机构篡改《医疗广告审查证明》内容发布医疗广告的，省级卫生行政部门、中医药管理部门应当撤销《医疗广告审查证明》，并在一年内不受理该医疗机构的广告审批申请。

省级卫生行政部门、中医药管理部门撤销《医疗广告审查证明》后，应当自作出行政处理决定之日起5个工作日内通知同级工商行政管理机关，工商行政管理机关应当依法予以查处。

第二十二条　工商行政管理机关对违反本办法规定的广告主、广告经营者、广告发布者依据《广告法》、《反不正当竞争法》予以处罚，对情节严重，造成严重后果的，可以并处一至六个月暂停发布医疗广告、直至取消广告经营者、广告发布者的医疗广告经营和发布资格的处罚。法律法规没有规定的，工商行政管理机关应当对负有责任的广告主、广告经营者、广告发布者给予警告或者处以一万元以上三万元以下的罚款；医疗广告内容涉嫌虚假的，工商行政管理机关可根据需要会同卫生行政部门、中医药管理部门作出认定。

第二十三条　本办法自2007年1月1日起施行。

药品广告审查办法

第一条　为加强药品广告管理，保证药品广告的真实性和合法性，根据《中华人民共和国广告法》（以下简称《广告法》）、《中华人民共和国药品管理法》（以下简称《药品管理法》）和《中华人民共和国药品管理法实施条例》（以下简称《药品管理法实施条例》）及国家有关广告、药品监督管理的规定，制定本办法。

第二条　凡利用各种媒介或者形式发布的广告含有药品名称、药品适应症（功能主治）或者与药品有关的其他内容的，为药品广告，应当按照本办法进行审查。

非处方药仅宣传药品名称（含药品通用名称和药品商品名称）的，或者处方药在指定的医学药学专业刊物上仅宣传药品名称（含药品通用名称和药品商品名称）的，无需审查。

第三条　申请审查的药品广告，符合下列法律法规及有关规定的，方可予以通过审查：

（一）《广告法》；

（二）《药品管理法》；

（三）《药品管理法实施条例》；

（四）《药品广告审查发布标准》；

（五）国家有关广告管理的其他规定。

第四条　省、自治区、直辖市药品监督管理部门是药品广告审查机关，负责本行政区域内药品广告的审查工作。县级以上工商行政管理部门是药品广告的监督管理机关。

第五条　国家食品药品监督管理局对药品广告审查机关的药品广告审查工作进行指导和监督，对药品广告审查机关违反本办法的行为，依法予以处理。

第六条　药品广告批准文号的申请人必须是具有合法资格的药品生产企业或者药品经营企业。药品经营企业作为申请人的，必须征得药品生产企业的同意。

申请人可以委托代办人代办药品广告批准文号的申办事宜。

第七条　申请药品广告批准文号，应当向药品生产企业所在地的药品广告审查机关提出。

申请进口药品广告批准文号，应当向进口药品代理机构所在地的药品广告审查机关提出。

第八条　申请药品广告批准文号，应当提交《药品广告审查表》，并附与发布内容相一致的样稿（样片、样带）和药品广告申请的电子文件，同时提交以下真实、合法、有效的证明文件：

（一）申请人的《营业执照》复印件；

（二）申请人的《药品生产许可证》或者《药品经营许可证》复印件；

（三）申请人是药品经营企业的，应当提交药品生产企业同意其作为申请人的证明文件原件；

（四）代办人代为申办药品广告批准文号的，应当提交申请人的委托书原件和代办人的营业执照复印件等主体资格证明文件；

（五）药品批准证明文件（含《进口药品注册证》、《医药产品注册证》）复印件、批准的说明书复印件和实际使用的标签及说明书；

（六）非处方药品广告需提交非处方药品审核登记证书复印件或相关证明文件的复印件；

（七）申请进口药品广告批准文号的，应当提供进口药品代理机构的相关资格证明文件的复印件；

（八）广告中涉及药品商品名称、注册商标、专利等内容的，应当提交相关有效证明文件的复印件以及其他确认广告内容真实性的证明文件。

提供本条规定的证明文件的复印件，需加盖证件持有单位的印章。

第九条　有下列情形之一的，药品广告审查机关不予受理该企业该品种药品广告的申请：

（一）属于本办法第二十条、第二十二条、第二十三条规定的不受理情形的；

（二）撤销药品广告批准文号行政程序正在执行中的。

第十条　药品广告审查机关收到药品广告批准文号申请后，对申请材料齐全并符合法定要求的，发给《药品广告受理通知书》；申请材料不齐全或者不符合法定要求的，应当当场或者在5个工作日内一次告知申请人需要补正的全部内容；逾期不告知的，自收到申请材料之日起即为受理。

第十一条　药品广告审查机关应当自受理之日起10个工作日内，对申请人提交的证明文件的真实性、合法性、有效性进行审查，并依法对广告内容进行审查。对审查合格的药品广告，发给药品广告批准文号；对审查不合格的药品广告，应当作出不予核发药品广告批准文号的决定，书面通知申请人并说明理由，同时告知申请人享有依法申请行政复议或者提起行政诉讼的权利。

对批准的药品广告，药品广告审查机关应当报国家食品药品监督管理局备案，并将批准的《药品广告审查表》送同级广告监督管理机关备案。国家食品药品监督管理局对备案中存在问题的药品广告，应当责成药品广告审查机关予以纠正。

对批准的药品广告，药品监督管理部门应当及时向社会予以公布。

第十二条　在药品生产企业所在地和进口药品代理机构所在地以外的省、自治区、直辖市发布药品广告的（以下简称异地发布药品广告），在发布前应当到发布地药品广告审查机关办理备案。

第十三条　异地发布药品广告备案应当提交如下材料：

（一）《药品广告审查表》复印件；

（二）批准的药品说明书复印件；

（三）电视广告和广播广告需提交与通过审查的内容相一致的录音带、光盘或者其他介质载体。

提供本条规定的材料的复印件，需加盖证件持有单位印章。

第十四条 对按照本办法第十二条、第十三条规定提出的异地发布药品广告备案申请，药品广告审查机关在受理备案申请后5个工作日内应当给予备案，在《药品广告审查表》上签注"已备案"，加盖药品广告审查专用章，并送同级广告监督管理机关备查。

备案地药品广告审查机关认为药品广告不符合有关规定的，应当填写《药品广告备案意见书》，交原审批的药品广告审查机关进行复核，并抄报国家食品药品监督管理局。

原审批的药品广告审查机关应当在收到《药品广告备案意见书》后的5个工作日内，将意见告知备案地药品广告审查机关。原审批的药品广告审查机关与备案地药品广告审查机关意见无法达成一致的，可提请国家食品药品监督管理局裁定。

第十五条 药品广告批准文号有效期为1年，到期作废。

第十六条 经批准的药品广告，在发布时不得更改广告内容。药品广告内容需要改动的，应当重新申请药品广告批准文号。

第十七条 广告申请人自行发布药品广告的，应当将《药品广告审查表》原件保存2年备查。

广告发布者、广告经营者受广告申请人委托代理、发布药品广告的，应当查验《药品广告审查表》原件，按照审查批准的内容发布，并将该《药品广告审查表》复印件保存2年备查。

第十八条 已经批准的药品广告有下列情形之一的，原审批的药品广告审查机关应当向申请人发出《药品广告复审通知书》，进行复审。复审期间，该药品广告可以继续发布。

（一）国家食品药品监督管理局认为药品广告审查机关批准的药品广告内容不符合规定的；

（二）省级以上广告监督管理机关提出复审建议的；

（三）药品广告审查机关认为应当复审的其他情形。

经复审，认为与法定条件不符的，收回《药品广告审查表》，原药品广告批准文号作废。

第十九条 有下列情形之一的，药品广告审查机关应当注销药品广告批准文号：

（一）《药品生产许可证》、《药品经营许可证》被吊销的；

（二）药品批准证明文件被撤销、注销的；

（三）国家食品药品监督管理局或者省、自治区、直辖市药品监督管理部门责令停止生产、销售和使用的药品。

第二十条 篡改经批准的药品广告内容进行虚假宣传的，由药品监督管理部门责令立即停止该药品广告的发布，撤销该品种药品广告批准文号，1 年内不受理该品种的广告审批申请。

第二十一条　对任意扩大产品适应症（功能主治）范围、绝对化夸大药品疗效、严重欺骗和误导消费者的违法广告，省以上药品监督管理部门一经发现，应当采取行政强制措施，暂停该药品在辖区内的销售，同时责令违法发布药品广告的企业在当地相应的媒体发布更正启事。违法发布药品广告的企业按要求发布更正启事后，省以上药品监督管理部门应当在 15 个工作日内做出解除行政强制措施的决定；需要进行药品检验的，药品监督管理部门应当自检验报告书发出之日起 15 日内，做出是否解除行政强制措施的决定。

第二十二条　对提供虚假材料申请药品广告审批，被药品广告审查机关在受理审查中发现的，1 年内不受理该企业该品种的广告审批申请。

第二十三条　对提供虚假材料申请药品广告审批，取得药品广告批准文号的，药品广告审查机关在发现后应当撤销该药品广告批准文号，并 3 年内不受理该企业该品种的广告审批申请。

第二十四条　按照本办法第十八条、第十九条、第二十条和第二十三条被收回、注销或者撤销药品广告批准文号的药品广告，必须立即停止发布；异地药品广告审查机关停止受理该企业该药品广告批准文号的广告备案。

药品广告审查机关按照本办法第十八条、第十九条、第二十条和第二十三条收回、注销或者撤销药品广告批准文号的，应当自做出行政处理决定之日起 5 个工作日内通知同级广告监督管理机关，由广告监督管理机关依法予以处理。

第二十五条　异地发布药品广告未向发布地药品广告审查机关备案的，发布地药品广告审查机关发现后，应当责令限期办理备案手续，逾期不改正的，停止该药品品种在发布地的广告发布活动。

第二十六条　县级以上药品监督管理部门应当对审查批准的药品广告发布情况进行监测检查。对违法发布的药品广告，各级药品监督管理部门应当填写《违法药品广告移送通知书》，连同违法药品广告样件等材料，移送同级广告监督管理机关查处；属于异地发布篡改经批准的药品广告内容的，发布地药品广告审查机关还应当向原审批的药品广告审查机关提出依照《药品管理法》第九十二条、本办法第二十条撤销药品广告批准文号的建议。

第二十七条　对发布违法药品广告，情节严重的，省、自治区、直辖市药品监督管理部门予以公告，并及时上报国家食品药品监督管理局，国家食品药品监督管理局定期汇总发布。

对发布虚假违法药品广告情节严重的，必要时，由国家工商行政管理总局会同国家食品药品监督管理局联合予以公告。

第二十八条　对未经审查批准发布的药品广告，或者发布的药品广告与审查批准的内容不一致的，广告监督管理机关应当依据《广告法》第四十三条规定予以处罚；构成虚假广告或者引人误解的虚假宣传的，广告监督管理机关依据《广告法》

第三十七条、《反不正当竞争法》第二十四条规定予以处罚。

广告监督管理机关在查处违法药品广告案件中，涉及到药品专业技术内容需要认定的，应当将需要认定的内容通知省级以上药品监督管理部门，省级以上药品监督管理部门应在收到通知书后的 10 个工作日内将认定结果反馈广告监督管理机关。

第二十九条 药品广告审查工作人员和药品广告监督工作人员应当接受《广告法》、《药品管理法》等有关法律法规的培训。药品广告审查机关和药品广告监督管理机关的工作人员玩忽职守、滥用职权、徇私舞弊的，给予行政处分。构成犯罪的，依法追究刑事责任。

第三十条 药品广告批准文号为"X 药广审（视）第 0000000000 号"、"X 药广审（声）第 0000000000 号"、"X 药广审（文）第 0000000000 号"。其中"X"为各省、自治区、直辖市的简称。"0"为由 10 位数字组成，前 6 位代表审查年月，后 4 位代表广告批准序号。"视"、"声"、"文"代表用于广告媒介形式的分类代号。

第三十一条 本办法自 2007 年 5 月 1 日起实施。1995 年 3 月 22 日国家工商行政管理局、卫生部发布的《药品广告审查办法》（国家工商行政管理局令第 25 号）同时废止。

药品广告审查发布标准

第一条 为了保证药品广告真实、合法、科学，制定本标准。

第二条 发布药品广告，应当遵守《中华人民共和国广告法》、《中华人民共和国药品管理法》和《中华人民共和国药品管理法实施条例》、《中华人民共和国反不正当竞争法》及国家有关法规。

第三条 下列药品不得发布广告：

（一）麻醉药品、精神药品、医疗用毒性药品、放射性药品；

（二）医疗机构配制的制剂；

（三）军队特需药品；

（四）国家食品药品监督管理局依法明令停止或者禁止生产、销售和使用的药品；

（五）批准试生产的药品。

第四条 处方药可以在卫生部和国家食品药品监督管理局共同指定的医学、药学专业刊物上发布广告，但不得在大众传播媒介发布广告或者以其他方式进行以公众为对象的广告宣传。不得以赠送医学、药学专业刊物等形式向公众发布处方药广告。

第五条 处方药名称与该药品的商标、生产企业字号相同的，不得使用该商标、企业字号在医学、药学专业刊物以外的媒介变相发布广告。

不得以处方药名称或者以处方药名称注册的商标以及企业字号为各种活动冠名。

第六条 药品广告内容涉及药品适应症或者功能主治、药理作用等内容的宣传，应当以国务院食品药品监督管理部门批准的说明书为准，不得进行扩大或者恶意隐瞒的宣传，不得含有说明书以外的理论、观点等内容。

第七条 药品广告中必须标明药品的通用名称、忠告语、药品广告批准文号、药品生产批准文号；以非处方商品名称为各种活动冠名的，可以只发布药品商品名称。

药品广告必须标明药品生产企业或者药品经营企业名称，不得单独出现"咨询热线"、"咨询电话"等内容。

非处方药广告必须同时标明非处方药专用标识（OTC）。

药品广告中不得以产品注册商标代替药品名称进行宣传，但经批准作为药品商品名称使用的文字型注册商标除外。

已经审查批准的药品广告在广播电台发布时，可不播出药品广告批准文号。

第八条 处方药广告的忠告语是："本广告仅供医学药学专业人士阅读"。

非处方药广告的忠告语是："请按药品说明书或在药师指导下购买和使用"。

第九条 药品广告中涉及改善和增强性功能内容的，必须与经批准的药品说明书中的适应症或者功能主治完全一致。

电视台、广播电台不得在 7:00～22:00 发布含有上款内容的广告。

第十条 药品广告中有关药品功能疗效的宣传应当科学准确，不得出现下列情形：

（一）含有不科学地表示功效的断言或者保证的；

（二）说明治愈率或者有效率的；

（三）与其他药品的功效和安全性进行比较的；

（四）违反科学规律，明示或者暗示包治百病、适应所有症状的；

（五）含有"安全无毒副作用"、"毒副作用小"等内容的；含有明示或者暗示中成药为"天然"药品，因而安全性有保证等内容的；

（六）含有明示或者暗示该药品为正常生活和治疗病症所必需等内容的；

（七）含有明示或暗示服用该药能应付现代紧张生活和升学、考试等需要，能够帮助提高成绩、使精力旺盛、增强竞争力、增高、益智等内容的；

（八）其他不科学的用语或者表示，如"最新技术"、"最高科学"、"最先进制法"等。

第十一条 非处方药广告不得利用公众对于医药学知识的缺乏，使用公众难以理解和容易引起混淆的医学、药学术语，造成公众对药品功效与安全性的误解。

第十二条 药品广告应当宣传和引导合理用药，不得直接或者间接怂恿任意、过量地购买和使用药品，不得含有以下内容：

（一）含有不科学的表述或者使用不恰当的表现形式，引起公众对所处健康状况和所患疾病产生不必要的担忧和恐惧，或者使公众误解不使用该药品会患某种疾病或加重病情的

（二）含有免费治疗、免费赠送、有奖销售、以药品作为礼品或者奖品等促销药品内容的；

（三）含有"家庭必备"或者类似内容的；

（四）含有"无效退款"、"保险公司保险"等保证内容的；

（五）含有评比、排序、推荐、指定、选用、获奖等综合性评价内容的。

第十三条 药品广告不得含有利用医药科研单位、学术机构、医疗机构或者专家、医生、患者的名义和形象作证明的内容。

药品广告不得使用国家机关和国家机关工作人员的名义。

药品广告不得含有军队单位或者军队人员的名义、形象。不得利用军队装备、设施从事药品广告宣传。

第十四条 药品广告不得含有涉及公共信息、公共事件或其他与公共利益相关联的内容，如各类疾病信息、经济社会发展成果或医药科学以外的科技成果。

第十五条 药品广告不得在未成年人出版物和广播电视频道、节目、栏目上

发布。

药品广告不得以儿童为诉求对象，不得以儿童名义介绍药品。

第十六条　药品广告不得含有医疗机构的名称、地址、联系办法、诊疗项目、诊疗方法以及有关义诊、医疗（热线）咨询、开设特约门诊等医疗服务的内容。

第十七条　按照本标准第七条规定必须在药品广告中出现的内容，其字体和颜色必须清晰可见、易于辨认。上述内容在电视、电影、互联网、显示屏等媒体发布时，出现时间不得少于5秒。

第十八条　违反本标准规定发布的广告，构成虚假广告或者引人误解的虚假宣传的，依照《广告法》第三十七条、《反不正当竞争法》第二十四条处罚。

违反本标准第四条、第五条规定发布药品广告的，依照《广告法》第三十九条处罚。

违反本标准第三条、第六条等规定发布药品广告的，依照《广告法》第四十一条处罚。

违反本标准其他规定发布广告，《广告法》有规定的，依照《广告法》处罚；《广告法》没有具体规定的，对负有责任的广告主、广告经营者、广告发布者，处以一万元以下罚款；有违法所得的，处以违法所得三倍以下但不超过三万元的罚款。

第十九条　本标准自2007年5月1日起施行。1995年3月28日国家工商行政管理局令第27号发布的《药品广告审查标准》同时废止。

医疗器械广告审查办法

第一条 依据《中华人民共和国广告法》的有关规定，制定本办法。

第二条 凡利用各种媒介或者形式发布有关用于人体疾病诊断、治疗、预防、调节人体生理功能或者替代人体器官的仪器、设备、器械、装置、器具、植入物、材料及其它相关物品的广告，包括医疗器械的产品介绍、样本等，均应当按照本办法予以审查。

第三条 医疗器械广告审查的依据：

（一）《中华人民共和国广告法》；

（二）国家有关医疗器械的管理规定；

（三）国家有关广告管理的行政法规及广告监督管理机关制定的广告审查标准。

第四条 国家医药管理局和省、自治区、直辖市医药管理局或者同级医疗器械行政监督管理部门（以下简称省级医疗器械行政监督管理部门），在同级广告监督管理机关指导下，对医疗器械广告进行审查。

第五条 境外生产的医疗器械产品广告，及利用重点媒介（见目录）发布的医疗器械广告，需经国家医药管理局审查批准，并向广告发布地的省级医疗器械行政监督管理部门备案后，方可发布。

其它医疗器械广告，需经生产者所在地的省级医疗器械行政监督管理部门审查批准，并向发布地的省级医疗器械行政监督管理部门备案后，方可发布。

第六条 医疗器械广告的申请：

（一）申请审查境内生产的医疗器械产品广告，应当填写《医疗器械广告审查表》，并提交下列证明文件：

1. 申请人及生产者的营业执照副本以及其他生产、经营资格的证明文件；

2. 生产注册证书或者产品批准书，实施生产许可证管理的产品，还应当提供生产许可证；

3. 产品使用说明书；

4. 法律、法规规定的及其他确认广告内容真实性的证明文件。

（二）申请审查境外生产的医疗器械产品的广告，应当填写《医疗器械广告审查表》，并提交下列证明文件及相应的中文译本：

1. 申请人及生产者的营业执照副本以及其他生产、经营资格的证明文件；

2. 医疗器械生产企业所在国（地区）政府批准该产品进入市场的证明文件；

3. 产品标准；

4. 产品使用说明书；

5. 中国法律、法规规定的及其他确认广告内容真实性的证明文件。

提供本条规定的证明文件的复印件，需由原出证机关签章或者出具所在国（地区）公证机构的公证文件。

第七条　申请广告审查可以委托医疗器械的经销者或者广告经营者代为办理。

第八条　医疗器械广告的审查：

（一）初审

医疗器械广告审查机关对广告申请人提供的证明文件的真实性、有效性、合法性、完整性和广告制作前文稿的真实性、合法性进行审查，并于受理申请之日起五日内做出初审决定，发给《初审决定通知书》。

（二）终审

广告申请人凭初审合格决定及广告作品，再次送交原广告审查机关，广告审查机关受理申请之日起五日内，作出终审决定，对终审合格者，签发《医疗器械广告审查表》及广告审查批准号；对终审不合格者，应当通知广告申请人并说明理由。

（三）广告申请人可以直接申请终审，广告审查机关在受理申请之日起十日内做出终审决定。

（四）广告发布地审查机关对生产者所在地的审查机关做出的复审决定仍持异议的，应当提请上级广告审查机关进行裁定。审查意见以裁定结论为准。

第九条　医疗器械广告审查机关发出的《初审决定通知书》和带有广告审查批准号的《医疗器械广告审查表》，应当由广告审查机构负责人签字，并加盖医疗器械广告审查专用章。

医疗器械广告审查机关应当将带有广告审查批准号的《医疗器械广告审查表》，送同级广告监督管理机关备查。

第十条　医疗器械广告审查批准号的有效期为一年，其中产品介绍和样本审查批准号的有效期可延至三年。

第十一条　经审查批准的医疗器械广告，有下列情况之一的，广告审查机关应当调回复审。

（一）广告审查依据发生变化的；

（二）国家医药管理局认为省级广告审查机关的批准不妥的；

（三）广告监督管理机关或者发布地医疗器械广告审查机关提出复审建议的；

（四）广告审查机关认为应当调回复审的其它情况。

复审期间，广告停止发布。

第十二条　经审查批准的医疗器械广告，有下列情况之一的，应当重新申请审查：

（一）医疗器械广告审查批准号的有效期届满；

（二）广告内容需要改动；

（三）医疗器械产品标准发生变化。

第十三条　经审查批准的医疗器械广告，有下列情况之一的，原审查机关应当收回《医疗器械审查表》，撤销广告审查批准号：

（一）医疗器械在使用中发现问题而被撤销产品注册号或者批准号；

（二）被国家列为淘汰的医疗器械品种；

（三）广告复审不合格；

（四）应当重新申请审查而未申请或者重新审查不合格。

第十四条　广告审查机关做出撤销广告审查批准号的决定，应当同时送同级广告监督管理机关备查。

第十五条　医疗器械广告经审查批准后，应当将广告审查批准号列为广告内容，同时发布。未标明广告审查批准号或者批准号已过期、被撤销的医疗器械广告，广告发布者不得发布。

第十六条　广告发布者发布医疗器械广告，应当查验《医疗器械广告审查表》原件或经原审查机关签章的复印件，并保存一年。

第十七条　对违反本办法规定发布医疗器械广告的，按《中华人民共和国广告法》第四十三条的规定予以处罚。

第十八条　广告审查机关对违反广告审查依据的广告作出批准决定，致使违法广告发布的，由国家广告监督管理机关向国家医药管理局通报情况，按照《中华人民共和国广告法》第四十五条的规定予以处理。

第十九条　本办法自发布之日起施行。

医疗器械广告审查标准

为了保证医疗器械广告的真实、合法、科学，制定本标准。

一、发布医疗器械广告，应当遵守《中华人民共和国广告法》及国家有关医疗器械管理的规定，符合《医疗器械广告审查办法》规定的程序。

二、下列医疗器械不得发布广告：

（一）未经国家医药管理局或省、自治区、直辖市医药管理局（或同级医药行政监督管理部门）批准进入市场的医疗器械；

（二）未经生产者所在国（地区）政府批准进入市场的境外生产的医疗器械；

（三）应当取得生产许可证而未取得生产许可证的生产者生产的医疗器械；

（四）扩大临床试用、试生产阶段的医疗器械；

（五）治疗艾滋病，改善和治疗性功能障碍的医疗器械。

三、医疗器械广告应当与审查批准的产品市场准入说明书相符，不得任意扩大范围。

四、医疗器械广告中不得含有表示功效的断言或者保证，如"疗效最佳"、"保证治愈"等。

医疗器械广告不得贬低同类产品，不得与其他医疗器械进行功效和安全性对比。

五、医疗器械广告中不得含有"最高技术"、"最先进科学"等绝对化语言和表示。

六、医疗器械广告中不得含有治愈率、有效率及获奖的内容。

七、医疗器械广告中不得含有利用医疗科研单位、学术机构、医疗机构或者专家、医生、患者的名义、形象作证明的内容。

八、医疗器械广告不得含有直接显示疾病症状和病理的画面，不得令人感到已患某种疾病，不得使人误解不使用该医疗器械会患某种疾病或者加重病情。

九、医疗器械广告中不得含有"无效退款"、"保险公司保险"等承诺。

十、医疗器械广告不得利用消费者缺乏医疗器械专业、技术知识和经验的弱点，以专业术语或者无法证实的演示误导消费者。

十一、推荐给个人使用的医疗器械，应当标明"请在医生指导下使用"。

十二、医疗器械广告的批准文号应当列为广告内容同时发布。

十三、违反本标准的医疗器械广告，广告经营者不得设计、制作，广告发布者不得发布。

印刷品广告管理办法

第一条 为加强印刷品广告管理，保护消费者、经营者合法权益，维护公平竞争的市场秩序，依据《中华人民共和国广告法》、《广告管理条例》以及国家有关规定，制定本办法。

第二条 依照本办法管理的印刷品广告，是指广告主自行或者委托广告经营者利用单页、招贴、宣传册等形式发布介绍自己所推销的商品或者服务的一般形式印刷品广告，以及广告经营者利用有固定名称、规格、样式的广告专集发布介绍他人所推销的商品或者服务的固定形式印刷品广告。

第三条 印刷品广告必须真实、合法、符合社会主义精神文明建设的要求，不得含有虚假的内容，不得欺骗和误导消费者。

第四条 印刷品广告应当具有可识别性，能够使消费者辨明其为印刷品广告，不得含有新闻报道等其他非广告信息内容。

第五条 发布印刷品广告，不得妨碍公共秩序、社会生产及人民生活。在法律、法规及当地县级以上人民政府禁止发布印刷品广告的场所或者区域不得发布印刷品广告。

第六条 广告主自行发布一般形式印刷品广告，应当标明广告主的名称、地址；广告主委托广告经营者设计、制作、发布一般形式印刷品广告，应当同时标明广告经营者的名称、地址。

第七条 广告主、广告经营者利用印刷品发布药品、医疗器械、农药、兽药等商品的广告和法律、行政法规规定应当进行审查的其他广告，应当依照有关法律和行政法规规定取得相应的广告审查批准文件，并按照广告审查批准文件的内容发布广告。

第八条 广告经营者申请发布固定形式印刷品广告，应符合下列条件：

（一）主营广告，具有代理和发布广告的经营范围，且企业名称标明企业所属行业为"广告"；

（二）有 150 万元以上的注册资本；

（三）企业成立 3 年以上。

第九条 广告经营者发布固定形式印刷品广告，应当向其所在地省、自治区、直辖市及计划单列市工商行政管理局提出申请，提交下列申请材料：

（一）申请报告（应载明申请的固定形式印刷品广告名称、规格，发布期数、时间、数量、范围，介绍商品与服务类型，发送对象、方式、渠道等内容）；

（二）营业执照复印件；

（三）固定形式印刷品广告登记申请表；

（四）固定形式印刷品广告首页样式。

第十条　省、自治区、直辖市及计划单列市工商行政管理机关对申请材料不齐全或者不符合法定形式的，应当在五日内一次告知广告经营者需补正的全部内容；对申请材料齐全、符合法定形式的，应当出具受理通知书，并在受理之日起二十日内做出决定。予以核准的，核发《固定形式印刷品广告登记证》；不予核准的，书面说明理由。

第十一条　《固定形式印刷品广告登记证》有效期限为二年。广告经营者在有效期届满三十日前，可以向原登记机关提出延续申请。

第十二条　广告经营者应当在每期固定形式印刷品广告首页顶部位置标明固定形式印刷品广告名称、广告经营者名称和地址、登记证号、期数、发布时间、统一标志"DM"。

固定形式印刷品广告名称应当由以下三部分依次组成：广告经营者企业名称中的行政区划＋企业字号＋"广告"字样。固定形式印刷品广告名称字样应显著，各组成部分大小统一，字体一致，所占面积不得小于首页页面的10％。

第十三条　固定形式印刷品广告的首页和底页应当为广告版面，广告经营者不得将广告标题、目录印制在首页上。固定形式印刷品广告不得使用主办、协办、出品人、编辑部、编辑、出版、本刊、杂志、专刊等容易与报纸、期刊相混淆的用语。

第十四条　固定形式印刷品广告中的广告目录或索引应当为商品（商标）或广告主的名称，其所对应的广告内容必须能够具体和明确地表明广告主及其所推销的商品或者服务，广告经营者不得以新闻报道形式发布广告。

第十五条　广告经营者针对特殊群体需要发布中外文对照的固定形式印刷品广告，不得违反国家语言文字的有关规定。

第十六条　广告经营者应当按照核准的名称、规格、样式发布固定形式印刷品广告；应当接受工商行政管理机关的监督检查，按要求报送固定形式印刷品广告样本及其他有关材料，不得隐瞒真实情况、提供虚假材料。

广告经营者不得涂改、倒卖、出租、出借《固定形式印刷品广告登记证》，或者将固定形式印刷品广告转让他人发布经营。

第十七条　凡发布于商场、药店、医疗服务机构、娱乐场所以及其他公共场所的印刷品广告，广告主、广告经营者要征得上述场所管理者的同意。上述场所的管理者应当对属于自己管辖区域内散发、摆放和张贴的印刷品广告负责管理，对有违反广告法规规定的印刷品广告应当拒绝其发布。

第十八条　印刷品广告的印制企业应当遵守有关规定，不得印制含有违法内容的印刷品广告。

第十九条　违反本办法规定的，依照《中华人民共和国广告法》、《广告管理条例》等有关法律、行政法规以及《广告管理条例施行细则》的规定予以处罚。《中华人民共和国广告法》、《广告管理条例》等有关法律、行政法规以及《广告管理条例施行细则》没有规定的，由工商行政管理机关责令停止违法行为，视情节处以违法所得额 3 倍以下的罚款，但最高不超过 3 万元，没有违法所得的，处以 1 万元以下的罚款。

对非法散发、张贴印刷品广告的个人，由工商行政管理机关责令停止违法行为，处以 50 元以下的罚款。

第二十条　固定形式印刷品广告经营者情况发生变化不具备本办法第八条规定条件的，由原登记机关撤回《固定形式印刷品广告登记证》。

固定形式印刷品广告违反本办法第三条规定，情节严重的，原登记机关可以依照《广告法》第三十七条、第三十九条、第四十一条规定停止违法行为人的固定形式印刷品广告业务，缴销《固定形式印刷品广告登记证》。

第二十一条　票据、包装、装潢以及产品说明书等含有广告内容的，有关内容按照本办法管理。

第二十二条　本办法自 2005 年 1 月 1 日起施行。2000 年 1 月 13 日国家工商行政管理局令第 95 号公布的《印刷品广告管理办法》同时失效。

户外广告登记管理规定

第一条 为规范户外广告登记管理，促进户外广告健康发展，根据《中华人民共和国广告法》、《中华人民共和国行政许可法》以及《广告管理条例》等法律、行政法规，制定本规定。

第二条 本规定所称户外广告是指利用户外场所、空间、设施等发布的广告。

本规定所称户外广告发布单位，包括为他人发布户外广告的单位，以及发布户外广告进行自我宣传的单位和个人。

第三条 户外广告发布单位发布户外广告应当依照本规定向工商行政管理机关申请登记，接受工商行政管理机关的监督管理。法律、法规和规章规定在登记前需经有关部门审批的，应当首先履行相关审批手续。

第四条 户外广告由发布地县级以上工商行政管理机关登记管理。

国家工商行政管理总局负责指导和协调全国户外广告的登记管理工作。

省、自治区、直辖市工商行政管理机关负责指导和协调辖区内户外广告的登记管理工作。

县级工商行政管理机关负责辖区内户外广告的登记管理工作。

地级以上市（含直辖市）工商行政管理机关对辖区内的户外广告，认为有必要直接登记管理的，可以直接登记管理。

第五条 发布下列广告应当依照本规定向工商行政管理机关申请户外广告登记，领取《户外广告登记证》：

（一）利用户外场所、空间、设施发布的，以展示牌、电子显示装置、灯箱、霓虹灯为载体的广告；

（二）利用交通工具、水上漂浮物、升空器具、充气物、模型表面绘制、张贴、悬挂的广告；

（三）在地下铁道设施，城市轨道交通设施，地下通道，以及车站、码头、机场候机楼内外设置的广告；

（四）法律、法规和国家工商行政管理总局规定应当登记的其他形式的户外广告。

在本单位的登记注册地址及合法经营场所的法定控制地带设置的，对本单位的名称、标识、经营范围、法定代表人（负责人）、联系方式进行宣传的自设性户外广告，不需要向工商行政管理机关申请户外广告登记。地方法规规章另有规定的除外。

第六条 申请户外广告登记，应当具备下列条件：

（一）户外广告发布单位依法取得与申请事项相符的主体资格；

（二）户外广告所推销的商品和服务符合广告主的经营范围或业务范围；

（三）户外广告发布单位具有相应户外广告媒介的使用权；

（四）广告发布地点、形式符合当地人民政府户外广告设置规划的要求；

（五）户外广告内容符合法律法规规定；

（六）按规定应当经有关行政主管部门批准的，当事人已经履行相关审批手续；

（七）法律、法规和国家工商行政管理总局规定的其他条件。

第七条 户外广告登记事项包括：

（一）户外广告发布单位名称；

（二）户外广告发布地点及具体位置；

（三）户外广告发布期限；

（四）户外广告形式、数量及规格；

（五）户外广告内容。

工商行政管理机关核准登记的户外广告发布期限，不得超过申请人合法使用户外广告媒介的时间。

第八条 户外广告登记申请，由户外广告发布单位在依法查验证明文件、核实广告内容，确认符合第六条规定的申请登记条件后，向户外广告发布地的工商行政管理机关提出。

利用交通工具等流动载体发布户外广告的登记申请，由户外广告发布单位在履行前款规定的审查义务后，向交通工具等运动物体使用单位所在地的工商行政管理机关提出。

第九条 户外广告发布单位申请户外广告发布登记，应提交下列申请材料：

（一）《户外广告登记申请表》。

（二）户外广告发布单位和广告主的营业执照或者具有同等法律效力的经营资格证明文件。

（三）发布户外广告的场地或者设施的使用权证明。包括场地或设施的产权证明、使用协议等。

（四）户外广告样件。

（五）法律、法规和国家工商行政管理总局规定需要提交的其他文件。

受委托发布户外广告的，应当提交与委托方签订的发布户外广告的委托合同、委托方营业执照或者具有同等法律效力的经营资格证明文件。

广告形式、场所、设施等用于户外广告发布，按照国家或者地方政府规定需经政府有关部门批准的，应当提交有关部门的批准文件。

发布法律、法规和规章规定应当审批的广告，应当提交有关批准文件。

第十条 需要改变户外广告发布期限、形式、数量、规格或者内容的，户外广告发布单位应当向原登记机关提交下列申请材料申请变更登记：

（一）《户外广告变更登记申请表》；

（二）原《户外广告登记证》；

（三）本办法第九条规定的，与变更事项相关的文件。

第十一条　需要改变户外广告发布单位、户外广告发布地点及具体位置的，户外广告发布单位应当向原登记机关缴回《户外广告登记证》，并按照第四条、第五条、第八条、第九条规定重新申请户外广告登记。

第十二条　工商行政管理机关对户外广告发布单位提交的申请材料应当依法进行书面审查。对申请材料不齐全或者不符合法定形式的，应当当场或者在五日内一次告知申请人需补正的全部内容；对申请材料齐全、符合法定形式的，应当出具受理通知书，并在受理之日起七个工作日内做出决定，对符合规定的予以核准登记，核发《户外广告登记证》，对不符合规定的不予核准登记，书面说明理由。

第十三条　户外广告发布单位应当按照工商行政管理机关核准的登记事项发布户外广告，未经变更登记或者重新登记不得擅自改变。

第十四条　户外广告发布单位在取得《户外广告登记证》后，情况发生变化不具备本规定第六条规定条件的，应当停止户外广告发布，《户外广告登记证》由登记机关撤回。

第十五条　经工商行政管理机关核准登记的户外广告，应当在右下角清晰地标明《户外广告登记证》的登记证号。但对不适宜标注登记证号的户外广告，经登记机关批准可以不作标注。

第十六条　任何单位和个人不得伪造、涂改、出租、出借、倒卖或者以其他形式转让《户外广告登记证》。

第十七条　工商行政管理机关应当加强对户外广告的日常监督检查，依法查处违法户外广告。

户外广告发布单位以及相关当事人应当接受工商行政管理机关的监督检查，不得隐瞒真实情况、提供虚假材料。

第十八条　违反第五条、第十一条规定，未经登记擅自发布户外广告的单位和个人，由工商行政管理机关没收违法所得，并处以三万元以下的罚款，限期补办登记手续。逾期不补办登记手续的，责令停止发布。

第十九条　提交虚假文件或者采取其他欺骗手段取得《户外广告登记证》的，由登记机关责令改正，并处以三万元以下的罚款；情节严重的，撤销登记证。

第二十条　违反第十条规定，擅自改变规格发布户外广告的，由登记机关责令改正。不按照核准登记的发布期限、形式、数量或者内容发布户外广告的，责令改正，处以五千元以下的罚款；情节严重的，责令改正，处以三万元以下的罚款。

第二十一条　已经登记的户外广告，未按第十五条规定在右下角清晰标明户外广告登记证号的，由登记管理机关责令改正，处以一千元以下的罚款。

第二十二条　违反第十六条规定，伪造、涂改、出租、出借、倒卖或者以其他形式转让《户外广告登记证》的，由登记管理机关缴销《户外广告登记证》，处以三万元以下的罚款。

第二十三条　工商行政管理机关工作人员在户外广告登记管理过程中玩忽职守、

滥用职权、徇私舞弊的，给予行政处分。构成犯罪的，依法追究刑事责任。

第二十四条　《户外广告登记证》式样、户外广告登记文书式样由国家工商行政管理总局制定。

第二十五条　有关户外广告登记的实施程序，除适用本规定的具体规定外，还应当遵守《行政许可法》有关行政许可实施程序的一般规定。

第二十六条　本规定自 2006 年 7 月 1 日起施行。1995 年 12 月 8 日国家工商行政管理局令第 42 号发布、1998 年 12 月 3 日国家工商行政管理局令第 86 号修订的《户外广告登记管理规定》同时废止。国家工商行政管理总局其他规章、规范性文件中的规定与本规定相抵触的同时失效。

广播电视广告播放管理暂行办法

第一条 为保证广播电视广告的正确导向，规范广播电视广告播放行为，加强广播电视广告管理，根据《中华人民共和国广告法》、《广播电视管理条例》等有关法律、法规，制定本办法。

第二条 广播电台、电视台（含广播电视台）从事广告播放等活动，适用本办法。

第三条 国家广播电影电视总局负责对全国广播电视广告播放活动的管理。县级以上地方广播电视行政部门负责对本辖区内的广播电视广告播放活动的管理。

第四条 广播电视广告应当真实合法，不得含有虚假内容，不得误导消费者。

第五条 广播电视广告应当符合社会主义精神文明建设的要求，应当遵守社会公德和职业道德，有利于人民群众的身心健康。

第六条 广播电视广告应当维护国家尊严和利益，尊重祖国传统文化，不得含有危害国家统一、主权和领土完整的内容。商业广告中不得出现国旗、国徽、国歌及国家领导人的形象和声音。不得利用或篡改领袖人物名言作为商业广告用语。

第七条 广播电视广告应当维护民族团结，遵守国家民族、宗教政策，不得含有宣扬民族分裂、亵渎民族风俗习惯的内容。

第八条 广播电视广告应当维护社会公共秩序，树立社会主义道德风尚，不得含有乱扔废弃物、践踏绿地、毁坏花草树木等破坏环境，以及不利于自然生态、珍稀野生动物保护等内容。

第九条 广播电视广告应当有利于青少年儿童的身心健康，不得含有可能引发青少年儿童不文明举止、不良行为或不利于父母、长辈对青少年儿童进行正确教育的内容。

第十条 广播电视广告应当尊重妇女、残疾人，不得歧视、侮辱妇女、残疾人，不得出现不文明的人物形象。

第十一条 广播电视广告应当健康文明，不得播放含有色情或性暗示等内容的广告，不得播放治疗性病的广告。广播电视广告不得播放含有宣扬赌博、暴力或者教唆犯罪内容的广告。

第十二条 广播电视广告应当尊重科学，不得含有宣扬迷信、邪教、伪科学的内容。

第十三条 广播电视广告应当使用规范的语言文字，不得故意使用错别字或用谐音乱改成语。除注册商标及企业名称外，不得使用繁体字。

第十四条 禁止广播电台、电视台播放烟草制品广告及麻醉药品、精神药品、毒性药品、放射性药品等特殊药品广告。

第十五条　广播电视广告应当与其他广播电视节目有明显区分，不得以新闻报道形式播放或变相播放广告。时政新闻节目及时政新闻类栏目不得以企业或产品名称冠名。有关人物专访、企业专题报道等节目中不得含有地址、电话、联系办法等广告宣传内容。

第十六条　广播电台、电视台每套节目中每天播放公益广告的数量不得少于广告总播出量的3%。

第十七条　广播电台、电视台每套节目每天播放广播电视广告的比例，不得超过该套节目每天播出总量的20%。其中，广播电台在11：00至13：00之间、电视台在19：00至21：00之间，其每套节目中每小时的广告播出总量不得超过节目播出总量的15%，即9分钟。

第十八条　播放广播电视广告应当保持广播电视节目的完整性，除在节目自然段的间歇外，不得随意插播广告。除19：00至21：00以外，电视台播放一集影视剧（一般为45分钟左右）中，可以插播一次广告，插播时间不得超过2.5分钟。

第十九条　播放广播电视广告应当尊重大众生活习惯，不得在6：30至7：30、11：30至12：30以及18：30至20：00之间人们用餐时播放容易引起受众反感的广告，如治疗痔疮、脚气等类药品及卫生巾等卫生用品的广告。

第二十条　广播电台、电视台应当严格按照国家有关规定控制酒类广告的播出。每套电视节目每日播放的酒类广告不超过12条，其中19：00至21：00间不超过2条；每套广播节目每小时播放的酒类广告，不得超过2条。

第二十一条　发射台、转播台（包括差转台、收转台）、有线广播电视传输网络机构在转播和传输广播电视节目时，应当保证被转播和传输节目的完整性。不得以任何形式插播自行组织的广告，不得任意切换原广告或以游动字幕、叠加字幕等形式干扰节目的完整性。

第二十二条　电视台播放广告时不得隐匿本台（频道）标志。播放以企业或产品冠名的节目、栏目时，企业或产品的标志只能出现在屏幕的右下方，数量不得超过1个，标志画面不得大于本台（频道）标志，不得遮盖正常节目的字幕。

第二十三条　禁止广播电视广告主、广告经营者干预广播电视节目的播放。

第二十四条　广播电台、电视台从事广告经营活动的机构应取得国家规定的资质，非广告经营部门不得从事广播电视广告经营活动，记者不得借采访名义承揽广告业务。

第二十五条　广播电台、电视台应当建立健全广告经营播出管理制度，加强对广告业务承接登记、审核、档案保存的管理。

广播电台、电视台应当健全广告审查员制度，对拟播放的广播电视广告内容、企业资质等进行审查，未经广告审查员签字的广告不得发布。

第二十六条　县级以上广播电视行政部门应当建立对广播电视广告的监听监看制度，对发现的问题及时进行处理。

第二十七条　县级以上广播电视行政部门及广播电台、电视台应当建立公众投诉机制，对受众提出批评性意见的广播电视广告及时检查，并将结果答复投诉者。

第二十八条　违反本办法的，依据《中华人民共和国广告法》和《广播电视管理条例》予以处罚。

第二十九条　违反本办法第十七、十八、十九、二十、二十一条规定，情节轻微的，由县级以上广播电视行政部门予以警告、责令限期改正，并可处以 2 万元以下罚款。拒不改正或 60 日内连续 3 次出现违规行为的，由省级以上广播电视行政部门做出暂停播放广告、暂停相关频道（频率）播出的处理决定。情节严重的，由原批准机关吊销许可证，同时对直接责任人和主要负责人追究相关责任。

第三十条　本办法自 2004 年 1 月 1 日起施行。

国家工商行政管理局广告审查标准

(1994 年 6 月 1 日)

前　言

第一条　为了加强对广告宣传的管理，维持消费者权益和社会公共利益，特制定本标准。

第二条　制定本标准的依据是：（一）《广告管理条例》；（二）《广告管理条例施行细则》；（三）广告管理各单项规章；（四）国家涉及广告管理的法律，法规；（五）国际上通行的广告宣传准则。

第三条　本标准为广告发布前审查的基本标准。凡违反国家有关广告管理法律、法规，不符合本标准要求的广告，一律不得发布。

第一章　通　则

第四条　广告必须真实、合法、健康、明白，不得欺骗和误导公众。

第五条　广告必须具有可识别性，并能使公众清晰辨明广告客户。

第六条　下列广告，不得发布：

（一）损害国家、民族利益和尊严的；

（二）宣传法律、法规禁止生产、销售的产品的；

（三）宣传法律、法规禁止从事的服务的；

（四）使用中国国旗、国徽标志及国歌音响的；

（五）欺诈、虚假的；

（六）有淫秽、迷信、恐怖、荒诞、丑恶内容及其他有悖社会善良习俗和公共道德标准的；

（七）污辱、诽谤或贬低他人的；

（八）有种族、宗教、性别歧视的；

（九）不利于社会安定及公民生命财产安全的；

（十）不利于环境保护的；

（十一）中国加入的国际公约中明确规定禁止出现的；

（十二）违反国际惯例和道德准则的；

（十三）违反其他法律、法规规定的。

第七条　广告中宣传产品或服务的特性、构成、生产方法、价格、用途、质量、产地、担保必须准确，不得使公众产生误解。

第八条　广告应尊重他人权利。广告涉及他人名义、名誉、形象、言论、专有标记、注册商标等人身权和财产权的，必须在发布前经权利人书面同意。

禁止使用国家领导人的名义、形象、言论进行广告宣传。

第九条　广告涉及专利权的，必须标明专利号和专利类型。禁止用未授权的专利申请和已终止无效的专利进行广告宣传。

第十条　广告涉及产品和服务获奖或获其他荣誉的，必须标明所获奖或荣誉的性质，获得日期及颁奖组织。

第十一条　广告不得损害未成年人、妇女或残疾人的形象和利益，不得对其产生不良后果和影响。

第十二条　发布户外广告，不得有碍市容观瞻，不得造成对周围环境的损害。

第十三条　在新闻媒介上发布的广告，必须与新闻或其他非广告内容相区别，并足以使公众明显认定。

第十四条　发布下列广告，应提交相应的证明：

（一）标明质量合格者，应提交省辖市以上标准化管理部门或经计量认证合格的质量检验机构出具的符合标准的证明；

（二）标明获奖者，应提交本年度、本届获奖或数年度、数届连续获奖的证书，并在广告中注明获奖级别和颁奖部门；

（三）标明优质产品称号者，应提交政府颁发的优质产品证书，并在广告中标明授予优质产品称号的时间和部门；

（四）标明专利权者，应提交专利证书；

（五）标明注册商标者，应提交商标注册证；

（六）实施生产许可证制度的商品的广告，应提交生产许可证。

第二章　画面与形象

第十五条　广告中使用的画面、形象应当优美、高雅、文明，不得有下列问题：

（一）使人对商品或服务的质量、用途、效果等宣传要点产生误解；

（二）使人产生厌恶、恐怖、痛苦等不良感觉；

（三）过分感官刺激；

（四）有性挑逗或性诱惑；

（五）可能导致危险或不良行为发生。

第十六条　广告中形象的运用必须恰当：

（一）军人、警察、公务人员、医生、教师，非经所属主管部门同意，不得在广告中表示其头衔或声明其身份。

（二）不得以医生、护士、药剂师、营养师、医疗机构、保健机构等人员或机构的名义为药品、食品、化妆品、医疗器械、医疗服务作广告。

（三）国内产品广告，用外国人做模特的，应能够识别为国内产品；国外产品广告，用中国人做模特的，应能够识别为国外产品。

第十七条　不得滥用公众对名人的信任感。聘用名人做广告宣传商品的使用效果，必须与其本人的真实使用情况相一致。

第十八条　妇女模特的使用，不得有损于妇女形象和健康。

第十九条　妇女模特不得裸露肩下，膝以上15公分的部位（泳装模特不在此限）。

第二十条　泳装模特的使用必须与宣传的产品、画面环境相适应。

第二十一条　商品使用、安装方面的使用示范，必须真实，符合有关的技术规范。

第二十二条　有关交通和交通工具的表现，应遵守交通安全规则。交通工具的操作应符合有关的机械常识。

第三章　语言、文字与音响

第二十三条　广告中语言、文字的表述必须真实、规范、健康、文明，不得欺骗或误导公众。

第二十四条　广告中使用语言、文字、计量单位等，必须遵守国家有关规定和规范标准。

第二十五条　广告中使用的数据、统计资料、调查结果、文摘、引用语等，必须真实、含义完整并标明出处。

广告中使用的数字必须有依据；使用的百分比必须有检测机构出具的证明。

第二十六条　商品质量或使用效果方面的结论或断言，应有质量检验机构的证明。

第二十七条　运用承诺、保证、担保性语言、文字，应当有实际履行能力的证明。

第二十八条　使用或操作上有特殊要求的商品，应当在广告中加以说明。

第二十九条　广告中不得使用下列语言、文字：

（一）"最好"、"最佳"、"第一"、"首创"等无限高度的形容词；

（二）没有依据、不切实际的夸张；

（三）低级趣味、诲淫意识或渲染色情的描述。

第三十条　广告中使用的音响不应过于刺激或引起噪音干扰。

第四章　比较广告

第三十一条　比较广告应符合公平、正当竞争的原则。

第三十二条　广告中的比较性内容，不得涉及具体的产品或服务，或采用其它直接的比较方式。对一般性同类产品或服务进行间接比较的广告，必须有科学的依据和证明。

第三十三条　比较广告中使用的数据或调查结果，必须有依据，并应提供国家专门检测机构的证明。

第三十四条　比较广告的内容，应当是相同的产品或可类比的产品，比较之处应当具有可比性。

第三十五条　比较广告使用的语言、文字的描述，应当准确，并且能使消费者理解。不得以直接或影射方式中伤、诽谤其它产品。

第三十六条　比较广告不得以联想方式误导消费者，不得造成不使用该产品将会造成严重损失或不良后果的感觉（安全或劳保用品除外）。

第五章　儿童广告

第三十七条　儿童广告，是指儿童使用的产品或有儿童参加演示内容的广告。

第三十八条　儿童广告必须有益于儿童的生理和心理健康，有利于培养儿童优秀的思想品质和高尚的情操。

第三十九条　不适于儿童使用的产品的广告，不得有儿童参加演示。

第四十条　针对儿童宣传的广告，应当进行浅显的、能够为儿童正确理解的描述。

第四十一条　广告中出现的儿童或家长，应当表现为具有良好行为或态度的典范。

第四十二条　不得发布下列儿童广告：

（一）有损儿童的身心健康或道德品质的；

（二）利用儿童给家长施加购买压力的；

（三）影响儿童对长辈和他人尊重或友善的；

（四）影响父母、长辈对儿童的言行进行正确教育的；

（五）以是否拥有某种商品使儿童产生优越感或自卑感；

（六）儿童模特对宣传的商品的演示超出一般儿童行为能力的；

（七）表现不应由儿童单独从事的某种活动的；

（八）可能引发儿童任何不良事故或行为的；

（九）利用超出儿童判断力的描述，使儿童误解，或者变相欺骗儿童的；

（十）使用教师或儿童教育家、儿童文艺作家、儿童表演艺术家等名义、身份或形象。

第六章　家用电器广告

第四十三条　家用电器包括：

家用电子器具：收音机（含电子管收音机、晶体管收音机）、录音机（含录放机、收录机）、扩音机、电唱机、音响组合、音箱、电视机、录像机及其配套件、录音磁带（含无声带、有声带）、录像磁带、电子元器件等。

家用电气器具：电风扇（含台扇、吊扇、落地扇、壁扇）、排气风扇、凉（热）风扇、单相空调器、空气清洁器、冷饮水器、电冰箱、冷藏柜、制冰机、电灶、电磁灶、微波电炉、电烤箱、电饭煲、电水壶、电热水杯、洗衣机、电熨斗、吸尘器、地板打蜡机、擦玻璃机、取暖电炉、电热毯（垫）、电褥子、电热水器、加湿器、电气器具零配件等。

第四十四条　申请审查家用电器广告，应交验以下证明：

（一）国家质量检验机构出具的质量检验合格证明；

（二）实行生产许可证制度的产品，须交验《生产许可证》。

第四十五条　禁止发布下列家用电器的广告：

（一）不合格产品；

（二）用不合格的原材料、零部件生产、组装的产品；

（三）国家明令淘汰的产品；

（四）没有产品质量标准、未经质量检验机构检验合格的产品；

（五）弄虚作假、以次充好，伪造注册商标，假冒名牌的产品。

第四十六条　达不到国家的有关标准规定等级，仍有使用价值的"处理品"，降价销售的，在广告中应显著标出"处理品"字样。

第七章　药品广告

第四十七条　药品是指用于预防、治疗、诊断人的疾病，有目的地调节人的生理机能并规定有适应症、用法和用量的物质，包括中药材、中药饮品、中成药、化学原料药及其制剂、抗生素、生化药品、放射性药品、血清疫苗、血液制品和诊断药品等。

第四十八条　申请审查药品（含进口药品）广告，应交验省自治区、直辖市卫生行政部门出具的《药品广告审批表》。

第四十九条　申请审查精神药品、毒性药品、放射性药品广告，应出具经国务院卫生行政部门核准，由所在地省、自治区、直辖市卫生行政部门核发的药品宣传批准文号。

第五十条　禁止发布下列药品的广告：

（一）麻醉药品和国际公约管制的精神药品品种；

（二）未经卫生行政部门批准生产的药品（含试生产的药品）；

（三）卫生行政部门已明令禁止销售、使用的药品；

（四）医疗单位配制的制剂；

（五）未进行商标注册的药品（中药材、中药饮片不在此列）；

（六）临床使用，发现有超出规定的副作用的药品。

第五十一条 药品广告的语言、文字、画面的含义，不得超出卫生行政部门在《药品广告审批表》中核准的内容。

第五十二条 利用电视、广播、报纸、杂志和其他印刷品以及路牌发布药品广告的，药品的宣传批准文号应列为广告内容，同时发布。利用前款媒介发布推荐给个人使用的药品广告，广告内容必须标明对患者的忠告性语言"请在医生指导下使用"。

第五十三条 药品广告不得含有下列内容和表现形式：

（一）有淫秽、迷信、荒诞语言文字、画面的；

（二）贬低同类产品或与其他药品进行功效和安全性对比评价的；

（三）违反科学规律，表明或暗示包治百病的；

（四）有"疗效最佳"、"药到病除"、"根治"、"安全预防"、"完全无副作用"等断言或隐含保证的；

（五）有"最高技术"、"最高科学"、"最进步制法"、"药之王"等断言的；

（六）说明治愈率或有效率的；

（七）利用医药科技单位、学术机构、医院或儿童、医生、患者的名义和形象作为广告内容的；

（八）专用于治疗性功能障碍的；

（九）标明获奖内容的。

第五十四条 药品广告的表现不得令人产生自己已患某种疾病的疑虑。

第八章 农药广告

第五十五条 农药包括：用于防治农、林、牧业的病、虫、杂草、鼠害和其他有害生物以及调节植物、昆虫生长的药物（包括化学农药的原药、加工制剂及生物农药）。

第五十六条 申请审查农药广告，应交验农业行政主管部门出具的《农药广告审批表》。在全国性报刊（含全国性专业报刊）、广播、电视上发布农药广告，交验由国务院农业行政主管部门农药检定所出具的《农药广告审批表》。利用其它媒介刊播、设置广告，交验由省、自治区、直辖市农业厅（局）药检或植保部门出具的《农药广告审批表》。

第五十七条 申请审查农药广告，应交验由国务院农业行政主管部门农药检定所出具的《农药广告审批表》。

第五十八条 农药广告的文字、语言及画面的含义，不得超出《农药广告审批表》中核准的内容。如需更改，应重新申办《农药广告审批表》。

第五十九条 发布农药广告，不得出现下列内容：

（一）有安全性断言的，如"安全"、"无毒"、"不含毒性"、"无残毒"等；

（二）贬低同类产品或与其它药品进行功效和安全性对比评价的；

（三）有"保证高产"、"根治"等断言或隐含保证的；

（四）有违反农药安全使用规程的文字、语言或画面的。

第九章 兽药广告

第六十条 兽药是指用于预防、治疗、诊断畜、禽等动物疾病，有目的地调节其生理机能并规定作用、用法、用量的物质（含饲料药物添加剂），包括：血清、菌（疫）苗、诊断液等生物制品；兽用中药材、中成药、化学原料药及其制剂；抗生素、生物药品、放射性药品。

第六十一条 申请审查兽药广告，应交验下列证明材料：

（一）省、自治区、直辖市农业行政主管部门出具的兽药广告证明；

（二）省、自治区、直辖市农业行政主管部门核发的兽药生产批准文号，兽药经营企业，应交验县以上农业行政主管部门核发的《兽药经营许可证》；

（三）商标注册证书；

（四）产品质量检验合格证；

（五）省、自治区、直辖市农业行政主管部门批准的兽药说明书。

第六十二条 申请审查进口兽药广告，应交验以下材料：

（一）国务院农业行政主管部门核发的《进口兽药登记许可证》或《进口兽药许可证》；

（二）省、自治区、直辖市或国务院农业行政主管部门指定的兽药检验所出具的检验合格证明；

（三）兽药说明书（附中文译本）。

第六十三条 兽药广告的内容，必须以省、自治区、直辖市农业行政主管部门批准的兽药广告证明或兽药说明书为准。

第六十四条 禁止发布下列兽药广告：

（一）未取得农业行政主管部门核发的标准文号的；

（二）国务院农业行政主管部门明令禁止使用的；

（三）非兽药冒充兽药的；

（四）兽药所含成分的种类、含量、名称与国家标准、行业标准或者地方标准不符的；

（五）超过有效期的；

（六）因变质不能药用的；

（七）因被污染不能药用的；

（八）兽用麻醉药品和精神药品；

（九）兽医医疗单位配制的兽药制剂；

（十）其它与兽药标准规定不符的。

第六十五条　兽药广告中下列用语的含义是：

（一）畜、禽等动物：指家畜、家禽、鱼类、蜜蜂、蚕及其它人工饲养的动物；

（二）新兽药：指我国新研制出的兽药原料药品；

（三）兽药新制剂：指用兽药原料药品新研制、加工出的兽药制剂。

第十章　医疗器械广告

第六十六条　医疗器械包括：用于人体疾病诊断、治疗、预防，调节人体生理功能或替代人体器官的仪器、设备、装置、器具、植入物、材料及其相关物品。

第六十七条　申请审查医疗器械广告，应交验国家医药管理部门或省、自治区、直辖市医药管理部门或同级医药行政管理部门出具的《医疗器械广告证明》。

申请审查进口医疗器械广告，应交验国家医药管理部门出具的《医疗器械广告证明》。

第六十八条　医疗器械广告的文字、语言及画面的含义，不得超出《医疗器械广告证明》中核准的内容。如需更改，应重新申办《医疗器械广告证明》。

第六十九条　下列医疗器械，禁止发布广告：

（一）未经国家医药管理部门或省、自治区、直辖市医药管理部门或同级医药行政管理部门批准生产的医疗器械；

（二）临床试用、试生产的医疗器械；

（三）已实施生产许可证而未取得生产许可证生产的医疗器械；

（四）有悖于中国社会习俗和道德规范的医疗器械。

第七十条　医疗器械广告不得出现下列内容：

（一）使用专家、医生、患者、未成年人或医疗科研、学术机构、医疗单位的名义进行广告宣传；

（二）使用"保证治愈"等有关保证性的断语；

（三）与同类产品功效、性能进行比较的言论或画面、形象；

（四）运用数字或图表宣传治疗效果；

（五）宣传不使用做广告的产品，可能导致或加重某种疾病的语言、文字、画面；

（六）可能使人得出使用广告的产品，可以使疾病迅速治愈、身体康复的印象或结论的语言、文字、画面。

第七十一条　标明获专利权的医疗器械广告，必须说明获得专利的类型。在专利获批准以前，不得进行与专利有关的宣传。

第七十二条　标明获奖的医疗器械广告，其标明的获奖必须是获得省级以上（含省级）人民政府授予的各类奖。其它各种获奖，不得在广告中标明。

第七十三条　推荐给个人使用的具有治疗疾病或调节生理功能作用的医疗器械，除经医疗器械广告证明出具机关批准，可以不在广告中标明忠告性语言的以外，均须在广告中标明对患者忠告语"请在医生指导下使用"。

第十一章　医疗广告

第七十四条　医疗广告包括：医疗机构通过一定媒介或形式，向社会公众宣传其运用科学技术诊疗疾病的活动。

第七十五条　医疗广告内容仅限于医疗机构名称、诊疗地点，从业医师姓名、技术职称、服务商标、诊疗时间、诊疗科目、诊疗方法、通信方式。

第七十六条　西医临床诊疗科目，以《综合医院分级管理标准》和卫生部有关文件为依据，疾病名称以国际分类 ICD -9 中三位数类目表为依据。

中医临床诊疗科目以全国中医院分级管理标准及国家中医药管理部门有关文件为依据；疾病名称以全国中医高等院校统一教材及国家中医药管理部门有关规定为依据；治疗方法、机理以中医药学理论及其有关规范为依据。

第七十七条　申请审查医疗广告，应交验省级卫生行政部门出具的《医药广告证明》。

第七十八条　医疗广告证明文号必须与广告内容同时发布。

第七十九条　医疗广告的文字、语言及画面的含义，不得超出《医疗广告证明》中核准的内容。

第八十条　医疗广告中禁止出现下列内容：

（一）有淫秽、迷信、荒诞语言文字、画面的；

（二）贬低他人的；

（三）保证治愈或隐含保证治愈的；

（四）宣传诊疗效果及治愈率、有效率的；

（五）利用患者或医学权威机构、人员和医生的名义、形象或使用其推荐语进行宣传的；

（六）冠以祖传秘方或名医传授等内容的；

（七）以通信形式诊断疾病的；

（八）国家卫生行政部门规定不得进行宣传的诊疗方法；

（九）违反其它有关法律法规的。

第十二章　食品广告

第八十一条　食品包括：各种供人食用或者饮用的成品和原料，但不包括以治疗为目的的药品。

第八十二条　申请审查食品广告，应交验食品卫生监督机构出具的《食品广告证明》。

申请审查特殊营养食品广告及食品新资源广告，应交验省级以上卫生行政部门出具的证明。

第八十三条 特殊营养食品，是指通过改变食品中天然营养素的成分和含量比例，以适应某些特殊人群营养需要的食品。

第八十四条 食品新资源，是指在我国新发现、新引进或新研制的，无食用习惯或仅在个别地区有食用习惯，而且符合食品基本要求的物品。

第八十五条 食品广告的语言、文字及画面的含义，不得超出《食品广告证明》中核准的内容。

第八十六条 食品广告中不得出现医疗术语、易与药品混淆的用语以及无法用客观指标评价的用语，如：返老还童、延年益寿、白发变黑、齿落更生、防老抗癌、祖传秘方、宫廷秘方等。

第八十七条 食品广告不得表示或暗示减肥功能，若表示有助于消化、保持体型，应在广告中同时强调体育锻炼、营养均衡等与之配合。

第八十八条 食品广告表示其低脂、低糖、低盐、低胆固醇等含量的，必须出具卫生监督机构说明其明显低于同类产品含量的证明。

第八十九条 禁止发布母乳代食品广告。

第十三章 烟酒广告

第九十条 禁止利用广播、电视、报刊媒介及法律、法规明令禁止吸烟的场所发布烟草制品广告。

第九十一条 酒类广告及利用非禁止媒介发布烟草制品广告，不得出现以下内容：

（一）有鼓动、倡导、引诱人们吸烟、饮酒的文字、语言和画面；

（二）有吸烟和饮酒形象；

（三）有未成年人形象。

第九十二条 烟酒广告不得表示或暗示医疗、保健效果，如：增加记忆力、健胃健脾。不得使用无法以客观指标评价的用语，如：返老还童、延年益寿、防老抗癌等。

第九十三条 申请发布酒精含量在39度以上烈性酒广告及在非禁止媒介上发布烟草制品广告，应交验以下材料：

（一）产品质量检验合格证书；

（二）省、自治区、直辖市工商行政管理局或其授权的省辖市工商行政管理局批准做广告的证明。

第九十四条 发布39度以下（含39度）酒类广告，必须标明酒的度数。

第九十五条 利用非禁止媒介发布烟草制品广告，必须在广告中标明"吸烟有害健康"或其它类似内容的忠告性语言。

第十四章 化妆品广告

第九十六条 化妆品包括：以涂擦、喷洒或者其他类似的方法，散布于人体表面任何部位（皮肤、毛发、指甲、口唇等），以达到清洁、消除不良气味、护肤、美容和修饰目的的日用化学工业产品。

特殊用途化妆品，是指用于育发、染发、烫发、脱毛、美乳、健美、除臭、雀斑、防晒的化妆品。

第九十七条 申请审查化妆品广告，应交验下列材料：

（一）营业执照；

（二）《化妆品生产企业卫生许可证》；

（三）《化妆品生产许可证》；

（四）美容类化妆品，须交验省级以上化妆品检测站（中心）或卫生防疫站出具的检验合格的证明；

（五）特殊用途化妆品，须交验国务院卫生行政部门核发的批准文号；

（六）化妆品如宣称为科技成果的，须交验省级以上轻工行业主管部门颁发的科技成果鉴定书。

第九十八条 申请审查进口化妆品广告，需交验下列证明：

（一）国务院卫生行政部门批准化妆品进口的有关批件；

（二）国家商检部门检验化妆品合格的证明；

（三）出口国（地区）批准生产该化妆品的证明文件（附中文译本）。

第九十九条 对可能引起不良反应的化妆品，应在广告中注明使用方法、注意事项。

第一〇〇条 化妆品广告中禁止出现下列内容：

（一）化妆品名称、制法、成分、效用或性能有虚假夸大的；

（二）使用他人名义保证或以暗示方法使人误解其效用的；

（三）宣传医疗作用或使用医疗术语的；

（四）有贬低同类产品内容的；

（五）使用最新创造、最新发明、纯天然制品、无副作用等绝对化语言的；

（六）有涉及化妆品性能或功能、销量等方面的数据的；

（七）违反其他法律、法规的。

第十五章 金融广告

第一〇一条 金融广告包括银行业、证券业、保险业、信托业、租赁业、金银、外汇买卖，以及各种社会融资活动的广告。

第一〇二条 金融广告的内容必须真实、准确、合法、明白，不得欺骗或误导公众。

第一〇三条 金融广告应当保证其内容的准确性和完整性，确保公众对广告中所涉及内容的性质（如投资机会、资金用途、附加条件等）有充分的了解，不得夸大或隐匿关键内容；对于有风险的金融活动，必须在广告中予以说明。

第一〇四条 申请发布的融资广告，不得包含下列内容：

（一）对该融资活动收益前景的评论和建议，或比照其他证券和投资的收益；

（二）说明或暗示任何付还本金或应支付的任何利息是有保证的。

第一〇五条 融资广告提及广告主资产额的，应交验具有法律效力的资产负债证明。

第一〇六条 股票广告，应在显著位置标注"股市有风险，股民须慎重入市"或含有类似内容的忠告性语言。

第一〇七条 下列金融活动，禁止发布广告：

（一）违反国家法律、法规的；

（二）未经国家金融主管部门批准的；

（三）企、事业单位内部的资金融通行为。

第一〇八条 发布储蓄、信贷广告，应提交上一级人民银行出具的批准文件。

第一〇九条 发布保险、信托、租赁广告，应提交上级主管部门和同级人民银行出具的批准文件。

第一一〇条 发布批发金银及其制品广告，应提交中国人民银行出具的批准文件；发布零售金银及其制品广告，应提交省级或计划单列市人民银行出具的批准文件。

第一一一条 股票发行、上市广告，应分别情况，提交下列证明：

（一）中央企业发布股票发行、上市广告，须提交其主管部门和企业所在地省级或计划单列市人民政府出具的批准文件、中国证券监督管理委员会复审同意的证明和上市地（上海、深圳）证券交易所上市委员会准予上市的批准文件；

（二）地方企业发布股票发行、上市广告、须提交省级或计划单列市人民政府出具的批准文件，中国证券监督管理委员会复审同意的证明和上市地（上海、深圳）证券交易所上市委员会准予上市的批准文件。

第一一二条 发布其它与股票有关的（如新股认购权利证书、分红派息、配股说明书、年度业绩报告等）广告，应当提交当地省级和计划单列市证券主管机关，及上市地证券主管机关出具的批准文件。

第一一三条 发布投资基金证券广告，须提交中国人民银行出具的批准文件。

第一一四条 发布债券广告，应分别情况，提交下列证明：

（一）金融机构债券广告，须提交中国人民银行出具的批准文件；

（二）国家投资债券、国家投资公司债券广告，须提交国家计委出具的批准文件；

（三）中央企业债券广告，须提交中国人民银行和国家计委出具的批准文件；

（四）地方企业债券、地方投资公司债券广告，须提交省级或计划单列市人民政府出具的批准文件；

（五）企业短期融资券广告，须提交省级或计划单列市人民银行出具的批准文件。

第一一五条 发布定向募集法人股广告、应分别情况，提交下列证明：

（一）中央企业发布定向募集法人股广告，须提交国家经济体制改革委员会的批准文件；

（二）地方企业发布定向募集法人股广告，须提交省级或计划单列市经济体制改革委员会的批准文件。

第一一六条 为社会公益事业集资所发行的彩票广告，须提交国务院的批准文件。

发布其它有偿集资广告，根据国家有关规定提交相应的批准文件。

第十六章 其它广告

第一一七条 报刊出版发行广告，应提交新闻出版署核发的《报纸登记证》或《期刊登记证》。

第一一八条 图书出版发行广告，应提交新闻出版管理机关批准成立出版社的证明。

第一一九条 文艺演出广告，应提交县以上文化主管部门准许演出的证明。

第一二〇条 文化补习班的招生广告，应提交县以上（含县）教育行政部门同意刊播广告的证明。

第一二一条 职业技术培训班招生广告、招工招聘广告，应提交县以上（含县）教育行政部门或劳动人事部门同意刊播广告的证明。

第一二二条 大专院校招生广告，跨省招生，学制在一年以上的，须经学校所在地省、自治区、直辖市教育行政和部门审核，报国家教育委员会批准后，方可发布。

第一二三条 中等专业教育广告，应提交地（市）级教育行政部门同意刊播广告的证明。

第一二四条 外国来华的招生广告，应提交国家教育委员会的证明。

第一二五条 展销会、订货会、交易会广告，应提交主办单位主管部门批准的证明。

参考文献

[1] 张金海. 广告经营与管理. 北京：高等教育出版社，2006.

[2] 高萍. 广告策划与整合传播. 北京广播学院出版社，2006.

[3] 张金海，程明. 广告经营与管理. 北京：高等教育出版社，2004.

[4] 李建立. 现代广告文化学（第2版）. 北京：中国传媒大学出版社，2007.

[5] 谢献章. 广告管理. 台北：新文京开发出版股份有限公司，2007.

[6] 张金海，黄玉波. 现代广告经营与管理. 北京：首都经贸大学出版社，2006.

[7] 张大镇. 现代广告管理. 上海：复旦大学出版社，1999.

[8] 赵洁. 广告经营管理术. 厦门大学出版社，2000.

[9] 尹隆. 媒体MBA—报业广告经营理论与实务. 北京：机械工业出版社，2006.

[10] 姜智彬. 广告公司经营与管理. 合肥工业大学出版社，2006.

[11] 赵洁. 广告管理实务. 上海：东方出版中心，2005.

[12] 杨同庆. 广告监督管理. 北京工业大学出版社，2005.

[13] 吕蓉. 广告法规管理. 上海：复旦大学出版社，2003.

[14] 丛新强，梁绪敏. 广告法规与管理. 济南：山东大学出版社，2004.

[15] 陈培爱. 中外广告史. 北京：中国物价出版社，2001.

[16] （美）杰克逊·李尔斯. 丰裕的寓言：美国广告文化史. 上海人民出版社，2005.

[17] 姚曦，蒋亦冰. 简明世界广告史. 北京：高等教育出版社，2006.

[18] 樊志育. 世界广告史话. 北京：中国友谊出版公司，1998.

[19] 宋玉书，王纯菲. 广告文化学. 长沙：中南大学出版社，2004.

[20] 黎泽潮. 广告美学研究. 合肥工业大学出版社，2005.

[21] 王纯菲. 广告美学——广告与审美的理性把握. 长沙：中南大学出版社，2005.

[22] 祁聿民. 广告美学：原理与案例. 北京：中国人民大学出版社，2004.

[23] 卫军英. 广告先导. 厦门大学出版社，2005.

[24] （美）芭芭拉·缪勒. 国际广告：跨文化沟通. 大连：东北财经大学出版社，1998.

[25] 万力. 国际广告行销. 北京：民主与建设出版社，2002.

[26] （美）威廉·维尔斯，约翰·伯奈特，桑德拉·莫里亚提. 广告学原理与实务. 张红霞译. 北京大学出版社，2007.

[27] 苗杰. 现代广告学. 北京：中国人民大学出版社，2005.

［28］周立公．现代广告学教程．上海财经大学出版社，2005．

［29］罗子明．现代广告概论．北京：清华大学出版社，2005．

［30］陈培爱．广告原理与方法．厦门大学出版社，2001．

［31］张浩达．简明广告学实用教程．北京大学出版社，2004．

［32］（美）Gerard Tellis．广告与销售战略．张红霞，王晨主译．昆明：云南大学出版社，2001．

［33］（美）威廉·阿伦斯．当代广告学（第8版）．北京：人民邮电出版社，2006．

［34］刘泓．广告社会学．武汉大学出版社，2006．

［35］（美）詹姆斯·特威切尔．美国的广告．南京：江苏人民出版社，2006．

［36］（法）拉尼奥．广告社会学．杨立译．北京：商务印书馆，1998．

［37］唐忠朴．中国本土广告论丛．北京：中国工商出版社，2004．

［38］吴建．应用广告学．成都：四川大学出版社，2005．

［39］朱海松．国际4A广告公司媒介策划基础．广州：广东经济出版社，2005．

［40］蔡嘉清．广告学教程．北京大学出版社，2005．

［41］赵爱琴．现代广告学教程．北京工业大学出版社，2004．

［42］何辉．当代广告学教程．北京广播学院出版社，2004．

［43］张金海等．广告学教程．北京：中国人民大学出版社，2005．

［44］李宝元．广告学教程（第2版）．北京：人民邮电出版社，2004．

［45］倪宁．广告学教程．北京：中国人民大学出版社，2004．

［46］魏炬．世界广告巨擘．北京：中国人民大学出版社，2006．

［47］王军．广告管理与法规．北京：中国广播电视出版社，2003．

［48］刘平．电视广告学．成都：四川大学出版社，2003．

［49］徐凤兰．广告策划学．杭州：浙江大学出版社，2003．

［50］丁长有．广告传播学．北京：中国建筑工业出版社，1997．

［51］何修猛．现代广告学．上海：复旦大学出版社，2005．

［52］赵琛．中国广告史．北京：高等教育出版社，2005．

［53］王健．广告创意教程．北京大学出版社，2004．

［54］姚力．广播电视广告原理．北京：高等教育出版社，2006．

［55］陈月明．文化广告学．北京：国际文化出版公司，2002．

［56］刘一赐．网络广告第一课．北京：新华出版社，2000．

［57］潘向光．现代广告学．杭州：浙江大学出版社，1996．

［58］赵洁．广告管理实务．上海：东方出版中心，2001．

［59］李名亮．广告传播学引论．上海财经大学出版社，2007．

［60］朱强．广告公司经营与管理．武汉大学出版社，2007．

［61］杨海军．中外广告史．武汉大学出版社，2006．

［62］国家工商管理局广告监管司．广告法规集成．北京：中国工商出版社，2001．